Rapport final
de la trente-neuvième
Réunion consultative
du Traité sur l'Antarctique

RÉUNION CONSULTATIVE
DU TRAITÉ SUR L'ANTARCTIQUE

Rapport final
de la trente-neuvième
Réunion consultative
du Traité sur l'Antarctique

Santiago, Chili
23 mai – 1 juin 2016

Volume I

Secrétariat du Traité sur l'Antarctique
Buenos Aires
2016

Publié par :

Secretariat of the Antarctic Treaty
Secrétariat du Traité sur l' Antarctique
Секретариат Договора об Антарктике
Secretaría del Tratado Antártico

Maipú 757, Piso 4
C1006ACI Ciudad Autónoma
Buenos Aires - Argentina
Tel: +54 11 4320 4260
Fax: +54 11 4320 4253

Ce rapport est également disponible à : www.ats.aq (version numérique)
et exemplaires achetés en ligne

ISSN 2346-9889
ISBN (vol. I): 978-987-4024-23-7
ISBN (œuvre complète): 978-987-4024-19-0

Table des Matiéres

VOLUME I

VOLUME II

DEUXIÈME PARTIE – MESURES, DÉCISIONS ET RÉSOLUTIONS (suite)

4. Plans de gestion

TROISIÈME PARTIE – DISCOURS D'OUVERTURE ET DE CLÔTURE ET RAPPORTS

1. Discours d'ouverture et de clôture

2. Rapports des dépositaires et des observateurs

3. Rapports des Experts
Rapport de l'OHI
Rapport de l'OMM
Rapport du GIEC
Rapport de l'ASOC
Rapport de l'IAATO

QUATRIÈME PARTIE – DOCUMENTS ADDITIONNELS DE LA XXXIXe RCTA

1. Documents supplémentaires
Extrait de la conférence du SCAR

Présentations réalisées lors du groupe de travail spécial de la RCTA pour le 25e anniversaire du Protocole relatif à la protection de l'environnement

2. Liste des documents
Documents de travail
Documents d'information
Documents de contexte
Documents du Secrétariat

3. Liste des participants
Parties consultatives
Parties non consultatives
Observateurs, experts et invités
Secrétariat du pays hôte
Secrétariat du Traité sur l'Antarctique

Acronymes et abréviations

ACAP	Accord sur la conservation des albatros et des pétrels
ZGSA	Zone gérée spéciale de l'Antarctique
ASOC	Coalition sur l'Antarctique et l'océan Austral
ZSPA	Zone spécialement protégée de l'Antarctique
STA	Système du Traité sur l'Antarctique ou Secrétariat du Traité sur l'Antarctique
RCTA	Réunion consultative du Traité sur l'Antarctique
RETA	Réunion d'experts du Traité sur l'Antarctique
BP	Document de contexte
CCAMLR	Convention sur la conservation de la faune et la flore marines de l'Antarctique et/ou Commission pour la conservation de la faune et la flore marines de l'Antarctique
CCAS	Convention pour la protection des phoques de l'Antarctique
PTRCC	Programme de travail en réponse au changement climatique
EGIE	Évaluation globale d'impact sur l'environnement
CPE	Comité pour la protection de l'environnement.
COMNAP	Conseil des directeurs des programmes antarctiques nationaux
EIE	Évaluation d'impact sur l'environnement
SEEI	Système électronique d'échange d'informations
SMH	Sites et monuments historiques
IAATO	Association internationale des organisateurs de voyages dans l'Antarctique
OACI	Organisation de l'aviation civile internationale
GCI	Groupe de contact intersessions
EPIE	Évaluation préliminaire d'impact sur l'environnement
OHI	Organisation hydrographique internationale
OMI	Organisation maritime internationale
COI	Commission océanographique intergouvernementale
FIPOL	Fonds d'indemnisation pour les dommages dus à la pollution par les hydrocarbures
IP	Document d'information
GIEC	Groupe d'experts intergouvernemental sur l'évolution du climat
UICN	Union internationale pour la conservation de la nature
AMP	Aire marine protégée

ANC	Autorité nationale compétente
CCS	Centre de coordination des opérations de sauvetage
SAR	Recherche et sauvetage
SCAR	Comité scientifique pour la recherche en Antarctique
CS-CAMLR	Comité scientifique de la CCAMLR
GSPG	Groupe subsidiaire sur les plans de gestion
SOLAS	Convention internationale pour la sauvegarde de la vie humaine en mer
SOOS	Système d'observation de l'océan Austral
SP	Documents du Secrétariat
UAV	Véhicule aérien sans pilote
PNUE	Programme des Nations Unies pour l'environnement
CCNUCC	Convention-cadre des Nations Unies sur les changements climatiques
OMM	Organisation météorologique mondiale
WP	Document de travail
OMT	Organisation mondiale du tourisme

PREMIÈRE PARTIE
Rapport final

1. Rapport final de la XXXIXe RCTA

Rapport final de la trente-neuvième Réunion consultative du Traité sur l'Antarctique

Santiago, Chili, 23 mai – 1er juin 2016

1. Conformément à l'Article IX du Traité sur l'Antarctique, les représentants des Parties consultatives (Afrique du Sud, Allemagne, Argentine, Australie, Belgique, Brésil, Bulgarie, Chili, Chine, Espagne, Équateur, États-Unis d'Amérique, Fédération de Russie, Finlande, France, Inde, Italie, Japon, Nouvelle-Zélande, Norvège, Pays-Bas, Pérou, Pologne, République de Corée, République tchèque, Royaume-Uni de Grande-Bretagne et d'Irlande du Nord, Suède, Ukraine et Uruguay) se sont réunis à Santiago, du 23 mai au 1er juin 2016, afin d'échanger des informations, tenir des consultations, examiner et recommander à leurs gouvernements des mesures destinées à assurer le respect des principes et la réalisation des objectifs du Traité.

2. Ont également assisté à la Réunion des délégations des Parties contractantes au Traité sur l'Antarctique qui ne sont pas des Parties consultatives : Bélarus, Canada, Colombie, Malaisie, Monaco, Portugal, Roumanie, Suisse, Turquie et Venezuela.

3. Conformément aux articles 2 et 31 du Règlement intérieur, des Observateurs représentant la Commission pour la conservation de la faune et de la flore marines de l'Antarctique (CCAMLR), le Comité scientifique pour la recherche en Antarctique (SCAR) et le Conseil des directeurs de programmes antarctiques nationaux (COMNAP) ont également pris part à la Réunion.

4. Conformément à l'article 39 du Règlement intérieur, des experts représentant les organisations internationales et les organisations non gouvernementales suivantes ont pris part à la Réunion : la Coalition pour l'Antarctique et l'océan Austral (ASOC), l'Association internationale des organisateurs de voyages en Antarctique (IAATO), l'Organisation hydrographique internationale (OHI), le Groupe international d'experts sur le climat (GIEC) et l'Organisation météorologique mondiale (OMM).

5. Le Chili, en sa qualité de pays hôte, s'est acquitté de ses obligations d'information à l'égard des Parties contractantes, des observateurs et des experts en diffusant les circulaires et correspondances du Secrétariat et en entretenant un site internet consacré à la Réunion.

Point 1 : Ouverture de la réunion

6. La Réunion a été officiellement ouverte le 23 mai 2016. Au nom du gouvernement du pays hôte, conformément aux articles 5 et 6 du Règlement intérieur, le responsable du Secrétariat du gouvernement du pays hôte, l'ambassadeur Patricio Powell, a ouvert la séance et a proposé la candidature de l'ambassadeur Alfredo Labbé, directeur général de la politique extérieure, au poste de président de la XXXIXe RCTA. La proposition a été acceptée.

7. Le président a souhaité la bienvenue au Chili à toutes les Parties, ainsi qu'aux observateurs et aux experts. Il a pris acte de l'importance du Système du Traité sur l'Antarctique en tant que mécanisme de coopération entre les États, mettant en avant l'évolution qu'il a connue au cours des 55 dernières années, depuis l'entrée en vigueur du Traité sur l'Antarctique. L'ambassadeur Labbé a par ailleurs noté des défis environnementaux auxquels sont confrontées les Parties dans la gouvernance et la protection de l'Antarctique menée en coopération, et a dit espérer que la XXXIXe RCTA serait une réunion fructueuse et constructive.

8. Les délégués ont observé une minute de silence en hommage à David Wood et au Dr Malcolm Laird, tous deux décédés. David Wood, un citoyen canado-australien, était pilote d'hélicoptère. Il avait pris part à plusieurs expéditions de programmes antarctiques nationaux, et avait travaillé pendant de nombreuses années avec le département australien de l'Antarctique. Le Dr Laird (Nouvelle-Zélande) avait participé à sa première expédition en Antarctique en 1960. Il avait reçu la Médaille polaire et contribué à l'établissement de cartographies géologiques importantes de la région de la mer de Ross.

9. L'honorable Heraldo Muñoz Valenzuela, ministre des Affaires étrangères du Chili, s'est joint à la Réunion, tout comme le ministre de la Défense nationale, l'honorable José Antonio Gómez Urrutia, et les sous-secrétaires de ces deux départements. Le ministre Muñoz a souhaité la bienvenue aux délégués, indiquant que la XXXIXe RCTA marquait le 55e anniversaire de l'entrée en vigueur du Traité sur l'Antarctique. Tout en reconnaissant

que la coopération internationale en Antarctique était antérieure au Traité, il a souligné que depuis sa signature, le Traité avait offert un modèle de coopération internationale efficace. Il a insisté sur l'engagement du Chili dans le renforcement du Système du Traité sur l'Antarctique et le développement de la science antarctique et a indiqué que le pays travaillait à la construction d'un Centre antarctique international axé sur le soutien logistique à Punta Arenas, qui devrait être terminé en 2019. Notant que la péninsule antarctique avait enregistré une augmentation de la température de trois degrés au cours des 50 dernières années, il a souligné les implications du réchauffement de l'Antarctique pour l'ensemble de la planète et l'importance de mener des études continues sur le climat antarctique. Le ministre Muñoz a mis l'accent sur l'importance de se concentrer sur la conservation de l'environnement antarctique, et a indiqué que le Chili était convaincu que les Parties devraient travailler à la réalisation d'un système d'aires marines protégées représentatif. Il a indiqué que les Parties partageaient une longue histoire en Antarctique et a rappelé l'opération extraordinaire menée par le pilote chilien Luis Pardo, qui avait secouru les survivants de l'expédition d'Ernest Shackleton en 1916. Le ministre a par ailleurs noté que les nombreux défis qui se posent encore aujourd'hui en Antarctique devraient être relevés conjointement et, pointant la concentration de stations dans la péninsule antarctique, il a souligné l'existence d'un potentiel pour développer de nouvelles synergies entre celles-ci. Il a déclaré que cela était important pour améliorer la science et réduire l'empreinte carbone en Antarctique. Enfin, il a souhaité aux Parties une Réunion fructueuse et les a encouragées à poursuivre leurs travaux visant à la protection de l'Antarctique.

Point 2 : Élection des membres du Bureau et constitution des groupes de travail

10.   Mme Xiao-mei Guo, chef de la délégation de la Chine, qui accueillera la XLe RCTA, a été élue vice-présidente. Conformément à la règle 7 du Règlement intérieur, le Dr Manfred Reinke, Secrétaire exécutif du Secrétariat du Traité sur l'Antarctique, a fait office de Secrétaire de la Réunion. L'ambassadeur Patricio Powell, responsable du Secrétariat du pays hôte, a fait office de Secrétaire adjoint. Ewan McIvor, d'Australie, a présidé le Comité pour la protection de l'environnement.

11.   Trois Groupes de travail ont été constitués :

- le Groupe de travail 1 sur les Questions politiques, juridiques et institutionnelles ;
- le Groupe de travail 2 sur les Opérations, la science et le tourisme ; et
- le Groupe de travail 3 chargé du 25e anniversaire du Protocole relatif à la protection de l'environnement.

12.   Les personnes suivantes ont été élues pour présider les Groupes de travail :

- Groupe de travail 1 : Dr René Lefeber (Pays-Bas) ;
- Groupe de travail 2 : Máximo Gowland (Argentine), et le Pr Jane Francis (Royaume-Uni) ;
- Groupe de travail 3 : Ambassadeur Francisco Berguño (Chili).

Point 3 : Adoption de l'ordre du jour et répartition des points qui y sont inscrits

13.   L'ordre du jour suivant a été adopté :

1. Ouverture de la Réunion
2. Élection des membres du Bureau et constitution des groupes de travail
3. Adoption de l'ordre du jour et répartition des points qui y sont inscrits
4. Fonctionnement du Système du Traité sur l'Antarctique : Rapports des Parties, des Observateurs, et des Experts
5. Rapport du Comité pour la protection de l'environnement
6. Fonctionnement du Système du Traité sur l'Antarctique
   a. Requête du Venezuela en vue de devenir Partie consultative
   b. Questions diverses
7. Fonctionnement du Système du Traité sur l'Antarctique : Questions liées au Secrétariat
8. Responsabilité
9. Prospection biologique en Antarctique
10. Échange d'informations
11. Questions relatives à la formation
12. Programme de travail stratégique pluriannuel
13. Sécurité et opérations en Antarctique
14. Inspections effectuées en vertu du Traité sur l'Antarctique et du Protocole relatif à la protection de l'environnement
15. Questions scientifiques, coopération et facilitation scientifiques

16. Répercussions du changement climatique sur la gestion de la zone du Traité sur l'Antarctique

17. Tourisme et activités non gouvernementales dans la zone du Traité sur l'Antarctique, y compris les questions relatives aux autorités compétentes

18. 25ᵉ anniversaire du Protocole relatif à la protection de l'environ-nement

19. Préparatifs de la XLᵉ Réunion

20. Autres questions

21. Adoption du rapport

22. Clôture de la Réunion

14. La Réunion a réparti les points de l'ordre du jour comme suit :
- Réunion plénière : Points 1, 2, 3, 4, 5, 19, 20, 21, 22.
- Groupe de travail 1 : Points 6, 7, 8, 9, 10, 11, 12.
- Groupe de travail 2 : Points 13, 14, 15, 16, 17.
- Groupe de travail 3 : Point 18.

15. En outre, la Réunion a décidé de confier les projets d'instruments émanant des activités du Comité pour la protection de l'environnement et des Groupes de travail à un groupe de rédaction juridique pour en examiner les aspects institutionnels et juridiques.

Point 4 : Fonctionnement du Système du Traité sur l'Antarctique : Rapports des Parties, des Observateurs, et des Experts

16. Conformément à la Recommandation XIII-2, la Réunion a entendu des rapports des gouvernements dépositaires et des secrétariats.

17. En leur qualité d'État dépositaire du Traité sur l'Antarctique et de son Protocole relatif à la protection de l'environnement, les États-Unis ont rendu compte du statut de ces instruments à la Réunion (document d'information IP 42). Au cours de l'année écoulée, une seule nouvelle adhésion au Traité a eu lieu et aucune adhésion au Protocole. L'Islande a déposé un instrument d'adhésion au Traité en date du 13 octobre 2015. Les États-Unis ont indiqué qu'il y avait actuellement 53 Parties au Traité et 37 Parties au Protocole.

18. Les Parties ont félicité l'Islande pour son adhésion au Traité sur l'Antarctique. Notant que cette année marquait le 25ᵉ anniversaire du Protocole relatif à l'environnement, plusieurs Parties ont fait part de leur espoir de voir de

nouvelles adhésions cette année et ont encouragé les Parties à envisager d'adhérer au Protocole.

19. En sa qualité d'État dépositaire de la Convention sur la conservation de la faune et de la flore marines de l'Antarctique (CCAMLR), l'Australie a fait savoir qu'aucune nouvelle adhésion à la Convention n'avait été enregistrée depuis la XXXVIIIe RCTA. Elle a indiqué que la Convention comptait actuellement 36 Parties (document d'information IP 44).

20. En sa qualité d'État dépositaire de l'Accord sur la conservation des albatros et des pétrels (ACAP), l'Australie a fait savoir qu'aucune nouvelle adhésion à l'Accord n'avait été enregistrée depuis la XXXVIIIe RCTA, le nombre de Parties à l'Accord demeurant à 13 (document d'information IP 43). Elle a fait rapport de la cinquième réunion des Parties organisée en Espagne, du 4 au 8 mai 2015, et a indiqué qu'un certain nombre de pays étaient en passe d'adhérer à l'ACAP. L'Australie a signalé que l'Accord partageait les objectifs de conservation d'autres instruments du Système du Traité sur l'Antarctique et a invité toutes les Parties qui n'étaient pas membres de l'ACAP à envisager de rejoindre l'Accord.

21. En sa qualité d'État dépositaire de la Convention pour la protection des phoques de l'Antarctique (CCAS), le Royaume-Uni a fait savoir qu'aucune nouvelle demande d'adhésion à cette Convention ni aucun instrument d'adhésion n'avaient été déposés depuis la XXXVIIIe RCTA (document d'information IP 2). Le Royaume-Uni a invité toutes les Parties contractantes au CCAS à soumettre leurs résultats dans les délais.

22. Le Secrétaire exécutif de la CCAMLR a fourni un résumé des résultats de la trente-quatrième Réunion annuelle de la CCAMLR qui s'est tenue à Hobart, en Australie, du 19 au 30 octobre 2015 (document d'information IP 5). La Réunion était présidée par M. Dmitry Gonchar (Fédération de Russie). Vingt-trois Membres, deux États en cours d'adhésion, et douze Observateurs non gouvernementaux, notamment des organisations de l'industrie, ont participé à la Réunion. Parmi les principales réalisations de la RCTA figure la mise en œuvre de l'arrangement pour le lancement des données recueillies par le système de suivi des navires de la CCAMLR (VMS) en vue de soutenir les efforts de recherche et de secours (SAR) au sein de la zone de la convention de la CCAMLR. Cette initiative avait commencé lors de l'atelier SAR tenu en association avec la XXXVIe RCTA. Notant que les conclusions du Comité scientifique de la CCAMLR de 2015 seraient présentées au XIXe CPE, le Comité a rendu compte : des prises de légine et de krill dans les pêcheries soumises à la réglementation CCAMLR au cours de la saison 2014-2015 ;

des travaux menés en continu relativement aux aires marines protégées ; du taux de mortalité accidentelle des oiseaux marins dans les pêcheries de la CCAMLR, le plus bas jamais enregistré ; du changement climatique ; des initiatives de renforcement des capacités pour les scientifiques en début de carrière ; et des résultats du Symposium de la CCAMLR qui marquait le 35ᵉ anniversaire de l'adoption de la Convention, co-présidé par le Chili, l'Australie et les États-Unis, et qui s'etait déroulé au Chili entre le 6 et le 8 mai 2015.

23. Le SCAR a présenté le document d'information IP 20, intitulé « The Scientific Committee on Antarctic Research (SCAR) Annual Report 2015/16 », et fait référence au document de contexte BP 2 qui recense les principaux articles scientifiques publiés par la communauté de chercheurs du SCAR depuis la dernière RCTA, et pouvant s'avérer utiles aux délégués. Le SCAR a présenté plusieurs exemples de ses activités, notamment la participation au projet Défis du Plan d'action de l'Antarctique (ARC) en 2015. Cette initiative, portée par le COMNAP, a formé la deuxième étape du premier Tour d'horizon scientifique de l'Antarctique et de l'océan Austral du SCAR. Ces deux initiatives étaient au programme de la conférence scientifique du SCAR à la RCTA de cette année (document de contexte BP 3). Au moyen d'une vaste consultation, qui incluait notamment le COMNAP, le SCAR a par ailleurs élaboré son Code de conduite pour les activités se déroulant en environnement géothermique continental dans l'Antarctique (document de travail WP 23). Le SCAR a par ailleurs souligné sa participation aux réunions « L'Antarctique et le plan stratégique pour la biodiversité 2011-2020 : l'évaluation de Monaco » (cf. document d'information IP 38) et « CCNUCC 2015 COP 21 », à Paris. Le SCAR a évoqué la remise de plusieurs prix, notamment le prix Tinker-Muze 2015, décerné au Dr Valérie Masson-Delmotte (France). Le SCAR a préparé une mise à jour du Rapport sur les changements climatiques et l'environnement en Antarctique (document d'information IP 35) et a présenté un rapport d'avancement sur la géoconservation (document d'information IP 31), dans l'attente d'un rapport complet sur le thème qui sera présenté en 2018 au CPE.

24. Le SCAR a indiqué que la 34ᵉ Réunion des délégués du SCAR et la Conférence scientifique publique se tiendraient à Kuala Lumpur, en Malaisie, le 20 août. Lors de cette conférence, le SCAR accueillerait en outre une « wikibomb », de manière à renforcer la visibilité des chercheuses en Antarctique et à contribuer à encourager les jeunes filles à travers le monde à entreprendre une carrière scientifique. Le SCAR a également évoqué ses projets pour le XIIᵉ Symposium sur la biologie du SCAR qui se tiendra en Belgique en juillet 2017 ; ainsi que la Conférence POLAR2018 qui aura

lieu à Davos, en Suisse, en collaboration avec le Comité international des sciences dans l'Arctique. Le SCAR a par ailleurs noté la nomination du Dr Jenny Baeseman en tant que nouveau directeur exécutif du SCAR.

25. Le COMNAP a présenté le document d'information IP 10 « Rapport annuel 2015-2016 du Conseil des directeurs des programmes antarctiques nationaux » (COMNAP), et a déclaré qu'il consistait désormais en une association internationale composée de 30 programmes antarctiques nationaux et trois programmes d'observation. Le COMNAP a organisé une série d'ateliers pendant cette année, notamment sur le Sea Ice Challenges, et les Défis du Plan d'action de l'Antarctique (ARC), et a prévu d'organiser prochainement l'atelier III sur les recherches et les secours (SAR), conformément à la Résolution 4 (2013). Les résultats et conclusions des ateliers sur Sea Ice et ARC ont été publiés et sont disponibles au téléchargement sur le site web du COMNAP. Le rapport du COMNAP met en lumière une série de projets en cours. Les projets suivants sont particulièrement notables : le projet de Catalogue des infrastructures des stations, une base de données exhaustive des installations présentes en Antarctique visant à améliorer le partage d'informations aux fins de collaboration scientifique ; le projet ARC en tant qu'effort communautaire ayant identifié une importante technologie, ainsi que les exigences en termes d'infrastructure et d'accès de la communauté scientifique antarctique à moyen et à long terme et le statut du développement et le coût de ces exigences ; le groupe de travail sur les systèmes aériens sans pilotes (UAS) ayant rédigé un projet de manuel relatif aux UAS, devait être examiné.

26. La Réunion a entendu les rapports d'autres organisations internationales au titre de l'Article III-2 du Traité sur l'Antarctique.

27. L'OHI a présenté le document d'information IP 4, intitulé « Rapport de l'Organisation hydrographique internationale » (OHI), qui décrit les limitations de la connaissance hydrographique en Antarctique et les risques posés aux opérations scientifiques et maritimes qui en découlent. L'OHI a réitéré que 90 % des eaux antarctiques restaient non étudiées et que cela posait de graves risques d'incidents maritimes. Elle a exhorté les Parties à s'assurer que tous leurs navires utilisent des sondes de profondeur et communiquent bien les informations disponibles aux bureaux hydrographiques afin d'améliorer la cartographie hydrographique. Elle a invité les Parties à prendre part à la prochaine réunion de la Commission hydrographique sur l'Antarctique (CHA), qui se déroulera à Tromsø, en Norvège, du 28 au 30 juin 2016 et à contribuer efficacement à ses activités, conformément à la Résolution 5 (2014). L'organisation a déclaré que le lieu de la réunion

avait été déplacé en Norvège en raison du tremblement de terre qui a frappé l'Équateur en avril. Elle a par ailleurs exprimé sa solidarité avec l'Équateur pour la perte et les dommages subis, et a remercié la Norvège d'accueillir la réunion.

28. L'Argentine a déclaré qu'au cours des trois prochaines années, elle avait l'intention d'achever les classements dans les zones de la baie Marguerite, les îles Orcades du Sud, et l'île Seymour, finalisant ainsi les neuf classements qu'elle s'était engagée à établir auprès de l'OIH.

29. L'OMM a présenté le document d'information IP 11 « Rapport annuel de l'OMM 2015-2016 qui décrit ses activités au cours de cette période ». L'OMM a noté que la température mondiale en avril 2016 était la température la plus élevée enregistrée en avril depuis le début des enregistrements en 1880, et qu'il s'agissait du douzième mois consécutif pendant lequel ce phénomène était observé. L'OMM a fait remarquer que ceci devait pousser les Parties à agir en matière de changement climatique. L'organisation a indiqué qu'en mai 2015, le Congrès météorologique mondial avait approuvé les activités polaires et en haute montagne comme l'une des sept priorités de l'OMM pour la période 2016-2019, et a pris acte de son interaction positive avec les Parties au Traité sur l'Antarctique dans la zone de la recherche climatique.

30. Le GIEC a présenté le document d'information IP 116, intitulé « Recent Findings of IPCC on Antarctic Climate Change and Relevant Upcoming Activities », qui identifie les informations concernant la zone de l'Antarctique dans son cinquième Rapport d'évaluation. Le GIEC a déclaré avoir accepté l'invitation de la COP 21 de la Convention-cadre des Nations Unies sur les changements climatiques (CCNUCC) de préparer un Rapport spécial sur les impacts du réchauffement climatique de 1,5 °C au-dessus des niveaux préindustriels d'ici 2018. Le GIEC a favorablement accueilli la participation des Parties à la réunion d'orientation concernant le Rapport spécial devant se tenir à Genève en août 2016. Le GIEC a également noté, lors de sa 43e session, qu'il avait approuvé la préparation du Rapport spécial sur le changement climatique, la désertification, la dégradation des terres, la gestion durable des terres, la sécurité alimentaire, et les flux de gaz à effet de serre dans les écosystèmes terrestres, et d'un Rapport spécial sur le changement climatique, les océans et la cryosphère. Le GIEC a remercié Monaco d'avoir apporté un soutien financier au Rapport spécial sur le changement climatique et la cryosphère, et a indiqué que la réunion d'orientation aurait lieu en novembre ou décembre 2016. Le GIEC a invité tous les gouvernements à nommer des experts qui contribueront à la préparation de ces rapports spéciaux.

31. L'ASOC a présenté le document d'information IP 123 « Rapport de la Coalition pour l'Antarctique et l'océan Austral ». L'ASOC a mentionné sa participation à plusieurs groupes de contact intersessions (GCI) et à plusieurs réunions concernant la protection environnementale en Antarctique au cours de l'année écoulée. L'ASOC s'est déclarée enthousiaste au vu du nombre de Parties qui avaient affirmé leur engagement continu envers l'esprit du Protocole relatif à l'environnement. Elle a mis en avant le 25ᵉ anniversaire du Protocole et évoqué l'interdiction des activités relatives à l'exploitation des ressources minérales comme une occasion propice à la célébration et à la réflexion. L'ASOC a exprimé l'espoir que l'esprit audacieux et proactif dont les Parties avaient fait montre par le passé serve d'inspiration lors de la prise de décisions qui affecteront l'Antarctique et l'océan Austral dans les 25 prochaines années.

32. L'IAATO a présenté le document d'information IP 112, intitulé « IAATO Overview of Antarctic Tourism: 2015-16 Season and Preliminary Estimates for 2016-17 ». Notant qu'elle célébrait également ses 25 ans d'existence en 2016, l'IAATO a réaffirmé sa mission de plaidoyer et de promotion en faveur de visites sûres et responsables vis-à-vis de l'environnement dans la zone du Traité sur l'Antarctique. Elle a indiqué que tous les opérateurs commerciaux de navires de passagers SOLAS qui menaient des activités touristiques dans la zone du Traité sur l'Antarctique étaient actuellement membres de l'IAATO, à l'exception d'un seul : un navire battant pavillon japonais qui a croisé dans la péninsule antarctique en janvier 2016, sans débarquer de passagers. L'IAATO a indiqué que 38 478 visiteurs avaient été enregistrés lors de la saison 2015-2016, ce qui représente une augmentation d'environ cinq pour cent par rapport à la saison précédente.

Point 5 – Rapport du Comité pour la protection de l'environnement

33. M. Ewan McIvor, président du Comité pour la protection de l'environnement (CPE), a présenté le rapport du XIXe CPE. Le Comité a examiné 38 documents de travail et 51 documents d'information. En outre, 5 documents du Secrétariat et 4 documents de contexte ont été soumis sous des points de l'ordre du jour du CPE. Le président du CPE a mis en avant les points de l'ordre du jour pour lesquels le CPE est convenu d'avis spécifiques à destination de la RCTA, mais a néanmoins encouragé les Parties à examiner toutes les sections du rapport du CPE.

***Débat stratégique sur les travaux futurs du CPE (Point 3 de l'ordre du
jour du CPE)***

34. Le président du CPE a fait savoir que le Comité avait examiné un rapport
soumis par l'Argentine relatif au GCI établi lors du XVIIIᵉ CPE chargé
d'élaborer une publication à l'occasion du 25ᵉ anniversaire du Protocole relatif
à l'environnement. Le Comité est convenu d'informer la RCTA qu'il avait :
adopté la publication élaborée à l'occasion du 25ᵉ anniversaire du Protocole au
Traité sur l'Antarctique relatif à la protection de l'environnement et accepté de
le transmettre à la RCTA pour examen ; recommandé que la publication soit
lancée le 4 octobre 2016, à la date anniversaire de la signature du Protocole,
en utilisant le mécanisme de diffusion identifié lors du GCI, ainsi que d'autres
mécanismes qui ont émergé dans les discussions du CPE.

35. Le président du CPE a par ailleurs indiqué que le Comité avait actualisé
son Plan de travail quinquennal pour y intégrer les actions qui avaient été
soulevées lors de la réunion.

Fonctionnement du CPE (Point 4 de l'ordre du jour du CPE)

36. Le Président du CPE a informé la Réunion que le Comité avait examiné
les éléments portant sur l'environnement contenus dans un rapport remis
par l'Australie sur le GCI lors de la XXXVIIIᵉ RCTA visant à passer en
revue les exigences en matière d'échange d'informations. Le Comité est
convenu d'informer la RCTA qu'il avait recommandé des modifications
spécifiques à apporter aux points relatifs à l'échange d'informations sur les
plans d'urgences en cas de déversement d'hydrocarbures et lors d'autres
urgences, ainsi que sur les EPIE et les EGIE.

37. Le Comité a également examiné le document WP 10 soumis par l'Australie,
l'Espagne, les États-Unis, le Japon, la Nouvelle-Zélande, la Norvège, et le
SCAR qui rend compte du fonctionnement du Portail des environnements
de l'Antarctique. Le Comité a réaffirmé qu'il était important de développer
le Portail comme une source d'informations fiable et objective, à utiliser
sur base volontaire, afin qu'il serve d'appui aux discussions du CPE. Le
Comité a également accepté d'examiner plus avant d'autres sujets dont des
résumés d'informations doivent être intégrés dans le Portail, qui portent sur
la question de la gestion future du Portail et sur la manière d'identifier les
représentants qui siégeront au groupe éditorial.

38. Examinant l'importance de politiques sur lesquelles baser la science dans la
zone de l'Antarctique, la Réunion a apporté son soutien au développement du

Portail des environnements de l'Antarctique et a fait part de son souhait que le Portail serve à améliorer la coopération entre le CPE et la RCTA. Puisque le Portail s'articule autour des priorités du CPE, le président du CPE a indiqué que les Parties pouvaient également contribuer en alimentant le Portail par des contenus, en suggérant des sujets pour les synthèses. La Réunion a salué le nombre croissant de contributions provenant des scientifiques et du CPE, ainsi que le rôle du Portail des environnements de l'Antarctique comme appui au CPE dans l'exécution de ses fonctions principales d'avis sur la mise en œuvre du Protocole relatif à l'environnement.

39. La Nouvelle-Zélande a incité toutes les Parties à adopter les bonnes pratiques relatives aux exigences en matière d'échange d'informations. La Nouvelle-Zélande a rappelé la Résolution 3 (2015) relative au Portail des environnements de l'Antarctique et a salué la Recommandation émise par l'atelier conjoint du CPE/CS-CAMLR qui encourageait l'utilisation du Portail.

40. Bien que reconnaissant l'utilité du Portail, l'Argentine a toutefois noté qu'il était nécessaire de faire preuve d'une plus grande ouverture et d'une meilleure représentativité dans les contributions aux contenus du Portail des environnements de l'Antarctique, et s'est réjouie d'apporter des contributions afin de parvenir à cet équilibre.

Collaboration avec d'autres organisations (Point 5 de l'ordre du jour du CPE)

41. Le président du Comité a indiqué que le Comité avait examiné le rapport de l'atelier conjoint CPE/CS-CAMLR sur le changement et la surveillance climatique, qui s'était tenu à Punta Arenas, au Chili, les 19 et 20 mai 2016. Le Comité est convenu que l'atelier s'était révélé précieux pour l'amélioration de la coopération et de l'échange d'informations entre les deux Comités. Le CPE a par ailleurs reconnu l'importance que revêtait le processus de suivi de la mise en œuvre des Recommandations émises lors de l'atelier, et a salué l'avis selon lequel les travaux déjà entrepris, ou prévus pour l'avenir proche par le SCAR respectaient les priorités du Programme de travail en réponse au changement climatique (PTRCC).

42. Notant que le Plan de travail stratégique pluriannuel de la RCTA reprenait dans ses priorités l'examen des résultats de l'atelier, le Comité est convenu d'informer la RCTA qu'il accueillait favorablement le rapport de l'atelier conjoint CPE/CS-CAMLR sur le changement et la surveillance climatique et en avait adopté les Recommandations.

43.   L'Australie a insisté sur l'importance de la recherche et de la surveillance en matière de changement climatique par le biais du SCAR, notamment via le projet ICED (Intégration des dynamiques climatiques et écosystémiques) et le système d'observation de l'océan Austral (SOOS), telles que décrites dans le rapport du CPE, et a noté qu'il serait utile d'allouer des ressources à ces programmes afin de soutenir les objectifs poursuivis par le CPE et le CS-CAMLR. La Norvège a mentionné ses travaux conjoints avec la Fédération de Russie en mer de Barents visant à intégrer une vision équilibrée de l'océan dans la planification de toutes les activités humaines. Elle a estimé que les efforts conjoints et la collaboration constitueraient la base du développement d'une gestion intégrée des océans au sein du Système du Traité sur l'Antarctique.

44.   La Réunion a remercié les organisateurs de l'atelier et, rappelant le premier atelier conjoint CPE/CS-CALMR qui s'est tenu en 2009, a félicité le CPE pour son action en faveur de la compréhension des objectifs mutuels du CPE et du CS-CAMLR, du changement climatique et de la surveillance environnementale. La Réunion a noté qu'il s'agissait là d'un bon exemple de l'importance de la coopération entre différentes composantes du Système du Traité sur l'Antarctique, et a souligné l'utilité d'intégrer les travaux importants et précieux menés par le SCAR et d'autres organes spécialisés en matière de surveillance scientifique aux travaux du Système du Traité sur l'Antarctique.

Conséquences du changement climatique pour l'environnement : Approche stratégique (Point 7 de l'ordre du jour du CPE)

Approche stratégique

45.   Le président du CPE a fait savoir que le Comité avait accueilli favorablement une série de documents mettant en lumière l'importance de comprendre et traiter les implications environnementales du changement climatique, et qu'il apporterait sa contribution sur la question au travers du PTRCC. Le président du CPE a également indiqué que de nombreuses Recommandations liées à l'environnement émanant de la Réunion d'experts du Traité sur l'Antarctique (RETA) sur le changement climatique et ses implications pour la gestion et la gouvernance de l'Antarctique avaient été intégrées au PTRCC.

Mise en œuvre et examen du Programme de travail en réponse aux changements climatiques

46.   Le président du CPE a indiqué que le Comité avait passé en revue les avancées réalisées dans le cadre des actions identifiées dans le PTRCC convenu lors du XVIIIe CPE et adopté via la Résolution 4 (2015), débattu des différentes options pour la gestion du PTRCC et l'appui à sa mise en œuvre, et actualisé le PTRCC. Le Comité a accueilli favorablement les offres du SCAR et de l'OMM de fournir des rapports au XXe CPE sur leurs activités de recherche et de surveillance pertinentes au PTRCC, et est convenu de demander aux programmes externes concernés, dont le SOOS et ICED, de communiquer des informations similaires sur la contribution que pourraient apporter leurs activités.

47.   Notant la requête de la RCTA formulée dans la Résolution 4 (2015) de recevoir des mises à jour annuelles sur la mise en œuvre du PTRCC, le Comité est convenu d'informer la RCTA que des démarches avaient déjà été entreprises pour exécuter certaines tâches/actions identifiées dans le PTRCC pour 2016 ; qu'il était convenu d'inciter les programmes antarctiques nationaux, le SCAR, l'OMM et les organisations expertes externes concernées à soutenir et faciliter les activités de recherche et de surveillance identifiées dans le PTRCC ; qu'il avait actualisé le PTRCC afin d'intégrer les actions entreprises et d'autres modifications mineures ; et qu'il était convenu de convoquer des discussions intersessions informelles visant à appuyer l'examen approfondi par le CPE des meilleures méthodes pour gérer et soutenir la mise en œuvre du PTRCC.

48.   Le président du Comité a également indiqué que le Comité s'était penché sur l'importance d'incorporer un avis scientifique actualisé de haute qualité dans ses délibérations relatives aux implications environnementales du changement climatique dans la zone du Traité sur l'Antarctique, y compris sur la mise en œuvre du PTRCC, et que le Comité était convenu qu'il serait utile de pouvoir profiter directement de l'expertise du GIEC. En référence à la Règle 4c des Règles de procédure du CPE adoptées en vertu de la Décision 4 (2011), le Comité a accepté de proposer que la RCTA approuve le GIEC en qualité d'observateur auprès du CPE.

49.   La Réunion a félicité le Comité pour son travail sur le PTRCC et l'a encouragé à poursuivre ses travaux visant à trouver des mécanismes innovants pour mettre en œuvre le Programme de travail. La Réunion a accepté d'examiner annuellement les avancées réalisées dans le cadre du PTRCC, et d'ajouter ce point à son

Plan de travail stratégique pluriannuel. La Réunion a salué les contributions de l'OMM au Comité. Elle a appuyé les efforts du CPE visant à encourager les programmes antarctiques nationaux, l'OMM et d'autres experts à soutenir et faciliter les activités de surveillance identifiées dans le PTRCC.

50.   La Réunion a approuvé l'octroi du statut d'Observateur au GIEC au sein du CPE (Décision 1 (2016) *Observateurs du Comité pour la protection de l'environnement*), et s'est réjouie des contributions qu'il pourrait apporter à l'avenir. Le GIEC a sincèrement remercié les délégations et a exhorté toutes les Parties à contribuer à la réunion d'orientation portant sur son Rapport spécial sur l'océan et la cryosphère qui se tiendra à Monaco en décembre 2016.

Évaluation d'impact sur l'environnement (EIE) (Point 8 de l'ordre du jour du CPE)

Projets d'Évaluations globales d'impact sur l'environnement

51.   Le président du CPE a fait savoir que le Comité avait examiné le projet d'EGIE préparé par l'Italie dans le cadre de la proposition de construire et opérer une piste d'atterrissage en gravier dans la zone de la station Mario Zucchelli, baie Terra Nova, Terre Victoria, en Antarctique ; le rapport d'un GCI présidé par la France chargé d'examiner le projet d'EGIE, et des documents soumis par l'Italie, qui présentaient de nouvelles informations fournissant une réponse initiale aux points soulevés par le GCI. Le Comité a accueilli favorablement l'engagement de l'Italie à aborder les questions soulevées par le GCI et, si elle venait à décider d'entreprendre l'activité envisagée, a encouragé l'Italie à prendre en considération l'avis du CPE lors de la préparation de l'EGIE finale.

52.   Le CPE est convenu d'informer la RCTA que le projet d'EGIE était globalement conforme aux exigences de l'article 3 de l'Annexe I du Protocole au Traité sur l'Antarctique relatif à la protection de l'environnement. Dans l'éventualité où l'Italie souhaiterait poursuivre son projet, celle-ci devrait fournir de plus amples informations et précisions sur certains aspects dans l'EGIE finale, tel que défini dans le document de travail WP 21 de cette Réunion, afin de faciliter l'évaluation globale de l'activité proposée. Les informations fournies dans le projet d'EGIE étayaient la conclusion selon laquelle les impacts de la construction et de l'opération de la piste d'atterrissage en gravier proposée seront susceptibles d'être plus que mineurs ou transitoires. Le projet d'EGIE était généralement clair, bien structuré et

bien présenté, même s'il a été recommandé d'apporter des améliorations aux cartes et schémas.

Autres questions relatives aux EIE

53. Le président du CPE a indiqué que le Comité avait examiné plusieurs documents contenant des informations utiles pour comprendre et gérer les aspects environnementaux de l'utilisation de véhicules aériens sans pilote (UAV) en Antarctique. Il a reconnu les avantages que présentaient les UAV pour appuyer la recherche et la surveillance, noté la nécessité continue d'avoir une compréhension scientifique des impacts environnementaux découlant de l'utilisation des UAV, et s'est réjoui de recevoir une synthèse de l'état de l'art concernant les impacts des UAV sur la vie sauvage, établie par le SCAR, lors du XXe CPE. Notant que la RCTA se penchait également sur l'utilisation des UAV en Antarctique, le Comité a indiqué à la RCTA qu'il reconnaissait l'utilité des Lignes directrices du COMNAP pour la Certification et l'exploitation des systèmes aériens sans pilotes en Antarctique (document de travail WP 14). Le Comité a également reconnu le besoin de développer des Lignes directrices relatives aux aspects environnementaux liés aux UAV, et commencerait à développer ces Lignes directrices à l'occasion du XXe CPE.

54. La Réunion a remercié le CPE pour son avis sur les UAV, a accueilli favorablement les Lignes directrices du COMNAP et s'est réjouie de bénéficier de l'avis du SCAR qui aidera les Parties à bénéficier de cette technologie utile d'une manière sûre et respectueuse de l'environnement.

55. Le Royaume-Uni a noté que la discussion sur les UAV avait abordé des questions pertinentes tant pour le CPE que pour la RCTA, et a suggéré d'organiser à l'avenir des sessions conjointes entre les experts du CPE et de la RCTA afin de discuter des questions d'intérêt commun, comme les EGIE, les inspections et les UAV.

56. Le président du CPE a exprimé son soutien en faveur d'une approche plus coopérative des questions d'intérêt commun entre le CPE et la RCTA, et a indiqué qu'il serait utile que des représentants de la RCTA communiquent avec leurs collègues du CPE quant aux discussions intersessions prévues par le CPE sur les UAV.

57. Le président du CPE a déclaré que le Comité avait examiné le rapport soumis par l'Australie et le Royaume-Uni sur le GCI établi lors du XVIIe CPE (2014) et reconduit lors du XVIIIe CPE (2015), chargé de réviser les

Lignes directrices pour les évaluations d'impact sur l'environnement en Antarctique. Le Comité a achevé la révision des Lignes directrices après avoir apporté quelques modifications mineures. Le Comité a également examiné des questions plus larges et de politiques soulevées lors des travaux intersessions, noté que celles-ci méritaient une attention particulière, et a remercié le Royaume-Uni pour sa proposition de travailler avec les Membres intéressés au développement d'un document qui soutiendrait de nouvelles discussions sur ces questions lors du XXe CPE.

58. Après avoir examiné le rapport du GCI mis sur pied pour examiner les Lignes directrices pour l'évaluation d'impact sur l'environnement en Antarctique, le Comité a adopté une révision de ces Lignes directrices et accepté de continuer à prendre en considération de plus vastes politiques. Prenant note du fait que les Lignes directrices actuelles avaient été adoptées dans le cadre de la Résolution 4 (2005), le Comité est convenu de transmettre un projet de Résolution pour adoption à la RCTA afin de réviser les Lignes directrices.

59. La Réunion a adopté la Résolution 1 (2016) *Lignes directrices révisées pour l'évaluation d'impact sur l'environnement en Antarctique*, et a souligné l'importance de ces Lignes directrices pour la mise en œuvre continue du Protocole.

60. Conscient que l'EIE constitue l'un des outils les plus importants du Protocole, le Royaume-Uni a encouragé le CPE à tenir la RCTA informée de ses délibérations quant aux questions de politique plus larges et à d'autres questions relatives aux EIE. La Nouvelle-Zélande a également noté que la dernière mise à jour des Lignes directrices avait été effectuée il y a dix ans, et a exhorté les Parties à envisager d'actualiser ces outils plus régulièrement afin de soutenir la mise en œuvre du Protocole.

Plans de gestion et de protection des zones (Point 9 de l'ordre du jour du CPE)

Plans de gestion

61. Le président du CPE a fait savoir que le Comité avait examiné les documents qui présentaient huit Plans de gestions révisés pour des Zones spécialement protégées de l'Antarctique (ZSPA). Le Comité a décidé d'informer la RCTA que le Plan de gestion actuel pour la ZSPA no 166 Port Martin, Terre Adélie, devait être prolongé pour une période supplémentaire de cinq ans.

62. Le président du CPE a également indiqué que le Comité avait rappelé sa discussion, menée au XIVe CPE (2011), lors de l'examen d'un document

soumis par le Royaume-Uni qui présente les résultats du suivi de la ZSPA no 107 : île Empereur. Après une analyse minutieuse, et avec le soutien du Royaume-Uni, le Comité a cependant décidé que le statut de ZSPA devait être maintenu pour une période supplémentaire de cinq ans. Par ailleurs, le Comité n'a pas hésité à encourager les autres Membres à lui fournir les données de surveillance qu'ils jugeraient pertinentes afin de l'aider dans le cadre des prochaines évaluations.

63. Le Comité a discuté de l'importance de développer des orientations relatives à l'examen par le Comité des propositions visant à déclasser des ZSPA, et a accueilli favorablement l'offre de la Norvège de mener les travaux en vue d'informer l'examen ultérieur de cette question lors du XXe CPE.

64. Le président du CPE a également fait savoir que le Comité avait passé en revue un document portant sur les discussions intersessions informelles menées par la Chine quant à sa proposition de désigner une Zone spécialement gérée de l'Antarctique (ZSPA) afin de protéger les valeurs scientifiques et environnementales présentes dans la zone du Dôme A. Le Comité a salué la proposition de la Chine de mener de nouvelles discussions intersessions informelles afin d'examiner les options de gestion pour le Dôme A.

65. La Réunion s'est réjouie des réalisations réussies du Groupe subsidiaire sur les plans de gestion (GSPG) pour soutenir l'efficacité du CPE et a salué le développement de Plans de gestion visant à appuyer la protection de zones. Soulignant le caractère prioritaire de cette question dans le PTRCC, la Nouvelle-Zélande a exhorté le CPE à continuer à considérer comme prioritaire le développement de zones représentatives de chaque Région biogéographique, et de zones susceptibles d'offrir un abri aux espèces en danger.

66. La Réunion a salué le fait que l'Espagne devienne co-gestionnaire de la ZSPA n° 126.

67. Acceptant l'avis du CPE, la Réunion a adopté les Mesures suivantes sur les Zones protégées :

   • Mesure 1 (2016) *Zone spécialement protégée de l'Antarctique n° 116 (Vallée New College, plage Caughley, cap Bird, île de Ross) : Plan de gestion révisé ;*

   • Mesure 2 (2016) *Zone spécialement protégée de l'Antarctique n° 120 (Archipel de Pointe-Géologie, Terre Adélie) : Plan de gestion révisé ;*

- Mesure 3 (2016) *Zone spécialement protégée de l'Antarctique n° 122 (Hauteurs Arrival, péninsule Hut Point, île de Ross) : Plan de gestion révisé ;*

- Mesure 4 (2016) *Zone spécialement protégée de l'Antarctique n° 126 (Péninsule Byers, île Livingston, îles Shetland du Sud) : Plan de gestion révisé ;*

- Mesure 5 (2016) *Zone spécialement protégée de l'Antarctique n° 127 (Île Haswell et colonie adjacente de manchots empereurs sur des glaces de formation rapide) : Plan de gestion révisé ;*

- Mesure 6 (2016) *Zone spécialement protégée de l'Antarctique n° 131 (Glacier Canada, lac Fryxell, vallée Taylor, Terre Victoria) : Plan de gestion révisé ;*

- Mesure 7 (2016) *Zone spécialement protégée de l'Antarctique n° 149 (Cap Shirreff et île San Telmo, île Livingston, îles Shetland du Sud) : Plan de gestion révisé ; et*

- Mesure 8 (2016) *Zone spécialement protégée de l'Antarctique n° 167 (Île Hawker, Terre Princesse Elizabeth) : Plan de gestion révisé.*

68. La RCTA est par ailleurs convenue que le Plan de gestion actuel pour la ZSPA no 166 Port Martin, Terre Adélie, devait être prolongé pour une période supplémentaire de cinq ans.

Sites et monuments historiques

69. Le président du CPE a indiqué que le Comité avait rappelé lors du XVIIIe CPE (2015) sa décision soulignant que les nouvelles propositions visant de nouvelles désignations de Sites et monuments historiques (SMH) devraient être reportées jusqu'à ce que de nouvelles orientations soient établies quant aux approches de la protection du patrimoine historique en Antarctique. Le Comité a examiné plusieurs documents sur le sujet et est convenu de transmettre une proposition de modification des Sites et monuments historiques à la RCTA pour approbation par le biais d'une Mesure.

70. Acceptant l'avis du CPE, la Réunion a adopté la Mesure 9 (2016) : *Liste révisée des Sites et monuments historiques de l'Antarctique : Incorporation d'un poteau en bois historique au SMH n° 60 (Cairn de la corvette Uruguay, île Seymour (Marambio), péninsule antarctique)*

71. Le Comité est convenu qu'une fois les orientations relatives aux approches pour la protection du patrimoine historique de l'Antarctique établies, il examinerait plus en profondeur les propositions d'ajouts à la Liste de Sites

et monuments historiques : les Vestiges historiques datant d'avant 1958 aux alentours de la station Marambio et la Galerie historique de la station antarctique Roi Sejong. Le Comité est convenu que, conformément à la Résolution 5 (2001), la protection provisoire accordée aux sites datant d'avant 1958 s'appliquerait aux vestiges historiques situés dans les environs de la station Marambio.

72. Le Comité est convenu de mettre sur pied un GCI qui travaillerait pendant les périodes intersessions 2016-2017 et 2017-2018 pour élaborer un document d'orientation à l'intention des Parties, afin de les aider à évaluer leurs approches de conservation pour la gestion des objets du patrimoine de l'Antarctique.

73. La Réunion a estimé que la gestion du patrimoine était un pan important de l'Annexe V et a favorablement accueilli l'intention du CPE d'élaborer de nouvelles orientations fondées sur les approches de conservation les plus pertinentes. La Norvège a noté avec satisfaction que le CPE considérait les questions de gestion du patrimoine comme prioritaires et a souligné qu'il était important de développer des politiques pour le Système du Traité sur l'Antarctique dans cette zone. Le Royaume-Uni a encouragé l'implication d'experts en patrimoine, dotés ou non d'une connaissance de l'Antarctique, afin qu'ils échangent sur les bonnes pratiques. L'Argentine s'est dite intéressée par la participation aux discussions et a souligné la nécessité de continuer à offrir une protection temporaire spéciale aux sites qui le requéraient.

Lignes directrices pour les visites de sites

74. Le président du CPE a mentionné que le Comité avait examiné les Lignes directrices proposées et élaborées par l'Argentine, les États-Unis, le Royaume-Uni, l'Ukraine et l'IAATO pour les îles Yalour, archipel Wilhelm ; et les Lignes directrices pour les visites de sites préparées par le Chili, le Royaume-Uni et l'IAATO pour la Pointe Wild, île Éléphant. Le Comité a accepté de transmettre à la RCTA les nouvelles Lignes directrices suivantes pour adoption : îles Yalour, archipel Wilhelm ; et Pointe Wild, île Éléphant.

75. La Réunion a salué les travaux du CPE relatifs au développement des Lignes directrices pour les visites de sites, notant qu'il s'agissait de travaux utiles qui réduisaient les risques que les visiteurs aient des impacts sur ces sites. Au cours de la Réunion, l'Équateur et l'Espagne ont indiqué que le Comité

soutenait la recommandation selon laquelle la piste inférieure sur l'île Barrientos devrait rester fermée ; et que le Comité avait encouragé les deux pays à poursuivre la surveillance à long terme visant à évaluer la récupération de la végétation sur les deux pistes de l'île, afin de rédiger de futurs rapports sur son statut. L'Australie a tout particulièrement félicité l'approche prudente et considérée du CPE dans la gestion de l'île Barrientos.

76.   La Réunion a examiné et approuvé deux nouvelles Lignes directrices pour les visites de sites en adoptant la Résolution 2 (2016) *Lignes directrices pour les visites de sites.*

Autres questions relevant de l'Annexe V

77.   Le président du CPE a indiqué que le Comité avait examiné un document présenté par le Royaume-Uni qui proposait une révision du Guide pour la préparation des documents de travail contenant des propositions de Zones spécialement protégées, de Zones gérées spéciales de l'Antarctique ou de Sites et monuments historiques, en vue de faciliter la collecte d'informations supplémentaires sur la manière dont les zones s'inscrivaient dans les outils environnementaux et géographiques systématiques. À la suite de débats, le Comité a consenti à conseiller à la RCTA de recommander la révision du Formulaire A : Page de couverture pour un document de travail sur une ZSPA ou une ZGSA, annexé au Guide à la présentation de documents de travail contenant des propositions pour les Zones spécialement protégées de l'Antarctique, les Zones gérées spéciales de l'Antarctique ou les Sites et monuments historiques, adopté par la Résolution 5 (2011), afin d'y inclure les questions nouvelles et révisées.

78.   Le président du CPE a indiqué que le Comité avait examiné un document soumis par le SCAR qui présentait son Code de conduite pour les activités se déroulant en environnement géothermique continental en Antarctique, et avait reconnu l'intérêt de ce Code de conduite dans l'appui de la planification et de l'exécution des activités dans les zones géothermiques continentales afin de réduire les risques pesant sur les valeurs scientifiques et environnementales majeures de ces zones. Le Comité a ratifié le Code de conduite du SCAR pour les activités se déroulant en environnement géothermique continental en Antarctique et a consenti à soumettre à la RCTA un projet de Résolution sur l'encouragement de la diffusion et de l'utilisation du Code de conduite.

79. Acceptant l'avis du CPE, la Réunion a adopté la Résolution 3 (2016) *Code de conduite pour les activités en environnement géothermique continental en Antarctique*. La Réunion a félicité le SCAR pour son travail fourni sur le Code de conduite.

80. Le président du CPE a par ailleurs noté que le Comité avait remercié Mme Birgit Njåstad (Norvège) pour son excellent travail en tant que présidente du GSPG au cours des quatre années précédentes, et avait nommé Mme Patricia Ortúzar (Argentine) au poste de présidente du GSPG.

81. La Réunion a également remercié chaleureusement Mme Birgit Njåstad pour son travail en tant que présidente du GSPG, et a félicité Mme Patricia Ortúzar pour sa nomination à ce même poste.

82. Soulignant l'importance des AMP et les défis inhérents au traitement des informations nécessaires à la mise en œuvre d'une AMP, l'Argentine a remercié l'ASOC pour son aide dans le renforcement des capacités en matière de traitement des données relatives aux AMP pour les membres de sa Direction antarctique nationale et son Institut antarctique argentin.

Conservation de la faune et de la flore de l'Antarctique (Point 10 de l'ordre du jour du CPE)

Quarantaine et espèces non indigènes

83. Le président du CPE a fait savoir que le Comité avait examiné un rapport du Royaume-Uni sur le GCI établi lors du XVIIIe CPE (2015) chargé de réviser le Manuel sur les espèces non indigènes du CPE. Le Comité a adopté le Manuel révisé, après passage en revue et révision complets par le GCI, et a accepté d'intégrer une série d'actions recommandées par le GCI dans son Plan de travail quinquennal, en vertu de la question classée Priorité 1 : introduction d'espèces non indigènes. Le Comité a approuvé la révision du Manuel sur les espèces non indigènes du CPE. Observant que la version actuelle du Manuel avait été approuvée conformément à la Résolution 6 (2011), le Comité est convenu de présenter un projet de Résolution à la RCTA pour approbation, afin de réviser le Manuel et d'encourager sa diffusion et son utilisation.

84. Acceptant l'avis du CPE, la Réunion a adopté la Résolution 4 (2016) *Manuel sur les espèces non indigènes*.

Rapports d'inspection (Point 12 de l'ordre du jour du CPE)

85. Le président du CPE a indiqué que, dans le cadre de ce point de l'ordre du jour, le Comité avait examiné des documents rendant compte d'inspections menées par la Chine en décembre 2015, qu'il avait favorablement accueilli leurs conclusions générales indiquant que les six stations inspectées étaient conformes au Protocole environnemental ; qu'il avait examiné des documents portant sur des inspections menées par l'Argentine et le Chili en février 2016 ; et accueilli favorablement les conclusions générales indiquant que les cinq stations inspectées présentaient une conformité suffisante aux exigences du Protocole environnemental.

Élection des membres du Bureau (Point 14 de l'ordre du jour du CPE)

86. Le président du CPE a noté que le Comité avait remercié Mme Birgit Njåstad (Norvège) pour le travail exceptionnel qu'elle avait fourni au cours des quatre dernières années en qualité de vice-présidente du CPE. Le Comité a par ailleurs élu Mme Patricia Ortúzar (Argentine), au poste de vice-présidente du CPE et élu M. Ewan McIvor (Australie) pour un deuxième mandat de deux ans en tant que président du CPE.

87. La Réunion a félicité M. McIvor pour sa nomination pour un deuxième mandat en qualité de président du CPE. Elle a également remercié le Dr Polly Penhale (États-Unis), vice-présidente du Comité, pour son soutien constant au président du CPE ; et a félicité Mme Patricia Ortúzar (Argentine) pour sa nomination au poste de vice-présidente du CPE.

88. La Réunion a remercié chaleureusement Mme Birgit Njåstad (Norvège) pour son implication et son travail exceptionnel en tant que vice-présidente du CPE au cours des quatre dernières années.

Préparatifs de la prochaine Réunion (Point 15 de l'ordre du jour du CPE)

89. La Norvège a remercié le Comité pour l'excellente qualité de son travail et noté qu'il était nécessaire de discuter en profondeur d'une structure de Réunion qui garantisse que les Parties disposent de suffisamment de temps pour examiner le rapport et les avis du CPE.

90. Le président du CPE a indiqué que le Comité avait adopté un ordre du jour provisoire pour le XXe CPE, qui reflétait l'ordre du jour du XIXe CPE.

91. La Réunion a remercié M. McIvor pour son rapport exhaustif sur les travaux du CPE et pour son leadership inspiré du CPE.

Point 6 a : Fonctionnement du Système du Traité sur l'Antarctique : Requête du Venezuela en vue de devenir Partie consultative

92. Le Venezuela a informé la Réunion que, conformément aux Lignes directrices, il avait officiellement soumis une demande au gouvernement dépositaire du Traité sur l'Antarctique afin d'obtenir le statut de Partie consultative. Il a également indiqué qu'il jouissait du statut de Partie non consultative depuis 1999 et qu'il était engagé dans des activités scientifiques en Antarctique sans interruption depuis 2008.

93. Le Japon et l'Équateur ont soutenu la requête de la République bolivarienne du Venezuela portant sur son statut consultatif au sein du Traité sur l'Antarctique. Le Japon a insisté sur le fait qu'une augmentation du nombre de Parties consultatives contribuait directement à la diffusion des principes du Traité sur l'Antarctique et du Protocole au Traité relatif à la protection de l'environnement. Le Japon a favorablement accueilli l'intention du Venezuela de devenir Partie consultative et a exprimé l'espoir de poursuivre des travaux en Antarctique en coopération avec d'autres Parties.

94. Saluant la contribution du Venezuela à la recherche antarctique, la Réunion l'a encouragé à poursuivre le développement de ses plans et stratégies en vue d'obtenir le statut consultatif. Plusieurs Parties ont proposé leur aide au Venezuela pour atteindre cet objectif.

95. Plusieurs Parties ont suggéré qu'une série de critères soit développée pour déterminer s'il convenait d'accorder le statut de Partie consultative.

96. La Réunion a rappelé les Lignes directrices sur la notification relative au statut consultatif adopté lors de la XIVe RCTA, ainsi que la Décision 4 (2005) concernant le même sujet, adoptée lors de la XXVIIIe RCTA, et est convenue qu'il serait utile d'examiner les Lignes directrices existantes et de déterminer s'il était nécessaire d'actualiser ou d'ajouter des orientations quant aux conditions auxquelles une Partie devait satisfaire pour prétendre au statut consultatif.

97. La Réunion a décidé de mettre sur pied un GCI sur les critères présidant au statut consultatif, avec le mandat suivant :

- Examiner la procédure existante pour obtenir le statut de Partie consultative, notamment la Décision 4 (2005) ;
- Examiner les Lignes directrices relatives à la notification en matière de statut consultatif ;
- Déterminer si des Lignes directrices actualisées ou supplémentaires apporteraient plus de clarté quant à l'octroi du statut consultatif à une Partie, selon l'Article IX paragraphe 2 du Traité sur l'Antarctique qui dispose que « Toute Partie Contractante (...) qui démontre l'intérêt qu'elle porte à l'Antarctique en y menant des activités substantielles de recherche scientifique telles que l'établissement d'une station ou l'envoi d'une expédition. » ;
- Examiner d'autres recommandations destinées aux Parties contractantes souhaitant obtenir le statut de Partie consultative ; et
- Présenter un rapport à la RCTA.

98.   Par ailleurs, il a été convenu que :

- Seules les Parties consultatives seraient invitées à apporter des contributions ;
- Le Secrétaire exécutif ouvrirait le forum de la RCTA pour le GCI et assisterait le GCI ; et
- Le Chili, la Nouvelle-Zélande et l'Uruguay feraient office d'organisateurs conjoints.

Point 6 b : Fonctionnement du Système du Traité sur l'Antarctique : Questions diverses

99.   Le Royaume-Uni a présenté le document de travail WP 5 « Révision du " Guide à la présentation de documents de travail contenant des propositions pour les Zones spécialement protégées de l'Antarctique, les Zones gérées spéciales de l'Antarctique ou les Sites et monuments historiques " », indiquant que le document avait été présenté au CPE sous le point 9e de l'ordre du jour, Plans de gestion et de protection de zones - autres questions relatives à l'Annexe V. Le document proposait des révisions pour le Formulaire A.

100.   La Réunion a noté que les révisions du guide avaient été approuvées par le CPE. La Réunion a adopté la Résolution 5 (2016) : *Guide révisé à la présentation de documents de travail contenant des propositions de Zones spécialement protégées de l'Antarctique, les Zones gérées spéciales de l'Antarctique ou Sites et monuments historiques*.

101. Le Royaume-Uni a présenté le document de travail WP 7 « Règlement intérieur de la RCTA relatif aux consultations intersessions », préparé conjointement avec les États-Unis. Le document soulignait, à l'intention du Secrétaire exécutif, le manque de clarté et de consignes quant aux points de contact que chaque Partie consultative considérait les plus appropriés lors d'une consultation intersessions officielle. Les auteurs proposaient que la RCTA examine s'il convenait que le Secrétaire exécutif considère les personnes nommées en vertu de la Recommandation XIII-1 comme celles désignées par la Partie consultative conformément aux articles 46 et 47 du Règlement intérieur de la RCTA ; s'il convenait d'informer le Secrétaire exécutif qu'aux fins de respecter les articles 46 et 47 du Règlement intérieur, c'etait le représentant (donc, le chef de la délégation) et son suppléant qui devaient être considérés comme les contacts désignés ; et s'il convenait de conseiller au Secrétaire exécutif de demander un avis spécifique à chaque Partie consultative afin de tenir à jour une liste séparée des personnes de contact, conformément aux articles 46 et 47.

102. La Réunion a remercié le Royaume-Uni et les États-Unis et noté l'importance de bien communiquer au cours des consultations intersessions, pour lesquelles il est nécessaire d'identifier un point de contact fiable. La Réunion a décidé que les paragraphes pertinents du Règlement intérieur de la Réunion consultative du Traité sur l'Antarctique seraient mis à jour (cf. Décision 2, (2016) *Règlement intérieur révisé de la Réunion consultative du Traité sur l'Antarctique*). La Réunion est convenue que chaque Partie informerait le Secrétaire exécutif de l'identité de son représentant et de tout représentant suppléant, conformément à l'article révisé 46 (a) dans les deux semaines suivant la clôture de la RCTA.

103. L'Australie a présenté le document de travail WP 19 « Faire connaître le travail des Parties au Traité sur l'Antarctique grâce à la publication anticipée du Rapport de la RCTA ». L'Australie propose que les Parties consultatives au Traité sur l'Antarctique approuvent la réalisation d'une version préliminaire du Rapport de chaque Réunion consultative du Traité sur l'Antarctique, qui serait consultable par le public sur le site web du Secrétariat dans un intervalle de trois mois après la Réunion. Cela serait compatible avec les dates de publication officielle des Mesures, Décisions et Résolutions, et aiderait à faire connaître le travail essentiel des Parties sur la gouvernance et la gestion de la zone du Traité sur l'Antarctique. Le document présente une proposition de modification des Lignes directrices relatives à la soumission, la traduction et la distribution de documents pour la RCTA et le CPE.

104. Les Parties ont favorablement accueilli le document de l'Australie et perçu l'intérêt que présentait la publication d'un projet de Rapport dans les trois mois qui suivaient la Réunion. Plusieurs Parties ont souligné l'intérêt que présentait la publication d'un Rapport préliminaire en même temps qu'étaient publiées les Mesures, Décisions et Résolutions, et ont noté l'intérêt que portait le public à la RCTA.

105. En réponse aux questions des Parties, le Secrétaire exécutif a déclaré qu'un rapport préliminaire générerait des coûts plus élevés et que seuls quelques changements éditoriaux étaient apportés après l'adoption du Rapport final de la RCTA. Le Secrétaire exécutif a par ailleurs indiqué que les traductions dans les quatre langues officielles du Traité et la relecture par des experts seraient exécutées avant la publication du rapport préliminaire ; le formatage et la mise en page définitifs étant des points plus chronophages.

106. La Réunion est convenue qu'une version préliminaire du Rapport devrait être publiée dans les trois mois qui suivent la Réunion. La Réunion a décidé que les paragraphes concernés de l'Annexe *Procédures pour la soumission, la traduction et la diffusion des documents de la RCTA et du CPE* reprise dans le Règlement intérieur de la Réunion consultative du Traité sur l'Antarctique et du Comité pour la protection de l'environnement seraient actualisés (cf. Décision 2 (2016), *Règlement intérieur révisé de la Réunion consultative du Traité sur l'Antarctique).*

107. Les États-Unis ont présenté le document de travail WP 38 « Confirmation de l'engagement permanent envers l'interdiction de toute activité d'exploitation minière en Antarctique, autre que pour la recherche scientifique. Interdiction de l'exploitation minière en Antarctique », parrainé conjointement par l'Allemagne, l'Afrique du Sud, l'Argentine, l'Australie, la Belgique, le Chili, l'Espagne, la Finlande, la France, l'Italie, le Japon, les Pays-Bas, la République de Corée, la République tchèque, le Royaume-Uni, la Nouvelle-Zélande, la Norvège, la Pologne, la Suède et l'Uruguay.

Le document indique que cette proposition a été faite à la lumière du 25e anniversaire du Protocole. La partie la plus connue du Protocole est l'interdiction des activités liées aux ressources naturelles en vertu de l'article 7, aussi connue sous le nom d'interdiction d'exploitation minière. Cette obligation, à laquelle toutes les Parties au Protocole souscrivent, est souvent mal comprise. L'interdiction d'exploitation minière n'expire pas en 2048 ; elle ne sera que réexaminée à cette date. Ce malentendu peut être résolu, à tout le moins en partie, en adoptant une Résolution. Le 25e anniversaire constitue également un moment idéal pour que les Parties réaffirment leur engagement envers l'article 7, étant donné son importance dans le cadre de la protection de l'environnement.

108. La Réunion a chaleureusement accueilli le document et le projet de Résolution. Les Parties ont reconnu que l'article 7 constituait un pilier du Protocole relatif à la protection de l'environnement et ont réitéré leur engagement profond pour la protection de l'Antarctique et de son environnement pour les générations futures.

109. La Réunion a indiqué qu'il existait un vaste malentendu quant à la date d'expiration de l'article 7 et à l'interdiction des activités d'exploitation minières en Antarctique. Plusieurs Parties ont souligné la nécessité de s'assurer que davantage de publicité soit faite autour de la réaffirmation de l'interdiction continue des activités minières en Antarctique au-delà de 2048.

110. Notant qu'une Résolution était nécessaire et à la suite de discussions, la Réunion a adopté la Résolution 6 (2016) *Confirmation de l'engagement permanent envers l'interdiction de toute activité relative aux ressources minérales en Antarctique, autre que pour la recherche scientifique ; soutien à l'interdiction de l'exploitation minière en Antarctique.*

111. La Fédération de Russie a présenté le document de travail WP 39 rév. 1 « De « l'ouverture » de la porte vers l'Antarctique ». Notant que la plupart des navires et des voies aériennes vers l'Antarctique passent par les ports maritimes et aéroports méridionaux qui servent de porte d'entrée en Antarctique, la Fédération de Russie a appelé les Parties en charge des opérations dans ces ports et aéroports à examiner le problème décrit dans le document relatif au transit des participants à des programmes antarctiques nationaux vers et au départ de l'Antarctique. Elle a invité les Parties à trouver une solution positive à la question.

112. Suite aux discussions, et notant les inquiétudes existantes quant au transit de participants à des programmes antarctiques nationaux, les Parties qui contrôlent les points d'entrée de transit ont répondu positivement, déclarant qu'elles étaient déterminées à trouver une solution aux problèmes de transit pour les autres programmes antarctiques nationaux, le cas échéant, au cas par cas.

113. La Norvège a présenté le document de travail WP 50 « Amélioration de l'interaction entre CPE et RCTA », préparé conjointement avec l'Australie. Les Parties ont été invitées à déterminer si un accord pouvait être dégagé de façon à ce que : les documents soient soumis uniquement au CPE ou à la RCTA ; les documents qui ont été soumis à la RCTA et au CPE indiquent

clairement quelles questions doivent être discutées par la RCTA et le CPE, respectivement ; que les présidents coordonnent leurs plans pour l'ordre du jour en amont ; que les présidents examinent les documents soumis et, si nécessaire, invitent les auteurs à transmettre leur document à une autre partie de la Réunion ; actualiser le Manuel du Secrétariat pour la soumission de documents à la RCTA et au CPE afin d'y inclure des orientations sur ces questions.

114. Les Parties ont insisté sur la nécessité de renforcer la relation entre le CPE et la RCTA. Plusieurs Parties ont exprimé leur inquiétude, indiquant qu'en empêchant que des documents soient soumis conjointement au CPE et à la RCTA, le système manquerait de flexibilité et que dans certains cas, l'envoi des documents aux deux organes était nécessaire. La coordination entre les présidents de chaque groupe a été reconnue comme un facteur important dans le processus visant à déterminer le meilleur usage possible du temps disponible lors de la Réunion. Les Parties ont indiqué que l'ordre du jour annoté avait déjà été utilisé au CPE et ont demandé qu'une approche similaire soit adoptée pour les autres Groupes de travail, le rendant disponible plus tôt, tout comme le résumé des documents, pour faciliter au mieux la préparation des sessions.

115. La Réunion est convenue que les documents soumis tant à la RCTA qu'au CPE devraient, si possible, faire clairement mention des questions ou problèmes qui devraient être discutées respectivement par la RCTA et le CPE, donnant ainsi aux présidents l'occasion de discuter plus en détail et de coordonner en amont leurs plans pour l'ordre du jour. Il a par ailleurs été convenu que les présidents des groupes de travail vérifieraient les documents lorsque ceux-ci seraient soumis et, en fonction de cela, aient la possibilité d'inviter le(s) auteur(s) à réorienter leur document vers une autre partie de la réunion. Il a été convenu qu'il serait utile aux présidents de coordonner leurs plans pour l'ordre du jour en amont de chaque RCTA. Suite à des discussions approfondies, la Réunion est convenue que ces suggestions seraient reprises dans une révision de l'Annexe au Règlement intérieur pour la Réunion consultative du Traité sur l'Antarctique intitulée *Procédures pour la soumission, la traduction et la diffusion de documents pour la RCTA et le CPE*. La Réunion a adopté la Décision 2 (2016) *Règlement intérieur révisé de la Réunion consultative du Traité sur l'Antarctique*.

116. La Réunion a discuté des mérites d'avoir des ordres du jour annotés pour chaque groupe de travail. Les Parties sont convenues du fait qu'il serait bénéfique pour tous les participants à la Réunion d'avoir un ordre du jour

et une synthèse des documents, diffusés par les présidents respectifs des différents groupes de travail de la RCTA et du Secrétariat, en préparation de la Réunion. Ceci contribuerait à l'efficacité et permettrait une séquence de discussions coordonnées entre la RCTA et le CPE. Le Secrétaire exécutif a confirmé que ceci pourrait être effectué avec les présidents des groupes de travail respectifs. La Réunion est convenue d'intégrer cela au *Programme 2016-2017 du Secrétariat*.

117. Le Royaume-Uni a noté qu'il serait utile aux travaux de la RCTA de recevoir un rapport du Secrétariat du Traité sur l'Antarctique qui établisse une liste des Mesures qui n'étaient pas encore entrées en vigueur. Il a été convenu que le Secrétariat du Traité sur l'Antarctique produirait un document de Secrétariat reprenant les informations contenues dans le rapport du gouvernement dépositaire sur le statut de ces Mesures mais qui soit de préférence plus lisible. Les Parties ont mis l'accent sur le fait que les informations contenues dans le document du Secrétariat devraient être factuelles et neutres dans leurs natures. La Réunion est convenue d'intégrer cela au *Programme 2016-2017 du Secrétariat*.

118. L'ASOC a présenté le document d'information IP 79, intitulé « An Unprecedented Achievement: 25 years of the Environmental Protocol ». L'ASOC s'est penchée sur les résultats positifs de la mise en œuvre du le Protocole relatif à la protection de l'environnement et a encouragé les Parties à poursuivre leurs efforts. En accueillant favorablement le document, les Parties ont indiqué que le Protocole constituait l'une des pierres angulaires du Système du Traité sur l'Antarctique. Sa force réside dans le fait qu'il a été conçu pour s'adapter à toutes sortes d'évolutions, puisqu'il possède la flexibilité juridique permettant de traiter des questions environnementales contemporaines.

Point 7 : Fonctionnement du Système du Traité sur l'Antarctique : Questions liées au Secrétariat

119. Le Secrétaire exécutif a présenté le document du secrétariat SP 3 rév. 1 « Rapport du Secrétariat 2015-2016 », fournissant des détails sur les activités du Secrétariat durant l'exercice fiscal 2015-2016 (du 1er avril 2015 au 31 mars 2016). Il a fait savoir que, suite à une invitation à soumettre des propositions pour l'exécution de services de traduction et d'interprétation lors de la XXXIXe RCTA, un contrat de trois ans avait été conclu avec la société « ONCALL Australia ». Il a indiqué que le Secrétariat avait organisé

un concours littéraire pour des étudiants en Argentine et au Chili à l'occasion du 25e anniversaire du Protocole relatif à l'environnement.

120. Le Secrétaire exécutif a informé la Réunion des dernières évolutions sur les questions liées à la coordination et aux contacts, aux technologies de l'information, à la publication du Rapport final de la XXXVIIIᵉ RCTA, à l'information du public, ainsi qu'aux questions relatives au personnel et aux finances. Le Secrétaire exécutif a indiqué qu'aucune modification du personnel du Secrétariat n'était intervenue durant la période 2014-2015. En ce qui concerne le Système électronique d'échange d'informations, des améliorations ont été apportées. Le Secrétaire exécutif a encouragé les Parties à soumettre leurs rapports en temps opportuns, a fait savoir que les contributions du Brésil et de l'Ukraine avaient été retardées et a invité ces Parties à effectuer leur paiement sans délai.

121. Le Secrétaire exécutif a présenté le document de Secrétariat SP 4 « Programme 2016-2017 du Secrétariat ». Le présent programme de travail présente les activités proposées au Secrétariat pour l'exercice 2016-2017 (du 1ᵉʳ avril 2016 au 31 mars 2017). Il a fait référence au document de travail WP 17 « Rapport du groupe de contact intersessions chargé d'examiner les exigences en matière d'échange d'informations », et a indiqué que le Secrétariat mettrait en œuvre les changements requis. En ce qui concerne les questions relatives au personnel, le Secrétaire exécutif a proposé la promotion de Mme Anna Balok et de Mme Viviana Collado au barème salarial G4, conformément à l'article 5.5 des Statuts du personnel.

122. Le Secrétaire exécutif a également présenté le document du Secrétariat SP 5 « Profil budgétaire quinquennal prévisionnel 2016-2020 », qui décrit le profil budgétaire du Secrétariat pour la période 2016-2020. Il a indiqué que le profil budgétaire ne présentait pas de changement majeur et maintenait à zéro l'augmentation nominale pour les contributions au cours de cette période. Il a déclaré qu'au cours de cette période quinquennale, aucune augmentation de salaire n'avait été demandée.

123. La Réunion a remercié le Secrétaire exécutif pour ces rapports détaillés et a reconnu l'importance des travaux menés par le Secrétariat pour appuyer la gouvernance générale de l'Antarctique. Plusieurs Parties ont encouragé les Parties concernées à effectuer le paiement des arriérés au plus vite.

124. Après plusieurs débats, la Réunion a adopté la Décision 3 (2016) *Rapport, programme et budget du Secrétariat*.

125. Le Chili a présenté le document de travail WP 42 « Procédure révisée de sélection et de nomination du Secrétaire exécutif du Secrétariat du Traité sur l'Antarctique », préparé conjointement avec l'Argentine et les États-Unis. Le Chili a indiqué que, le mandat actuel du Secrétaire exécutif arrivant à son terme en août 2017, il convenait de mettre en place une procédure appropriée pour la sélection et la nomination d'un nouveau Secrétaire exécutif. Ceci permettrait à la Réunion de nommer un nouveau Secrétaire exécutif lors de la XLe RCTA à Beijing, en Chine.

126. La Réunion a salué cette proposition. En réponse à des requêtes émises par certaines Parties concernant les procédures et critères de sélection proposés pour les candidats les mieux classés, le Chili a assuré à la Réunion que la procédure proposée serait la même que celle utilisée lors de la XXXIIe RCTA. Suite à des discussions plus poussées, le Chili a confirmé que la sélection du candidat retenu se ferait par consensus. La Réunion est convenue de préciser dans la Décision que les candidats, en plus du formulaire de candidature, devraient également fournir un CV.

127. La Réunion a adopté la Décision 4 (2016) *Procédure de sélection et de nomination du Secrétaire exécutif du Secrétariat du Traité sur l'Antarctique.*

Point 8 : Responsabilité

128. Les États-Unis, en leur qualité de gouvernement dépositaire du Traité sur l'Antarctique et de son Protocole relatif à la protection de l'environnement, ont fait savoir que 12 Parties consultatives avaient indiqué avoir approuvé l'Annexe VI.

129. Les Parties ont fourni des informations mises à jour sur le statut de leur ratification de l'Annexe VI et sur la transposition de l'Annexe VI dans leur législation nationale. Des Parties qui ont approuvé l'Annexe VI (Afrique du Sud, Australie, Espagne, Fédération de Russie, Finlande, Italie, Norvège, Nouvelle-Zélande, Pays-Bas, Pérou, Pologne, Royaume-Uni et Suède), cinq ont indiqué qu'elles appliquaient la législation nationale mettant en œuvre l'Annexe VI, dans l'attente de l'entrée en vigueur de l'Annexe VI (Fédération de Russie, Finlande, Norvège, Pays-Bas et Suède).

130. Plusieurs Parties ont indiqué que la transposition de l'Annexe VI dans leur législation nationale était amorcée. Certaines Parties ont indiqué que la mise en œuvre pourrait être achevée durant la période législative en cours.

131. Certaines Parties ont exprimé leurs inquiétudes quant au manque de progrès concernant l'entrée en vigueur de l'Annexe VI.

132. La Réunion est convenue de poursuivre le suivi de la mise en œuvre de l'Annexe VI.

133. Les Parties qui avaient déjà approuvé l'Annexe VI au Protocole, ainsi que celles qui l'avaient déjà mise en œuvre ou qui étaient en pleine transposition de l'Annexe VI dans leur législation nationale, ont proposé de partager leur expérience avec les autres Parties et ont été invitées à le faire par le biais du Système électronique d'échange d'informations (SEEI).

134. En ce qui concerne les questions d'assurances, le Secrétaire exécutif a informé la Réunion que les Fonds internationaux d'indemnisation pour les dommages dus à la pollution par les hydrocarbures (FIPOL) avaient été invités à prendre part à cette RTCA. Le FIPOL avait accepté l'invitation mais l'avait par la suite décliné.

135. Le Royaume-Uni a souligné que le Groupe international des clubs de protection et d'indemnisation avait montré son intérêt quant au sujet de la responsabilité pour l'Antarctique, et en débattait régulièrement. Le sécretariat du Groupe international des clubs de protection et d'indemnisation pourrait apporter ses conseils quant aux activités de transport, et cela pourrait être utile à la prochaine RCTA. L'IAATO a souligné qu'elle pouvait poursuivre ce débat avec ses membres.

136. La Réunion a appelé le Secrétaire exécutif à renouveler son invitation au FIPOL, à inviter le Groupe international des clubs de protection et d'indemnisation à assister à la prochaine RCTA, et à informer ces acteurs que la RCTA accueillerait chaleureusement leur contribution et leurs avis sur des questions liées aux assurances, en vertu de l'Annexe VI du Protocole.

Point 9 : Prospection biologique en Antarctique

137. Rappelant la Résolution 7 (2005) *Prospection Biologique en Antarctique*, la Résolution 9 (2009) *Collecte et utilisation de matériel biologique de l'Antarctique*, et la Résolution 6 (2013) *Prospection biologique en Antarctique*, la Belgique a appelé les Parties à faire rapport de leurs activités liées aux ressources biologiques et génétiques en Antarctique. La Belgique a rappelé aux Parties que les questions de prospection biologiques étaient traitées dans d'autres forums internationaux, notamment celui des Nations Unies, et elle a également souligné l'importance de réaliser des progrès collectifs à ce sujet lors de cette RCTA.

Point 10 : Échange d'informations

138. L'Australie a présenté le document de travail WP 17 « Rapport du groupe de contact intersessions chargé d'examiner les exigences en matière d'échange d'informations ». Elle a rappelé aux Parties que des modifications et clarifications quant aux exigences en matière d'échange d'informations avaient été convenues à la XXXVIIIᵉ RCTA et étaient présentées dans la Décision 6 (2015). La Réunion a identifié des points en suspens sur lesquels le GCI s'était penché. L'Australie a rapporté que le GCI avait : ouvert le débat sur la révision des points informatifs dont l'échange est actuellement exigé, en se concentrant sur les points considérés comme nécessitant l'attention de la RCTA ; examiné l'intérêt ou non pour les Parties de poursuivre l'échange d'informations sur ces points ; examiné le besoin ou non de modifier, mettre à jour, décrire différemment, rendre obligatoire (pour ceux encore optionnels) ou retirer certains de ces points ; examiné le délai prévu pour l'échange d'information de ces points ; a examiné la manière dont chaque point correspondrait le mieux aux catégories d'information « présaison », « annuelle » et « permanente » ; et examiné la question de savoir si ces informations pouvaient être mieux partagées au moyen d'autres mécanismes (par exemple, ceux mis en place par le COMNAP).

139. Le Japon a salué l'initiative de l'Australie qui permettrait au GCI d'améliorer le SEEI. Parmi les informations échangées, celles relatives aux plans de recherche seraient particulièrement importantes pour la collaboration internationale en matière de recherche, telle qu'elle était encouragée à l'Article III du Traité. En consultation avec d'autres forums tels que ceux du SCAR, du COMNAP, de la CCAMLR, et les comités de recherche de chaque Partie, il devrait permettre des opérations de recherches sûres et rationalisées en Antarctique, la collaboration internationale en matière de recherche, et le partage des plates-formes de recherche, notamment les stations antarctiques et les navires. Le Japon a fait part de son intention de poursuivre sa collaboration avec le GCI en ce qui concerne le SEEI.

140. La Réunion a salué les travaux du GCI, a reconnu le rôle de l'Australie dans la direction de débat lors des périodes intersessions, et a reconnu que l'échange d'information était un important pilier du Système du Traité sur l'Antarctique. Bien qu'ayant souligné l'utilité du SEEI, certaines Parties ont fait remarquer que leur efficacité dépendait largement de la participation active des Parties, et les ont donc encouragés à les mettre en place de manière proactive.

141. La Réunion a pris note de l'avis du CPE sur l'échange d'informations pour les questions environnementales et a décidé de mettre à jour l'Annexe de la Décision 6 (2015). La Réunion a adopté la Décision 5 (2016) *Échange d'informations*. La Réunion a noté que si des points importants concernant le fonctionnement du SEEI persistaient, ils seraient examinés lors de la prochaine RCTA.

142. Le Brésil a soumis le document d'information IP 74, intitulé « Regulations and procedures for vessels proceeding to Antarctica », qui présentait les réglementations mises en place par le gouvernement brésilien pour les navires et les citoyens voyageant du Brésil vers l'Antarctique. Le Brésil a également présenté le document d'information IP 75, intitulé « Reconstruction and Foundation Stone of the New Brazilian Station in Antarctica » sur la reconstruction de la station antarctique Commandate Ferraz, endommagée par un incendie en 2012. Le Brésil a souligné que les ressources pour mener des activités scientifiques étaient réduites à cause des activités de reconstruction de la station, et en a appelé à la coopération et à la solidarité des Parties afin d'aider ses scientifiques. Enfin, le Brésil a présenté le document d'information IP 73, intitulé « XXXIV Antarctic Operation », qui fait rapport de la XXXIV⁰ Opération antarctique (OPERANTAR XXXIV). Les navires *Almirante Maximiano* et l'*Ary Rongel* avaient quitté la base navale de Rio de Janeiro en direction de l'Antarctique en octobre 2015, et étaient revenus en mars 2016.

143. Le document suivant a également été soumis pour ce point de l'ordre du jour :

   • Document de contexte BP 7, intitulé « Measures under the Protocol on Environmental Protection to the Antarctic Treaty: Implementing Legislation of the Kingdom of the Netherlands » (Pays-Bas).

Point 11 : Questions relatives à la formation

144. La Bulgarie a présenté le document de travail WP 24 « Premier rapport du Groupe de contact intersessions sur l'éducation et la sensibilisation », préparé conjointement avec la Belgique, le Brésil, le Chili, le Portugal et le Royaume-Uni. Le GCI a recommandé que la RCTA : reconnaisse l'utilité du Forum sur l'éducation et la sensibilisation ; conseille aux Parties d'encourager la participation au Forum pour fournir des informations sur leurs activités liées à l'éducation et à la sensibilisation ; évalue les manifestations et activités internationales clés liées à l'éducation et à la sensibilisation que les Parties peuvent organiser ; encourage l'utilisation

de supports pédagogiques déjà disponibles dans le Forum ; encourage la participation au Forum afin d'inciter plus de Parties à réaliser des activités d'éducation et de sensibilisation ; examine la possibilité d'évaluer d'autres sources fiables de supports pédagogiques ; et encourage les Parties à promouvoir, non seulement l'Antarctique et les recherches en Antarctique à travers leurs activités d'éducation et de sensibilisation, mais aussi le Traité sur l'Antarctique et le Protocole sur l'environnement en tant que tels. La Bulgarie a souligné la participation active des Parties, des Experts et des Observateurs lors du Forum.

145. La Réunion a remercié la Bulgarie d'avoir organisé le GCI et a souligné l'importance des activités d'éducation et de sensibilisation. Certaines Parties ont fait part de leurs propres efforts nationaux quant à la promotion d'activités d'éducation et de sensibilisation liées à l'Antarctique. L'IAATO a remercié les Parties pour leur invitation à participer au GCI. Certaines Parties ont exprimé le souhait de voir les travaux du GCI se poursuivre, et ont appelé d'autres Parties à participer aux débats du GCI. La Réunion a reconnu l'utilité du Forum sur l'éducation et la sensibilisation, et a encouragé les Parties à tirer parti de ce Forum, notamment pour compiler les activités et les événements internationaux, ainsi que le matériel pédagogique déjà disponible sur le Forum. Les Parties ont également été encouragées à fournir des traductions de ce matériel pédagogique dans les langues du Traité.

146. L'Espagne a présenté le document de travail WP 20 « Améliorer la visibilité des activités de sensibilisation et d'éducation sur l'Antarctique », préparé conjointement avec la Belgique, la Bulgarie, le Chili, l'Italie, le Portugal et le Royaume-Uni. Dans ce document, on y soulignait l'importance d'atteindre les objectifs fixés dans la Mesure 1 (2003) concernant la diffusion d'information au sein du Système du Traité sur l'Antarctique. Y était également proposée la création d'une section sur le site web du Secrétariat, afin de permettre aux Parties intéressées d'accéder aux supports des activités de sensibilisation et d'éducation destinés au public. La proposition incluait la participation volontaire des Parties, et contenait une clause spécifiant que leur contribution ne reflétait que l'avis de chaque Partie participante. Les Parties intéressées pourraient également partager leurs activités d'éducation et de sensibilisation via la section « Éducation et sensibilisation » du site web, ainsi que les liens renvoyant vers leurs pages respectives de projets et de supports existants.

147. La Réunion a remercié les promoteurs pour leur document. En réponse à l'inquiétude quant au manque de clarté de la clause de neutralité de la

contribution des Parties, le Royaume-Uni a expliqué que la section du site web du Secrétariat consacré à l'éducation et à la sensibilisation renverrait vers les sites web des Parties et n'afficherait pas directement le contenu établi par les Parties. Il a été suggéré que la proposition soit examinée plus en profondeur par le GCI sur les activités d'éducation et de sensibilisation.

148. La Réunion est convenue de poursuivre le GCI sur les activités d'éducation et de sensibilisation pour une nouvelle période intersession, et a approuvé le mandat suivant :

- Encourager la collaboration, à la fois au niveau national et international, relative aux activités d'éducation et de sensibilisation ;
- Identifier les activités et événements clés concernant l'éducation et la sensibilisation en vue d'une éventuelle participation des Parties au Traité sur l'Antarctique ;
- Partager les résultats des activités d'éducation et de sensibilisation qui illustrent comment les Parties au Traité sur l'Antarctique gèrent la zone du Traité sur l'Antarctique ;
- Insister sur les initiatives de protection de l'environnement en cours qui ont été rapportées par des observations et des conclusions scientifiques afin de renforcer l'importance du Traité sur l'Antarctique et de son Protocole relatif à la protection de l'environnement ;
- Encourager les activités liées à l'éducation et à la sensibilisation menées par des Experts et des Observateurs, et promouvoir la coopération avec ces groupes ;
- Débattre de l'éventuelle création d'une section « Éducation et de sensibilisation à l'Antarctique » sur le site web du Secrétariat ;
- Coordonner et partager les informations sur les activités d'éducation et de sensibilisation liées aux célébrations du 25e anniversaire du Protocole de Madrid qui se tiennent en 2016.

149. Par ailleurs, il a été convenu que :

- Les Observateurs et les Experts qui participent à la RCTA seraient invités à apporter leurs commentaires ;
- Le Secrétaire exécutif ouvrirait le Forum de la RCTA au GCI et apporterait son appui au GCI ; et que
- La Bulgarie serait responsable du GCI, et ferait rapport des avancées réalisées au sein du groupe à la prochaine RCTA.

150. Le Portugal a présenté le document d'information IP 7, intitulé « POLAR WEEKS: an Education and Outreach Activity to Promote Antarctic science and the Antarctic Treaty System », préparé conjointement avec le Brésil, la Bulgarie, la France et le Royaume-Uni. Le document présentait POLAR WEEKS, une activité d'éducation et de sensibilisation menée par l'Association interdisciplinaire de jeunes scientifiques polaires en début de carrière et Polar Educators International. POLAR WEEKS avait pour objet de réunir des scientifiques, des éducateurs et des étudiants du domaine polaire afin d'échanger des informations sur les régions polaires, et promouvoir le Système du Traité sur l'Antarctique dans une optique pédagogique. Le document soulignait que POLAR WEEKS avait servi d'outil pour promouvoir les activités d'éducation dans plusieurs pays du Traité, et que des exemples avaient démontré les effets éducatifs de POLAR WEEKS.

151. La Colombie a présenté le document d'information IP 25, intitulé « Campaña Educación Marítima "Todos Somos Antártica" Programa Antártico Colombiano – PAC ». Dans ce document, la Colombie présentait les activités de sa campagne d'éducation et de sensibilisation appelée « Nous sommes tous l'Antarctique ». Le but de la campagne était de sensibiliser la Colombie à l'Antarctique, particulièrement au niveau des communautés scientifiques et éducatives. Les activités consistaient notamment en des ateliers, des documentaires, des cours, des séminaires et des conférences.

152. La Fédération de Russie a présenté le document d'information IP 67, intitulé « Russian initiative on declaring 2020 the Year of Antarctica ». Ce document reprenait la grande importance géographique, historique et politique du 200e anniversaire de la découverte de l'Antarctique par plusieurs explorateurs. La Fédération de Russie a encouragé toutes les Parties à rejoindre la proposition de faire de 2020 l'année de l'Antarctique, et les a aussi invitées à organiser les préparatifs de cet anniversaire et à tenir des évènements à cette occasion.

153. Le Chili a présenté quatre documents : le document d'information IP 87, intitulé « Educational Program 'Polar Scientist for a Day' : opening an Antarctic Laboratory for the children » ; le document d'information IP 89, intitulé « Antarctic Stories : A seed of Identity » ; le document d'information IP 90, intitulé « New educational map of Antarctica using Augmented Reality » ; et le document d'information IP 98, intitulé « XV Encuentro de Historiadores Antárticos Latinoamericanos: « Rescatando el Pasado para Entregarlo a las Futuras Generaciones ». Le Chili a souligné les travaux qu'il avait effectués au niveau éducatif, tels que la réalisation d'une carte éducative de l'Antarctique, la publication d'un livre pour enfants inspiré

de la science antarctique, un programme éducatif pour enfant et un atelier sur l'histoire de l'Antarctique.

154. Le Chili a également présenté le document d'information IP 88, intitulé « Antarctic Dialogues Chile - Bulgaria: Art and Culture », préparé conjointement avec la Bulgarie. Dans ce document étaient présentées les activités conjointes liées à l'art et à la culture polaires que l'Institut d'art chilien et l'Institut d'art bulgare avaient organisées à Punta Arenas.

155. Le Chili a également présenté le document d'information IP 99, intitulé « EAE & JASE Expedición Antártica Escolar/Joint Antarctic School Expedition », préparé conjointement avec les États-Unis. Ce document fournissait des informations sur une expédition scientifique éducative organisée par l'Institut antarctique chilien et la National Science Foundation (NSF) des États-Unis pour des élèves et des professeurs du secondaire pendant la saison antarctique 2015-2016.

156. Les documents d'information suivants ont également été soumis sous ce point de l'ordre du jour :

   • Le document d'information IP 17, intitulé « Libro Digital : Aprendemos en la Antártida » (Venezuela).

   • Le document d'information IP 19, intitulé « Video 15 años de Venezuela en la Antártida » (Venezuela).

157. Le document de contexte suivant a été soumis au titre de ce point de l'ordre du jour :

   • Le document de contexte BP 4, intitulé « The book Belarus in Antarctic: On the Tenth Anniversary on the Beginning of Scientific and Expeditional Research » (Belarus).

Point 12 : Programme de travail stratégique pluriannuel

158. La Réunion a examiné le Programme de travail stratégique pluriannuel adopté à la XXXVIIIᵉ RCTA (SP 10). Elle s'est penchée sur la façon de réaliser les points prioritaires dans les années à venir, et sur la possibilité de supprimer des priorités actuelles pour les remplacer par des nouvelles.

159. La Réunion est convenue d'intégrer les nouveaux points prioritaires suivants :

- La mise en œuvre du Programme de travail en réponse au changement climatique (PTRCC) du CPE ;
- Des inspections conjointes ;
- La modernisation des stations antarctiques dans le contexte du changement climatique (ainsi que des conseils supplémentaires fournis par le COMNAP) :
  - Le suivi hydrographique en Antarctique ; et
  - Le suivi des visiteurs de sites.

160. La Réunion est également convenue de poursuivre son travail sur la sécurité maritime et aérienne, et a demandé au Secrétariat de participer aux débats lors des réunions intersessions avec l'OACI et l'OMI.

161. Les Représentants de l'OHI ont suggéré qu'il serait utile d'étudier plus en profondeur les effets des études hydrographiques et des cartes maritimes couvrant les eaux antarctiques. Il a été proposé que l'OHI envisage d'organiser un séminaire similaire à celui de la XXXIe RCTA qui avait eu lieu en Ukraine en 2008. Le Chili et l'Équateur ont appuyé la proposition de l'OHI. La Réunion est convenue d'insérer une nouvelle priorité sur les études hydrographiques en Antarctique, et est convenue d'examiner ce point en 2018.

162. Le Bélarus a proposé que les débats dédiés aux utilisations d'UAV repris dans le Programme de travail stratégique pluriannuel fassent la distinction entre les véhicules aériens sans pilote et les véhicules autonomes sous-marins câblés ou commandés à distance. La Réunion est convenue que le COMNAP devrait être le premier à faire rapport de l'utilisation de véhicules autonomes sous-marins par les programmes antarctiques nationaux.

163. Prenant note des inquiétudes de certaines Parties à propos de la mise en œuvre du Programme de travail stratégique pluriannuel, et faisant suite à l'approche entreprise par le CPE, la Réunion est convenue que : le Secrétariat élaborerait un Document du Secrétariat annexant les Programmes de travail stratégiques pluriannuels des années précédentes ; chaque président promouvrait le Programme de travail stratégique pluriannuel en accord avec chaque point de l'ordre du jour ; et que chaque président ne remplirait que les points du Programme de travail stratégique pluriannuel liés à ses propres points de l'ordre du jour. La Réunion a également noté que la décision de remplir les points de l'ordre du jour annotés lors de la prochaine Réunion permettrait à la RCTA d'examiner les questions de manière plus structurée.

164. À la suite des débats, la Réunion a adopté la Décision 6 (2016) *Plan de travail stratégique pluriannuel pour la Réunion consultative au Traité sur l'Antarctique.*

Point 13 : Sécurité et opérations en Antarctique

Sécurité

165. Le COMNAP a présenté le document d'information IP 52, intitulé « Search & Rescue (SAR) Workshop III » qui fournissait des informations concernant le troisième atelier du COMNAP sur les opérations de recherche et de sauvetage co-organisé par l'Institut antarctique chilien (INACH) et DIRECTEMAR Chili, les 1er et 2 juin 2016, à Valparaiso (Chili). L'objectif principal de l'atelier était de continuer à renforcer la coordination et les interventions pour la recherche et le sauvetage en Antarctique, dans la lignée des ateliers de 2008 et 2009. Cinquante-quatre participants s'étaient inscrits, notamment des représentants des cinq Centres de coordination des opérations de sauvetage qui avaient des responsabilités de coordination et d'intervention de recherche et de sauvetage dans certaines zones du Traité sur l'Antarctique, mais aussi des programmes antarctiques nationaux, l'IAATO, et la CCAMLR, entre autres. Le COMNAP publiera les conclusions de l'atelier.

166. Les États-Unis ont présenté le document d'information IP 37, intitulé « Search and Rescue (SAR) Initiatives Affecting Antarctica » qui présentait un aperçu de quatre initiatives internationales touchant les critères et capacités d'intervention pour la recherche et le sauvetage, ainsi que les équipements utilisés par les services de recherche et de sauvetage, les programmes antarctiques nationaux, et le secteur commercial. L'évolution constante de la recherche et du sauvetage et de la présence humaine dans la zone du Traité sur l'Antarctique exigeait une collaboration constante ainsi qu'une coordination entre les parties prenantes, afin d'assurer que les opérations de recherche et de sauvetage antarctiques restent efficaces. Les États-Unis ont apporté plus de détails sur les quatre initiatives de recherche et de sauvetage suivantes : le Code international pour les navires opérant dans les eaux polaires (Code polaire), soulignant qu'il entrerait en vigueur le 1er janvier 2017 ; le Système mondial de détresse et de sécurité aéronautique (GADSS) ; le Système MEOSAR ; et l'Atelier du COMNAP sur les opérations de recherche et de sauvetage dans l'Antarctique.

167. Le COMNAP a remercié les États-Unis pour le document d'information IP 37 qui contient d'importantes informations concernant les opérations de recherche de sauvetage, et a souligné que l'orateur principal du troisième atelier du COMNAP sur les opérations de recherche et de sauvetage viendrait du Secrétariat international Cospas-Sarsat et fournirait des informations sur le Système MEOSAR mentionné dans le document d'information IP 37. Le COMNAP publierait les informations sur le Système MEOSAR après l'atelier.

168. Le Chili a présenté le document d'information IP 94, intitulé « Search and Rescue Cases in the Antarctic Peninsula Area Season 2015/2016 » qui résume les actions d'opérations de recherche et sauvetage fournies par le Service de recherche et de sauvetage (MRCC) du Chili pour la période 2015-2016. Aucun incident ayant nécessité une intervention de recherche et de sauvetage n'a été à déplorer, mais il y a tout de même eu sept évacuations médicales. Le Chili a souligné le fait que l'augmentation des activités logistiques, scientifiques et touristiques dans la péninsule antarctique mènerait à davantage d'incidents similaires, ce qui était susceptible d'affecter les programmes antarctiques nationaux de la région.

169. La Réunion a remercié le COMNAP, les États-Unis et le Chili pour leurs documents, et a souligné l'importance des opérations de recherche et de sauvetage, ainsi que de la coopération internationale en Antarctique. Plusieurs Parties ont souligné l'importance de mener davantage de débats à propos des questions de sécurité en Antarctique, et ont salué le COMNAP pour son organisation de l'atelier d'opérations de recherche et de sauvetage.

170. L'OHI a salué les initiatives de recherche et de sauvetage et a souligné le fait que la disponibilité de cartes maritimes jouait un rôle important dans la réduction des risques encourus lors des opérations maritimes. L'OHI a déclaré qu'il serait utile d'avoir un accès avancé aux informations de localisation des opérations, ce qui lui permettrait de concentrer ses efforts sur ces zones en particulier.

171. La CCAMLR a expliqué que, afin de soutenir les activités de recherche et de sauvetage, elle avait récemment conclu un accord avec les cinq MRCC de l'Antarctique pour mettre en œuvre un système qui permettrait aux MRCC d'accéder rapidement aux données du système de surveillance des navires (VMS).

172. Le Royaume-Uni a remercié plusieurs Parties ayant fourni leur aide dans les évacuations médicales faites par le British Antarctic Survey de la station

Halley lors de l'hiver précédent, et a particulièrement souligné l'aide apportée par la Norvège, et l'aide proposé par l'Argentine et le Chili. Le Royaume-Uni a expliqué que l'opération s'était bien déroulée et que le blessé avait depuis recouvré la santé. La Fédération de Russie a remercié le Chili pour l'aide médicale apportée à l'un de ses membres qui avait été évacué vers Punta Arenas, et a souligné que cela illustrait à quel point les efforts conjoints entre les Parties pouvaient sauver des vies. L'Australie a remercié les Parties pour leurs condoléances suite au décès de M. David Woods, en insistant sur l'assistance que lui avaient portée la Chine et l'Inde. L'Australie a également remercié le Japon, les États-Unis et la Chine pour leur assistance suite à l'échouement de l'*Aurora Australis* non loin de la Station Mawson, et a souligné que leur aide témoignait de l'esprit de coopération en Antarctique.

Activités : Air

173. Le COMNAP a présenté le document de travail WP 14 « Le groupe de travail du COMNAP sur les systèmes aériens sans pilote en Antarctique (GT-UAS) », rappelant à la Réunion que ce document de travail avait déjà fait l'objet de débats au CPE, mais que les débats s'étaient concentrés sur les questions environnementales liées au sujet des UAV. Le GT-UAS a créé et présenté le Manuel des opérateurs des UAS en Antarctique. Le COMNAP a souligné que les UAV présentaient plusieurs avantages : appui à la science, logistique, sécurité de la vie humaine (aucun pilote n'étant présent à bord). Ils peuvent en outre être déployés pour déterminer les conditions de la glace de mer avant qu'un navire ne s'engage dans une zone de glaces. Les UAV réduisent de manière générale les effets environnementaux des activités scientifiques en réduisant l'utilisation d'énergies fossiles et leurs émissions. Le COMNAP a souligné que le Manuel présenté était un document qui continuerait à évoluer. Le COMNAP a recommandé que le RCTA soutienne l'utilité du Manuel et a encouragé les Parties à prendre en considération les Lignes directrices, facultatives, fournies par ce Manuel. Le COMNAP a souligné que le Manuel devrait être considéré comme un document vivant, et que les recommandations et les annexes du document étaient susceptibles d'évoluer également étant donné l'évolution des technologiques des UAV.

174. La Réunion a remercié le COMNAP pour son document de travail et a souligné l'utilité du Manuel des opérateurs des UAS. La Réunion a indiqué qu'elle soutenait l'utilisation des UAV à des fins scientifiques et a souligné leurs bénéfices, notamment pour les opérations scientifiques en Antarctique.

De nombreuses Parties ont reconnu qu'il était nécessaire d'effectuer davantage de recherches sur les risques pour la sécurité et les effets sur l'environnement que peut représenter l'utilisation d'UAS. Certaines Parties ont déclaré qu'elles avaient déjà adopté des réglementations nationales sur l'utilisation d'UAS et qu'il était important que les législations nationales soient en accord avec les travaux menés par la RCTA. Plusieurs Parties ont encouragé le COMNAP à poursuivre ses travaux d'élaboration du Manuel.

175. L'Espagne a présenté le document d'information IP 28, intitulé « Operación de UAV/RPAS en la Antártida: Normativa aplicada por España », qui faisait rapport de la politique du Comité polaire espagnol sur l'utilisation des UAV et des aéronefs télépilotés (RPA) dans le cadre de travaux scientifiques et techniques à appliquer lors de la campagne antarctique espagnole. Elle a souligné que cette politique se basait sur les réglementations espagnoles existantes, et sur les Lignes directrices du COMNAP sur l'utilisation d'UAV. L'Espagne a salué les travaux menés par le COMNAP.

Activités : Maritimes

176. L'ASOC a présenté le document d'information IP 82, intitulé « Progress on the Polar Code », qui présentait une rapide mise à jour des progrès effectués dans la protection de l'océan Austral contre les risques liés aux navires opérant dans cette région. L'ASOC a recommandé que les Parties du Traité sur l'Antarctique collaborent avec les collègues participant à la 96ᵉ réunion du Comité de la sécurité marine (CSM) de l'OMI afin d'assurer qu'ils soutiennent effectivement le 96ᵉ CSM dans sa phase 2 de travail du Code polaire. Elle a également recommandé que les Parties prennent en considération les risques causés par les activités de transport et les mesures de protection environnementales qui n'avaient pas été repris dans le Code polaire, qu'elles en fassent une priorité et engagent les actions nécessaires. Elle a également conseillé aux Parties de revoir les possibilités de réduire les risques de collisions et d'échouements et de protéger les zones vulnérables grâce à la mise en œuvre des mesures de l'OMI. L'ASOC a déclaré que les Parties devraient suivre les travaux du Code polaire pour s'assurer que les réglementations en résultant soient en accord avec les standards établis par le Protocole relatif à la protection de l'environnement, notamment avec l'Annexe IV.

177. L'Argentine a présenté le document d'information IP 109, intitulé « XVIII Combined Antarctic Naval Patrol 2015-2016 » qui présentait les activités

de la patrouille antarctique commune en association avec le Chili du 15 novembre au 31 mars 2016. L'objectif principal de la patrouille était de réaliser des opérations de recherche et de sauvetage ainsi que des opérations d'assistance en cas d'incidents de navigation. Elle a également mené des activités de protection de l'environnement en Antarctique, coopéré avec des logistiques de programmes antarctiques nationaux, a apporté de l'aide médicale et a fourni des prévisions météorologiques de données de navigation. L'Argentine a également présenté le document d'information IP 110, intitulé « Incorporation of new units to maritime SAR and protection of the marine environment operations in the Antarctic area » qui faisait rapport de l'acquisition de quatre nouveaux vaisseaux par la Marine argentine. Ces vaisseaux viendraient renforcer les rangs de ceux déjà en fonction pour la patrouille antarctique commune avec le Chili.

178. Le Chili a présenté le document d'information IP 93, intitulé « Chilean Aids to Navigation in the Antarctic Peninsula ». Dans ce document était exposé un aperçu historique du « Support Net for Maritime Navigation » ayant permis de garantir la sécurité de la navigation dans les environs de la péninsule antarctique et facilité les contacts entre bases, stations, et refuges de l'Antarctique. Le Chili a également présenté le document d'information IP 95, intitulé « Guides and Recommendations made by Chile for Diving Activities in the Antarctic », et a appelé les Parties à envisager la création d'un critère de sécurité commun pour la plongée et la préparation des acteurs concernés (stations, entreprises et opérateurs touristiques) en cas d'urgence. Le Chili a également présenté le document d'information IP 97, intitulé « Cooperation of the Hydrographic and Oceanographic Service of the Chilean Navy (SHOA) in the Manufacturing of Nautical Cartography in the Antarctic Area (Program 2010-2020) » qui exposait le programme d'étude hydrographique en Antarctique mené par le « Servicio Hidrográfico y Oceanográfico de l'Armada du Chili » (SHOA), qui a débuté en 2010 et qui se terminera en 2020.

179. La Colombie a présenté le document d'information IP 50, intitulé « Contribución de Colombia a la Seguridad Marítima en la Antártica », sa contribution à la sécurité maritime en Antarctique grâce à la création de modèles de simulation de glace de mer et de marée noire, ainsi qu'un composant hydrographique pour la mise à jour des cartes maritimes internationales. Les conclusions du projet encourageaient les recherches scientifiques lors de la prochaine expédition en Antarctique de la Colombie, en 2016-2017, lors de laquelle la Colombie continuera de mettre au point des études de variabilité interannuelle des vagues et du niveau de la mer, de progresser dans la compréhension des conditions océanographiques

et météorologiques dans le détroit de Gerlache et d'acquérir des données bathymétriques. Par le biais de son autorité maritime, la Colombie a postulé pour devenir membre du Comité hydrographique de l'Antarctique (CHA).

180. La Nouvelle-Zélande a appelé à plus de participation pour l'élaboration du Code polaire et a souligné l'importance pour toutes les Parties de s'engager pour des questions liées aux effets sur l'environnement des navires SOLAS et non-SOLAS.

181. La Fédération de Russie a présenté le document d'information IP 68, intitulé « Russian hydrographic studies in the Southern Ocean in the season 2015-2016 » qui présentait un aperçu des études hydrographiques russes effectuées dans l'océan Austral entre 1956 et 2016 à bord des navires *Georgy Sarychev, Faddey Bellingshausen, Admiral Vladimirsky* et *Akademik Fedorov*.

182. L'OHI a félicité la Colombie, le Chili et la Fédération de Russie pour leurs travaux permettant de faire progresser l'hydrographie internationale et a invité toutes les Parties à collaborer aux activités hydrographiques afin de préserver la sécurité humaine et l'intégrité des systèmes marins. L'OHI a également invité la Fédération de Russie à lui soumettre les conclusions de ses travaux.

Activités : Stations

183. Le Belarus a présenté le document d'information IP 22 « Formation de l'infrastructure bélarussienne antarctique : l'état moderne et les perspectives », qui résume les activités d'infrastructures entreprises entre 2006 et 2015, pendant huit expéditions saisonnières bélarussiennes en Antarctique. Le Belarus a également informé les Parties de la construction de la première installation de la station de recherches bélarussienne en Antarctique entre décembre 2015 et février 2016, et a souligné que les priorités du Belarus en Antarctique pour la période 2016-2020 seraient de continuer le développement des infrastructures des stations de recherches, de mener des recherches scientifiques, des activités de protection de l'environnement, de procéder au suivi de l'environnement en Antarctique et d'étendre et renforcer la coopération scientifique et logistique internationale. Le Belarus a remercié la Fédération de Russie et l'Inde pour leur aide et leur soutien logistique.

184. L'Allemagne a réitéré ses remerciements au Chili pour son soutien logistique continu, notant plusieurs interactions positives entre la base antarctique chilienne General Bernardo O'Higgins et la station antarctique allemande GARS O'Higgins, qui sont situées à trente mètres l'une de l'autre.

185. Les documents suivants ont également été soumis et considérés comme présentés sous ce point :

- Le document d'information IP 30, intitulé « Modernisation of GONDWANA-Station, Terra Nova Bay, northern Victoria Land » (Allemagne). Ce document faisait rapport de la modernisation de la station Gondwana, opérée durant la saison 2015 2016 afin d'y améliorer les conditions de travail, d'y rendre la maintenance et l'efficacité des activités plus aisées et d'en réduire considérablement l'empreinte écologique. L'Allemagne a remercié l'Italie et la République de Corée d'avoir contribué à la modernisation de sa station.

- Le document d'information IP 47, intitulé « Upgrade of the SANAE IV Base Systems » (Afrique du Sud). Ce document exposait les plans de l'Afrique du Sud pour effectuer une mise à jour exhaustive des systèmes de base dans sa station SANAE IV.

- Le document d'information IP 100, intitulé « Recuperación de la infraestructura y mejoramiento medioambiental para la Base O'Higgins. Un esfuerzo nacional para mejorar el apoyo a la investigación científica antártica » (Chili).

186. Les documents suivants ont également été soumis sous ce point de l'ordre du jour :

- Le document de contexte BP 9, intitulé « Australia's New Antarctic Icebreaker » (Australie).

- Le document de contexte BP 10, intitulé « Polish Sailing Yacht Accident at King George Island (Antarctic Peninsula) – update on the successful rescue operation » (Pologne).

- Le document de contexte BP 11, intitulé « Aplicación del Plan de Manejo Ambiental en la Estación Maldonado » (Équateur).

- Le document de contexte BP 12, intitulé « Seguridad en las operaciones ecuatorianas en la Antártida » (Équateur).

- Le document de contexte BP 13, intitulé « XX Campaña Ecuatoriana a la Antártida » (Équateur).

- Le document de contexte BP 14, intitulé « Uso de drones para la generación de cartografía en la Isla Greenwich – Antártida » (Équateur).

- Le document de contexte BP 16, intitulé « Generación de cartografía oficial en el sector de la Isla Greenwich-Punta Fort William-Glaciar Quito-Punta Ambato, e Islas Aledañas» (Équateur).

- Le document de contexte BP 18, intitulé « Refugio Antártico Ecuatoriano Desarrollo y aplicación de eco-materiales en el proyecto y construcción de un prototipo habitable de emergencia » (Équateur).

Point 14 : Inspections effectuées en vertu du Traité sur l'Antarctique et du Protocole relatif à la protection de l'environnement

187. La Chine a présenté le document de travail WP 22 « Tournée d'inspection entreprise par la République populaire de Chine en accord avec l'Article VII du Traité sur l'Antarctique et l'Article XIV du Protocole relatif à la protection de l'environnement », et a fait référence au document d'information IP 48, intitulé « Report of the Antarctic Treaty Inspections undertaken by the People's Republic of China in accordance with Article VII of the Antarctic Treaty and Article 14 of the Environmental Protocol: April 2016 ». La Chine avait désigné sept observateurs pour entreprendre des activités d'inspections dans les stations de Fédération de Russie, de République de Corée, d'Uruguay et du Chili situées sur l'île du Roi-George du 25 au 28 décembre 2015. La Chine a présenté des recommandations générales suite à ces inspections. La Chine a remercié les Parties inspectées pour leur aide et leur chaleureux accueil lors des inspections.

188. La Réunion s'est félicitée du succès des inspections menées par la Chine, et les Parties dont les bases ont été inspectées ont salué les recommandations mentionnées dans le rapport d'inspection détaillé de la Chine.

189. L'Argentine a présenté le document de travail WP 44 « Recommandations générales à l'issue des inspections conjointes menées par l'Argentine et le Chili en vertu de l'Article VII du Traité sur l'Antarctique et de l'article 14 du Protocole relatif à la protection de l'environnement », préparé conjointement avec le Chili. L'Argentine a fait référence au document d'information IP 72 « Recommandations générales à l'issue des inspections conjointes menées par l'Argentine et le Chili en vertu de l'Article VII du Traité sur l'Antarctique et de l'article 14 du Protocole relatif à la protection de l'environnement », préparé conjointement avec le Chili. Ce document faisait rapport des inspections conjointes du Traité sur l'Antarctique menées du 16 au 18 février 2016 dans cinq stations et un refuge antarctiques. Dans ce document était décrite la méthodologie utilisée pour les inspections. Il présentait également

un nombre de recommandations générales découlant de ces inspections, soulignant l'utilité des rapports d'inspection précédents. Les informations actuelles des SEEI mises à jour, ainsi que la Liste de vérification A (*Stations antarctiques permanentes et installations connexes*, comme stipulé dans la Résolution 3 (2010)) complétée et préparée par les dirigeants des stations au moment de l'inspection, se sont également révélées très utiles.

190. La Réunion a remercié l'Argentine et le Chili pour le rapport complet de leurs inspections conjointes. Les Parties dont les stations ont été inspectées ont salué les recommandations de l'Argentine et du Chili.

191. La Réunion a rappelé que les inspections en Antarctique étaient un point clé du Système du Traité sur l'Antarctique. Des Parties ont noté que les inspections et les recommandations en découlant étaient précieuses et utiles afin d'améliorer les installations et les procédures et renforcer les dispositions du Protocole relatif à l'environnement dans les stations antarctiques.

192. Certaines Parties ont soutenu qu'une meilleure coopération et de plus amples informations étaient nécessaires pour arriver à une procédure d'inspection plus efficace et ont souligné l'importance d'avoir des équipes équilibrées d'observateurs pour réaliser les inspections. Il a été souligné que les stations à proximité l'une de l'autre et faciles d'accès étaient souvent inspectées. Il a également été noté que des inspections fréquentes étaient nuisibles à ces stations et pourraient perturber les programmes scientifiques. Afin d'empêcher la répétition des inspections, et pour s'assurer que d'autres stations étaient également inspectées, il a été dit nécessaire d'avoir plus d'informations sur les inspections précédentes. Certaines Parties ont suggéré que le SEEI devrait être davantage utilisé et mis à jour avec les informations actualisées et complètes venant des Parties. De plus, il a été suggéré que le Secrétariat prépare sur son site web une liste exhaustive de toutes les installations antarctiques, et y ajoute également des détails concernant les inspections passées (classés par année et par Partie inspectrice), avec des liens renvoyant vers les rapports d'inspection y référant (en sachant que cela nécessiterait de diviser les rapports d'inspection en plusieurs dossiers pour chaque installation).

193. Les États-Unis ont souligné l'importance du régime d'inspections en dépit de la charge qu'il pouvait représenter. Ils ont expliqué avoir tenté de notifier les stations deux jours avant les inspections, mais ont rappelé que les Parties avaient le droit de mener des inspections au titre du Traité sur l'Antarctique et de son Protocole sans être tenues de prévenir de leur passage. De plus, il

appartenait à chaque Partie de déterminer quelle station ou zone antarctique elles souhaitaient visiter.

194. La plus grande disponibilité d'informations a aussi été considérée comme un élément important dans la simplification des procédures d'inspections. Avoir un accès aux précédents rapports garantirait que les recommandations précédentes aient été prises en compte durant les inspections y afférant. L'Argentine a noté que le Catalogue d'infrastructure de station du COMNAP serait une ressource utile pour la préparation des inspections une fois qu'il aurait été complété.

195. La Réunion a appelé les Parties à mettre à jour sur le SEEI les informations concernant les stations antarctiques.

196. La République de Corée a présenté le document d'information IP 102, intitulé « Rethinking Antarctic Treaty inspections; patterns, uses and scopes for improvements » qui propose la création d'un *nouveau modèle impliquant* plus de coopération et où les inspections seraient menées d'une manière plus inclusive et où les différentes Parties contribueraient à leur manière.

197. La Réunion a remercié la République de Corée pour son document et pour avoir soulevé des questions intéressantes quant aux inspections en vertu du Traité sur l'Antarctique et du Protocole relatif à la protection de l'environnement. De nombreuses Parties ont souligné le fait que les mécanismes d'inspection représentaient une composante clé du Système du Traité sur l'Antarctique et ont exprimé leur volonté de renforcer la collaboration et la participation. Certaines Parties ont répété que le droit de chaque Partie Contractante de mener des inspections était prévu par le Traité. Toute recommandation sur la conduite d'inspections ne pourrait pas remettre en cause le droit de mener des inspections tel que prévu par le Traité et le Protocole. D'autres points soulevés à ce sujet mettaient l'accent sur la possibilité de mettre en place plus efficacement des inspections plurilatérales, la possibilité de rendre le mécanisme d'inspection plus cohérent, et l'importance de renforcer les échanges d'information.

198. La Réunion est convenue de créer un GCI pour examiner les pratiques d'inspections en vertu du Traité sur l'Antarctique et du Protocole relatif à la protection de l'environnement, avec pour objectif de :

- Décrire les pratiques d'inspection conformément à l'Article VII du Traité sur l'Antarctique et à l'article 14 du Protocole relatif à la protection de l'environnement ;

- Échanger les opinions sur les manières de faire ces inspections et explorer des options afin de renforcer l'efficacité de leur organisation, notamment en promouvant la coopération dans les inspections, le cas échéant ;

- Fournir un rapport incluant toute recommandation approuvée au groupe de travail 2 lors de la XLe RCTA.

199. Par ailleurs, il a été convenu que :

- Les Observateurs et les Experts qui participent à la RCTA seraient invités à apporter leurs commentaires ;

- Le Secrétaire exécutif ouvrirait le Forum de la RCTA pour le GCI et assisterait le GCI ; et que

- Les Pays-Bas, la République de Corée et les États-Unis agiraient en leur responsabilité de co-organisateurs et feraient rapport des progrès réalisés dans le GCI lors de la prochaine RCTA.

200. Les documents suivants ont également été soumis sous ce point de l'ordre du jour :

- Le document de contexte BP 5, intitulé « Follow-up to the Recommendations of the Inspection Teams to Maitri Station » (Inde).

- Le document de contexte BP 15, intitulé « Preparación de la Estación Ecuatoriana 'Pedro Vicente Maldonado' para la Inspección Ambiental » (Équateur).

Point 15 : Questions scientifiques, coopération et facilitation scientifiques

Coopération scientifique et stratégie

201. Le COMNAP a présenté le document d'information IP 51, intitulé « COMNAP Antarctic Roadmap Challenges (ARC) Project Outcomes », dans lequel figure un résumé des technologies critiques, des infrastructures, et des critères d'accès afin de soutenir les futures recherches en Antarctique, comme identifiées par le projet « Horizon Scan » du SCAR. Le projet ARC est un effort commun qui nécessitera une collaboration internationale. Tous les résultats du projet sont publiés et peuvent être téléchargés via le site web du COMNAP.

202. Le SCAR a félicité le COMNAP d'avoir entrepris et dirigé cette importante initiative.

203. Le Portugal a informé la Réunion qu'un mini-symposium aurait lieu durant la prochaine Conférence scientifique ouverte du SCAR à Kuala Lumpur, qui aurait pour but de souligner l'importance des activités scientifiques menées par la communauté internationale des scientifiques de l'Antarctique au sein du SCAR, pour le Système du Traité sur l'Atlantique, notamment pour le Protocole relatif à la protection de l'environnement.

204. Le Portugal a présenté le document d'information IP 8, intitulé « Assessment of trace element contamination within the Antarctic Treaty area », préparé conjointement avec le Chili, l'Allemagne, la Fédération de Russie et le Royaume-Uni. Ce document présente l'évaluation d'oligo-éléments dans le sol et d'échantillons de mousse prélevés dans la péninsule Fildes et dans la ZSPA no 150 île Ardley. Le document précise que des échantillons de certaines zones de la péninsule Fildes ayant été sujets à des activités anthropiques sur le long terme et encore en cours présentent un enrichissement en oligo-éléments, en comparaison avec les niveaux de fond. Les auteurs ont encouragé les Parties à partager leurs données de suivi des zones du Traité sur l'Antarctique afin de contribuer à la mise en place de futures recherches et politiques de suivi.

205. La France a présenté le document d'information IP 26 « POLAR.POD : Observatoire de l'océan Austral - Un projet international inédit d'exploration maritime et d'échange de données », qui décrit POLAR.POD, une initiative privée menée par l'explorateur français Jean-Louis Etienne. Ayant observé que l'océan Austral n'était pas assez suivi par les méthodes d'observation traditionnelles, la France a expliqué que le but de POLAR.POD était de compléter les instruments de recherches actuelles grâce à sa capacité d'accueillir de nombreux capteurs océanographiques et atmosphériques, les données étant totalement disponibles pour la communauté scientifique. De plus, elle a expliqué que cette station flottante serait alimentée par la force éolienne, et ne produirait de ce fait pas d'émissions et n'aurait pas d'effet négatif sur les eaux antarctiques. Plus de 100 chercheurs de par le monde se sont déjà engagés dans ce projet, et toute Partie intéressée peut participer.

206. En réponse à une demande du Royaume-Uni concernant la détermination juridique du POLAR.POD, la France a spécifié qu'elle serait répertoriée comme un « navire ».

207. Le SCAR a présenté le document d'information IP 32, intitulé « Report on the 2015-2016 activities of the Southern Ocean Observing System (SOOS) » qui faisait rapport du Plan quinquennal de mise en œuvre du SOOS et décrivait

certaines étapes clés et activités ayant lieu pendant la période 2015-2016. Le SCAR a remercié l'Australie d'avoir accueilli le secrétariat du SOOS.

208. Le Chili a présenté le document d'information IP 84, intitulé « Cooperación Científica Chile – Corea (Ciencia KOPR-I-NACH) » qui faisait rapport des activités menées lors du premier atelier scientifique Chili-République de Corée qui s'était tenu en février 2016 à Punta Arenas. Le Chili a également présenté le document d'information IP 85, intitulé « Programa Nacional de Ciencia Antártica de Chile: Análisis crítico 2000-2015 » qui faisait rapport des progrès effectués par le Programme national de science antarctique du Chili au cours des 15 dernières années, et le document d'information IP 86, intitulé « Seminarios Científicos en Base Escudero: creando espacios para la colaboración científica en Antártica » qui faisait rapport des séminaires scientifiques qui ont eu lieu en 2015 et 2016 à la base Profesor Julio Escudero, péninsule Fildes. Le Chili a également présenté le document d'information IP 91, intitulé « Ilaia. información para la colaboración internacional más allá del sur », qui présentait le journal Ilaia créé en 2014 dans le but de faciliter les échanges d'informations entre les programmes antarctiques nationaux, et promouvoir la collaboration scientifique internationale.

209. L'Australie a présenté le document d'information IP 111, intitulé « Australian Antarctic Strategy and 20 Year Action Plan ». L'Australie a souligné certains aspects essentiels de la stratégie et du plan, notamment l'acquisition d'un nouveau brise-glace de recherche et de ravitaillement antarctique de classe mondiale qui remplacerait l'*Aurora Australis* ; la mobilisation d'un nouveau fonds stable pour contribuer à un programme antarctique australien actif ; l'objectif de faire de l'Australie une figure de proue de la science en Antarctique au service d'un Système du Traité sur l'Antarctique solide et efficace ; et les efforts déployés pour faire de la Tasmanie la première passerelle de l'Antarctique oriental pour la science et les opérations.

210. La Roumanie a présenté le document d'information IP 124 révision 1, intitulé « Proposal for a Cooperation of Romania with Argentina and Australia in Antarctica » et le document d'information IP 125 rév. 1 « Prospectives of Romania cooperation with Australia in Antarctica » qui faisait rapport des propositions de collaboration scientifique avec l'Australie et l'Argentine en Antarctique occidentale et orientale.

211. La République de Corée a présenté le document d'information IP 21, intitulé « Report from Asian Forum of Polar Sciences to the ATCM XXXIX » qui faisait rapport des avancées du Forum asiatique pour les sciences polaires (AFoPS) depuis la XXXVIIIᵉ RCTA. Rappelant que l'AFoPS existe depuis

11 ans et est consacré à la recherche et à la coopération polaire, le document a souligné les plans de l'organisation pour la décennie à venir, avec pour but de mettre en place et de renforcer la coopération dans les sciences polaires parmi ses cinq Membres (Chine, Inde, Japon, Malaisie, et République de Corée). La République de Corée a également noté que l'AFoPS comptait un nombre croissant d'observateurs, notamment la Thaïlande, l'Indonésie, les Philippines, le Vietnam et le Sri Lanka.

212. La Fédération de Russie a présenté le document d'information IP 66, intitulé « Solution of the problem of influence of Freon clathrate hydrates in the drilling fluid on lake water purity in the deep borehole at the Russian Vostok station». Faisant part des inquiétudes soulevées par la formation d'hydrates de méthane induite par les fluides de forage de carottes de glace, la Fédération de Russie a présenté les résultats d'expériences menées à l'institut de physique nucléaire de Saint-Pétersbourg. Il est apparu qu'en introduisant dans la couche de surface du lac Vostok un produit contenant du silicone propre sur le plan écologique, les hydrates de méthane ne se formaient plus.

213. Il a été noté que les Parties devaient inviter les experts du monde entier dans le domaine de l'échantillonnage sous-glaciaire à collaborer en la matière afin d'obtenir les meilleurs avis scientifiques possibles.

214. Le Japon a présenté le document d'information IP 117, intitulé « Japan's Antarctic Research Highlights 2015–16 » qui présentait les activités de recherche menées par l'expédition de recherche antarctique japonaise (JARE) dans la zone de la station antarctique japonaise Syowa. Le Japon a souligné trois points de son programme : PANSY, le plus grand radar atmosphérique de l'Antarctique, à la station Syowa, est pleinement entré en service pour mener la première campagne d'observation internationale sur la base de plusieurs simulations de modèles de circulation générale et des observations simultanées de plusieurs radars MST/IS à diffusion incohérente du monde entier (mésosphère, stratosphère et troposphère) ; le forage de carotte de glace intermédiaire pour reconstruire les variations climatiques de la Terre de la Reine-Maud, et des études de terrain géomorphologiques et géologiques au centre de la Terre de la Reine-Maud pour reconstruire la variabilité passée des couches de glace antarctiques. Le Japon a remercié la Norvège pour l'aide apportée durant les activités dans la zone de la base Troll.

215. La Colombie a présenté le document d'information IP 24, intitulé « II Expedición Científica de Colombia a la Antártica Verano Austral 2015/2016 « Almirante Lemaitre » » qui présentait les principales conclusions de la

deuxième expédition scientifique colombienne en Antarctique en 2015-2016, c'est-à-dire une augmentation du nombre de projets de recherche passant de 9 à 15. La Colombie a également présenté le document d'information IP 46, intitulé « Programa de Investigación en Mamíferos Marinos Antárticos: Con especial atención hacia Cetáceos Migratorios a aguas colombianas », qui fait état des techniques de balisage de satellites, et le document d'information IP 49, intitulé « III Expedición Científica de Colombia a la Antártica Verano Austral 2016/2017 « Almirante Padilla » », concernant la troisième expédition scientifique colombienne en Antarctique en 2016-2017. La Colombie a remercié l'Argentine, le Chili, l'Équateur et l'Italie pour leur aide lors de ces expéditions.

216. La Malaisie a présenté le document d'information IP 63, intitulé « Malaysia's Activities and Achievements in Antarctic Research and Diplomacy ». Le document présentait les activités et réussites de la Malaisie dans la recherche antarctique et la diplomatie, notamment les recherches scientifiques menées, le soutien aux activités scientifiques, l'organisation de réunions antarctiques, et les collaborations internationales avec d'autres programmes antarctiques nationaux.

(217) Le document suivant a également été soumis et considéré comme présenté sous ce point :

- Le document d'information IP 40, intitulé « United Kingdom's Antarctic Science: Summary of British Antarctic Survey Science Priorities 2016-20 ». Ce document présentait un aperçu des priorités scientifiques d'une étude britannique sur l'Antarctique.

Expéditions

218. L'Ukraine a présenté le document d'information IP 29, intitulé « The experience of a joint Ukrainian-Turkish Expedition to the Antarctic Vernadsky Station » en 2016 préparé conjointement avec la Turquie. Ce document faisait rapport de la première expédition antarctique ukrainienne et turque conjointe en 2015-2016. Les activités ont eu lieu dans la base antarctique Vernadsky et dans ses alentours. L'Ukraine a souligné que l'expérience pouvait être intéressante pour les Parties non consultatives qui ne géraient pas une station antarctique mais qui souhaiteraient mener des « activités de recherche scientifique importantes » comme condition préalable à l'obtention du statut de Partie consultative. La Turquie a remercié l'Ukraine pour son aide et sa coopération au cours de l'expédition.

219. L'Australie a présenté le document d'information IP 54, intitulé « Australian Antarctic Science Programme: highlights of the 2015/16 season » qui exposait les résultats de l'Australie quant à son plan scientifique stratégique antarctique. Parmi ces accomplissements figuraient : des études sur la glace de mer dans le cadre du projet ICECAP II ; l'important voyage de recherche scientifique marine sur l'axe des Kerguelen ; la recherche sur l'ajustement isostatique glaciaire en Antarctique oriental ; et l'utilisation d'un véhicule sous-marin piloté à distance pour mesurer les propriétés physiques et biologiques de la glace rapide. Le programme était axé sur la recherche stratégique ayant pour objet d'éclairer la politique environnementale et la gestion de la conservation menées par l'Australie. Il a en outre permis d'apporter des contributions sur des questions mondiales au sein d'organes internationaux.

220. Le Chili a présenté le document d'information IP 96, intitulé « Monitoreo Ambiental en Bahía Fildes. Programa de Observación del Ambiente Litoral de Chile (P.O.A.L.). » Ce document met en lumière les travaux de la marine chilienne en matière de suivi de l'environnement marin pour évaluer la présence de certains polluants dans le cadre du Programme d'observation de l'environnement côtier du Chili.

221. Les documents suivants ont également été soumis et considérés comme présentés sous ce point :

- Le document d'information IP 16, intitulé « Boletín Antártico Venezolano » (Venezuela). Ce document faisait état du rapport antarctique vénézuélien, dans lequel étaient célébrés les 15 ans de l'adhésion du pays au Traité sur l'Antarctique. Le rapport décrivait les principales initiatives menées, telles que des expéditions scientifiques et de recherche, du matériel technologique et informatif, et la collaboration internationale qui a permis cela.

- Le document d'information IP 18, intitulé « IX Campaña Venezolana a la Antártida » (Venezuela). Ce document contient des informations sur la 9e campagne vénézuélienne en Antarctique qui s'est basée sur une collaboration bilatérale avec l'institut antarctique chilien (INACH). Cette campagne a été considérée comme étant un vif succès et devait se clôturer en 2019.

- Le document d'information IP 55, intitulé « Belgian Antarctic Research Expedition BELARE 2015-2016 » (Belgique). Ce document présentait les activités menées dans la station Princesse Elizabeth au cours de la saison 2015-2016. Le Secrétariat polaire belge s'occuperait directement de la gestion de la station Princesse Elizabeth et des expéditions de recherche antarctique belges et a récemment organisé la campagne fructueuse BELARE 15-16.

Climat

222. L'OMM a présenté le document d'information IP 13, intitulé « The Polar Challenge: towards a new paradigm for long-term under-ice observations ». L'OMM a noté que, malgré des progrès dans les modèles numériques, la fiabilité des prédictions à long terme du changement climatique en Antarctique et en Arctique était gravement limitée par l'absence d'observations systématiques de la glace de mer en surface et en profondeur. Le Programme mondial de recherche sur le climat et la Fondation Prince Albert II de Monaco se sont employés conjointement à promouvoir, avec d'autres co-parrains, un « Polar challenge » pour récompenser la première équipe qui effectuerait une mission de 2 000 kilomètres sans interruption avec un véhicule sous-marin autonome sous la glace de mer. L'OMM a indiqué que la compétition se tiendrait de 2016 à 2019 au moins, et qu'il était possible de s'inscrire tout au long de cette période. L'OMM a appelé les Parties à s'y impliquer.

223. L'OMM a également présenté le document d'information IP 14, intitulé « Polar Regional Climate Centres and Polar Climate Outlook Fora (PRCC – PCOF) ». Il y est indiqué que les centres régionaux du climat de l'OMM sont des centres d'excellence qui fournissent des produits climatiques régionaux en appui aux activités climatiques régionales et nationales, notamment en matière de suivi et de prévision du climat. L'OMM a dit souhaiter obtenir des avis sur l'organisation d'un atelier d'étude sur l'Antarctique similaire à ceux qui avaient été organisés pour l'Arctique et les régions de hautes montagnes auquel participeraient les communautés opérationnelles, de chercheurs et d'utilisateurs. L'atelier pourrait déterminer les objectifs communs sur le plan technique et aborder la nécessité de créer un Centre régional du climat polaire, dont la forme et la mission souhaitées seraient à définir.

224. L'OMM a présenté le document d'information IP 15, intitulé « The Year of Polar Prediction ». Notant qu'il existant dans les pôles d'importantes lacunes de connaissance en matière d'observations et de compréhension des processus, l'OMM a commencé à déployer d'importants efforts pour renforcer les moyens de prévision de l'environnement dans la région qui accusent un retard. Un des éléments clés de ces activités était l'année de la prévision polaire (YOPP), avec une phase majeure entre la mi-2017 et la

mi-2019. L'année de la prévision polaire vise à permettre une amélioration significative des capacités de prévision environnementales dans les régions polaires (entre autres), en coordonnant une période d'observations intensives, de modélisation, de prévision, de vérification, d'implication des utilisateurs et d'activités pédagogiques. Tout en notant que son champ d'action était plus ciblé, l'OMM a constaté que l'année de la prévision polaire s'inspirait de l'héritage laissé par l'année polaire internationale. Un bureau de coordination internationale de la prévision polaire s'est tenu à l'institut Alfred Wegener, à Bremerhaven (Allemagne). L'OMM a invité les Parties à se rendre sur le site web du YOPP pour plus de détails : *http://www.polarprediction.net.*

225. L'OMM a présenté le document d'information IP 34, intitulé « The Antarctic Observing Network (AntON) to facilitate weather and climate information », préparé conjointement avec le SCAR. Notant que l'Antarctique était une région du monde sur laquelle on disposait de données éparses, l'OMM a fait observer que le réseau AntON était composé de stations météorologiques gérées manuellement ou automatiquement, en service dans l'Antarctique et dans les îles subantarctiques. L'OMM a recommandé que les Parties au Traité prennent note de la nécessité du réseau AntON et de ses métadonnées associées, conformément aux pratiques de l'OMM ; notifient le réseau (AntON@wmo.int) de tout changement concernant les stations ou les plateformes de collecte de données météorologiques de la région antarctique ; fournissent au réseau, dès que possible, les métadonnées indiquant quelles informations ont été recueillies à quel site ou sur quel navire, pour ce qui concerne les données météorologiques et connexes (par ex. profondeur de la neige) ; et assurent que les aéronefs opérant en Antarctique effectuent des observations météorologiques, soit par AMDAR, soit en communiquant les informations dans des bulletins envoyés à leur système d'information OMM local / Centre SGT.

226. La Réunion a remercié l'OMM pour ses documents et s'est félicitée de ses contributions. Elle a rappelé aux Parties de fournir des informations météorologiques et climatiques à l'OMM dans la mesure du possible.

227. La Fédération de Russie a présenté le document d'information IP 70, intitulé « Current Russian results of studies of climate variability at present and in the past ». Il y était fait rapport des contributions de l'expédition antarctique russe au suivi de l'état de l'environnement antarctique. Des observations météorologiques, océanographiques, satellites et de la haute atmosphère de la glace de mer antarctique constituent un aspect permanent des activités menées par les stations antarctiques russes qui, ces dernières

années, ont été secondées par des stations météorologiques automatiques, par les observations de suivi des trous de forage de la couche de pergélisol et par le suivi, grâce à des méthodes astronomiques, de l'albédo mondial. La Fédération de Russie a indiqué qu'il ressortait des résultats que la tendance au réchauffement de la couche inférieure de l'atmosphère s'accompagnait d'une augmentation de l'étendue de la glace de mer dans la zone antarctique. Le caractère multidirectionnel de ces processus naturels montre qu'il existe une structure complexe de mécanismes de causes à effets qui déterminent les changements climatiques. Compte tenu de l'absence presque totale de réseau de suivi du climat dans la région antarctique, les informations issues de l'évaluation de l'albédo de la planète sont sans doute les données les plus précises dont on dispose pour évaluer la variabilité climatique.

228. Les documents suivants ont également été soumis sous ce point de l'ordre du jour :

- Le document de contexte BP 1, intitulé « Scientific and Science-related Cooperation with the Consultative Parties and the Wider Antarctic Community » (République de Corée).

- Le document de contexte BP 6, intitulé « Twenty years of Ukraine in Antarctica: main achievements and prospects » (Ukraine).

- Le document de contexte BP 17, intitulé « Niveles de concentración de metales pesados y efectos del cambio climático en macrohongos y macrolíquenes, estación Maldonado-Antártida » (Équateur).

- Le document de contexte BP 19, intitulé « Desarrollo del Programa Nacional Antártico del Perú » (Pérou).

- Le document de contexte BP 20, intitulé « Actividades del Programa Nacional Antártico de Perú Periodo 2015 – 2016 » (Pérou).

Point 16 : Répercussions du changement climatique sur la gestion de la zone du Traité sur l'Antarctique

229. Le SCAR a présenté le document d'information IP 35, intitulé « Antarctic Climate Change and the Environment – 2016 Update ». En plus de rendre compte des effets physiques du changement climatique sur l'environnement, cette actualisation fournit également des informations relatives aux recherches visant à étudier les impacts biologiques et écologiques induits par ces changements. Le document s'inspire des informations contenues dans le rapport sur le changement climatique et l'environnement de l'Antarctique

(ACCE) publié par le SCAR en 2009. Une mise à jour des points essentiels a été faite en 2013 et la RCTA reçoit une version actualisée chaque année.

230. Le GIEC a présenté le document d'information IP 116, intitulé « Recent Findings of IPCC on Antarctic Climate Change and Relevant Upcoming Activities ». Il y était fait rapport de la contribution du groupe de travail I au Cinquième rapport d'évaluation (AR5) du GIEC, qui a conclu que la calotte glaciaire antarctique perdait de la masse, à une vitesse qui s'est révélée plus élevée sur la période 2002-2011 que sur la période précédente. Il est également apparu que les plateaux glaciaires de la péninsule antarctique continuaient non seulement de reculer sur le long terme, mais aussi de s'effondrer en raison du changement de la température atmosphérique. Le document mentionnait aussi la préparation de deux Rapports spéciaux complémentaires, dont un sur le changement climatique, les océans et la cryosphère.

231. L'OMM a présenté le document d'information IP 12, intitulé « WMO Climate-related Activities in the Antarctic Region ». Ce document a fourni aux Parties une mise à jour concernant les activités pertinentes relatives au climat antarctique entreprises par l'OMM, notamment la fourniture de divers services climatiques pour la région antarctique, et des projets de recherche sur le climat impliquant l'équilibre de la masse du plateau de glace et le niveau de la mer, l'océan Austral et la glace de mer, le pergélisol, un modèle inter-comparaisons et des études à l'échelle régionale, la prévisibilité du climat polaire et la fonte des glaces et ses conséquences à l'échelle mondiale.

232. Les Parties ont remercié le SCAR, le GIEC et l'OMM pour leurs contributions, et ont souligné qu'il était important que les milieux scientifiques fournissent des informations à la Réunion. Il a été souligné que les rapports scientifiques devaient être conçus spécifiquement à l'attention des décideurs politiques. L'Équateur s'est dit préoccupé par les effets du changement climatique sur son pays et a proposé de l'aide supplémentaire pour poursuivre les observations sur le climat en Antarctique. L'Australie a fait savoir qu'elle examinait l'évaluation des risques qu'elle avait effectuée concernant les impacts du changement climatique sur l'infrastructure antarctique australienne, et s'est dite prête à aider les autres pays à mener des évaluations semblables.

233. Le Royaume-Uni a présenté le document d'information IP 41, intitulé « The Future of Antarctica Forum », présenté et parrainé conjointement par l'Argentine, l'ASOC et l'IAATO. Ce document faisait rapport des conclusions du premier Forum sur l'avenir de l'Antarctique, organisé dans la péninsule antarctique du 28 février au 9 mars 2016 par l'organisation scientifique et éducative Oceanites, Inc. dont le siège est aux États-Unis.

234. Le Royaume-Uni a fait savoir que ce Forum s'était tenu dix ans après que le Royaume-Uni a mené la première visite guidée d'un site et a indiqué qu'il était extrêmement utile de se pencher sur les changements survenus dans les différents sites, en particulier à la lumière des effets induits par le changement climatique qui ont été repérés dans la péninsule antarctique occidentale, qui se réchauffe rapidement. Plusieurs débats ont eu lieu durant le Forum, qui a vu se réunir de nombreuses parties prenantes de l'Antarctique, notamment des représentants des secteurs du tourisme et de la pêche, qui ont activement participé aux discussions et ont clairement indiqué qu'ils partageaient les mêmes objectifs.

235. Toutes les parties prenantes sont convenues qu'il fallait continuer de suivre la région vulnérable de la péninsule antarctique et ont demandé à Oceanites, grâce au suivi de la région qu'elle assure depuis 22 ans dans le cadre de son projet d'inventaire des sites antarctiques, de « distinguer les effets directs et indirects du changement climatique, de la pêche, du tourisme et des activités nationales sur les écosystèmes de la région de la péninsule antarctique pour renforcer la gestion de l'environnement ».

236. Oceanites a accepté de tenter de rassembler et d'analyser les données pertinentes, avec l'aide des participants du Forum, et a été invitée à tenir la RCTA informée de l'avancement des travaux. L'organisation a dit espérer, en particulier avec l'aide de l'IAATO et de l'« Association of Responsible Krill harvesting companies » (ARK), que les analyses effectuées permettraient de contribuer à la gestion des pêches de krill à proximité des aires de reproduction et d'alimentation des manchots.

237. L'ASOC a été honorée de participer au Forum et a jugé qu'il était précieux d'avoir des discussions informelles avec un large éventail de parties prenantes de l'Antarctique. Elle a indiqué qu'il serait utile que le projet proposé par Oceanites progresse afin que l'incidence des activités anthropiques menées dans la région de la péninsule soit mieux comprise.

238. L'IAATO a fait part de l'honneur qu'elle avait eu de participer au Forum (et que l'une de ses entreprises membres ait contribué à l'organisation logistique de celui-ci) et a expliqué qu'elle y accordait une grande importance, ce Forum permettant à un large éventail de parties prenantes de débattre de l'évolution du Système du Traité sur l'Antarctique au 21ᵉ siècle. L'IAATO a ensuite souligné qu'il était extrêmement précieux que la gestion de l'environnement se fonde sur des données, que les travaux en cours étaient prometteurs et qu'elle continuerait d'appuyer le Forum et les travaux d'Oceanites.

239. L'ASOC a présenté le document d'information IP 78, intitulé « Antarctic Climate Change, Ice Sheet Dynamics and Irreversible Thresholds: ATCM Contributions to the IPCC and Policy Understanding ». Ce document met en avant un rapport publié par l'« International Cryosphere Climate Initiative » intitulé « Thresholds and Closing Windows », qui se penche sur les risques induits par un changement climatique irréversible de la cryosphère. Pour éviter au maximum que l'Antarctique ne subisse des conséquences irréversibles similaires, l'ASOC a fait remarquer que la communauté scientifique antarctique devait impérativement transmettre aux gouvernements et aux décideurs les résultats des recherches les plus récentes et les plus précises, en contribuant aux rapports d'évaluation du GIEC et à un rapport d'évaluation rapide établi en collaboration avec le SCAR.

240. En référence au document du secrétariat SP 7, le Royaume-Uni a indiqué que le Secrétariat n'avait pas demandé à l'OACI ou à l'OMI d'apporter une contribution substantielle pendant la période intersessions, mais les avait uniquement invités à participer à la RCTA. Le Royaume-Uni a proposé qu'une demande plus détaillée et fournie soit faite au Secrétariat dans le prochain Plan de travail stratégique pluriannuel afin de l'inviter à faire participer l'OACI et l'OMI aux débats de la RCTA sur des questions relatives à la sécurité aérienne et maritime, et à inviter les deux organismes à fournir des réponses écrites contenant des renseignements sur leurs travaux qui pourraient se révéler pertinents pour les travaux de la RCTA.

Point 17 : Tourisme et activités non gouvernementales dans la zone du Traité sur l'Antarctique

Révision des politiques relatives au tourisme

241. La Nouvelle-Zélande a présenté le document de travail WP 28 « Rapport du Groupe de contact intersessions " Élaborer une approche stratégique du tourisme et des activités non gouvernementales gérés de manière durable " », préparé conjointement avec l'Inde. Ce document fait état des domaines prioritaires et des lacunes du cadre de gestion actuel relatif au tourisme, qui avaient déjà été épinglés par les GCI et les documents de travail antérieurs traitant du tourisme (notamment XXXIᵉ RCTA – document de travail WP 51, XXXIIᵉ RCTA – document de travail WP 10 et Résolution 7 (2009), XXXVIIᵉ RCTA – document de travail WP 24 et XXXVIIIᵉ RCTA – document d'information IP 104 rév. 1). Le rapport du GCI dresse la description des thèmes généraux adoptés par le Groupe, et recommande que la RCTA

analyse son rapport, approuve d'œuvrer en faveur de l'élaboration d'une vision commune en matière de tourisme antarctique à l'occasion de la XLᵉ RCTA, réalise une analyse minutieuse des progrès réalisés dans le cadre de la mise en œuvre des Recommandations contenues dans l'étude du CPE sur le tourisme datant de 2012 et approuve l'élaboration d'un Plan de travail pluriannuel destiné à mettre en œuvre les domaines encore à traiter en matière de tourisme. La Nouvelle-Zélande a insisté sur la nécessité pour les Parties de se mettre d'accord sur une vision commune pour le développement du tourisme en Antarctique, afin de se pencher sur les mesures efficaces qui ont permis de gérer sa croissance et sa diversification continues, et a invité les Parties à apporter leur contribution concernant les éléments spécifiques de la vision stratégique devant être analysés à l'occasion de la XLᵉ RCTA.

242. La Réunion a remercié la Nouvelle-Zélande et l'Inde pour avoir dirigé le GCI et identifié des questions et des défis fondamentaux en lien avec le développement des activités touristiques en Antarctique. Reconnaissant que le tourisme antarctique est en permanente évolution, la Réunion a pris acte de la difficulté à prévoir les conséquences qu'il pourrait engendrer à l'avenir. Les Parties ont reconnu la nécessité de faire montre d'une approche de gestion anticipative, et de mettre tout en œuvre pour anticiper les problèmes liés au tourisme. La Réunion est convenue de l'intérêt d'élaborer une approche stratégique commune sur la gestion du tourisme antarctique, plusieurs Parties précisant que la Résolution 7 (2009), *Principes généraux relatifs au tourisme en Antarctique*, était susceptible d'offrir le cadre général de cette approche. Plusieurs Parties ont souligné la nécessité de renforcer les mécanismes actuels de gestion du tourisme, y compris en ce qui concerne sa supervision et son déroulement appropriés ainsi que sa surveillance systématique, tandis que d'autres Parties ont estimé que la réglementation existante en matière de tourisme était, pour le moment du moins, en mesure de gérer correctement les activités touristiques, à condition de la mettre pleinement en œuvre. À cet égard, il a été observé que les Lignes directrices pour les visites de sites s'étaient révélées efficaces. Si plusieurs Parties ont suggéré la possibilité d'adopter un quota ou un autre système destiné à réguler et à limiter le nombre de touristes, d'autres ont estimé que la chose n'était pas nécessaire. Plusieurs Parties ont indiqué qu'il était actuellement plus urgent de cibler des actions concrètes et d'améliorer les procédures existantes, au lieu de mener des discussions générales. La Réunion a salué l'IAATO pour sa participation et ses efforts à cet égard.

243. Plusieurs Parties ont fait part de leur inquiétude concernant le possible développement d'un tourisme de masse et une plus forte diversification

des activités, surtout en ce qui concerne les formes extrêmes de tourisme d'aventure. Il a été fait remarquer que bon nombre de ces activités représentent un risque pour la vie humaine, y compris pour les équipes de sauvetage qui seraient amenées à lancer des opérations de sauvetage et susceptibles, ce faisant, de venir perturber les programmes antarctiques nationaux. Il a de plus été signalé que ces activités pourraient causer des dommages à l'environnement de l'Antarctique. Dès lors, plusieurs Parties ont envisagé la possibilité de limiter les autorisations pour les activités terrestres pratiquées dans le cadre du tourisme d'aventure.

244. Les États-Unis ont déclaré que de nouveaux outils et une nouvelle réglementation destinés à gérer les activités touristiques pourraient apporter une plus-value, à condition de démontrer clairement leur nécessité. Ils ont cependant estimé qu'il convenait d'adopter une approche équilibrée, prenant en compte que le tourisme constituait une activité légale et acceptable. Si l'IAATO contribuait très certainement à la gestion du tourisme, il reviendrait finalement aux Parties d'élaborer la réglementation nécessaire. Selon les États-Unis, l'élaboration d'une approche stratégique relative au tourisme devait reposer en premier lieu sur la protection de l'environnement et le renforcement de la sécurité.

245. Rappelant la Résolution 7 (2014), plusieurs Parties ont mis en exergue l'importance de voir la Mesure 4 (2004) entrer en vigueur et ont encouragé les Parties à s'y employer. Certaines Parties ont mis en lumière la nécessité d'établir une meilleure communication entre les autorités nationales compétentes. En outre, des Parties ont également mis en évidence que si le tourisme était bel et bien une activité légitime et acceptable, il devait malgré tout avoir une vocation de sensibilisation et de pédagogie. Les Parties ont en outre noté la nécessité d'adopter une approche prudente, l'importance de considérer très sérieusement les effets cumulatifs du tourisme, ainsi que le besoin de mettre au point des moyens efficaces et systématiques destinés à assurer une surveillance sur site et d'organiser des expéditions autorisées. Enfin, plusieurs Parties ont suggéré d'élaborer un nouveau système de taxation pour les touristes voyageant en Antarctique, de façon à générer des revenus collectifs qui pourraient être réutilisés pour renforcer la protection de l'environnement et étudier l'incidence du tourisme sur l'environnement. La Réunion a noté que le CPE travaillait actuellement sur la Recommandation 3 relative à la sensibilité des sites, et, afin de préparer les travaux de l'année suivante, a enjoint au Secrétariat de fournir une mise à jour faisant état des progrès réalisés dans le cadre de la mise en œuvre des Recommandations contenues dans l'étude du CPE relative au tourisme datant de 2012 d'une

part, et de la faisabilité de réaliser une base de données comme le préconisait la Recommandation 1 d'autre part. Il a été souligné à ce propos que, malgré les informations fournies par l'IAATO, il n'existait actuellement aucun tableau complet et précis du tourisme antarctique.

246. L'IAATO a présenté le document d'information IP 106, intitulé « Towards Developing a Strategic Approach to Environmentally Managed Tourism and Non–Governmental Activities: An Industry Perspective. » Ce document avait pour vocation d'identifier des questions prioritaires et des lacunes en lien avec le tourisme antarctique. Plus précisément, il souligne l'importance de transposer les accords des RCTA antérieures, comme la Mesure 4 (2004) et la Mesure 15 (2009), dans les législations nationales. Tout en reconnaissant la Recommandation XVIII-1 (1994) comme pierre angulaire, l'IAATO a fait observer que cette Recommandation n'avait pas encore été mise en œuvre et a suggéré que la RCTA s'attelle à une éventuelle actualisation des Lignes directrices pour les acteurs qui organisent et effectuent des activités touristiques et non gouvernementales dans l'Antarctique, en prenant en compte les accords conclus depuis 1994. L'IAATO a insisté sur le fait que l'objectif de sa stratégie consistait à mettre en place un tourisme sûr et responsable dans l'Antarctique. Elle a également noté l'importance de procéder à une évaluation minutieuse des nouvelles activités touristiques avant de les réaliser, de manière à éviter les impacts plus que mineurs ou transitoires, et a rejeté l'idée de voir installer des structures permanentes à seule fin de soutenir les activités non gouvernementales en Antarctique. L'IAATO a de plus laissé entendre qu'il pourrait y avoir un certain intérêt à réaliser une analyse SWOT des activités de tourisme et non gouvernementales en Antarctique sur une base périodique.

247. Le Royaume-Uni a présenté le document de travail WP 11 « Ressortissants de Parties au Traité sur l'Antarctique » participant à des expéditions non gouvernementales non autorisées en Antarctique. Lors du groupe de travail spécial sur les autorités compétentes, qui s'est tenu durant la XXXVIIIe RCTA (2015), il avait été suggéré d'accorder davantage d'importance à la question des ressortissants nationaux des Parties du Traité sur l'Antarctique qui participent à des activités non autorisées en Antarctique (Rapport final de la XXXVIIIe RCTA, paragraphe 287). Le Royaume-Uni a présenté le document de travail WP 11 en vue de stimuler les discussions concernant le fait de savoir si la RCTA ne devrait pas adopter une position plus claire et plus cohérente à l'égard des personnes participant à des activités non autorisées en Antarctique qui ne sont pas les opérateurs ou les organisateurs desdites activités. Le Royaume-Uni a indiqué que des leçons pouvaient être tirées

des actions entreprises par la CCAMLR en 2009, lorsque celle-ci a adopté la Mesure de Conservation 10-08 – *Système visant à promouvoir l'application des Mesures de Conservation de la CCAMLR par les ressortissants des Parties contractantes*, qui reconnaît que des ressortissants des Parties contractantes à la CCAMLR sont susceptibles de soutenir ou d'être impliqués dans des activités de pêche illicites, non déclarées ou non réglementées, en utilisant des navires dont l'État du pavillon n'est pas autorisé à pêcher en vertu de la CCAMLR. Par ailleurs, le Royaume-Uni a fait observer que la RCTA pourrait examiner la possibilité et la façon d'inviter les Parties consultatives à vérifier si leurs ressortissants participent à des activités ou des expéditions non autorisées en Antarctique, et, le cas échéant, à veiller à ce que des mesures soient prises à l'encontre de ces personnes.

248. La Réunion a remercié le Royaume-Uni pour la préparation de ce document et a reconnu l'importance de cette question complexe. Plusieurs Parties ont partagé les détails relatifs à leur réglementation nationale et à la façon dont elles l'appliquaient aux ressortissants participant à des activités non autorisées en Antarctique. Des Parties ont également mis en lumière que de telles actions pouvaient présenter des difficultés pratiques, particulièrement lorsqu'il s'agissait de ressortissants participant à des activités organisées et opérées par d'autres Parties. Vu la complexité qui entoure la poursuite dans leur juridiction de personnes participant à des activités non autorisées, la plupart des Parties ont estimé que les opérateurs et/ou les organisateurs desdites activités en Antarctique devaient être tenus légalement responsables, bien qu'elles aient également reconnu que cela impliquerait que les personnes participant à de telles activités ne seraient pas soumises à des sanctions juridiques dans la plupart des cas. La Réunion a approuvé l'utilité pour les Parties de partager leurs expériences et les progrès réalisés sur le terrain concernant les poursuites au sein de leur juridiction de personnes impliquées dans des activités illicites en Antarctique, en soulignant la nécessité de renforcer l'échange d'informations entre les autorités compétentes. Plusieurs Parties ont affirmé que tout devait être mis en œuvre pour éviter tout vide juridique de façon à ce que les poursuites se déroulent efficacement.

249. Les États-Unis ont présenté le document de travail WP 41 rév. 1, « Considération pour les activités non gouvernementales et touristiques associant le transport aérien à celui de croisière en Antarctique ». Sur la base des informations fournies par l'IAATO, ce document fait état de la nécessité de se pencher sur les questions environnementales et sécuritaires susceptibles d'apparaître avec la progression du transport combiné air-mer en Antarctique. Ce nouvel aspect du tourisme présente des défis à la fois en

raison de la possibilité de voir le nombre de visites augmenter sur certains sites et de l'implication éventuelle de plusieurs autorités compétentes dans les diverses composantes ou segments qu'implique un voyage combiné air-mer. Selon les États-Unis, la réduction du temps nécessaire pour effectuer chaque voyage peut soulever certaines préoccupations relatives aux impacts sur l'environnement et à la sécurité d'un trafic maritime accru, la durée du temps passé par les navires en Antarctique entre les escales, ainsi que les débarquements correspondants des passagers sur et autour de l'île du roi George et de la péninsule antarctique. Par conséquent, les États-Unis estiment qu'il peut y avoir un intérêt à réévaluer la communication et la coordination entre les différentes Parties impliquées dans des activités air-mer. Cela pourrait permettre de procéder à une évaluation plus exhaustive de l'impact sur l'environnement et d'identifier d'autres points à prendre en considération tels que la sécurité. Les États-Unis ont de plus déclaré que les Recommandations contenues dans le document de travail WP 25 « Bénéfices de la communication entre les autorités compétentes pour les activités touristiques et non gouvernementales », étaient liées à celles figurant dans le document de travail WP 41 rév. 1.

250. La Réunion a remercié les États-Unis pour avoir soumis ce document utile traitant d'un sujet fondamental aux enjeux capitaux en matière d'environnement et de sécurité. Plusieurs Parties ont souligné l'importance d'analyser la question à la lumière des discussions relatives à l'élaboration d'une approche stratégique en matière de tourisme.

251. D'autres Parties ont exprimé leurs préoccupations en lien avec l'autorisation de ces expéditions combinées, mettant en exergue que deux Parties au moins étaient généralement impliquées dans le processus d'autorisation, ce qui pouvait mener à des lacunes concernant l'évaluation des activités, notamment pendant le transfert entre les différents modes de transport. Elles ont également insisté sur la difficulté pour les autorités compétentes d'évaluer correctement ces cas, étant donné qu'elles ne disposaient que d'informations parcellaires au sujet des activités concernées, les privant d'une vision d'ensemble.

252. Des inquiétudes ont également été formulées à l'égard de l'ampleur que pourraient prendre ces activités combinées air-mer, y compris certains aspects logistiques comme l'avitaillement et le réapprovisionnement des navires, la gestion des déchets et d'autres problèmes liés au contrôle du trafic aérien. D'autres préoccupations en lien avec l'augmentation des impacts cumulatifs et les implications liées aux EIE ont été exprimées, de même

que concernant la possibilité de voir le transport aérien faire augmenter le tourisme antarctique de manière exponentielle. Il en découlerait la mise en service de plus grands avions, avec pour conséquence de devoir étendre les infrastructures et les pistes d'atterrissage actuelles. Certaines Parties ont noté que si le tourisme combiné air-mer était effectivement en train de prendre de l'ampleur, il s'agissait d'un business model risqué pour les opérateurs, vu sa forte dépendance aux conditions climatiques. La Réunion a souligné l'importance de renforcer la communication et l'échange d'informations entre les autorités compétentes, particulièrement lorsque les activités touristiques et non gouvernementales impliquaient plusieurs Parties au Traité sur l'Antarctique.

253. L'IAATO a quant à elle déclaré que, s'il était vrai que la progression des activités combinant transport aérien et maritime était considérable, surtout en comparaison avec les autres formes de tourisme, elles n'en constituaient pas moins un segment limité du marché. Plusieurs Parties ont signalé que cela pourrait changer à l'avenir. L'IAATO a fait observer qu'elle avait mis sur pied un groupe de travail afin de stimuler la coopération et la communication dans ce domaine. Elle a réaffirmé que ce type d'activités devait tenir compte de considérations pratiques en lien avec l'accès par air, étant donné que celui-ci dépendait fortement des conditions météorologiques et des caractéristiques de la piste d'atterrissage, et a noté qu'un très faible pourcentage d'opérateurs était parvenu à respecter le calendrier de vol initialement prévu. Enfin, l'IAATO a signalé que l'opérateur chilien DAP avait récemment rejoint l'organisation.

254. L'Allemagne a présenté le document d'information IP 36, intitulé « Antarctic Tourism Study: Analysis and Enhancement of the Legal Framework », qui évalue le cadre juridique réglementant le tourisme antarctique et propose des amendements à la lumière de futurs développements. Le document indique que l'étude réalisée a décelé une série de lacunes et de manquements dans la réglementation existante relative au tourisme, celle-ci manquant de mécanismes pour atténuer les impacts des activités touristiques. Il est proposé de mettre à profit tout le potentiel des instruments et réglementations déjà en vigueur au sein du STA, ainsi qu'une série de recommandations visant à améliorer les capacités réglementaires. La proposition est faite dans le document d'interdire et de limiter certaines formes de tourisme.

255. La Réunion a remercié l'Allemagne pour avoir soumis ce document très pertinent et pour les efforts qu'elle avait déployés afin de réaliser l'étude commandée figurant en annexe, celle-ci s'étant révélée très utile pour

alimenter les discussions, surtout au sujet de l'élaboration d'une approche stratégique relative au tourisme.

256. Le document suivant a également été soumis et considéré comme présenté sous ce point :

- Document d'information IP 118, intitulé « Assessing New Activities Checklist » (IAATO). Ce document présente une nouvelle Liste de vérification pour l'évaluation des nouvelles activités, adoptée à l'occasion de la réunion annuelle de l'IAATO en 2016.

Autorités compétentes

257. Les États-Unis ont présenté le document de travail WP 25, intitulé « Bénéfices de la communication entre les autorités compétentes pour les activités touristiques et non gouvernementales », qui souligne la mesure dans laquelle une communication et une coordination efficaces entre les différentes autorités compétentes sont susceptibles de favoriser la réalisation d'EIE adéquates et de consolider le processus d'autorisation d'activités non gouvernementales et touristiques. Il indique que lorsqu'une ou plusieurs expéditions impliquant simultanément plusieurs Parties dans le processus d'autorisation se retrouvent déconnectées d'un point de vue réglementaire, il pouvait en découler un danger de voir apparaître des lacunes ou des erreurs dans le processus. Le document insiste sur le fait qu'une bonne communication entre les autorités compétentes dans ce type de cas est à leur grand avantage.

258. La Norvège a introduit le document de travail WP 35 « Systèmes de communication : autorités nationales compétentes », préparé conjointement avec la France, les Pays-Bas, la Nouvelle-Zélande et le Royaume-Uni. Rappelant que le groupe de travail spécial sur les autorités compétentes avait conclu lors de la XXXVIIIᵉ RCTA qu'il convenait d'élaborer plusieurs instruments/processus afin de renforcer la communication entre les autorités compétentes, la Norvège a proposé que la RCTA établisse une liste de contacts qui serait mise à la disposition des autorités compétentes et des RCC et mise en ligne sur le site web du STA. Une autre proposition a été formulée, visant la création sur le site web du STA d'un Forum de discussion pour les autorités compétentes, fondé sur la même interface que les Forums de discussion de la RCTA et du CPE. La Norvège a souligné la nécessité de mettre en place un système facile d'utilisation, actuel et transparent, faisant observer que les listes de contacts actuelles n'étaient pas à jour.

259. La Réunion a remercié les auteurs du document et a fait part de son soutien appuyé en faveur de leurs propositions. Elle a en outre pris acte de la nécessité d'établir une communication efficace entre les autorités compétentes, tout particulièrement lorsque le processus d'autorisation d'une activité implique la participation d'opérateurs issus de plusieurs Parties, lorsqu'il s'agit de signaler des activités illicites et lorsque des Parties ont autorisé des activités susceptibles d'exercer un impact direct sur une autre Partie.

260. La Réunion a débattu des moyens les plus efficaces pour améliorer la coordination et la communication entre les autorités compétentes. Elle a fait remarquer que l'autorité compétente responsable de l'autorisation d'une activité non gouvernementale donnée n'était pas toujours clairement identifiée et a mis en lumière les difficultés qui se présentaient lorsque, par exemple, au moins deux autorités compétentes avaient été contactées pour l'autorisation d'une même activité. Plusieurs Parties ont signalé des cas permettant d'illustrer ces situations complexes. Notant que les activités étaient parfois définies comme une seule activité ou une combinaison de plusieurs sous-activités plus petites et distinctes, la Réunion a mis en lumière l'importance de s'assurer que tous les aspects d'une activité avaient bien été pris en compte, tout en évitant les doubles emplois inutiles.

261. La Réunion a estimé qu'une mise en relation précoce des différentes autorités compétentes impliquées pourrait contribuer à résoudre bon nombre de problèmes relatifs aux activités touristiques et non gouvernementales, et ce avant que les choses ne prennent trop d'ampleur. Elle a rappelé la Résolution 3 (2004), qui encourageait les Parties à échanger des informations relatives aux activités susceptibles d'impliquer d'autres Parties, à consulter les Parties pertinentes durant le processus d'évaluation des activités, et ce avant même de prendre toute décision quant à l'autorisation ou non de l'activité lorsque c'était possible. Cette Résolution recommandait également la désignation d'une personne de contact près du Secrétariat pour toute information concernant les activités touristiques ou non gouvernementales en Antarctique. La Réunion a noté qu'il était fondamental que les Parties mettent en œuvre les Recommandations contenues dans cette Résolution.

262. La Réunion a approuvé l'établissement sur le site web du STA d'une liste des points de contact des autorités compétentes, facile d'accès et ouverte au public. Elle a également donné instruction au Secrétariat d'envoyer chaque année un rappel électronique aux Parties afin qu'elles mettent à jour les coordonnées des autorités compétentes.

263. Le Secrétariat a informé la Réunion qu'il avait la capacité et la flexibilité nécessaires pour établir la base de données des contacts et y inclure des informations détaillées sur les points de contact des autorités compétentes, conformément aux suggestions des Parties. Il a été noté que le Secrétariat avait requis des précisions et de plus amples détails auprès des Parties au sujet des exigences spécifiques en lien avec les changements à apporter au site web. Le Secrétariat a également affirmé qu'il était tout disposé à fournir à la Réunion toute information qui serait requise et jugée utile pour de futures discussions.

264. La Réunion a accepté de créer un sous-Forum sur le site web du Secrétariat, où les autorités compétentes se verraient offrir la possibilité d'échanger des informations relatives aux autorisations et aux permis délivrés ainsi qu'à toute autre information portant sur des questions en lien avec le tourisme. La Réunion est également convenu de la nécessité d'améliorer la lisibilité et l'accès à la liste contenant les coordonnées des points de contact nationaux sur le site web du Secrétariat.

Tendances et schémas

265. Le Royaume-Uni a présenté le document de travail WP 34 « Rapport et collecte des données sur les activités de yachting en Antarctique en 2015-2016 », préparé conjointement avec l'Argentine, le Chili et l'IAATO. Ce document vient appuyer les informations fournies par l'Argentine, le Chili, l'IAATO et le Royaume-Uni concernant les yachts aperçus en Antarctique ou ayant signalé une intention de voyager vers l'Antarctique pendant la saison 2015-2016. Le rapport indique que sur les 41 yachts qui ont été observés en Antarctique pendant la saison 2015-2016, ou qui ont signalé leur intention d'y naviguer, seule la moitié d'entre eux étaient membres de l'IAATO, 16 n'étaient pas membres de l'IAATO, mais disposaient d'une autorisation délivrée par l'une des Parties pour voguer vers l'Antarctique, un yacht a été aperçu en Antarctique sans autorisation de s'y trouver, deux ne semblaient pas avoir d'autorisation et le statut de l'autorisation des quatre derniers yachts n'a jamais pu être éclairci.

266. La Réunion a remercié le Royaume-Uni, l'Argentine, le Chili et l'IAATO pour leur travail consistant à faire état des activités de yachting. Les Parties ont été exhortées à faire usage du SEEI, étant donné qu'il rend plus facile la vérification et l'identification des navires, et à faciliter l'accès aux informations, souvent complexes, requises par les autorités compétentes. La Réunion a remercié le Secrétariat pour la création sur le site web du STA

d'un outil permettant de générer des rapports d'EIE résumés et de rechercher des informations relatives aux activités de yachting.

267. Concernant la présence de navires non identifiés et n'ayant pas fait l'objet d'une quelconque vérification en Antarctique, certaines Parties ont apporté des précisions sur le sujet, tandis que d'autres ont indiqué être encore en train d'enquêter afin de récolter des informations au sujet des ressortissants ou des navires battant leur pavillon avant de pouvoir prendre des mesures. Par ailleurs, les Parties ont exprimé leur volonté de faire la lumière sur toute activité de yachting non autorisée. Plusieurs Parties ont réaffirmé l'intérêt dans le cadre de la surveillance des activités de yachting de pouvoir disposer d'une liste claire des points de contact des autorités compétentes.

268. La Réunion a noté que, malgré la coopération et la collaboration totales des autorités compétentes, certains propriétaires de yachts et opérateurs continuaient à contourner la réglementation et les mesures de gestion actuelles. Les Parties ont été unanimes quant à la condamnation des activités de yachting non autorisées an Antarctique, surtout s'agissant des propriétaires de yachts ou opérateurs qui exploitaient à dessein la moindre faille juridique afin d'éviter l'observation de leurs opérations.

269. L'IAATO a présenté le document d'information IP 104 rév. 1, intitulé « Patterns of Tourism in the Antarctic Peninsula Region: a 20-year analysis », préparé conjointement avec les États-Unis. Il identifie trois tendances majeures en matière de tourisme : les activités de tourisme se sont concentrées sur un petit nombre de sites libres de glace couvrant une zone de 200 hectares au total, les activités touristiques devraient connaître une progression dans les nouveaux marchés non anglophones, et le tourisme antarctique a été fortement influencé par les vecteurs socio-économiques mondiaux, de sorte que les futurs projets devraient tenir compte de ces effets. L'IAATO a également présenté le document d'information IP 105, intitulé « Report on IAATO Operator Use of Antarctic Peninsula Landing Sites and ATCM Visitor Site Guidelines, 2015-16 Season », qui livre des estimations relatives au tourisme antarctique fournies par les opérateurs de l'IAATO pour la saison 2016-2017, des données statistiques issues des rapports post-visite pour la saison 2015-2016 récemment achevée, et un aperçu des tendances du tourisme dans la région de la péninsule antarctique.

270. La Réunion a remercié l'IAATO et les États-Unis pour les informations qu'ils ont fournies, et a pris acte avec beaucoup d'intérêt des résultats issus de l'analyse de l'IAATO portant sur les vingt dernières années. En réponse à une requête, l'IAATO a déclaré que la nature extrêmement concentrée

du tourisme en Antarctique facilitait la gestion des sites visités, grâce à une étroite surveillance et à des outils tels que les Lignes directrices pour les visites de sites. L'IAATO a de plus confirmé qu'un certain nombre de sites atteignaient désormais régulièrement le nombre maximal de visiteurs autorisé quotidiennement.

271. Faisant suite aux discussions relatives à la nécessité de renforcer la surveillance des sites visités, la Réunion a accepté d'insérer cet élément dans son Plan de travail stratégique pluriannuel. La Réunion a accepté de donner instruction au CPE d'élaborer une série de seuils de déclenchement, sur la base des meilleures estimations possibles, afin d'orienter les efforts de surveillance, tel que stipulé dans la Recommandation 7 figurant dans l'étude du CPE de 2012 relative au tourisme.

272. L'Argentine a présenté le document d'information IP 108, intitulé « Preliminary report on Antarctic tourist flows and cruise ships operating in Ushuaia during the 2015/16 Austral summer season. » Ce document fait état du nombre de passagers et de navires ayant quitté le port d'Ushuaia en partance pour l'Antarctique pendant la saison 2015-2016. Le rapport inclut le nombre de croisières, les nationalités des passagers, le nombre moyen de membres d'équipage par navire, le personnel responsable pour chaque croisière et l'enregistrement des navires. Il ressort du rapport une légère croissance du nombre de passagers, de navires et de croisières au cours de la saison 2015-2016.

273. L'IAATO a présenté le document d'information IP 112, intitulé « IAATO Overview of Antarctic Tourism: 2015-16 Season and Preliminary Estimates for 2016-17 ». L'IAATO a élaboré des estimations pour la saison 2016-2017 concernant le tourisme antarctique, à partir des données fournies par les opérateurs de l'IAATO ainsi que des données statistiques issues des rapports post-visite pour la saison 2015-2016 récemment achevée. Il en est ressorti que les passagers américains, australiens et chinois formaient le plus important contingent de visiteurs. Ces chiffres ne concernaient que les passagers voyageant avec des compagnies membres de l'IAATO et n'incluaient pas les personnes prenant part à des projets de recherche soutenus par des opérateurs de l'IAATO.

274. Le document suivant a également été soumis et considéré comme présenté sous ce point :

- Document d'information IP 92, intitulé « Taller Nacional de Turismo Antártico, Punta Arenas, 5 de abril 2016. (National Workshop on

Antarctic Tourism, Punta Arenas, April 5, 2016) » (Chili). Ce document présente les résultats issus du dernier atelier national consacré au tourisme antarctique, organisé à l'Instituto Antártico Chileno, à Punta Arenas. Les discussions qui y ont trouvé place ont permis le partage de perspectives institutionnelles, l'évaluation de l'état actuel des activités de tourisme ainsi que des tendances à venir et l'établissement des priorités nationales en matière de tourisme antarctique.

Sites

275. La France a présenté le document d'information IP 1, intitulé « Reinstalling the memorial plaque of 'Le Pourquoi Pas ? on Petermann Island' (Charcot's cairn 1909, HSM 27) », préparé conjointement avec l'IAATO. La France a expliqué qu'après avoir été prévenue que la plaque de plomb affichant la liste de l'équipage du navire de Jean-Baptiste Charcot avait été retrouvée sur le sol, elle avait établi un plan en collaboration avec l'IAATO pour la réinstaller. L'opération eut lieu avec succès le 13 janvier 2016. La France a remercié l'IAATO pour sa collaboration.

276. L'Argentine a présenté le document d'information IP 101, intitulé « Analysis of Management Measures of the Tourism Management Policy for Brown Scientific Station », qui livre une analyse des activités de gestion du tourisme mises en œuvre à la station Brown à partir de la saison 2013-2014 à ce jour, en mettant l'accent tout particulièrement sur les résultats fructueux obtenus la première année de la mise en application de ces activités de gestion. L'IAATO a remercié l'Argentine pour avoir mis en œuvre ces mesures à la station Brown. L'Argentine a présenté le document d'information IP 114, intitulé « Areas of tourist interest in the Antarctic Peninsula and South Orkney Islands region. 2015/2016 austral summer season », qui rend compte de la répartition des visites touristiques dans la région de la péninsule antarctique et des îles Orcades du Sud, établie en fonction des voyages effectués par les navires pendant la saison estivale 2015-2016, à partir du port d'Ushuaia. L'Argentine a fait remarquer que huit zones de visites touristiques avaient été identifiées dans la péninsule antarctique et dans les îles Orcades du Sud, soulignant que les zones les plus fréquentées étaient celles situées dans la partie centre-ouest de la péninsule antarctique et des îles Shetland du Sud, suivies de la zone sud-ouest.

277. La Belgique a présenté le document d'information IP 56, intitulé « Developing a blue ice runway at Romnoes in Dronning Maud Land ». Le document rend compte de la construction d'une piste d'atterrissage en glace bleue par un

opérateur privé à Romnoes, près de la station belge Princesse Elizabeth, Terre de la reine Maud. Il dévoile que l'opérateur ALCI avait fait connaître son intention de soumettre une EPIE ou EGIE à l'occasion de la XXXVIIIᵉ RCTA, mais qu'il n'y était pas parvenu. Les Parties se sont enquises de savoir si les activités menées au cours des dernières saisons en vue de préparer cette piste d'atterrissage étaient bien couvertes par un permis ou une autorisation délivrée par l'une des Parties du Traité sur l'Antarctique. En effet, l'opérateur avait réalisé un vol d'essai sur cette piste pendant la saison 2014-2015 et les travaux préparatoires qui avaient été prévus se sont arrêtés pendant la saison 2015-2016. Bien que la Belgique ait reconnu les avantages que pouvait présenter le projet à la fois pour la station Princesse Elizabeth et le réseau DROMLAN dans l'ensemble, elle a insisté sur la nécessité de ne pas négliger certaines préoccupations, notamment : la charge et les conséquences potentielles pour les activités de la station belge, la soumission d'une EGIE ou au minimum d'une EPIE pour une piste de ce type devant faire l'objet d'une évaluation par la RCTA, le système d'autorisation à appliquer, et la question de savoir si des politiques particulières en matière de tourisme seront appliquées pour cette piste. Par le biais de ce document, la Belgique a invité les autres Parties à se joindre à elle pour mener la réflexion en lien avec ce projet et ses possibles implications, y compris au niveau de l'environnement.

278. La Réunion a remercié la Belgique pour avoir soumis ce document utile et a reconnu les préoccupations qui y figuraient. Elle a souligné l'importance de s'assurer que les opérateurs privés se pliaient bien aux procédures et réglementations existantes. Plusieurs Parties ont insisté sur la nécessité de garantir un échange d'informations direct et transparent entre les Parties et les tour-opérateurs dans des cas tels que celui-ci.

279. L'Afrique du Sud a fait remarquer qu'elle ne disposait pas des procédures nécessaires dans le cadre de sa législation pour autoriser la réalisation de ce type d'activités, mais elle a assuré aux Parties qu'elle procéderait à une révision complète des permis pour les activités non gouvernementales autorisées par les autres Parties. L'Afrique du Sud a de plus souligné que toutes les autres activités de l'opérateur privé avaient été autorisées par la Fédération de Russie, et qu'une fois qu'elle avait appris que de telles activités étaient en cours à Romnoes, elle avait pris les dispositions nécessaires pour rappeler à l'opérateur toutes les exigences stipulées par le Protocole relatif à la protection de l'environnement. Elle a également noté qu'ALCI avait apporté la confirmation qu'elle arrêterait toutes ses activités liées à la construction de cette piste.

280. La Fédération de Russie a mis en exergue que le projet DROMLAN était un projet intergouvernemental et que la performance des opérateurs aériens faisait l'objet chaque année d'une évaluation. Elle a insisté sur le fait que DROMLAN avait décidé qu'il était devenu nécessaire pour plusieurs raisons de construire une piste de glace à Romnoes, bien que l'objectif n'était pas d'en faire une piste principale. Le réseau DROMLAN avait donné son accord pour la réalisation du projet et le vol d'essai qui avait eu lieu pendant la saison 2014-2015. De surcroît, la Fédération de Russie a confirmé qu'elle avait participé à ce vol d'essai en tant que consultant pour ALCI. Comme l'exploitation de la piste ne nécessitait la construction d'aucune infrastructure, la Fédération de Russie avait estimé qu'elle ne devrait engendrer aucun impact majeur sur l'environnement. La Fédération de Russie a insisté sur son engagement à offrir un transport sûr pour rallier la zone de la Terre de la reine Maud.

281. Les Parties ont poursuivi l'échange d'informations à propos de la réalisation de cette piste de glace bleue. Elles ont fait observer, non sans inquiétude, qu'il existait des dissonances quant à la nature réelle de ces activités et à la façon dont elles avaient été autorisées, et ont souligné le degré de confusion dont on avait pu faire état au moment de l'attribution des responsabilités. La Norvège a confirmé que le réseau DROMLAN n'avait pas donné son feu vert au projet. Plusieurs Parties ont souligné que, si cette piste ne nécessitait la construction d'aucune infrastructure, le simple atterrissage d'un avion et le débarquement de passagers auraient un impact environnemental qu'on ne saurait ignorer. Les Parties ont émis d'autres préoccupations, notamment : le fait qu'aucun permis n'ait été délivré pour ce projet et que les procédures fixées dans le cadre du STA pour l'obtention d'une autorisation n'avaient pas été suivies ; le fait qu'aucune EGIE ou EPIE n'ait été réalisée comme il se devait habituellement ; le fait que le réseau DROMLAN n'avait pas de droit légal d'autoriser cette activité ou de délivrer un permis pour la construction de cette piste ; la possibilité d'utiliser cette piste à des fins touristiques en sus de l'utilisation dans le cadre des programmes nationaux ; le fait qu'aucune autorisation n'ait été requise pour effectuer l'atterrissage d'essai ; et le fait que le cas présent constituait un dangereux précédent. Alors que plusieurs Parties ont estimé que ce dossier devait faire l'objet d'une analyse par le CPE, d'autres en revanche ont insisté sur le fait que la RCTA constituait selon elles le forum approprié pour analyser la question et se sont interrogées quant à savoir pourquoi le dossier n'avait pas été porté plus tôt à l'attention de la Réunion.

282. La Réunion a accepté l'offre de la Belgique et de la Norvège de poursuivre l'enquête sur l'élaboration de cette piste avant de permettre la poursuite des activités, et leur a donné instruction de présenter leurs conclusions à l'occasion de la XL⁰ RCTA.

283. L'IAATO a présenté le document d'information IP 21, intitulé « IAATO Wildlife Watching Guidelines for Emperor Penguins and Leopard Seals », qui indique que les membres de l'IAATO ont adopté deux nouvelles séries de Lignes directrices traitant de l'observation des espèces sauvages : l'une relative aux manchots empereurs et l'autre aux léopards de mer. Le document présente également un court briefing animé, qui s'inscrit en supplément du briefing obligatoire existant, et renvoie les Parties au document d'information IP 107, intitulé « How to be a Responsible Antarctic Visitor: IAATO's New Animated Briefings ».

284. La Réunion a remercié l'IAATO et a exprimé tout son soutien à l'élaboration des Lignes directrices relatives à l'observation de la vie sauvage. Plusieurs Parties ont félicité l'IAATO pour la pertinence de son animation et ont souligné la qualité de la présentation.

Point 18 : 25⁰ anniversaire du Protocole relatif à la protection de l'environnement

285. Le président, l'ambassadeur Francisco Berguño, a donné le coup d'envoi du Symposium organisé le 30 mai 2016 en l'honneur du 25⁰ anniversaire du Protocole relatif à la protection de l'environnement et a accueilli tous les participants. Il a rappelé que la XXXVIII⁰ RCTA avait approuvé l'organisation d'un symposium afin de célébrer et de discuter de la réussite du Protocole sur l'environnement en tant que cadre pour l'amélioration de la protection environnementale en Antarctique, ainsi que de s'assurer que le Protocole était adapté aux évolutions futures. Il a remercié la Norvège pour avoir dirigé les travaux préparatoires en vue de la tenue du Symposium (document de travail WP 49, XXVIII⁰ RCTA – document de travail WP 44).

286. L'honorable Bob Hawke, ancien Premier ministre de l'Australie, a prononcé un discours, par le biais d'une vidéo, dans lequel il affirmait que la ratification du Protocole relatif à la protection de l'environnement constituait une réalisation remarquable d'importance mondiale. Il a de plus souligné que l'ouverture de l'Antarctique aux activités minières, comme cela avait été négocié au cours de la décennie précédant la signature du Protocole, eût

constitué un acte de vandalisme à l'égard de la vie sauvage de l'Antarctique. Il a poursuivi en affirmant que, grâce à leur collaboration, les Parties avaient pris un nouveau départ avec comme objectif la protection de l'environnement de l'Antarctique, une zone naturelle consacrée à la paix et à la science. Rappelant que la demande mondiale en ressources minérales ne cessait de progresser, il a déclaré comme judicieuse l'inclusion de l'Article 7 du Protocole, lequel article stipule l'interdiction de toute activité relative aux ressources minérales, autre que la recherche scientifique. Il a mené une réflexion sur la nature unique de l'Antarctique, sur les attributs qui confèrent cette valeur scientifique capitale au continent, et les miracles considérables qu'il recèle. Il a déclaré que l'Antarctique méritait de faire l'objet de la meilleure protection qui soit et a dès lors lancé un appel à toutes les parties non consultatives qui ne l'auraient pas encore fait à signer le Protocole. Voulant faire remarquer le malentendu largement répandu que l'interdiction d'exploitation des ressources en Antarctique prendrait fin en 2048, il a appelé les Parties à réitérer leur engagement à interdire à durée indéterminée toute activité relative aux ressources minérales.

287. L'honorable Edgardo Riveros, vice-ministre des Affaires étrangères du Chili, a prononcé un discours devant la Réunion et a affirmé que le Protocole relatif à la protection de l'environnement occupait une place fondamentale au sein du Système du Traité sur l'Antarctique. Faisant observer que sa négociation et sa mise en œuvre avaient permis d'amorcer une nouvelle phase du STA, par l'abandon de l'exploitation des ressources minérales, il a déclaré que les Parties avaient pris la bonne décision. Il a rappelé que lorsque les Parties se sont rencontrées à Viña del Mar pour ouvrir les négociations en 1990 (RCETA X, RCETA XI-1), l'objectif avait d'abord été de se mettre d'accord sur un instrument international permettant d'atténuer l'impact des activités humaines sur le continent. Le Protocole qui en a découlé avait placé le Traité sur l'Antarctique sur la voie d'une protection de l'environnement plus efficace, et le vice-ministre a lancé un appel aux Parties pour qu'elles renouvellent leur engagement à emprunter cette voie. Il a salué la RCTA pour avoir accepté de consacrer une journée entière à la célébration du 25e anniversaire de la signature du Protocole. Il a fait observer que les défis actuels étaient : le manque de compréhension par le grand public du Système du Traité sur l'Antarctique ainsi que de l'interdiction relative à l'exploitation minière figurant dans le Protocole relatif à la protection de l'environnement ; le nombre croissant de touristes et de visiteurs non gouvernementaux en Antarctique ; et la lente adoption de l'Annexe VI relative à la responsabilité découlant de situations critiques pour l'environnement. Pour clôturer son

discours, il a exhorté les Parties à prendre un engagement politique très ferme à l'égard du Protocole et à sa place centrale au cœur du Système du Traité sur l'Antarctique.

288. Après ces discours d'ouverture, la RCTA a adopté la Déclaration de Santiago, soit le jour du vingt-cinquième anniversaire de la signature du Protocole au Traité sur l'Antarctique relatif à la protection de l'environnement (voir Annexe 1).

Point 1 : Le Protocole en tant qu'extraordinaire accord-cadre mondial pour la conservation et la protection de l'environnement

289. M. Evan Bloom (États-Unis) a fait une présentation sur *Le parcours historique, la vision sous-jacente et l'impact du Protocole*. Il a fait référence à l'environnement sans pareil de l'Antarctique, à son rôle en tant que laboratoire scientifique mondial principal ayant contribué à nous apporter notamment une meilleure compréhension du changement climatique. Il a souligné que les Parties au Traité sur l'Antarctique avaient pris une sage décision lorsqu'elles avaientont décidé de se détourner de la Convention sur la réglementation des activités relatives aux ressources minérales de l'Antarctique (CRAMRA) pour négocier et adopter le Protocole en lieu et place. Toutefois, le Traité sur l'Antarctique, n'a jamais eu pour vocation de servir d'instrument de protection de l'environnement. En revanche, la Convention sur la conservation de la faune et de la flore marines de l'Antarctique (CCAMLR) a toujours été et reste un instrument de protection de l'environnement. Il s'agit véritablement de l'un des tout premiers traités à avoir adopté l'approche écosystémique pour la gestion des pêcheries. Il convenait toutefois d'aller encore plus loin. En 1991, à peine deux ans après avoir abandonné la CRAMRA, la RCTA signait le Protocole relatif à la protection de l'environnement. L'article 7, qui stipule l'interdiction de toute activité relative aux ressources minérales, autre que la recherche scientifique, en constitue la pierre angulaire et marque une étape décisive pour la protection de l'environnement. Le Protocole contient toute une série d'autres dispositions et d'Annexes traitant, entre autres, des Évaluations d'impact sur l'environnement, de la gestion des déchets et de l'établissement de zones protégées. L'Annexe VI relative à la responsabilité, même si elle n'est pas encore entrée en vigueur, représente une approche unique en la matière et un moyen pratique de protéger l'environnement de l'Antarctique. Le Comité pour la protection de l'environnement joue également un rôle très important au sein du Système du Traité sur l'Antarctique, en fournissant des

Recommandations et des avis fondamentaux. M. Bloom a appelé les Parties à profiter de l'occasion pour réfléchir à l'avenir et à l'élaboration de moyens innovants pour conserver ces normes élevées en matière de protection et de gestion de l'environnement. La pression qui pèse sur l'environnement de l'Antarctique ne fera que s'accroître dans l'avenir. Les défis qu'il doit affronter sont nombreux : changement climatique, espèces non indigènes, impacts des activités gouvernementales et non gouvernementales. Les menaces qui pèsent sur l'environnement marin sont, elles aussi, de plus en plus nombreuses et méritent notre attention de la RCTA, que ce soit à travers le Protocole ou la CCAMLR. Le Protocole de Madrid représente une avancée extraordinaire en matière de diplomatie internationale, qui avait tenu toutes ses promesses, malgré les défis qui subsistent. M. Bloom a de plus déclaré que toutes les Parties pouvaient célébrer avec beaucoup de fierté l'anniversaire de cet accord unique en son genre, qui a servi, et continuera de servir, les grands idéaux auxquels il a donné vie en 1991.

290. Mme Therese Johansen (Norvège) a effectué une présentation dont le thème était *Le Protocole comparé à d'autres accords-cadres mondiaux et régionaux en matière d'environnement*. Elle a décrit le Protocole relatif à la protection de l'environnement comme le pilier du Système du Traité sur l'Antarctique, grâce aux connaissances scientifiques qui en constituent le fondement, à la gestion axée sur l'approche écosystémique et au cadre de coopération et de coordination à travers de nombreux secteurs qu'il permet de mettre en place. Mme Johansen a par ailleurs déclaré que le cadre du Protocole relatif à la protection de l'environnement était pris en exemple et servait d'inspiration à d'autres accords-cadres mondiaux et régionaux en matière d'environnement, à l'image de la Convention pour la protection du milieu marin de l'Atlantique du Nord-est (Convention OSPAR). Elle a affirmé que les liens institutionnels entre la RCTA, le CPE, la CCAMLR, l'OMI et les autorités compétentes étaient à présent noués et permettaient de tester des mécanismes pour l'établissement d'une coopération internationale efficace. Mme Johansen a salué le Protocole relatif à la protection de l'environnement et a qualifié le cadre institutionnel qui le régit comme « référence absolue » en matière de protection de l'environnement.

291. M. Olivier Guyonvarch (France) a lu un message de la part de l'honorable Michel Rocard, ancien Premier ministre de France et ambassadeur pour les pôles. Dans son message, M. Rocard indique que le 25e anniversaire du Protocole constitue le moment idéal pour pousser les Parties à renouveler leur engagement à attirer de nouveaux signataires. Il met également en exergue les valeurs qui constituent le fondement du Protocole et lance un

appel aux Parties à renouveler ces valeurs, sans faiblir, au sein du Système du Traité sur l'Antarctique. L'ambassadeur Rocard a ensuite proposé dans son message de créer une Journée internationale de l'Antarctique devant permettre de diffuser des informations auprès du grand public.

292. La Réunion a remercié M. Evan Bloom, Mme Johansen et M. Olivier Guyonvarch pour leur présentation. Qui plus est, les Parties ont rappelé le contexte historique du Protocole relatif à la protection de l'environnement et ont salué l'élaboration de ce cadre unique et avant-gardiste consacré à la protection de l'environnement de l'Antarctique. Les Parties ont déclaré que le Protocole représentait le pilier du Système du Traité sur l'Antarctique et un important jalon pour la protection de l'environnement qui méritait d'être célébré. Plusieurs Parties ont expliqué comment la CCAMLR et la CCAS avaient vu le jour et ont insisté sur le rôle fondamental de ces deux instruments pour le renforcement de la protection de l'environnement au sein du Système du Traité sur l'Antarctique.

293. La Réunion a reconnu cette réalisation majeure qu'a représentée l'interdiction de l'exploitation des ressources minérales en Antarctique et a salué la flexibilité et la profondeur des Annexes du Protocole pour répondre aux nouveaux défis auxquels l'Antarctique doit désormais faire face. Elle a souligné l'importance de garantir que le Protocole relatif à la protection de l'environnement demeure cet instrument juridique flexible, capable de s'adapter aux défis à venir, qu'il est aujourd'hui. Plusieurs Parties ont laissé entendre que la lente ratification de l'Annexe VI témoignait des difficultés qui existaient à ce jour pour adapter le cadre du Protocole aux circonstances actuelles et à venir.

294. Décrivant le contexte historique, les Parties ont lancé un appel à renouveler cet enthousiasme à l'égard de la protection de l'environnement, qui régnait au moment de la signature du Protocole. Elles ont également souligné l'importance de conserver ce cap consistant à se fonder sur les preuves scientifiques, et de nourrir les capacités scientifiques intergénérationnelles.

Point 2 : Efficacité du Protocole

(295) Le Dr Jose Retamales (Chili) a effectué une présentation intitulée *Une analyse du Protocole au Traité sur l'Antarctique relatif à la protection de l'environnement et de ses annexes*. Expliquant que la première phase du Traité sur l'Antarctique s'était concentrée sur la stabilisation des risques de sécurité sur le continent, tandis que la deuxième s'était plutôt occupée de

réglementer les ressources disponibles, le Dr Retamales a souligné que le Protocole avait placé la protection de l'environnement au cœur de l'attention du Système du Traité sur l'Antarctique. Il a rappelé que, au début des années 1970, la contribution de la science aux évaluations environnementales avait encouragé les Parties à accorder toute la priorité au processus d'EIE dans le cadre des négociations relatives au Protocole. Il a insisté sur le fait que la collaboration permanente aux niveaux scientifique et logistique constituait la clé pour atténuer les impacts environnementaux associés aux activités humaines. Le Dr Jose Retamales a mis en exergue que le Protocole relatif à la protection de l'environnement avait facilité la protection de toutes les espèces vivantes, y compris de celles que nous ne pouvions voir, et a affirmé que la recherche scientifique et la communication au sujet de la biodiversité étaient fondamentales pour parvenir à une meilleure protection des éléments que nous devons protéger. Reconnaissant l'importance fondamentale du krill comme espèce clé et comme ressource marine vivante, le Dr Jose Retamales a rendu compte des recherches laissant entendre que le krill ne pourrait survivre à une acidification accrue des océans. Il a en outre souligné l'importance de parvenir à une meilleure compréhension des impacts du changement climatique sur l'environnement de l'Antarctique, notant que le Chili remplissait sept des neuf marqueurs de vulnérabilité aux effets néfastes du changement climatique identifiés dans l'article 4 de la CCNUCC.

296. Le Dr Alex Terauds (SCAR) a présenté un document intitulé *Efficacité du Protocole – le point de vue d'un scientifique*. Le Dr Alex Terauds a identifié plusieurs activités humaines, actuelles et futures, susceptibles de représenter une menace pour l'environnement antarctique, notamment les activités d'exploitation des ressources minérales, le changement climatique et l'introduction d'espèces non indigènes. Il a insisté sur l'importance de la protection que le Protocole permettait d'offrir, de la désignation de la zone du Traité sur l'Antarctique en tant que zone naturelle consacrée à la paix et à la science, à des protections plus précises développées dans les annexes. Il a expliqué que le SCAR avait reconnu tout l'enjeu de fournir au Traité des avis scientifiques toujours plus nombreux par l'établissement de groupes spécifiques ayant pour vocation de répondre avec plus de diligence aux requêtes du Traité, et que cet organe était bien placé pour répondre aux exigences accrues du Protocole. Le Dr Alex Terauds a fait observer que, d'un point de vue scientifique, le ciblage sur les principes environnementaux contenus dans le Protocole avait permis d'utiliser la science pour orienter la réalisation des activités. À cet égard, il a déclaré que le SCAR était parvenu avec succès à élaborer plusieurs Codes de conduite afin de gérer les activités

et d'assister les programmes antarctiques nationaux dans leurs activités de protection de l'environnement. Il a également évoqué l'élaboration de Lignes directrices et de cadres visant à répondre aux défis constitués par la mise en œuvre des exigences stipulées dans les annexes. Le Dr Alex Terauds a terminé sa présentation en insistant une nouvelle fois sur l'importance du CPE et de sa relation directe avec la science à travers les Parties et le SCAR. De surcroît, il a souligné que le SCAR continuerait de conseiller le CPE à propos des questions prioritaires devant être traitées conformément aux exigences du Protocole, et renforcerait ses relations avec le COMNAP et les programmes antarctiques nationaux afin d'obtenir de meilleurs résultats scientifiques.

297. Le Dr Yves Frenot (France), vice-président du COMNAP, a présenté un document au nom du COMNAP intitulé *Mise en œuvre du Protocole relatif à la protection de l'environnement – Point de vue d'un opérateur sur son impact en matière d'appui scientifique*, rédigé conjointement avec le professeur Kazuyuki Shiraishi (Japon), président du COMNAP, et Michelle Rogan-Finnemore, secrétaire exécutive du COMNAP. Axant sa présentation sur la contribution du COMNAP à la détermination des exigences du Protocole, il a fourni des exemples pratiques de réponses du COMNAP relativement aux exigences en matière d'EIE et de gestion des déchets introduites par le Protocole. Dans un contexte plus large, le Dr Frenot a souligné qu'une collaboration internationale efficace constituait probablement le meilleur mécanisme de protection de l'environnement en soutien aux principes et aux idéaux inscrits dans le Traité sur l'Antarctique et son Protocole relatif à la protection de l'environnement. Il a déclaré que le COMNAP était déjà en train de regarder vers l'avenir, en particulier vers le projet « Antarctic Roadmap Challenge » (ARC), qui avait identifié des exigences technologiques et opérationnelles fondamentales en soutien des futures activités scientifiques. Le Dr Frenot a souligné que les activités que menaient les Parties en Antarctique devaient être analysées à l'aune de la sécurité humaine et de la protection de l'environnement.

298. Le Dr Frenot a noté qu'avant même l'avènement du Protocole, le SCAR et le COMNAP avaient déjà élaboré des bonnes pratiques en matière d'évaluation environnementale. Le Dr Frenot a insisté sur l'obligation pour les programmes antarctiques nationaux souhaitant développer des infrastructures en soutien à la science en Antarctique d'y mettre les moyens, et a indiqué comment ils devraient réaliser leurs activités pour respecter les dispositions prévues par les EGIE. Soulignant le rôle du COMNAP dans l'élaboration du formulaire de déclaration en matière de gestion de l'environnement, le Dr Frenot a

expliqué dans quelle mesure les informations récoltées pouvaient se révéler utiles dans le cadre de la gestion des déchets et des différentes pratiques des nombreux programmes antarctiques nationaux, notamment les processus complexes destinés à réduire, trier et recycler les déchets. Le Dr Frenot a énuméré les enjeux précis liés à la gestion ou le nettoyage des sites de déchets historiques énoncés par l'article 1 de l'Annexe III du Protocole, précisant les coûts, les difficultés logistiques, les risques environnementaux, les problèmes sécuritaires et les sensibilités politiques.

299. Le Dr Ricardo Roura (ASOC), a effectué une présentation intitulée *Point de vue des ONGE sur le Protocole relatif à l'environnement*, préparé conjointement avec Claire Christian de l'ASOC. Le Dr Roura a indiqué à quel point les objectifs du Protocole, sa désignation et ses principes, correspondaient, à des degrés divers, aux principes que les organisations non gouvernementales environnementales (ONGE) promouvaient pour l'Antarctique vers la fin des années 1970 et 1980. Soulignant que la mise en œuvre du Protocole avait été une série de succès et de défis, il a souligné que cette mise en œuvre était devenue une composante clé de la plupart des opérations en Antarctique et que les concepts et les objectifs du Protocole étaient désormais partagés avec toute une série d'autres organes du Traité sur l'Antarctique. Le Dr Roura a énuméré certains des succès du Protocole, notamment l'interdiction de l'exploitation minière (article 7), la protection de l'environnement dans le cadre de la planification et de la conduite des activités (articles 3 et 8), la création du CPE (article 11), l'établissement d'inspections visant à vérifier le respect du Protocole (article 14) ainsi que des Annexes traitant de questions clés portant sur les opérations menées en Antarctique et la protection de l'environnement. Il a également dressé la liste des défis, comme la reconnaissance des valeurs liées à la vie sauvage au cours de la plupart des opérations, l'application d'une approche prudente, le traitement des impacts cumulatifs des activités, le renforcement de la surveillance environnementale, l'absence d'un régime global relatif aux zones protégées, de même que les défis propres à chaque Partie dans le cadre de la mise en œuvre du Protocole. Le Dr Roura a déclaré que les 25 prochaines années, et au-delà, devaient surfer sur la vague de succès des 25 dernières et continuer à répondre aux défis permanents, notamment l'augmentation du nombre d'acteurs et d'activités en Antarctique, l'accroissement de la pression environnementale sur terre et en mer, et le changement climatique. Pour terminer, le Dr Roura a présenté à la Réunion deux façons différentes de voir le Protocole : comme un ensemble de règles relatives à des questions bien précises ou comme un principe directeur. Précisant que le Protocole

devait être bien plus encore que la somme de ses Parties, le Dr Roura a appelé à réfléchir à la stratégie à mettre en place pour la protection de l'environnement, celle-ci devant être guidée par la vision qui sous-tend le Protocole et la création de synergies plus étroites entre les acteurs, les opérateurs et les instruments.

300. Le Dr Kim Crosbie (IAATO), a effectué une présentation au nom de l'IAATO relative à *l'impact du Protocole sur la protection de l'environnement de l'Antarctique, du point de vue de l'IAATO*. Le Dr Crosbie a souligné l'importance du Protocole et de son approche holistique en matière de gestion pour toutes les activités dans la zone du Traité sur l'Antarctique. Indiquant que l'IAATO a été fondée la même année que celle au cours de laquelle le Protocole a été négocié, le Dr Crosbie a insisté sur l'impact considérable du Protocole sur les opérations et les activités de l'IAATO, et a fait observer que les procédures d'EIE avaient prouvé leur utilité en tant que cadre de référence pour les opérateurs de l'IAATO. Le Dr Crosbie a également insisté sur le fait que les exigences en matière de biosécurité stipulées dans l'Annexe II exerçaient un impact considérable sur les opérateurs de l'IAATO. Précisant que la mission principale de l'IAATO consistait à garantir qu'aucun impact plus que mineur ou transitoire ne soit infligé à l'environnement, le Dr Crosbie a expliqué que l'objectif de l'IAATO était également de créer des ambassadeurs pour la zone antarctique. S'appuyant sur la façon dont les opérateurs de l'IAATO informaient leurs clients des dispositions du Traité sur l'Antarctique et des principes régissant le Protocole relatif à la protection de l'environnement, le Dr Crosbie a expliqué que les visiteurs assimilaient ces principes, et les appliquaient ensuite dans d'autres zones de préservation dans le monde. En conclusion, le Dr Crosbie a félicité les Parties pour leur travail permanent et a attiré l'attention sur le rôle central de la préservation de l'Antarctique dans le cadre de la préservation mondiale.

301. Le professeur Rüdiger Wolfrum (Allemagne) a fait une présentation portant sur l'Annexe VI relative à la responsabilité découlant de situations critiques pour l'environnement. Il a affirmé que l'Annexe VI venait renforcer de manière efficace la protection de l'environnement de l'Antarctique, et que le Protocole et ses Annexes avaient servi de fondement à l'élaboration de la réglementation relative à l'exploitation minière en haute mer de l'Autorité internationale des fonds marins. S'appuyant sur les avancées du droit international coutumier, de la jurisprudence et des *Projets d'articles de la Commission du droit international sur la responsabilité de l'État pour fait internationalement illicite*, le professeur Rüdiger Wolfrum a recommandé aux Parties de débattre de la question consistant à savoir si l'Annexe VI devait

être élargie pour y inclure les écosystèmes indépendants, ou simplement se limiter à la zone du Traité sur l'Antarctique. Il a rappelé que la Convention des Nations Unies sur le Droit de la Mer et son interaction avec le Système du Traité sur l'Antarctique était un élément dont les Parties devaient tenir compte au moment d'examiner les questions liées au changement climatique, à l'interdépendance des environnements en dehors de la zone du Traité sur l'Antarctique et à la responsabilité. Il a mis en exergue que les actes de ressortissants nationaux étaient imputables à l'État de ces ressortissants, malgré certaines fausses idées concernant les questions de juridiction dans le cadre du Système du Traité sur l'Antarctique, ce qui ajoutait d'autant plus d'emphase sur l'importance des dispositions du Protocole relatives à la responsabilité. Il a épinglé une autre idée fausse selon laquelle les dommages environnementaux ne seraient pas quantifiables financièrement. Le professeur Wolfrum a terminé sa présentation en déclarant que le Système du Traité sur l'Antarctique devait tout mettre en œuvre pour rester à la pointe du droit international de l'environnement.

302. Andrew Wright, le Secrétaire exécutif de la CCAMLR, a félicité les Parties à l'occasion du 25e anniversaire de la signature du Protocole. La CCAMLR a souligné l'implication de ses membres à mettre efficacement en œuvre le Protocole relatif à la protection de l'environnement. Elle a déclaré que le changement climatique et les effets susceptibles d'en découler pour l'écosystème antarctique représentaient un enjeu pour le CS-CAMLR dans la détermination du niveau de précaution à adopter pour la fourniture d'avis scientifiques à la CCMALR. Cette dernière a fait observer qu'une étroite coopération depuis 2009 entre le CS-CAMLR et le CPE avait permis de jeter des bases solides grâce auxquelles ces deux organes pouvaient désormais garantir de fournir les meilleurs avis scientifiques qui soient aux Parties et aux Membres. La CCAMLR a déclaré qu'elle avait hâte de renforcer ses relations avec le CPE à l'avenir afin de répondre aux priorités scientifiques et aux défis en matière de protection de l'environnement. Elle a de plus exhorté les Parties à concentrer leurs efforts pour renforcer encore davantage les programmes de recherche scientifique et les capacités scientifiques au sein du Système du Traité sur l'Antarctique, de façon à parvenir à une meilleure compréhension des changements exercés sur l'environnement de l'Antarctique.

303. Les Parties ont fait remarquer que l'efficacité du Système du Traité sur l'Antarctique dépendait de la coopération entre les parties qui le composaient, et que l'efficacité du Protocole, quant à lui, dépendait du degré d'intégration des principes environnementaux dans les travaux de ces parties constituantes.

Les Parties ont également mené une réflexion relativement à l'importance de la coopération et de l'interaction entre les Parties, les Observateurs et les Experts, que ce soit pendant les périodes intersessions ou à l'occasion de la RCTA. Cette réflexion portait également sur la façon de renforcer encore davantage ces mécanismes.

304. Plusieurs Parties ont souligné l'importance de fonder les décisions de gestion actuelles et futures sur les meilleures preuves scientifiques disponibles, précisant que le processus pourrait être facilité grâce au renforcement de la collaboration scientifique et des capacités, ainsi que d'augmenter les ressources allouées à la science à moyen et à long terme.

305. La Réunion a encouragé les Parties non consultatives à ratifier le Protocole et ses Annexes. Elle a également salué la Suisse pour avoir annoncé qu'elle était sur le point de ratifier le Protocole relatif à la protection de l'environnement. Le Japon a quant à lui exhorté les Parties non consultatives à devenir des Parties consultatives, et a souligné la nécessité de renforcer l'ouverture et la transparence du Système du Traité sur l'Antarctique.

Point 3 : Le Comité pour la protection de l'environnement

306. M. Ewan McIvor, président du Comité pour la protection de l'environnement, a effectué une présentation sur *Le fonctionnement du Comité pour la protection de l'environnement*. Il a expliqué que le CPE assumait l'importante responsabilité de fournir des avis aux Parties sur la façon de protéger au mieux l'environnement de l'Antarctique. M. McIvor a souligné certains défis qui pesaient sur le fonctionnement du CPE, comme l'augmentation du volume de travail, la nécessité de se maintenir à jour avec la complexité croissante des travaux en raison des modifications à la fois de l'environnement et des activités humaines, et l'évolution des pratiques environnementales. Afin de renforcer son efficacité, le CPE a introduit des activités intersessions telles que : la création de GCI, d'organes auxiliaires et d'ateliers ; des outils de planification stratégique à l'instar du Plan de travail quinquennal et son ordre du jour dressé par ordre de priorité ; des outils de planification et Lignes directrices pour la révision des EGIE, ZGSA, ZSPA et espèces spécialement protégées ; ainsi qu'une étroite collaboration avec les Observateurs et les Experts.

307. Afin de garantir que le Comité demeure bien placé pour servir au mieux les Parties, M. McIvor a suggéré aux Parties d'analyser les possibilités suivantes :

- Augmenter le niveau d'engagement de leurs représentants dans les réunions annuelles du CPE et les activités intersessions ;
- Élargir l'adhésion au CPE en exhortant toujours plus d'acteurs à adhérer au Protocole ;
- Créer les représentants du CPE de l'avenir ;
- Promouvoir et soutenir la science dont le but serait de mieux comprendre et réagir aux défis environnementaux auxquels l'Antarctique fait face ;
- Fournir un retour d'information concernant les priorités du Comité, particulièrement en ce qui concerne la gouvernance et la gestion de la région antarctique ; et
- Débloquer des ressources financières ou autres afin de soutenir les activités du Comité.

308. La Réunion a remercié M. McIvor pour sa présentation et a salué ses recommandations pour garantir que le CPE reste en bonne posture pour servir au mieux les Parties. Faisant observer que le CPE représentait la colonne vertébrale de la RCTA, la Réunion est convenue qu'il convenait d'augmenter son implication à l'égard du CPE et de l'aider à gérer ses priorités.

309. Plusieurs Parties ont également souligné la nécessité de revoir la structure de la RCTA, et de déterminer la façon dont celle-ci pourrait aider le CPE à renforcer les discussions au sein de la RCTA.

310. Menant une réflexion sur l'importance de la coopération dans tous les aspects des activités antarctiques, plusieurs Parties ont cité des exemples précis illustrant comment la collaboration entre les programmes antarctiques nationaux, par l'échange de personnel, était susceptible de renforcer les capacités. La Réunion a exhorté les Parties à échanger leur personnel de manière plus systématique afin de renforcer la coopération, la compréhension et le transfert de connaissances entre les Parties, particulièrement entre les Parties expérimentées disposant de davantage de capacités et les nouveaux Membres du Système du Traité sur l'Antarctique.

Point 4 : Les 25 prochaines années

311. M. Rodolfo A. Sánchez (Argentine) a effectué une présentation sur *l'avenir de la gestion environnementale en Antarctique*, axée sur les défis en matière de gestion environnementale auxquels les programmes antarctiques nationaux auront à faire face dans les prochaines années en raison des pressions internes et externes exercées sur l'environnement. Il convient notamment

de trouver le moyen de gérer : les contraintes financières ; la diversification des prestataires de services recourant à des opérateurs privés ; le rapide développement des nouvelles technologies ; les impacts du changement climatique dans la zone du Traité sur l'Antarctique et le potentiel pour modifier les priorités des programmes antarctiques ; l'étendue et la diversité des programmes antarctiques ; la dépendance des opérations aux énergies fossiles ; ainsi que les inerties institutionnelles et structurelles. Analysant les options disponibles pour répondre à ces futurs défis, M. Sánchez a évoqué plusieurs options stratégiques, dont la certification ISO 14001 qui permettrait aux programmes antarctiques nationaux d'établir des objectifs et des buts en les soumettant à un processus d'évaluation permanente. Il a en outre proposé de se tourner vers les nouvelles technologies afin de : améliorer les infrastructures et de réduire l'empreinte humaine en Antarctique ; renforcer la coopération internationale et le transfert des connaissances en matière de gestion de l'environnement ; combler les lacunes au niveau de la mise en œuvre entre les différents pays grâce à des stratégies innovantes de coopération ; et améliorer l'utilisation des outils destinés à surveiller et contrôler les opérations en Antarctique. Indiquant que l'amélioration des technologies aboutirait à une plus grande efficacité énergétique, M. Sánchez a souligné qu'elle offrirait également la possibilité d'étudier des zones de l'Antarctique qui n'avaient pas été accessibles jusqu'ici. Pour terminer, M. Sánchez a rappelé à la Réunion que : il convenait de promouvoir la mise en œuvre de meilleures normes environnementales fondées sur une coopération mutuelle ; les défis environnementaux ne pourraient pas être résolus sans la réalisation de progrès collectifs ; il convenait de maintenir la société informée des activités des Parties en Antarctique et de leur engagement à protéger l'environnement de l'Antarctique.

312. Dans le cadre de sa présentation relative à *l'avenir du Protocole relatif à la protection de l'environnement*, Mme Jillian Dempster (Nouvelle-Zélande) a rappelé que le Protocole était venu renforcer une vision ambitieuse et forte pour l'avenir de l'Antarctique. Mme Dempster a déclaré que le Protocole avait pour vocation d'être un outil dynamique et interactif, capable de répondre aux défis qui se présentaient face à l'environnement antarctique, notamment l'augmentation de l'activité humaine et le changement climatique. Elle a mis en exergue plusieurs domaines prioritaires auxquels les Parties devaient prêter attention pour les 25 prochaines années. Tout d'abord, il convient de mettre en place une gestion sage de l'environnement antarctique afin d'empêcher que les valeurs du Protocole et les valeurs scientifiques de l'Antarctique ne s'érodent. Afin de garantir une application efficace du

Protocole, Mme Dempster a identifié la nécessité de mettre continuellement à jour les Annexes, en s'assurant qu'elles correspondent aux meilleures pratiques. Elle a illustré son propos en utilisant l'exemple de l'Annexe IV relative à la prévention de la pollution marine qui doit faire l'objet d'une évaluation et éventuellement d'une actualisation afin de se conformer à l'entrée en vigueur du Code polaire au 1er janvier 2017. Qui plus est, la création de nouvelles Annexes doit être envisagée pour répondre aux défis nouveaux et émergents. Mme Dempster a souligné la nécessité de mettre en place un Système du Traité sur l'Antarctique durable, en investissant dans son régime de gouvernance. Elle a indiqué que cela pourrait pousser les Parties à exiger du Secrétariat qu'il remplisse des tâches de plus en plus complexes, ce qui impliquerait d'investir ici aussi davantage dans le Secrétariat. Elle a insisté sur le fait qu'il était capital de garantir que les ordres du jour de la RCTA et du CPE restent flexibles et cohérents à travers les divers mécanismes de la Réunion afin de répondre aux nouveaux enjeux et de garantir une gouvernance efficace de l'Antarctique. Enfin, Mme Dempster a mis l'accent sur les responsabilités des Parties à l'égard de la communauté internationale. Elle a fait observer que la société civile nourrissait des attentes à l'égard des Parties et que celles-ci se devaient de communiquer les succès et les enjeux de manière proactive.

313. Dressant le bilan des 25 dernières années, Mme Jane Rumble (Royaume-Uni) s'est posé la question de savoir si le Protocole était prêt à affronter les 25 prochaines années. Elle a estimé que le Protocole relatif à la protection de l'environnement était prêt à remplir son rôle, et que, grâce à ces Annexes, il était susceptible d'être adapté afin de répondre de manière proactive au changement. Elle a pointé du doigt les rapides changements qui affectaient le continent tels que l'augmentation des températures mondiales, la croissance démographique et le recul de la biodiversité, mais aussi la progression des activités scientifiques, de pêche, touristiques et autres dans la zone du Traité sur l'Antarctique. Dès lors, elle a encouragé les Parties à faire preuve de proactivité et de prescience à l'égard de l'amélioration de l'efficacité du Protocole relatif à la protection de l'environnement. Mme Rumble a formulé des commentaires sur plusieurs aspects en lien avec les Annexes. Elle a salué le rapport des Nations Unies selon lequel l'Annexe II révisée entrerait prochainement en vigueur, étant donné qu'il s'agissait là d'une étape importante pour poursuivre le travail sur les espèces non indigènes. Elle a indiqué que l'Annexe I constituait la pierre angulaire du Protocole, bien que les procédures nationales de certaines Parties concernant les EIE s'étaient développées en dehors des limites des exigences de l'Annexe I

ces 25 dernières années. Tout en se félicitant du nombre de zones protégées délimitées et désignées depuis 1966, elle a souligné la nécessité de mettre en place une meilleure gestion des zones protégées, accompagnée de la détermination d'un large éventail d'objectifs. Enfin, elle a souligné que toutes les Parties n'avaient pas encore ratifié l'Annexe VI du Protocole, ni les exigences du Protocole en matière de restauration et de réparation. Ayant encouragé la Réunion à célébrer le Protocole et à informer les parties prenantes de ses réalisations, elle a aussi lancé un appel aux Parties pour qu'elles évitent de se reposer sur leurs lauriers et continuent de garantir une protection globale à l'environnement de l'Antarctique.

314. La Réunion a remercié les différents intervenants et a indiqué que la pleine mise en œuvre du Protocole serait essentielle pour faire en sorte que la zone antarctique reste cette zone naturelle consacrée à la paix et à la science. Elle a de plus souligné l'intérêt pour les Parties de partager leurs expériences passées concernant la mise en œuvre du Protocole, cette démarche pouvant constituer un moyen de favoriser les améliorations futures. La Réunion a noté que l'avenir de l'environnement antarctique préoccupait et motivait le plus les Parties. Les Parties se sont engagées à tout mettre en œuvre pour transmettre le continent antarctique aux futures générations dans le même état, voire meilleur, que celui dans lequel il était lorsqu'elles en ont hérité. Voilà pourquoi il incombe aux Parties au Protocole de continuer à voir plus loin afin d'identifier les défis futurs et d'y répondre en temps voulu.

315. Plusieurs Parties ont également exprimé leurs idées quant à la meilleure façon de faire progresser la protection de l'environnement de l'Antarctique. Selon les États-Unis, la meilleure façon d'élaborer une politique efficace serait de rassembler un large panel de parties prenantes dans la zone antarctique. Ils ont également exhorté les Parties à poursuivre leurs travaux relatifs à des questions concrètes, notamment à travers la soumission de documents de travail, afin de permettre au CPE et à la RCTA de pouvoir traiter de questions précises dans les moindres détails. Les Pays-Bas ont quant à eux exprimé leur souhait de voir l'Antarctique rester à l'avenir l'espace sauvage qu'il est actuellement. Ils ont souligné la nécessité de concentrer les efforts sur le renforcement des outils, et aussi éventuellement sur l'élaboration à l'avenir d'une évaluation stratégique de l'environnement. Le Chili a appelé les Parties à poursuivre leur coopération scientifique et logistique, particulièrement dans les domaines où de nombreux programmes antarctiques nationaux mènent des recherches. En réponse à une proposition émise par la France, la Réunion est convenue qu'il serait effectivement intéressant de partager

les expériences du Système du Traité sur l'Antarctique sur d'autres forums internationaux.

316. L'ASOC a remercié les différents intervenants et a souligné que la conclusion du Symposium par une discussion au sujet de la future mise en œuvre du Protocole s'était révélée fructueuse. Prenant acte du large consensus parmi les Parties que le Protocole relatif à la protection de l'environnement devait être amené à un plus haut niveau et faire l'objet d'améliorations, l'ASOC a souligné l'importance de trouver des moyens pratiques pour y arriver. Elle a souligné que l'approche consistant à élaborer des Annexes sur des questions spécifiques et à trouver des solutions pour en renforcer la mise en application ou les améliorer avait particulièrement bien fonctionné. L'ASOC a vivement invité les Parties à formuler des propositions précises en relation avec les Annexes pour la prochaine Réunion. Elle a également fait observer que de nombreux exemples pouvant servir de propositions potentielles avaient été présentés pendant le Symposium, notamment les propositions en faveur de nouvelles zones protégées, la révision de l'Annexe relative à la pollution marine en fonction des dispositions du Code polaire, ou l'utilisation d'EIE pour assurer la surveillance post-activités. Reconnaissant que les défis à venir seraient nombreux, l'ASOC a exhorté les Parties à se montrer proactives et à prendre dès maintenant les premières mesures afin de répondre à ces défis.

317. Rebondissant sur cette discussion, les intervenants ont souligné l'intérêt d'une gestion et d'un transfert efficaces des connaissances, la nécessité de renforcer la coopération internationale sur les questions environnementales ainsi que les activités de sensibilisation auprès du grand public, sans oublier l'importance de stimuler une participation toujours plus diverse aux discussions intersessions.

Point 5 : Autres sujets

318. L'Argentine a introduit le document de travail WP 46 rév. 1 « Rapport du groupe de contact intersessions chargé de l'élaboration d'une publication à l'occasion du 25e anniversaire du Protocole de Madrid ». Le GCI a été créé lors du XVIIIe CPE, avec pour mandat d'établir un petit groupe d'auteurs afin de développer le processus de rédaction de la publication ; d'élaborer une publication neutre, brève, concise et en ligne comprenant des outils visuels et dynamiques ; d'identifier les moyens de diffusion de la publication ; et de soumettre un projet de publication au XIXe CPE pour examen et approbation.

L'Argentine a indiqué que le projet de publication figurant en annexe avait été analysé, révisé et approuvé par le XIXe CPE.

319. La Réunion a remercié l'Argentine pour le travail fourni dans le cadre de la préparation du rapport et pour avoir mené le GCI.

320. La Fédération de Russie a présenté le document d'information IP 69, intitulé « Preconditions for adopting the Protocol on Environmental Protection to the Antarctic Treaty », qui démontre que certaines Parties consultatives n'ont pas établi de procédures nationales pour l'analyse préliminaire des activités proposées, ce qui soulève des inquiétudes. Le document indique que cette situation peut pousser certaines des Parties disposant de procédures à se tourner vers des Parties qui n'en avaient pas pour l'organisation de différents types d'activités non gouvernementales. Le document explique en outre que cette situation a pu voir le jour en raison de l'absence d'une surveillance accrue pour ce type d'activités dans les pays qui abritent le dernier port avant d'atteindre l'Antarctique. La Fédération de Russie a déclaré qu'elle avait déjà soulevé ces questions à maintes reprises lors de RCTA antérieures, mais qu'elle n'avait pas obtenu le soutien de toutes les Parties au Traité.

321. Le document suivant a également été soumis et considéré comme présenté sous ce point :

- Document d'information IP 9, intitulé « 25th Anniversary of the Protocol on Environmental Protection to the Antarctic Treaty: South African Accomplishments » (Afrique du Sud). Ce document met en exergue certaines des réalisations majeures de l'Afrique du Sud dans le cadre de son engagement à protéger l'environnement de l'Antarctique.

Point 19 : Préparatifs de la XLe Réunion

a. Date et lieu

322. La Réunion a accueilli favorablement la proposition du gouvernement chinois d'être l'hôte de la XLe RCTA à Beijing, provisoirement en date du mardi 16 mai 2017.

323. Aux fins de planification ultérieure, la Réunion a pris note du calendrier probable des RCTA à venir :

- 2018 - Équateur.
- 2019 - République tchèque.

b. Invitation des organisations internationales et non gouvernementales

324. Conformément aux pratiques établies, la Réunion est convenue d'inviter les organisations suivantes présentant un intérêt scientifique ou technique pour l'Antarctique à envoyer des experts pour assister à la XLe RCTA : le Secrétariat de l'ACAP, l'ASOC, le GIEC, l'IAATO, l'Organisation de l'aviation civile internationale (OACI), l'OHI, l'OMI, l'IOC, les Fonds internationaux d'indemnisation pour les dommages dus à la pollution des hydrocarbures (FIPOL), l'Union internationale pour la conservation de la nature (UICN), le Groupe international des clubs de protection et d'indemnisation, le PNUE, la CCNUCC, l'OMM et l'Organisation mondiale du tourisme (OMT).

c. Préparation de l'ordre du jour de la XLe RCTA

325. La Réunion a adopté l'ordre du jour préliminaire pour la XLe RCTA (cf. Annexe 2).

d. Organisation de la XLe RCTA

326. En vertu de la Règle 11 du Règlement intérieur, la Réunion a décidé de proposer les mêmes groupes de travail pour la XLe RCTA que ceux de la présente Réunion. La Réunion est convenue de nommer Mme Therese Johansen (Norvège) en qualité de présidente du groupe de travail 1 pour 2017. La Réunion est en outre convenue de nommer le professeur Jane Francis (Royaume-Uni) et M. Máximo Gowland (Argentine) en qualité de vice-présidents du groupe de travail 2 pour 2017.

327. La Réunion est convenue que le groupe de travail 1 s'emploierait à élaborer des procédures pour l'élection des présidents et vice-présidents des groupes de travail.

e. Conférence du SCAR

328. Eu égard aux séries de conférences enrichissantes dispensées par le SCAR à un certain nombre de RCTA, la Réunion a décidé d'inviter le SCAR à dispenser une nouvelle conférence sur les questions scientifiques d'intérêt pour la XLe RCTA.

Point 20 : Divers

329. Concernant les références erronées relatives au statut territorial des îles Malouines, de l'île Géorgie du Sud et des îles Sandwich du Sud faites dans les documents relatifs à cette Réunion consultative du Traité sur l'Antarctique, l'Argentine rejette toute référence à ces îles comme entités séparées du territoire national, ce qui leur donnerait un statut international qu'elles n'ont pas. Les îles Malouines, Géorgie du Sud et Sandwich du Sud ainsi que les zones maritimes environnantes sont partie intégrante du territoire national argentin, se trouvent sous occupation britannique illégale, et font l'objet d'un conflit de souveraineté opposant la République argentine et le Royaume-Uni de Grande-Bretagne et d'Irlande du Nord reconnu par les Nations Unies.

330. En réponse, le Royaume-Uni a déclaré n'avoir aucun doute quant à sa souveraineté sur les îles Falkland, Géorgie du Sud et Sandwich du Sud et leurs zones maritimes environnantes, comme le savent tous les délégués présents.

331. L'Argentine a rejeté la déclaration du Royaume-Uni et a réaffirmé sa position juridique bien connue.

332. Le Venezuela a félicité le président pour l'élégance avec laquelle il a dirigé la Réunion et a remercié l'Équateur et le Japon pour avoir soutenu l'adhésion du Venezuela au statut de Partie consultative. Le Venezuela a pris l'engagement de protéger l'environnement de l'Antarctique, de conserver l'Antarctique en tant que continent consacré à la paix, et à la science mondiale. Le Venezuela a déclaré qu'il enverrait un document au Secrétariat du Traité sur l'Antarctique contenant les informations relatives à son adhésion devant être transmis à toutes les Parties consultatives et non consultatives.

Point 21 : Adoption du rapport

333. La Réunion a adopté le Rapport final de la XXXIXe Réunion consultative du Traité sur l'Antarctique. Le président de la Réunion, l'ambassadeur Alfredo Labbé, a fait les remarques de clôture.

Point 22 : Clôture de la Réunion

334. La Réunion s'est clôturée le mercredi 1er juin à 13 h 31.

2. Rapport du CPE XIX

Table des matiéres

Rapport de la dix-neuvième réunion du Comité pour la protection de l'environnement (XIXe CPE)

Santiago, Chili, 23 – 27 mai 2016

1. Conformément aux dispositions de l'article 11 du Protocole au Traité sur l'Antarctique relatif à la protection de l'environnement, les représentants des Parties au Protocole (Afrique du Sud, Allemagne, Argentine, Australie, Belgique, Bélarus, Brésil, Bulgarie, Canada, Chili, Chine, Équateur, Espagne, États-Unis, Fédération de Russie, Finlande, France, Inde, Italie, Japon, Monaco, Nouvelle-Zélande, Norvège, Pays-Bas, Pérou, Pologne, Portugal, République de Corée, République tchèque, Roumanie, Royaume-Uni, Suède, Ukraine, Uruguay et Venezuela) se sont réunis à Santiago du Chili du 23 au 27 mai 2016 afin de fournir des conseils et de formuler des recommandations aux Parties sur la mise en œuvre du Protocole.

2. Conformément à l'article 4 du Règlement intérieur du CPE, ont également assisté à la réunion les représentants des Observateurs suivants :

    *   les Parties contractantes au Traité sur l'Antarctique qui ne sont pas parties au Protocole : Colombie, Malaisie, Suisse et Turquie ;
    *   le Comité scientifique pour la recherche antarctique (SCAR), le Comité scientifique de la Commission pour la conservation de la faune et la flore marines de l'Antarctique (CS-CAMLR) et le Conseil des directeurs de programmes antarctiques nationaux (COMNAP) ; et
    *   des organisations techniques, environnementales et scientifiques : la Coalition sur l'Antarctique et l'océan Austral (ASOC), l'Association internationale des organisateurs de voyages dans l'Antarctique (IAATO), l'Organisation hydrographique internationale (OHI) et l'Organisation météorologique mondiale (OMM).

Point 1 : Ouverture de la réunion

3. Le président du CPE, M. Ewan McIvor (Australie), a ouvert la réunion le lundi 23 mai 2016 et a remercié le Chili de l'avoir organisée et accueillie à Santiago.

4. Le président du CPE a remarqué que la réunion se tenait au cours de l'année qui marquait le 25e anniversaire de l'adoption du Protocole au Traité sur

l'Antarctique relatif à la protection de l'environnement, le 4 octobre 1991. Il a souligné l'importance du rôle du CPE en tant que soutien aux Parties pour qu'elles atteignent leur objectif commun de protéger complètement l'environnement antarctique et a remercié les Membres et les Observateurs pour leur effort continu à cet égard.

5.	Le président a résumé les travaux effectués pendant la période intersessions, et a noté que toutes les actions découlant du XVIIIe CPE et pour lesquelles des résultats étaient escomptés pour le XIXe CPE avaient été entreprises (IP 115).

Point 2 : Adoption de l'ordre du jour

6.	Le Comité a adopté l'ordre du jour ci-après et a confirmé l'inscription de 38 documents de travail (WP), 51 documents d'information (IP), 4 documents du Secrétariat (SP) et 4 documents de contexte (BP) qui ont été examinés sous les différents points de l'ordre du jour :

1.	Ouverture de la réunion
2.	Adoption de l'ordre du jour
3.	Débat stratégique sur les travaux futurs du CPE
4.	Fonctionnement du CPE
5.	Coopération avec d'autres organisations
6.	Réparation et réhabilitation des dommages causés à l'environnement
7.	Conséquences du changement climatique pour l'environnement :
    a.	Approche stratégique
    b.	Mise en œuvre et examen du programme de travail en réponse aux changements climatiques
8.	Évaluation d'impact sur l'environnement (EIE)
    a.	Projets d'Évaluations globales d'impact sur l'environnement
    b.	Autres questions relatives aux EIE
9.	Plans de protection et de gestion des zones
    a.	Plans de gestion
    b.	Sites et monuments historiques
    c.	Lignes directrices pour les visites de sites
    d.	Gestion et protection de l'espace marin
    e.	Autres questions relevant de l'Annexe V

10. Conservation de la faune et de la flore de l'Antarctique

    a. Quarantaine et espèces non indigènes

    b. Espèces spécialement protégées

    c. Autres questions relevant de l'Annexe II

11. Surveillance de l'environnement et rapports

12. Rapports d'inspection

13. Questions diverses

14. Élection des membres du Bureau

15. Préparatifs de la prochaine réunion

16. Adoption du rapport

17. Clôture de la réunion

Point 3 : Débat stratégique sur les travaux futurs du CPE

7.   L'Argentine a introduit le document de travail WP 46 rév. 1 « Rapport du groupe de contact intersessions chargé de l'élaboration d'une publication à l'occasion du 25e anniversaire du Protocole de Madrid ». Le GCI a été créé lors du XVIIIe CPE, avec pour mandat : 1) d'établir un petit groupe d'auteurs afin de développer le processus de rédaction de la publication ; 2) d'élaborer une publication neutre, brève, concise et en ligne comprenant des outils visuels et dynamiques ; 3) d'identifier les moyens de diffusion de la publication ; et 4) de soumettre un projet de publication au XIXe CPE pour examen et approbation. Le GCI a recommandé que le Comité :

- considère un projet de publication et génère un mécanisme de consultation entre les Membres afin de terminer sa rédaction avant le 25e anniversaire de la signature du Protocole ;

- analyse les moyens de diffusion issus du point 3 de son mandat ;

- suggère que les Membres et organisations non gouvernementales connexes mettent en œuvre les moyens de diffusion pour lesquels une action volontaire est nécessaire ;

- donne son approbation quant aux moyens de diffusion pour lesquels l'accord général des Membres est requis ; et

- commence à diffuser la publication lors de l'anniversaire de la signature du Protocole sur l'environnement, le 4 octobre 2016.

8.   L'Argentine a chaleureusement remercié les personnes qui ont participé à la préparation de ce projet de publication lors de la période intersessions,

notamment les anciens présidents du CPE, le Pr Olav Orheim de Norvège, le Dr Tony Press d'Australie, le Dr Neil Gilbert de Nouvelle-Zélande et le Dr Yves Frenot de France ; le président actuel, M. Ewan McIvor ; ainsi que M. Rodolfo Sánchez, d'Argentine.

9. Le Comité a remercié l'Argentine et les participants du GCI pour l'excellente qualité de leur projet de publication, et particulièrement le travail de l'organisatrice du GCI, Mme Patricia Ortúzar et des auteurs de la publication. Suite à l'inclusion de modifications mineures suggérées lors de la réunion, le Comité a approuvé la publication.

10. Le Comité a reconnu l'importance de transmettre les valeurs du Traité sur l'Antarctique et du Protocole relatif à l'environnement au grand public et a appuyé les possibilités identifiées par le GCI pour la diffusion de la publication. Certains Membres ont proposé de contribuer à la diffusion de la publication par exemple en traduisant son contenu dans les langues des Parties non signataires du Traité, et d'adapter la publication à des publics particuliers, comme les enfants, les personnes participant à des opérations antarctiques et les scientifiques. Le Comité a remercié l'IAATO pour son intention d'inclure la publication dans ses activités de sensibilisation. Le Comité a également soutenu l'idée d'organiser un évènement destiné à diffuser la publication le 4 octobre 2016.

Avis du CPE à la RCTA sur une publication à l'occasion du 25e anniversaire du Protocole au Traité sur l'Antarctique relatif à la protection de l'environnement

11. Le Comité a approuvé la publication à l'occasion du 25e anniversaire du Protocole au Traité sur l'Antarctique relatif à la protection de l'environnement et est convenu de la soumettre à l'examen de la RCTA.

12. Le Comité a recommandé que la publication soit lancée le 4 octobre 2016, à l'occasion de l'anniversaire même de la signature du Protocole, en utilisant les mécanismes de diffusion identifiés lors du GCI et tout autre mécanisme ayant émergé à la suite des discussions du CPE.

Plan de travail quinquennal CPE

13. Le Comité a examiné le Plan de travail quinquennal adopté lors du XVIIIe CPE (SP2) et, conformément aux accords du XVe CPE (2012), a brièvement

examiné le plan de travail figurant à la fin de chacun des points de l'ordre du jour.

14. Le Comité a procédé à la révision et à la mise à jour du Plan de travail quinquennal (voir l'Appendice 1). Les principales modifications consistaient en des mises à jour visant à refléter les actions convenues lors de la Réunion, notamment les actions reprises dans le Programme de travail en réponse au changement climatique (PTRCC) et découlant du deuxième atelier commun réunissant le CPE et le Comité scientifique de la Commission pour la conservation de la faune et la flore marines de l'Antarctique (CS-CAMLR).

15. Aux fins d'aider à la mise à jour du Plan de travail quinquennal lors de futures réunions, le Comité a encouragé les Membres à clairement identifier les liens entre les documents issus de réunions et les actions identifiées dans le plan et, si nécessaire pour les propositions suggérant des travaux futurs, de fournir un texte pouvant être intégré dans le plan.

Point 4 : Fonctionnement du CPE

16. La Nouvelle-Zélande a présenté le document de travail WP 10 « Portail des environnements en Antarctique », préparé conjointement avec l'Australie, l'Espagne, les États-Unis, le Japon, la Norvège et le SCAR. Ce document rappelle les avantages du Portail et rend compte des progrès réalisés depuis le XVIIIe CPE, en précisant que la gestion du Portail a été transférée à l'Université de Canterbury (Christchurch, Nouvelle-Zélande) et que la fondation Tinker a assuré trois années de financement externe en appui au Portail.

17. La Nouvelle-Zélande a indiqué que plusieurs articles avaient été publiés sur le Portail depuis le XVIIIe CPE, notamment sur la vulnérabilité des habitats marins aux changements climatiques (correspondant au point 9d du CPE) ; le phoque de Ross (correspondant au point 10 b du CPE) ; les évolutions de la répartition des manchots en péninsule antarctique et l'arc des Antilles australes (correspondant aux points 10c et 11 du CPE) et la prévision du climat antarctique (correspondant au point 7 du CPE).

18. Le Comité a félicité les auteurs de la proposition pour les progrès accomplis sur le Portail des environnements depuis le XVIIIe CPE. Il a également remercié la fondation Tinker et l'Université de Canterbury pour leur soutien.

19. Le Comité a remercié la France pour l'aide généreuse apportée pour la traduction du contenu du Portail, et a remercié d'autres membres du CPE pour leur participation au groupe de rédaction.

20. Le Comité a réaffirmé l'importance de poursuivre l'élaboration du Portail, qui représente une source fiable d'informations, apolitiques et de grande qualité, et de développer au maximum, sur une base volontaire, l'utilisation des informations contenues dans le Portail des environnements de l'Antarctique afin d'étayer les discussions du Comité.

21. La Nouvelle-Zélande a répondu aux questions relatives au : dédoublement des informations, à la préservation de la qualité et de la neutralité des informations, à la façon dont les auteurs de la proposition pouvaient garantir un bon équilibre géographique de la paternité des contenus du Portail des environnements de l'Antarctique, aux défis à relever par le Portail des environnements de l'Antarctique, et à la mesure dans laquelle le Portail était d'ores et déjà utilisé. La Nouvelle-Zélande a rappelé que le Portail représentait un outil remarquable répondant à des besoins que les autres sources ne satisfont pas à ce jour. Elle a souligné que le Portail fournissait des résumés révisés par des pairs de l'état actuel des connaissances dans la littérature scientifique revue par des pairs, et que les articles publiés ne reflétaient pas d'opinions ni ne formulaient de recommandations. La Nouvelle-Zélande a indiqué que le Portail était fréquemment utilisé, puisque quelque 5 000 visiteurs avaient été recensés au cours des 12 derniers mois précédents. Elle a précisé que les efforts visant à garantir une large représentation géographique se poursuivaient, mais que le caractère volontaire des contributions compliquait cette tâche.

22. Le SCAR a rappelé au Comité que la qualité des articles publiés sur le Portail était assurée par un processus rigoureux de rédaction impliquant une révision en deux temps, effectuée par des spécialistes scientifiques et par le groupe de rédaction.

23. Le Comité a reconnu qu'il serait utile d'encourager une participation accrue des scientifiques au Portail des environnements de l'Antarctique, notamment en assurant un bon équilibre géographique entre les différents auteurs des articles. Le Comité a noté qu'un certain nombre de résumés existants ou planifiés étaient pertinents au regard des questions actuellement débattues au sein du Comité. L'Allemagne a suggéré que des résumés informatifs soient préparés au sujet des impacts environnementaux des véhicules aériens sans pilote (UAV) ainsi que des nuisances sonores sous-marines.

24. Le Comité a plaidé en faveur d'un examen plus poussé des possibilités de gestion du Portail des environnements de l'Antarctique à l'avenir, notamment l'éventualité que le Secrétariat du Traité sur l'Antarctique héberge le Portail.

25. Le Comité a soutenu les recommandations contenues dans le document WP 10 et est convenu de :

    • réaffirmer l'importance du développement du Portail en tant que source fiable d'informations apolitiques et de grande qualité ;

    • développer au maximum, sur une base volontaire, l'utilisation des informations contenues dans le Portail afin d'étayer les discussions du Comité ;

    • indiquer au groupe de rédaction les résumés informatifs qu'il souhaitait voir préparer en vue d'une publication sur le Portail (par ex. à travers le Plan de travail quinquennal ou le PTRCC) ;

    • continuer à encourager les scientifiques à travailler aux côtés du SCAR à la préparation d'articles qui seront publiés sur le Portail ;

    • envisager les différentes possibilités pour la gestion future du Portail, conformément à la Résolution 3 (2015), formuler des recommandations à la RCTA ; et

    • donner son point de vue quant à la manière d'identifier des représentants pouvant intégrer le groupe de rédaction.

26. L'Australie a présenté le document de travail WP 17 « Rapport du groupe de contact intersessions chargé d'examiner les exigences en matière d'échange d'informations ». Ce GCI était chargé de réviser les points informatifs pour lesquels un échange est actuellement exigé, et de formuler des recommandations quant à : l'intérêt ou non pour les Parties de poursuivre l'échange d'informations sur ces points ; le besoin ou non de modifier, mettre à jour, décrire différemment, rendre obligatoire (pour ceux encore optionnels) ou retirer certains de ces points ; le délai prévu pour l'échange d'informations sur ces points ; la correspondance de chaque point aux catégories d'information « présaison », « annuelle » et « permanente » ; et la question de savoir si ces informations pourraient être mieux partagées au moyen d'autres mécanismes.

27. L'Australie a recommandé que le Comité : 1) examine le rapport du GCI en ce qui concerne l'échange d'informations liées aux questions environnementales ; 2) conseille la RCTA sur d'éventuelles modifications recommandées ; 3) identifie les travaux supplémentaires découlant du rapport du GCI, et 4) explore les moyens à disposition pour réaliser ces travaux.

28. Le Comité a remercié l'Australie d'avoir mis en place le GCI et a salué le rapport du GCI.

29.   Certains Membres ont fait part de leur préoccupation à l'égard de la complexité et du degré de détail des informations échangées. Ils ont souligné la nécessité de procéder à un examen critique de la manière dont l'échange d'informations évoluait. Selon eux, il serait pertinent de déterminer plus finement l'utilisation que font les Membres du SEEI en tant que source d'information, en examinant notamment le type d'informations que les Membres recherchent, la destination de ces informations et si le degré de détail exigé à ce jour est justifié ou non. Tout en pointant certaines incohérences dans le SEEI actuel, certains Membres ont par ailleurs rappelé l'importance d'établir une norme commune en matière d'échange d'informations pour toutes les Parties et les organisations intéressées.

30.   Le Comité a examiné les points informatifs ayant trait aux questions environnementales, et a conclu que :

   •   en ce qui concerne l'échange d'informations sur les « Plans d'intervention en cas de déversement de carburant ou d'autres urgences », le CPE est convenu de recommander les modifications suivantes : clarifier le fait que cette exigence soit liée aux incidents environnementaux ; intégrer une description de la portée ou de l'étendue du plan ; s'assurer que le fait de fournir un lien vers un plan est optionnel ; et retirer le point « Rapport de mise en œuvre ». Le CPE a également noté que des informations pouvaient être échangées par le mécanisme de communication établi par le COMNAP pour signaler des incidents et déclencher éventuellement des plans d'urgence (en ce qui concernait des incidents au sein des programmes antarctiques nationaux (PAN)), et qu'il était possible de transmettre des rapports au CPE au cas par cas lorsqu'un plan d'urgence avait été mis en place en réponse à un incident survenu dans une zone hors PAN ;

   •   en ce qui concerne les informations échangées relativement aux Évaluations préliminaires d'impact sur l'environnement (EPIE) et Évaluations globales d'impact sur l'environnement (EGIE), le CPE est convenu de recommander des modifications visant à ajouter un point d'information facultatif additionnel indiquant « la période/durée de l'activité » ; et de modifier les délais pour l'envoi d'informations sur les EPIE et EGIE afin d'encourager cet envoi « dès que les processus nationaux sont achevés, tout en maintenant la date limite existante de soumission des informations par les Parties ». Le CPE a par ailleurs noté qu'une EPIE pour une activité était parfois amendée, mise à jour ou modifiée d'une quelconque autre manière par l'autorité compétente, et que les exigences actuelles en matière d'échange d'informations n'incluaient pas le partage d'informations relatives à de telles mises à jour ;

- le CPE a noté que les exigences actuelles en matière d'échange d'informations relatives à « la flore et la faune : collecte et perturbation néfaste », même si elles respectaient les dispositions du Protocole, continuaient à produire des données ne pouvant pas aisément être réunies pour certaines espèces, localisations ou années, en raison des dispositions nationales relatives aux permis en place pour certaines Parties et qui concernaient une espèce donnée ou plusieurs localisations, et inversement ;

- concernant les exigences en matière d'échange d'informations relatives aux plans de gestion des déchets, le CPE a noté que des discussions plus approfondies quant au type d'informations lui étaient utiles, et quant au degré de détail qui serait alors exigé, seraient les bienvenues dans le cadre d'un examen ultérieur des questions liées à la gestion des déchets par le CPE ;

- en ce qui concerne l'échange d'informations relatives à « l'élimination et la gestion des déchets : inventaire des activités antérieures », le CPE a noté que de nouvelles discussions sur cette exigence seraient bénéfiques dans le cadre d'une discussion ultérieure du CPE sur les inventaires d'activités antérieures ;

- pour ce qui a trait à l'échange d'informations relatives à « La protection et la gestion des zones : visites des Zones spécialement protégées (informations du permis) », le CPE a noté que le GCI avait envisagé la possibilité d'inclure des exemplaires de rapports post-visite de ZSPA au nombre des exigences en matière d'échange d'informations, mais que les rapports post-visite de ZSPA, exigés par les Plans de gestion, n'étaient pas toujours rédigés dans l'une des langues officielles du Traité. Le CPE a noté que la poursuite des discussions sur cette question au CPE pourrait être justifiée, a encouragé les Membres intéressés à se pencher sur cette question et, le cas échéant, à présenter des propositions ; et

- concernant le point « modifications ou dommages au sein d'une ZSPA, ZGSA ou SMH », le CPE a noté qu'il était possible pour une Partie de transmettre des informations en fonction des besoins, sur des modifications ou de dommages signalés dans une ZSPA ou une ZGSA.

Avis du CPE à la RCTA concernant l'échange d'informations liées aux questions environnementales

31. Le CPE a recommandé de modifier les points d'échange d'informations sur les plans d'urgence en cas de déversement de carburants et d'autres urgences, comme suit :

    • modifier la description du point en ajoutant le texte souligné suivant : « déversements d'hydrocarbures et autres urgences environnementales » ;

    • ajouter un point facultatif pour décrire « la portée et l'étendue du plan (p. ex. déversements d'hydrocarbures par des navires ou par des stations, incident chimique dans une station, etc.) », si cela n'est pas indiqué dans le titre ;

    • conserver le point « lien », mais le rendre « facultatif » ; et

    • supprimer le point « rapport de mise en œuvre ».

32. Le CPE a recommandé de modifier les points relatifs à l'échange d'informations sur les EPIE et les EGIE comme suit :

    • inclure un point d'information supplémentaire facultatif, indiquant la « période/durée de l'activité » ; et

    • modifier les délais de communication d'informations sur les EPIE et les EGIE afin d'encourager cette communication « dès la conclusion de procédures nationales, tout en maintenant le délai de soumission des informations imposé aux Parties ».

Point 5 : Coopération avec d'autres organisations

33. L'observateur du CS-CAMLR a présenté le document d'information IP 6 « Rapport de l'Observateur du CS-CAMLR à la dix-neuvième réunion du Comité pour la protection de l'environnement », lequel aborde les cinq questions d'intérêt commun identifiées en 2009 lors de l'atelier organisé conjointement par le CPE et le CS-CAMLR, à savoir : a) le changement climatique et l'environnement marin de l'Antarctique, b) la biodiversité et les espèces non indigènes de l'environnement marin de l'Antarctique, c) les espèces antarctiques nécessitant une protection spéciale, d) la gestion de l'espace marin et les aires marines protégées, et e) le suivi écosystémique et environnemental. Il a indiqué qu'en raison des changements environnementaux liés au climat et des modifications d'autres composantes du réseau trophique antarctique, une série de mesures de

précautions pourrait s'avérer nécessaire pour que l'article II de la Convention CCAMLR soit respecté. Le CS-CAMLR est convenu, en particulier, qu'une attention soit portée à l'élaboration de séries à long terme et à la réalisation d'études scientifiques à même de prédire ou de déceler des modifications dans les fonctions d'un écosystème à un stade précoce, et que des approches de gestion efficaces dans un climat en mutation devaient être adoptées. Le CS-CAMLR a examiné diverses questions liées à la biodiversité dans le cadre de la gestion de l'espace marin et des zones protégées, et a noté que le CPE restait l'organisme principal sur les questions relatives aux espèces non indigènes. Le CS-CAMLR a reconnu que les paramètres actuels du programme de contrôle de l'écosystème de la CCAMLR (CEMP) fournissaient des indices sur les réactions des prédateurs selon différentes échelles de temps et d'espace, indices bénéfiques au développement d'approches de gestion par rétroaction de la pêche au krill. Il a octroyé des fonds du Fonds spécial du groupe de gestion du CEMP à un éventail d'initiatives de recherche ayant trait à la gestion par rétroaction. Le rapport complet de la XXXIVe Réunion du CS-CAMLR est disponible ici : *https://www.ccamlr.org/fr/sc-camlr-xxxiv*.

34.   Le COMNAP a présenté le document d'information IP 10 « Rapport annuel 2015-2016 du Conseil des directeurs des programmes antarctiques nationaux » (COMNAP), et mis en avant les points présentant une importance particulière pour les débats du CPE. Il a souligné que le projet de Catalogue des infrastructures représentait un outil à même de renforcer la collaboration dans l'Antarctique, et était de ce fait propice à la réduction des impacts causés sur l'environnement par les activités scientifiques en Antarctique. Ce catalogue sera disponible d'ici la fin de l'année 2016 sur le site internet du COMNAP. En outre, il fut précisé que les travaux du COMNAP relatifs à l'utilisation des UAS, tels que décrits dans le document de travail WP 14 du COMNAP, constituaient un projet évolutif qui serait révisé afin de refléter les informations publiées quant aux réactions de la faune sauvage à l'utilisation des UAS en Antarctique, à mesure que ces informations seraient disponibles.

35.   Le SCAR a présenté le document d'information IP 20 « Rapport annuel du Comité scientifique pour la recherche en Antarctique » (SCAR) 2015-2016 du Système du Traité sur l'Antarctique, et fait référence au document BP 2 qui met en lumière des articles scientifiques récemment publiés par la communauté de chercheurs du SCAR depuis la dernière RCTA, et pouvant s'avérer utiles aux délégués. Le SCAR a présenté plusieurs exemples de ses activités, notamment la participation au projet Défis du Plan d'action

de l'Antarctique (ARC) en 2015. Cette initiative, portée par le COMNAP, a formé la deuxième étape du premier Tour d'horizon scientifique de l'Antarctique et de l'océan Austral du SCAR. Ces deux initiatives étaient au programme de la conférence scientifique du SCAR à la RCTA de cette année (BP 3 rév.1). Parmi les autres activités figurait la participation du SCAR à la réunion des experts sur l'Antarctique et la biodiversité mondiale intitulée « L'Antarctique et le Plan stratégique pour la biodiversité 2011-2010 : l'évaluation de Monaco » (le document IP 38). Au moyen d'une vaste consultation, notamment avec le COMNAP, le SCAR a par ailleurs élaboré son Code de conduite pour les activités en environnement géothermique continental dans l'Antarctique, lequel a été présenté au CPE pour examen (document WP 23). Le SCAR a également mentionné sa participation à la COP21 de la CCNUCC de Paris, et l'obtention de quatre bourses, notamment la nouvelle bourse pour la biodiversité Prince Albert II de Monaco, ainsi qu'une bourse SCAR/COMNAP. Le SCAR a par ailleurs attribué deux chaires de professeurs invités, et a une nouvelle fois permis l'obtention du prix Tinker-Muse 2015, décerné au Dr Valerie Masson-Delmotte. Le SCAR a préparé une mise à jour du Rapport sur les changements climatiques et l'environnement en Antarctique (document IP 35) et a présenté un rapport d'avancement sur la géoconservation (document IP 31), dans l'attente d'un rapport complet sur le thème qui sera présenté en 2018 au CPE.

36. Le SCAR a indiqué que la XXXIVe Réunion des délégués du SCAR et la Conférence scientifique publique se tiendraient à Kuala Lumpur, en Malaisie, en août 2016. Le SCAR diffuserait à cette occasion une synthèse des connaissances scientifiques relatives à l'acidification de l'océan Austral. Lors de cette conférence, le SCAR accueillerait en outre une « wikibomb », de manière à renforcer la visibilité des chercheuses en Antarctique et à contribuer à encourager les jeunes filles à travers le monde à entreprendre une carrière scientifique. Le SCAR a également évoqué le XIIe Colloque international sur les géosciences appliquées à l'Antarctique (ISAES), très réussi, qui s'était tenu à Goa, en Inde, en 2015 ; ses projets pour le XIIe Symposium sur la biologie du SCAR qui se tiendra en Belgique en juillet 2017 ; ainsi que la conférence POLAR2018 qui aura lieu à Davos, en Suisse, en collaboration avec le Comité international des sciences dans l'Arctique. Le SCAR a par ailleurs noté la nomination du Dr Jenny Baeseman en tant que nouveau directeur exécutif du SCAR.

37. Le Comité a remercié le SCAR de faciliter ses travaux en offrant des conseils d'une grande qualité, et a commenté au passage le nouveau plan stratégique du SCAR.

38.   La Malaisie a informé le Comité que l'organisation de la XXXIVe Réunion du SCAR et de la Conférence scientifique publique était en bonne voie, et a demandé aux Membres d'encourager leurs communautés scientifiques à y prendre part.

39.   L'OMM a présenté le document d'information IP 15 intitulé « The Year of Polar Prediction ». L'année de la prévision polaire (2017-2019) vise à permettre une amélioration significative des capacités de prévision environnementales dans les régions polaires (entre autres), en coordonnant une période d'observations intensives, de modélisation, de prévision, de vérification, d'implication des usagers et d'activités pédagogiques. Elle contribuera également à combler les lacunes existantes en matière de capacités de prévisions environnementales aux pôles, en travaillant à des échelles chronologiques « de l'heure à la saison » (Projet prévision polaire) et « de la saison au centenaire » (Initiative de prévisibilité du climat polaire). L'OMM a indiqué au Comité le site internet de l'année de la prévision polaire : *www.polarprediction.net.*

40.   Tout en soutenant l'initiative de l'OMM, l'IAATO a remarqué que celle-ci serait utile à leurs membres lors de la mise en œuvre du Code polaire de l'OMI. Par ailleurs, l'IAATO et la France ont signalé que les travaux effectués au cours de l'année de la prévision polaire seraient également utiles à la planification opérationnelle en cas de conditions difficiles de glace de mer. Le Comité a vivement soutenu l'initiative de l'OMM, en notant que l'année de la prévision polaire permettrait de contribuer à une meilleure compréhension des implications environnementales des changements climatiques dans la zone du Traité sur l'Antarctique.

41.   L'OMM a présenté le document d'information IP 34, intitulé « The Antarctic Observing Network (AntON) to facilitate weather and climate information », préparé conjointement avec le SCAR. Notant que l'Antarctique était une région pauvre en données, l'OMM s'est penchée sur l'importance de tirer le meilleur profit possible de l'utilisation de l'ensemble des données, météorologiques et d'autre nature, collectées pour les recherches météorologiques et climatiques, ainsi que pour d'autres recherches et activités. L'OMM et le SCAR avaient l'intention d'utiliser ces données et de les diffuser autant que possible par le Réseau d'observation en Antarctique (AntON), lequel collectait des métadonnées issues de stations météorologiques automatiques ou gérées par des opérateurs, actuellement utilisées en Antarctique et dans les îles subantarctiques. Outre le fait de tenir à jour une liste des sites météorologiques opérationnels en Antarctique,

l'OMM et le SCAR, à travers le British Antarctic Survey, ont également contrôlé les rapports météorologiques publiés par les navires opérant dans les eaux antarctiques. L'OMM a de surcroît demandé aux opérateurs d'aéronefs en Antarctique de transmettre leurs observations météorologiques afin qu'elles puissent être utilisées pour les prévisions météo.

42. Le Comité a remercié l'OMM et le SCAR, et a déclaré offrir son soutien au Réseau d'observation en Antarctique. Notant que les observations météorologiques des navires et des aéronefs contribuaient à cette initiative, l'IAATO a signalé qu'il continuerait à encourager ses membres à participer au Réseau d'observation en Antarctique. Le Royaume-Uni a indiqué que le British Antarctic Survey poursuivrait sa participation au Réseau d'observation en Antarctique.

Atelier conjoint CPE/CS-CAMLR (Punta Arenas, au Chili, du 19 au 20 mai 2016)

43. Le Royaume-Uni et les États-Unis ont présenté le document de travail WP 53 « Rapport de l'atelier conjoint CPE/CS-CAMLR sur le changement climatique et le contrôle, Punta Arenas, au Chili, du 19 au 20 mai 2016 », préparé conjointement par les coorganisateurs, et fait référence au document d'information IP 77, intitulé « Introduction from Co-Conveners of the Joint CEP/SC-CAMLR Workshop (Punta Arenas, Chile, 19-20 May 2016) ». L'objectif général de l'atelier était d'identifier les effets du changement climatique considérés comme étant les plus susceptibles d'avoir un impact sur la conservation de l'Antarctique, et d'identifier les sources de données de recherche et de contrôle existantes et potentielles pertinentes pour le CPE et le CS-CAMLR, étant donné que cela représentait deux des cinq domaines d'intérêt commun identifiés par le premier atelier conjoint CPE/CS-CAMLR tenu en 2009.

44. Le Comité a remercié les coorganisateurs de l'atelier, les Dr Susie Grant (Royaume-Uni) et Dr Polly Penhale (États-Unis) pour la planification de l'atelier, sa présidence, et la préparation rapide du rapport de l'atelier pour examen lors du XIXe CPE. Le Comité a également exprimé sa gratitude au gouvernement du Chili d'accueillir l'atelier à Punta Arenas.

45. Le Comité est convenu que l'atelier conjoint avait été précieux pour améliorer davantage la coopération et le partage d'informations entre les deux comités sur le changement climatique, la surveillance environnementale, et d'autres questions d'intérêt commun.

46. Le Japon a exprimé son inquiétude à propos de la relation entre les résultats de l'atelier et son mandat.

47. La Belgique et le SCAR ont rappelé au Comité l'existence du comité permanent du SCAR sur la gestion des données sur l'Antarctique, qui est chargé de coordonner la gestion des données et des informations au nom de la communauté du SCAR. La Belgique et le SCAR ont aussi rappelé au Comité la capacité du Portail *www.biodiversity.aq* et du Répertoire directeur de l'Antarctique pour soutenir le partage et l'échange de données suggérés dans le rapport.

48. La Chine a attiré l'attention des Membres du CPE sur l'importance de la transparence lors la collecte, du traitement et de l'utilisation des données et des informations. En ce qui concernait les Recommandations 14 et 15, la Chine a également souligné que les travaux du CPE et du CS-CAMLR en réponse au changement climatique devraient se concentrer sur l'ensemble de la zone du Traité/de la Convention, voire sur une zone plus large, plutôt que sur les zones protégées seulement.

49. Le Comité a approuvé les 16 Recommandations issues de l'atelier conjoint CPE/CS-CAMLR, tel que décrit dans le document de travail WP 53, et a noté que les Recommandations seraient également examinées par le CS-CAMLR lors de sa réunion, plus tard dans l'année. Le Comité a reconnu l'importance du suivi des progrès sur la mise en œuvre de ces Recommandations.

50. Le Comité a noté que les Recommandations 1 à 4 étaient étroitement alignées sur les actions prioritaires du Programme de travail de réponse au changement climatique (PTRCC), et a encouragé davantage d'incorporation de ces Recommandations dans les mises à jour du PTRCC et du Plan de travail quinquennal du CPE. En ce qui concerne ces Recommandations, le SCAR a noté que le travail était déjà en cours ou prévu dans un avenir proche, en accord avec les priorités du PTRCC.

- **Recommandation 1** : Encourager le CS-CAMLR et le CPE à reconnaître, encourager et soutenir dans toute la mesure du possible la contribution que le SCAR et des programmes comme l'ICED et le SOOS, ainsi que des programmes nationaux, peuvent apporter à leur travail sur le changement climatique et la surveillance qui s'y rapporte.

- **Recommandation 2** : Encourager l'expression de questions claires à adresser aux programmes scientifiques afin d'obtenir les avis scientifiques les meilleurs et les plus pertinents par rapport aux objectifs du CPE et du CS-CAMLR.

- **Recommandation 3** : Identifier et transmettre la recherche partagée sur le changement climatique et les besoins en matière de surveillance au SCAR, à l'ICED, au SOOS et autres programmes similaires, en utilisant le processus décrit dans le Tableau 2 du WP 53.

- **Recommandation 4** : Encourager la production périodique de synthèses de haut niveau des résultats et des progrès réalisés dans les programmes et les rapports comme le SCAR-ACCE, l'ICED, le SOOS, etc., afin d'aider le CPE et le CS-CAMLR à appréhender l'état actuel des connaissances et à formuler des questions visant à aider les travaux d'avancement sur le changement climatique.

51. Le Comité a mentionné que les Recommandations 5 à 10 se rapportaient à des actions qui faciliteraient le travail à la fois du CPE et du CS-CAMLR sur le changement climatique, en notant que les actions spécifiquement relatives au CS-CAMLR seraient examinées au cours de ses débats, plus tard dans l'année.

- **Recommandation 5** : Encourager la flexibilité dans la composition de délégations nationales cohérentes par rapport à l'ordre du jour, pour permettre au CS-CAMLR, au CPE et au SCAR de participer aux débats sur des sujets spécifiques.

- **Recommandation 6** : Envisager d'inviter des experts aux groupes de travail de la CCAMLR (en particulier WG-EMM pour les débats relatifs au changement climatique), y compris des contributions appropriées de programmes comme l'ICED et le SOOS.

- **Recommandation 7** : Promouvoir le développement des jeunes scientifiques en encourageant la participation à la bourse d'études de la CCAMLR et aux programmes de bourses du SCAR, dans le but spécifique de contribuer à la recherche pertinente au changement climatique.

- **Recommandation 8** : Encourager une meilleure visibilité des métadonnées de la CCAMLR pour faciliter l'accessibilité et l'exploration des données pertinentes à des questions d'intérêt commun, notamment les données du CEMP (Programme de contrôle des écosystèmes).

- **Recommandation 9** : Reconnaître que le partage de données ne consiste pas seulement à partager les produits de la recherche déjà recueillis, mais que l'information est également nécessaire concernant les plans futurs visant à recueillir des données supplémentaires, pour faciliter les efforts combinés.

- **Recommandation 10** : Encourager l'utilisation du Portail des environnements de l'Antarctique en fournissant des résumés prêts pour les politiques sur les questions d'intérêt commun aux membres des deux comités. Le CS-CAMLR pourrait être encouragé à demander l'inclusion de certains sujets ou à rédiger des résumés en temps voulu.

52.   Le Comité a noté que les Recommandations 11 et 12 nécessitaient de nouvelles données scientifiques et a encouragé le SCAR, ses programmes associés et d'autres organisations et programmes pertinents, à y participer, le cas échéant.

- **Recommandation 11** : Reconnaître l'importance d'utiliser des données de référence communes, et recommander que des informations sommaires, telles que les mises à jour du SCAR Changement climatique en Antarctique et environnement (ACCE), soient soumises au titre du point de l'ordre du jour du changement climatique dans les deux comités.

- **Recommandation 12** : Envisager le développement approprié et approfondi des zones de référence scientifique dans le but de comprendre les impacts du changement climatique, en utilisant les outils disponibles pour le CPE et le CS-CAMLR.

53.   Le Comité a noté que les Recommandations 13 à 15 se rapportaient au travail mené actuellement par le CS-CAMLR, et a accueilli favorablement de nouvelles mises à jour sur ce travail au fur et à mesure de son développement.

- **Recommandation 13** : Promouvoir le travail en cours dirigé par l'Argentine, le Chili, et comprenant d'autres Membres, sur le développement des AMP dans le Domaine 1 de planification (péninsule antarctique), reconnaissant un intérêt particulier pour la recherche sur le changement climatique et la création de zones de référence dans cette région qui évolue rapidement.

- **Recommandation 14** : Reconnaître que les données issues des processus de planification des AMP incluront et mettront à disposition une quantité importante d'informations qui permettront d'améliorer la prise de décision et seront pertinentes pour les travaux du CPE et du CS-CAMLR sur une série d'autres sujets.

- **Recommandation 15** : Reconnaître que la recherche et la surveillance au sein des systèmes de zones protégées de la CCAMLR et de la RCTA bénéficieront de programmes coordonnés et intégrés dans les régions respectives, notamment à la communauté plus large des scientifiques intéressés (SCAR, ICED, SOOS, et/ou programmes nationaux).

54. Enfin, le Comité est convenu de l'importance de futures réunions conjointes et la communication intersessions entre le CPE et le CS-CAMLR.

- **Recommandation 16** : Encourager d'autres réunions, régulières, entre le CS-CAMLR et le CPE, au moins une fois tous les cinq ans. Encourager également une communication plus fréquente sur des sujets d'intérêt mutuel dans l'intervalle avant la prochaine réunion conjointe, y compris par le biais de forums en ligne et en utilisant l'accès à distance, le cas échéant.

55. Le Comité a également adopté la recommandation du document, à savoir que d'autres ateliers devraient avoir lieu au moins une fois tous les cinq ans, et a encouragé les Membres à communiquer plus fréquemment sur des sujets d'intérêt mutuel dans la période avant la prochaine réunion conjointe.

Avis du CPE à la RCTA sur les résultats de l'atelier conjoint CPE/CS-CAMLR sur le changement climatique et leur suivi

56. Le Comité est convenu d'informer la RCTA qu'il avait accueilli favorablement le rapport de l'atelier conjoint CPE/CS-CAMLR sur le changement climatique et la surveillance et qu'il avait approuvé les recommandations qui en émanaient.

Nomination de représentants du CPE auprès d'autres organisations

57. Le Comité a nommé :

- Dr Kevin Hughes (Royaume-Uni) pour représenter le CPE à la 34e réunion des délégués du SCAR qui se tiendra à Kuala Lumpur, en Malaisie du 29 au 30 août 2016.

- Dr Yves Frenot (France) pour représenter le CPE lors de la 28e assemblée générale annuelle du COMNAP qui se tiendra à Goa, en Inde du 16 au 18 août 2016 ; et

- Dr Polly Penhale (États-Unis) pour représenter le CPE lors de la 35e réunion du CS-CAMLR qui se tiendra à Hobart, en Australie, du 17 au 21 octobre 2016.

58. Les documents suivants ont également été soumis au titre de ce point de l'ordre du jour :

- Le document de contexte BP 2, intitulé « The Scientific Committee on Antarctic Research (SCAR) - Selected Science Highlights for 2015/16 » (SCAR).

- Le document de contexte BP 3 Rév. 1 « Extrait de la conférence du SCAR : Explorer l'avenir de la recherche scientifique en Antarctique » (SCAR).

Point 6 : Réparation et réhabilitation des dommages environnementaux

59. Le document suivant a été soumis au titre de ce point de l'ordre du jour :

- Le document d'information IP 76, intitulé « Environmental Remediation in Antarctica » (Brésil).

Point 7 : Conséquences du changement climatique pour l'environnement

7a) Approche stratégique

60. Le SCAR a présenté le document d'information IP 35, intitulé « Antarctic Climate Change and the Environment 2016 Update », qui fournit une mise à jour sur les progrès significatifs récents réalisés dans la compréhension du changement climatique dans le continent antarctique et l'océan Austral. En plus de relater les effets physiques du changement climatique sur l'environnement, la mise à jour détaille également la recherche portant sur les impacts biologiques et écologiques de ces changements. Le document repose sur le contenu du rapport sur le changement climatique et l'environnement de l'Antarctique (ACCE), publié par le SCAR en 2009, et dont les points clés avaient été mis à jour en 2013.

61. Le Comité a remercié le SCAR de continuer à fournir des mises à jour du rapport de l'ACCE, et a réitéré l'importance des activités de recherche du SCAR dans les efforts visant à comprendre et maîtriser les implications environnementales du changement climatique pour la protection et la gestion de la zone du Traité sur l'Antarctique. Le Comité a également estimé que les résultats de recherche présentés dans le document IP 35 avaient renforcé l'importance du travail du CPE visant à mettre en œuvre le PTRCC.

62. L'OMM a évoqué le dernier rapport du GIEC et pris acte de l'importance de tenir compte autant des changements naturels que ceux induits par l'homme dans le but de modéliser correctement le climat à la fois passé et futur. L'OMM a déclaré que l'étendue croissante de la glace de mer en Antarctique ne contredisait pas la tendance générale au réchauffement mondial et était bien documentée dans la littérature publiée, ainsi que dans le rapport du SCAR ACCE et les mises à jour associées. Reconnaissant que l'augmentation de la glace de mer en Antarctique a eu des répercussions importantes sur

le soutien de la science, le COMNAP a renvoyé le Comité au rapport de l'atelier du COMNAP sur les défis posés par la glace de mer.

63. L'OMM a présenté le document d'information IP 12, intitulé « WMO Climate-related Activities in the Antarctic Region », une mise à jour des activités liées au climat de l'Antarctique entreprises par le Programme de recherche mondiale sur le climat de l'OMM. Notant l'utilité de ses travaux pour le CPE, l'OMM a souligné ses efforts visant à améliorer la sensibilisation sur l'état général de la cryosphère par la veille mondiale de la cryosphère (Global Cryosphere Watch), à améliorer la compréhension de la prévisibilité du climat polaire, et à utiliser les agences spatiales pour observer les régions polaires pour lesquelles peu de données étaient disponibles.

64. L'ASOC a présenté le document d'information IP 78, intitulé « Antarctic Climate Change, Ice Sheet Dynamics and Irreversible Thresholds: ATCM Contributions to the IPCC and Policy Understanding ». L'ASOC a exhorté la communauté scientifique de l'Antarctique à contribuer au rapport spécial du GIEC sur les implications du réchauffement climatique de 1,5 °C, et au rapport spécial sur les océans et la cryosphère. L'ASOC a recommandé que les Membres, en collaboration avec le SCAR et d'autres organisations scientifiques, réagissent en temps opportun par le biais d'un rapport d'évaluation rapide.

65. Le SCAR a fait remarquer que le résumé de recherches demandées par l'ASOC était cohérent par rapport à ses activités de recherche en cours et prévues. Le SCAR a par ailleurs noté qu'il examinerait comment contribuer au mieux aux rapports spéciaux du GIEC.

66. Le Comité a remercié l'ASOC pour son document et a salué l'intention du SCAR de contribuer au rapport spécial. Il a également encouragé les Membres à envisager d'y contribuer par le biais de leurs propres processus nationaux.

67. L'ASOC a présenté le document d'information IP 81, intitulé « Antarctic Climate Change Report Card », un résumé des avancées scientifiques notables et des évènements climatiques liés au changement climatique d'origine anthropique dans l'Antarctique. L'ASOC a noté que les conclusions sur le changement climatique et l'acidification des océans étaient probantes, et que les impacts du changement climatique étaient réels et potentiellement importants pour l'Antarctique et le reste du monde. Reconnaissant que la science sur le changement climatique en Antarctique s'est révélée essentielle à la compréhension des impacts du changement climatique mondial, l'ASOC a exhorté les Membres de continuer

à financer la science sur le changement climatique. Identifiant l'éventail des implications du changement climatique pour la protection et la gestion de l'environnement antarctique, notamment la nécessité d'établir des zones protégées, l'ASOC a salué le travail issu du PTRCC.

68. Le Royaume-Uni a présenté le document d'information IP 64, intitulé « Report on the activities of the Integrating Climate and Ecosystem Dynamics in the Southern Ocean (ICED) programme », qui fait état du programme multidisciplinaire international établi en 2008 et qui visait à améliorer la compréhension du changement dans l'océan Austral et les implications qu'il comportait pour les écosystèmes et la gestion.

69. Le Comité a accueilli favorablement le document et a estimé que les activités du programme ICED étaient pertinentes pour son travail sur le changement climatique, comme indiqué dans le Programme de travail en réponse au changement climatique, et comme souligné au cours de l'atelier conjoint CPE/CS-CAMLR.

70. Il a noté que toutes les informations utiles et substantielles reprises dans la série d'articles portant sur les questions liées au climat démontraient l'importance de continuer à percevoir le changement climatique comme un facteur important de changement global dans l'Antarctique, et a insisté sur son caractère pertinent par rapport à la gouvernance et à la gestion du continent (par exemple par des processus d'EIE, compte tenu du risque de changement climatique lors de la planification et de la conduite des activités en Antarctique, la diffusion d'informations sur le changement climatique en Antarctique aux forums mondiaux sur l'environnement, et l'encouragement de la coordination et de l'accessibilité de toutes les données de recherche pertinentes sur le climat de l'Antarctique).

71. Le Comité a fait référence au document du Secrétariat SP 7 « Actions adoptées par le CPE et la RCTA à la suite des recommandations de la RETA sur les changements climatiques », et a indiqué que de nombreuses Recommandations de la RETA sur le changement climatique (2010) avaient été incorporées au PTRCC.

7b) Mise en œuvre et examen du Programme de travail en réponse au changement climatique

72. Le Comité a examiné le Programme de travail en réponse au changement climatique (PTRCC) convenu par le XVIIIe CPE et adopté par la Résolution 4 (2015) (SP 2). Il a examiné les actions identifiées pour le XIXe CPE et

a noté que des mesures avaient déjà été prises pour répondre à la plupart d'entre elles, notamment par le biais des travaux en cours du GSPG visant à développer des orientations relatives aux ZSPA (WP 31), des travaux intersessions portant sur la révision du Manuel sur les espèces non indigènes (WP 13), de l'examen des Lignes directrices pour les évaluations d'impact environnemental (WP 15) et de résumés d'information actuelles ou disponibles prochainement sur le Portail des environnements de l'Antarctique. Le Comité a également noté que le CS-CAMLR, le SCAR et des programmes tels que le Système d'observation de l'océan Austral (SOOS) et le programme pour l'Intégration des dynamiques climatiques et écosystémiques en Antarctique (ICED) avaient déjà entrepris des activités pertinentes pour le PTRCC.

73.   En outre, le Comité a noté que le PTRCC proposait de mener de nouvelles activités de recherche et de surveillance, et d'en poursuivre d'autres. Le Comité a encouragé les programmes antarctiques nationaux, le SCAR, l'OMM et des programmes d'experts externes concernés à soutenir et faciliter ces activités de recherche et de surveillance.

74.   Le Comité a mis à jour le PTRCC (Annexe 2), et a accueilli favorablement la proposition du SCAR et de l'OMM de fournir des rapports sur leurs activités de recherche et de contrôle pertinentes pour le PTRCC au XXe CPE. Le Comité a également convenu qu'il devrait demander à des programmes externes concernés, notamment le SOOS et le programme ICED de communiquer des informations similaires sur la façon dont leurs activités pourraient contribuer aux questions identifiées dans le PTRCC.

75.   Le Comité a remarqué que la gestion du PTRCC durant la réunion annuelle du CPE serait probablement insuffisante concernant la communication nécessaire avec les observateurs et les organismes d'experts et est convenu qu'un groupe dédié, soit sous la forme de GCI régulièrement réunis, ou d'un organe subsidiaire (avec un responsable et des participants impliqués, conformément à l'article 10 du Règlement intérieur du CPE) permettrait d'associer au mieux les parties concernées par ces travaux, et d'avoir à disposition une série d'experts et leurs connaissances pour agir une fois le PTRCC communiqué.

76.   Le Comité a également indiqué que d'autres discussions sur la manière dont un tel groupe dédié fonctionnerait étaient nécessaires, notamment sur la façon de travailler dans les quatre langues du Traité pour garantir une large participation des Membres, notant que le fonctionnement efficace d'un organisme subsidiaire avait déjà été constaté.

77.	Le Comité a examiné la manière de réviser et gérer le PTRCC en continu, et identifié les éventuels mandats suivants pour un mécanisme afin d'examiner, de mettre à jour et d'entretenir le PTRCC :

- superviser et coordonner la communication entre les Membres, le SCAR et d'autres parties prenantes relativement à des actions précises, identifiées dans le PTRCC afin de faciliter sa mise en œuvre ;
- fournir des rapports sur la mise en œuvre du PTRCC à chaque réunion du CPE ; et
- réviser le CCRWP pour examen par le CPE sur une base annuelle.

78.	Le Comité a fait remarquer qu'une communication claire et efficace avec les Observateurs et les organisations d'experts concernant les tâches et les demandes d'informations qui leur sont soumises était souhaitable et importante.

79.	Le Comité a accueilli favorablement la proposition de la Nouvelle-Zélande de mener des débats intersessions informels sur la manière d'initier la coordination du PTRCC, y compris en ce qui concernait sa communication et la suggestion de préparer des mises à jour du PTRCC, ainsi que sur les différentes options pour établir un groupe subsidiaire chargé de réviser et de gérer le PTRCC pour le XX° CPE.

Avis du CPE à la RCTA sur la mise en œuvre du Programme de travail en réponse au changement climatique (PTRCC).

80.	Prenant acte de la demande de la RTCA dans la Résolution 4 (2015) de recevoir des mises à jour annuelles sur la mise en œuvre du Programme de travail en réponse au changement climatique, le Comité est convenu d'informer la RCTA que :

- des mesures avaient été déjà prises pour traiter plusieurs tâches/actions identifiées dans le PTRCC pour 2016 ;
- il avait été convenu d'encourager les programmes antarctiques nationaux, le SCAR, l'OMM et les organisations d'experts externes pertinentes à soutenir et faciliter les activités de recherche et de surveillance identifiées dans le PTRCC ;
- le CPE avait mis à jour le PTRCC afin de tenir compte des actions entreprises et y intégrer d'autres modifications mineures ; et
- le CPE avait accepté d'organiser des débats intersessions informels pour étayer un examen plus approfondi par le XX° CPE sur les

meilleurs moyens disponibles pour gérer et appuyer la mise en œuvre du PTRCC.

81. Réfléchissant à l'importance d'incorporer un avis scientifique actualisé et d'une haute qualité dans ses délibérations sur les implications environnementales des changements climatiques dans la zone du Traité sur l'Antarctique, concernant notamment la mise en œuvre du PTRCC, le Comité a jugé qu'il serait utile de pouvoir profiter directement de l'expertise du GIEC.

Avis du CPE à la RCTA concernant l'approbation du GIEC en qualité d'observateur auprès du CPE

82. Sur la base de l'Article 4c du Règlement intérieur du CPE adopté en vertu de la Décision 4 (2011), le Comité a accepté de proposer que la RCTA approuve le GIEC en qualité d'observateur auprès du CPE.

Point 8 : Évaluation d'impact sur l'environnement (EIE)

8a) Projets d'évaluations globales d'impact sur l'environnement

83. L'Italie a présenté le document de travail WP 43 « Projet d'évaluation globale de l'environnement pour la construction et l'exploitation d'une piste d'atterrissage en gravier dans la zone de la station Mario Zucchelli, baie Terra Nova, Terre Victoria, Antarctique ». Ce document faisait suite aux rapports relatifs aux intentions de l'Italie de construire une piste d'atterrissage en gravier, présentée lors de précédentes réunions du CPE (WP 30 du XVIIIᵉ CPE, IP 57 du XVIIᵉ CPE, IP 80 du XVIᵉ CPE, et IP 41 du XVᵉ CPE). Il indique que les bénéfices issus de la construction de la piste d'atterrissage, notamment une gestion plus fiable et rentable des activités scientifiques et logistiques italiennes ainsi qu'une amélioration de la sécurité et de la coopération avec les programmes antarctiques voisins, compenseraient ses impacts environnementaux. L'Italie a également fourni une explication détaillée de certains aspects du projet du site de recherche, y compris une évaluation aéronautique, une caractérisation géophysique et une étude de la morphologie du terrain contenant le déplacement des glaciers.

84. La France a présenté le document de travail WP 21 « Rapport du groupe de contact intersessions ouvert mis sur pied afin d'analyser le projet d'EGIE pour la " Construction et l'exploitation d'une piste d'atterrissage en gravier à proximité de la station Mario Zucchelli, baie Terra Nova, Terre Victoria,

Antarctique " ». La France a noté que les participants du GCI avaient souligné l'importance de plusieurs aspects de l'activité proposée. Le GCI a indiqué au Comité que le projet d'EGIE était globalement limpide, bien structuré et bien présenté, et qu'il respectait les modalités de l'article 3 de l'Annexe I au Protocole. Il a également indiqué au Comité que les informations présentées dans la conclusion du projet d'EGIE étaient suffisantes pour étayer la conclusion selon laquelle les impacts de l'activité proposée seraient probablement plus que mineurs ou transitoires. Enfin, le GCI a suggéré, dans l'éventualité où l'Italie souhaiterait poursuivre les activités qu'elle envisageait, de fournir plus d'informations sur certains aspects dans l'EGIE finale.

85. L'Italie a présenté le document d'information IP 58, intitulé « The Initial Responses to the Comments on the Draft Comprehensive Environmental Evaluation for the construction and operation of a gravel runway in the area of Mario Zucchelli Station, Terra Nova Bay, Antarctica », ainsi que le document d'information IP 61, intitulé « Initial Environmental Evaluation for the extension to the Boulder Clay site of the access road to Enigma Lake, Mario Zucchelli Station, Terra Nova Bay, Victoria Land, Antarctica ». Le document IP 58 a donné une réponse à chacune des observations faites par les participants du GCI indiquées dans le document WP 21. Il contient un calendrier de construction et certains détails concernant le personnel requis, ainsi que des informations relatives aux oiseaux et aux invertébrés de la zone, et indique certains impacts directs potentiels pour la faune et la flore ainsi que certains risques pour les espèces non indigènes. L'Italie a également présenté ses résultats sur les impacts cumulatifs et indirects des activités, en fournissant des précisions sur les mesures d'atténuation.

86. Le Comité a remercié l'Italie pour le projet d'EGIE et la France pour avoir établi le GCI, et s'est montré favorable aux conclusions et aux recommandations du GCI. Notant l'importance des processus d'EIE en tant qu'élément fondamental pour la protection de l'environnement requise par le Protocole, le Comité a encouragé une vaste participation aux futurs GCI mis en place afin de réviser les projets d'EGIE.

87. Plusieurs Membres qui se livrent à des activités et possèdent des installations dans la baie de Terra Nova et dans la région ont fait part de leur engagement à travailler en collaboration avec l'Italie afin de développer au maximum la coopération internationale et les bénéfices scientifiques de l'installation proposée.

88. Plusieurs Membres ont rappelé que certains aspects du projet d'EGIE méritaient d'être améliorés ou examinés plus en profondeur, et ont tenu à savoir pourquoi les impacts de la construction du chemin d'accès à la piste

d'atterrissage proposée avaient été évalués au moyen d'une EPIE séparée (soumise au XIXᵉ CPE à travers le document d'information IP 61), plutôt que dans le cadre du processus d'évaluation de l'EGIE.

89. L'ASOC a noté qu'en augmentant le nombre de routes dans la zone, la piste d'atterrissage proposée pourrait entraîner de profonds impacts environnementaux dans la région. L'ASOC a exprimé ses réserves quant à la proposition et a recommandé qu'en cas de construction de la piste d'atterrissage, l'Italie prenne en considération la protection d'autres zones dans la région dont les valeurs sont similaires à celles de la zone associée à la piste d'atterrissage.

90. Le Comité a accueilli favorablement l'engagement de l'Italie à aborder les questions soulevées par le GCI et par les Membres du CPE et, si elle venait à décider d'entreprendre l'activité envisagée, il a encouragé l'Italie à tenir compte de l'avis du CPE lors de la préparation de l'EGIE finale.

Avis du CPE à la RCTA concernant le projet d'EGIE préparé par l'Italie pour la « Proposition de construction et d'exploitation d'une piste d'atterrissage en gravier dans la zone de la station Mario Zucchelli, baie Terra Nova, Terre Victoria ».

91. Ayant examiné le projet d'EGIE préparé par l'Italie pour la « Construction et l'exploitation d'une piste d'atterrissage en gravier à proximité de la station Mario Zucchelli, baie Terra Nova, Terre Victoria, Antarctique », conformément aux Procédures d'examen intersessions par le CPE des projets d'Évaluation globale d'impact sur l'environnement, le CPE a informé la RCTA que :

   1) Le projet d'EGIE était globalement conforme aux exigences de l'article 3 de l'Annexe I du Protocole au Traité sur l'Antarctique relatif à la protection de l'environnement.

   2) Dans l'éventualité où l'Italie déciderait de mener à bien son projet, il lui faudrait fournir des informations et des précisions supplémentaires sur certains points dans l'EGIE finale, tel que défini dans le document de travail WP 21 de cette réunion, afin de faciliter l'évaluation globale de l'activité proposée. Le CPE souhaitait tout particulièrement attirer l'attention de la RCTA sur le fait que les points suivants mériteraient d'être approfondis :

      a. le personnel nécessaire à la phase de construction (nombre d'individus, logement, etc.) ainsi que l'élaboration d'un calendrier des travaux devant être entrepris durant les quatre années prévues pour la construction ;

   b. plusieurs aspects relatifs à l'état de référence initial de l'environnement, en mettant l'accent sur les invertébrés et l'ensemble des espèces d'oiseaux (pas seulement les manchots Adélie et les labbes), par exemple à travers une cartographie complète des oiseaux avant le début de la construction ;

   c. les impacts directs potentiels sur la flore, la faune, le paysage et les lacs ainsi que les risques liés à l'introduction d'espèces non indigènes ; les impacts relatifs à la route, aux carrières, à la poussière et au bruit produit par les travaux de construction devraient être particulièrement détaillés ;

   d. l'inclusion de tous les volets de l'activité dans le cadre de l'EGIE, y compris la construction et l'exploitation de la route menant au site de la piste d'atterrissage ;

   e. les impacts cumulatifs et indirects pouvant survenir à la lumière des activités existantes et d'autres activités déjà prévues dans la région, y compris la coopération en matière de logistique ; et

   f. les mesures d'atténuation relatives à la gestion des hydrocarbures, aux espèces non indigènes, à la perturbation de la vie sauvage et à la formation du personnel de construction.

3) Les informations contenues dans le projet d'EGIE confirment la conclusion selon laquelle les impacts causés par la construction et l'exploitation de la nouvelle piste d'atterrissage en gravier seraient probablement de nature plus que mineure ou transitoire.

4) Le projet d'EGIE est, dans l'ensemble, clair, bien structuré et bien présenté, bien qu'il ait été recommandé d'apporter des améliorations à certaines cartes et schémas.

8b) Autres questions relatives aux EIE

Véhicules aériens sans pilote (UAV)

92. Le Comité a rappelé que, suite aux discussions initiales tenues à l'occasion du XVIIᵉ CPE (2014) et aux discussions approfondies tenues lors du XVIIIᵉ CPE (2015), le Comité a accepté d'envisager de commencer à élaborer des Lignes directrices relatives aux aspects environnementaux que recouvre l'utilisation des UAV en Antarctique.

141

93.	Le COMNAP a rappelé à la réunion que son document de travail WP 22 de la XXXVIIIe RCTA évaluait les risques et les avantages de l'utilisation d'UAS en Antarctique, puis a présenté le document de travail WP 14 « Le Groupe de Travail du COMNAP sur les systèmes aériens sans pilote en Antarctique » (GT-UAS), lequel rend compte des activités du groupe de travail-UAS du COMNAP et comprend une version originale du Manuel pour les opérateurs des UAS en Antarctique. Le COMNAP a noté que le Manuel était né suite aux débats entre experts provenant de 11 programmes antarctiques nationaux ayant participé au GT-UAS, et a remercié tous les participants du groupe. Il a été noté que ce Manuel était un document vivant qui serait révisé par la suite, en particulier à la lumière des informations que fournira le SCAR sur les perturbations de la faune sauvage. Le Manuel comprend 12 recommandations aux programmes antarctiques nationaux pour le développement de leurs propres lignes directrices opérationnelles en matière d'UAS, ainsi que des formulaires qui peuvent s'avérer utiles pour l'échange d'informations et la notification avancée des activités d'UAS.

94.	L'Allemagne a présenté le document de travail WP 1 « UAV et altitudes minimales par rapport aux espèces sauvages », qui résume les résultats d'une recherche récente sur les impacts potentiels qu'un micro-UAV pourrait avoir sur une petite colonie de manchots Adélie située sur l'île Ardley. Elle a également présenté des propositions sur les altitudes minimales possibles pour l'utilisation d'UAV en Antarctique basées sur des expériences de perturbation concrètes et tenant compte de l'approche pragmatique recommandée par le Comité pour les opérations réalisées près de la faune sauvage. Elle a proposé que le Comité examine les résultats et les recommandations de son document au cours de ses discussions à venir sur les lignes directrices pour l'utilisation de l'UAV à proximité de concentrations de faune sauvage.

95.	La Pologne a présenté le document d'information IP 59, intitulé « UAV remote sensing of environmental changes on King George Island (South Shetland Islands): update on the results of the second field season 2015/2016 ». Le document présente les informations préliminaires sur la deuxième saison du programme de suivi conjoint mené par la Pologne et la Norvège, qui utilisent des UAV à voilure fixe afin de recueillir des données géospatiales sur l'environnement. Il fait état des observations liées aux impacts des UAV sur les manchots nicheurs et les pétrels géants de l'Antarctique, des observations sur la taille et la distribution des populations de manchots et de pinnipèdes, et contient également une cartographie des communautés végétales.

96.   L'IAATO a présenté le document d'information IP 120, intitulé « IAATO Policies on the use of unmanned Aerial Vehicles (UAVs) in Antarctica : Update for the 2016/17 season » (Politiques de l'IAATO en matière d'utilisation des véhicules aériens sans pilotes (UAV) en Antarctique : mise à jour pour la saison 2016-2017), lequel indique que les membres de l'IAATO ont décidé de maintenir l'interdiction portant sur l'utilisation des UAV à des fins récréatives dans les zones côtières durant la saison 2016-2017. L'IAATO a signalé que, durant la saison 2015-2016, ses opérateurs avaient enregistré 96 vols d'UAV, tous ayant été approuvés par les autorités compétentes et à des fins non récréatives.

97.   Le Comité a remercié tous les Membres et Observateurs qui ont soumis des documents afin d'enrichir les discussions du CPE portant sur les impacts environnementaux de l'utilisation d'UAV en Antarctique. Certains Membres ont également rappelé que les documents présentés à l'occasion du XVIIIe CPE à cet égard demeuraient pertinents dans le cadre de ce débat.

98.   Reconnaissant les avantages scientifiques de l'utilisation des UAV pour appuyer la recherche et la surveillance, le Comité a noté le besoin continu d'améliorer les connaissances scientifiques en matière d'impacts sur l'environnement liés à l'utilisation d'UAV, surtout sur la faune sauvage. Le Comité a rappelé l'offre généreuse du SCAR de préparer un résumé de l'état actuel des connaissances en matière d'impacts des UAV sur la faune sauvage pour la prochaine réunion du Comité, et a apprécié que le SCAR l'informe que ce travail est en cours et progresse à un rythme satisfaisant.

99.   Le Comité a remercié le COMNAP pour son document sur le développement d'un Manuel sur les lignes directrices pour la certification et le fonctionnement des systèmes aériens sans pilote en Antarctique et, signalant que le document de travail WP 14 ferait l'objet d'un examen plus approfondi à l'occasion de la RCTA, a exprimé son soutien pour les recommandations du COMNAP à encourager les Parties à prendre en considération les directives du Manuel, dans le cas où leur programme antarctique national prévoirait d'utiliser des technologies UAV dans la zone du Traité sur l'Antarctique. Le Comité a noté que le Manuel soulignait l'importance de prendre en considération les impacts sur l'environnement des UAV à travers le processus d'EIE, et est convenu qu'il serait bénéfique que le Manuel soit développé à mesure que la recherche et la compréhension des impacts sur l'environnement liés aux UAV deviendraient disponibles.

100.   Le Comité a exprimé sa gratitude envers l'Allemagne et la Pologne pour les informations transmises sur les récentes recherches en matière d'impacts

potentiels des UAV, et a exhorté les Membres à continuer à l'informer de toute recherche entreprise sur l'utilisation et les impacts sur l'environnement des UAV. Le Comité a considéré que les résultats présentés dans le document de l'Allemagne constituaient une référence utile pour ses prochaines discussions sur l'élaboration de Lignes directrices environnementales pour l'utilisation de l'UAV en Antarctique, tout en notant que des recherches supplémentaires pourraient s'avérer utiles avant d'établir les altitudes minimales d'approche.

101. Le Comité a également remercié l'IAATO de l'avoir informé de l'interdiction décidée par les membres de l'IAATO quant à l'utilisation à des fins récréatives des UAV dans les zones côtières.

102. Le Comité a soutenu la mise en place d'un GCI afin d'élaborer des Lignes directrices supplémentaires pour la gestion des aspects environnementaux liés à l'utilisation des UAV, à compter du XXᵉ CPE ; le rapport du SCAR sur les impacts des UAV sur la faune sauvage devant alors être disponible.

103. Le Comité a reconnu l'intérêt d'une prise en compte continue de ces questions, ainsi que des directives et des recherches réalisées à l'appui de futurs débats qui se tiendraient lors du XXᵉ CPE. Prenant note du fait que certains Membres avaient partagé leur expérience concernant la mise en place de lignes directrices nationales ou en Antarctique pour l'utilisation des UAV, le Comité a estimé que ces informations pourraient également s'avérer utiles lors de ces débats.

104. Alors que certains Membres ont manifesté leur soutien à une suggestion faite au cours de la réunion consistant à interdire l'utilisation des UAV à des fins récréatives en Antarctique, le Comité est convenu que cette question pourrait bénéficier d'un examen plus approfondi au cours du GCI programmé. À ce propos, le Comité a noté que l'expérience du COMNAP concernant l'utilité d'une utilisation récréative gérée avec soin des UAV pour le personnel de la station, en particulier pour les personnes qui restaient en Antarctique pendant l'hiver, pourrait mieux éclairer les discussions à venir.

Avis du CPE à la RCTA concernant les véhicules aériens sans pilote (UAV)

105. Le Comité est convenu d'informer la RCTA qu'il reconnaissait l'utilité des Lignes directrices du COMNAP pour la certification et le fonctionnement des systèmes aériens sans pilotes en Antarctique (WP 14). Le Comité a également reconnu le besoin d'élaborer des Lignes directrices relatives aux aspects environnementaux liés aux UAV ; il commencerait à élaborer ces Lignes directrices à l'occasion du XXᵉ CPE.

106. L'Australie a présenté le document de travail WP 15 « Rapport initial du groupe de contact intersessions mis sur pied afin d'examiner les Lignes directrices pour l'évaluation d'impact sur l'environnement en Antarctique », préparé conjointement avec le Royaume-Uni. Le GCI a été chargé de : continuer à examiner les Lignes directrices relatives à l'évaluation d'impact environnemental en Antarctique annexées à la Résolution 1 (2005) afin de traiter certaines questions, notamment celles identifiées dans le document de travail WP 29 de la XXXVIIe RCTA, et, le cas échéant, de proposer des modifications à apporter aux Lignes directrices ; et d'enregistrer les questions abordées au cours des discussions dans le cadre du mandat 1. Celles-ci étaient en rapport avec de plus amples politiques ou d'autres questions liées au développement et à la gestion des EIE, et pourraient permettre au CPE d'avoir des discussions plus poussées afin de renforcer la mise en œuvre de l'Annexe I du Protocole. Le GCI est parvenu à un accord général sur une révision suggérée des Lignes directrices relatives aux EIE. Le GCI a également recensé des politiques et d'autres questions plus vastes qui mériteraient de faire l'objet de débats plus approfondis au sein du CPE. Le GCI a recommandé que le Comité prenne note des Lignes directrices révisées relatives aux EIE et, en cas d'accord sur une version finale, que le Comité transmette les Lignes directrices révisées à la RCTA pour adoption. Le GCI a également recommandé que le Comité discute de la manière la plus appropriée de traiter les questions politiques ou plus vastes liées au développement et à la gestion des EIE, contenues dans l'annexe C du document.

107. Le Comité a remercié l'Australie et le Royaume-Uni pour avoir conduit le GCI et pour avoir présenté le rapport. Après y avoir apporté quelques modifications mineures au cours de la réunion, le Comité a achevé la révision des Lignes directrices pour les évaluations d'impact sur l'environnement en Antarctique.

108. Le Comité a également pris note des politiques et autres questions plus vastes abordées durant les travaux intersessions, et noté qu'elles méritent de faire l'objet d'un examen plus approfondi.

109, Le Comité a remercié le Royaume-Uni pour son offre de travailler avec les Membres intéressés par le développement d'un document de travail à l'appui de futurs débats concernant les politiques plus vastes et autres questions liées à l'EIE à l'occasion du XXe CPE. Le Royaume-Uni a noté que, en tenant compte des commentaires effectués par les Membres pendant la réunion, il donnerait la priorité aux questions liées à la création d'un répertoire central pour les Lignes directrices pratiques et les ressources en matière d'EIE, ainsi qu'à la mise à jour des procédures pour l'examen intersessions d'un projet d'EGIE par le CPE, afin d'y ajouter un mandat standard sur la pertinence ou le caractère adéquat des mesures d'atténuation proposées. Plusieurs Membres ont manifesté leur volonté de participer aux travaux intersessions.

Avis du CPE à la RCTA sur la révision des Lignes directrices pour les évaluations d'impact sur l'environnement en Antarctique

110. Après avoir examiné le rapport du GCI constitué pour examiner les Lignes directrices pour l'évaluation d'impact sur l'environnement en Antarctique, le Comité a adopté une révision des Lignes directrices et accepté de continuer à prendre en considération de plus vastes politiques. Prenant note du fait que les Lignes directrices actuelles avaient été adoptées dans le cadre de la Résolution 4 (2005), le Comité est convenu de transmettre un projet de Résolution pour adoption à la RCTA afin de réviser les Lignes directrices.

111. La République de Corée a présenté le document d'information IP 45, intitulé « Renovation of the King Sejong Korean Antarctic Station on King George Island, South Shetland Islands », par lequel le Comité a été informé des rénovations programmées de la station, entre autres la reconstruction des logements d'été et des laboratoires, ainsi que des changements structuraux visant à améliorer la sécurité, la durabilité et l'utilité de l'établissement. Elle a également prévu d'installer un système d'énergie solaire et de remplacer les réservoirs à carburant actuels par des réservoirs à double paroi. Le document de l'EPIE pour les activités proposées serait soumis pour approbation au ministère des Affaires étrangères au cours de l'année à venir.

112. Faisant référence à son inspection des installations (WP 29), la Chine a signalé que la station coréenne antarctique King Sejong constituait une bonne plateforme scientifique et a exprimé son soutien pour les rénovations programmées.

113. La Nouvelle-Zélande a présenté le document d'information IP 53, intitulé « A tool to support regional-scale environmental management », lequel présente un programme de recherche, dirigé par « Landcare Research », visant à développer un outil en mesure de soutenir une gestion de l'environnement à plus grande échelle. L'outil de gestion proposé permettrait de faciliter les évaluations régionales des activités et des impacts tout en permettant de prendre plus rapidement en compte les variations survenues dans les environnements lors des évaluations. La Nouvelle-Zélande a invité les Membres à prendre part à un atelier informel sur le développement de l'outil à l'issu de la XXXIVᵉ conférence scientifique publique du SCAR, qui aura lieu à Kuala Lumpur, en Malaisie (le 27 août 2016).

114. Saluant l'initiative de la Nouvelle-Zélande, le Royaume-Uni a souligné qu'il reconnaissait les bénéfices liés à l'application de cet outil dans d'autres zones en Antarctique.

115. L'Équateur a présenté le document d'information IP 122, intitulé « Licencia Ambiental de la Estación Científica Pedro Vicente Maldonado ». Le Comité a été informé du fait que l'Institut antarctique équatorien avait reçu de l'autorité environnementale du gouvernement équatorien en août 2015, le permis environnemental pour la station scientifique Pedro Vicente Maldonado. Il a également informé le Comité que la station devrait subir des audits bisannuels obligatoires sur l'application du Plan de gestion de l'environnement pour la station, également approuvés par l'autorité susmentionnée, afin de conserver le permis. Ce plan comprend neuf éléments visant à protéger l'environnement et le personnel de la station, et il est soumis à des mises à jour et des améliorations.

116. Les documents suivants ont également été soumis sous ce point de l'ordre du jour :

   - Document d'information IP 3, intitulé « Application of air dispersion modeling for impact assessment of construction/operation activities in Antarctica » (Bélarus).
   - Document d'information IP 30, intitulé « Modernisation of GONDWANA-Station, Terra Nova Bay, northern Victoria Land » (Allemagne).
   - Document d'information IP 56, intitulé « Developing a blue ice runway at Romnoes in Dronning Maud Land » (Belgique).
   - Document du Secrétariat SP 6 rév. 1 « Liste annuelle des Évaluations préliminaires (EPIE) et globales (EGIE) d'impact sur l'environnement réalisées entre le 1er avril 2015 et le 31 mars 2016 » (STA).

Point 9 : Plans de protection et de gestion des zones

9a) Plans de gestion

   i) *Projets de Plans de gestion qui ont été révisés par le Groupe subsidiaire sur les plans de gestion*

117. La coordinatrice du Groupe subsidiaire sur les plans de gestion (GSPG), Birgit Njåstad (Norvège), s'est faite la porte-parole du GSPG pour la présentation du document de travail WP 31 « Groupe subsidiaire sur les plans de gestion – Rapport sur les travaux intersessions de 2015-2016 ».

Elle a remercié tous les participants qui ont activement contribué au GSGP pour leur travail assidu et n'a pas manqué de rappeler au Comité que tous les Membres étaient les bienvenus au sein du GSPG. Conformément aux points n° 1 à 3 du mandat, le Groupe subsidiaire sur les plans de gestion (GSPG) a été convoqué afin de soumettre à un examen intersessions cinq projets de Zones spécialement protégées de l'Antarctique (ZSPA) désignés par le CPE. Les ZSPA concernées sont les suivantes :

- ZSPA no 125 : Péninsule Fildes, île du Roi George (25 de Mayo) (Chili) ;

- ZSPA no 144 : Baie du Chili (baie Discovery), île Greenwich, îles Shetland du Sud (Chili) ;

- ZSPA no 145 : Port Foster, île de la Déception, îles Shetland du Sud (Chili) ;

- ZSPA no 146 : Baie du Sud, île Doumer, archipel Palmer (Chili) ; et

- ZSPA no 150 : Île Ardley (péninsule Ardley), baie Maxwell, île du Roi George (25 de Mayo) (Chili).

118. Le GSPG a informé le CPE qu'il n'avait pas été en mesure de fournir des conseils plus avant et d'achever le processus de révision, étant donné que les auteurs de ces projets n'avaient pas été à même de progresser dans la révision de ces plans de gestion pendant la période intersessions.

119. Le Chili a informé le Comité qu'il prévoyait de remettre les cinq plans de gestion révisés au GSPG au cours de la prochaine période intersessions.

ii) Projets de Plans de gestion révisés qui n'ont pas été révisés par le Groupe subsidiaire sur les plans de gestion

120. Le Comité a analysé les plans de gestion révisés de huit ZSPA. Pour chacun des plans, le(s) auteur(s) : ont résumé les modifications suggérées pour le plan de gestion existant ; ont indiqué que le plan avait été étudié et révisé conformément au Guide pour l'élaboration des plans de gestion des Zones spécialement protégées de l'Antarctique (le Guide) ; et ont recommandé sa validation par le Comité et sa soumission à la RCTA pour adoption. Le Comité s'est également penché sur une proposition de la France visant à prolonger le plan de gestion actuel de la ZSPA no 166 Port Martin, pour une durée de cinq années supplémentaires :

a. document de travail WP 2 « Plan de gestion révisé pour la Zone spécialement protégée de l'Antarctique no 149 – Cap Shirreff et île San Telmo, île Livingston, îles Shetland du Sud » (États-Unis) ;

b. document de travail WP 3 « Plan de gestion révisé pour la Zone spécialement protégée de l'Antarctique no 122 – Hauteurs Arrival, péninsule Hut Point, île de Ross » (États-Unis) ;

c. document de travail WP 4 « Plan de gestion révisé pour la Zone spécialement protégée de l'Antarctique no 126 - Péninsule Byers, île Livingston, îles Shetland du Sud » (Royaume-Uni, Chili et Espagne) ;

d. document de travail WP 18 « Révision du plan de gestion pour la Zone spécialement protégée de l'Antarctique (ZSPA) no 167 – Île Hawker, Terre Princesse Elizabeth » (Australie) ;

e. document de travail WP 26 « Révision du plan de gestion pour la Zone spécialement protégée de l'Antarctique (ZSPA) no 116 – Vallée New College, plage Caughley, cap Bird, île de Ross » (Nouvelle-Zélande) ;

f. document de travail WP 27 « Révision du plan de gestion pour la Zone spécialement protégée de l'Antarctique (ZSPA) no 131 – Glacier Canada, lac Fryxell, vallée Taylor, Terre Victoria » (Nouvelle Zélande) ;

g. document de travail WP 36 « Plan de gestion révisé pour la ZSPA no 120 – Archipel de Pointe-Géologie, Terre Adélie » (France) ;

h. document de travail WP 37 « Plan de gestion révisé pour la ZSPA no 166 – Port-Martin, Terre Adélie. Proposition de prorogation du plan existant » (France) ;

i. document de travail WP 40 « Plan de gestion révisé pour la Zone spécialement protégée de l'Antarctique no 127 – Île Haswell (Île Haswell et colonie adjacente de manchots empereurs sur des glaces de formation rapide) » (Fédération de Russie).

121. Pour ce qui concerne les documents de travail WP 2 (ZSPA no 149) et WP 3 (ZSPA no 122), les États-Unis ont fait observer que seules des modifications mineures aux plans de gestion actuels avaient été proposées. Des révisions ont été effectuées en concertation avec des parties prenantes au niveau international, et les modifications portaient notamment sur l'amélioration du libellé dans le cadre de la description de la zone protégée ainsi que sur l'amélioration des cartes.

122. Pour ce qui concerne le document de travail WP 4 (ZSPA no 126), le Royaume-Uni a fait observer que seules des modifications mineures avaient été apportées en vue d'étayer les informations contenues dans le plan de gestion, et a fait mention de l'inclusion d'une référence aux Régions de conservation biogéographiques de l'Antarctique. Par ailleurs, le Royaume-Uni et le Chili ont également recommandé de reconnaître l'Espagne comme Partie cogestionnaire de la ZSPA no 126.

123. Pour ce qui concerne le document de travail WP 18 (ZSPA no 167), l'Australie a souligné que le plan de gestion n'avait fait l'objet que de modifications mineures. Parmi celles-ci figuraient une mise à jour des estimations relatives à la population de la colonie de pétrels géants ainsi qu'une adaptation de la section 7 précisant que le survol de la zone était interdit à tous les aéronefs, y compris les véhicules aériens sans pilote, sauf autorisation par un permis.

124. Pour ce qui concerne les documents de travail WP 26 (ZSPA no 166) et WP 27 (ZSPA no 131), la Nouvelle-Zélande a fait observer que seules des modifications mineures aux plans de gestion actuels avaient été proposées, et que celles-ci avaient fait l'objet d'une concertation avec des scientifiques et des gestionnaires environnementaux qui avaient opéré dans ces zones.

125. Pour ce qui concerne le document de travail WP 36 (ZSPA no 120), la France a expliqué avoir procédé à des modifications importantes du libellé dans plusieurs sections, bien que le contenu à proprement parler du plan de gestion n'ait pas été considérablement modifié. Parmi ces modifications, le libellé de la section 2 a fait l'objet d'une refonte pour plus de clarté, de nombreuses cartes ont été adaptées et une description générale de la zone, incluant des informations sur la faune et la géologie, a été insérée. Pour ce qui concerne le document de travail WP 37 (ZSPA no 166), la France a mis en lumière que les conditions des glaces de mer observées récemment dans la région continuaient d'entraver l'accès au site en toute sécurité, alors même que celui-ci conserve toute sa valeur pour y mener des recherches archéologiques. Par conséquent, la France a proposé de prolonger la durée du plan de gestion, sans y apporter de changements, pour une période supplémentaire de cinq ans.

126. Pour ce qui concerne le document de travail WP 40 (ZSPA no 127), la Fédération de Russie a fait état uniquement de modifications mineures au plan de gestion existant, notamment en ce qui concerne la présence de labbes bruns (*Catharacta antarctica*) dans la zone (IP 71).

127. Le Comité a adopté tous les plans de gestion révisés qui n'avaient pas fait l'objet d'un examen par le GSPG.

128. Le Comité a également approuvé la proposition de la France visant à prolonger le plan de gestion actuel de la ZSPA no 166 Port Martin pour une période de cinq années supplémentaires.

129. Le Comité a soutenu la proposition contenue dans le document de travail WP 4 visant à reconnaître l'Espagne comme Partie cogestionnaire de la ZSPA no 126, aux côtés du Royaume-Uni et du Chili.

iii) Nouveaux projets de Plan de gestion pour des zones protégées ou gérées

130. Aucun nouveau projet de Plan de gestion pour des zones protégées ou gérées n'a été soumis.

Avis du CPE à la RCTA concernant les plans de gestion révisés pour les ZSPA

131. Le Comité est convenu de soumettre les plans de gestions révisés suivants à la RCTA pour adoption sous la forme d'une Mesure :

#	Nom
ZSPA n° 116	Vallée New College, plage Caughley, cap Bird, île de Ross
ZSPA n° 120	Archipel de Pointe-Géologie, Terre Adélie
ZSPA n° 122	Hauteurs Arrival, péninsule Hut Point, île de Ross
ZSPA n° 126	Péninsule Byers, île Livingstone, îles Shetland du Sud
ZSPA n° 127	Île Haswell (île Haswell et colonie adjacente de manchots empereurs sur des glaces de formation rapide)
ZSPA n° 131	Glacier Canada, lac Fryxell, vallée Taylor, Terre Victoria
ZSPA n° 149	Cap Shirreff et île San Telmo, île Livingston, îles Shetland du Sud
ZSPA n° 167	Île Hawker, Terre de la Princesse Elizabeth

132. De plus, le Comité a accepté d'informer la RCTA que le plan de gestion actuel pour la ZSPA no 166 Port Martin, Terre Adélie, devait être prolongé pour une période supplémentaire de cinq ans.

iv) Autres questions relatives aux Plans de gestion pour les zones protégées ou gérées

133. Le Royaume-Uni a présenté le document de travail WP 9 « Le statut de la Zone spécialement protégée de l'Antarctique no 107 Île Emperor, îles Dion, baie Marguerite, péninsule antarctique », qui met en évidence que ladite zone est

désignée Zone spécialement protégée depuis 1966, afin d'assurer la protection de la colonie de manchots empereurs qui se reproduit dans la zone. Lors du XIVᵉ CPE, le Royaume-Uni avait attiré l'attention du Comité sur le fait que ses scientifiques nourrissaient des doutes quant à la présence effective encore aujourd'hui de la colonie (XXXIVᵉ RCTA – WP 18). Le Comité avait alors soutenu l'approche suggérée par le Royaume-Uni visant à reporter de cinq ans la révision du plan de gestion de la ZSPA afin de pouvoir confirmer la disparition de la colonie. Les travaux de surveillance qui avaient suivi n'avaient enregistré aucun signe tangible du retour de ladite colonie de manchots empereurs, et les images aériennes et les appareils photo automatiques indiquaient l'apparition uniquement de quelques manchots empereurs qui ne semblaient pas se reproduire. Faisant suite à la réévaluation effectuée par le Royaume-Uni, à l'aide des outils figurant à l'article 3 de l'Annexe V, consistant à déterminer si la zone doit encore bénéficier ou non du statut de ZSPA, et étant donné que la zone n'abrite pas d'autres valeurs justifiant de lui octroyer une protection spéciale et que l'augmentation de la température prévue dans la région est susceptible d'exercer un impact négatif sur les futures chances de réussite en matière de reproduction, le Royaume-Uni a requis l'avis du CPE afin de juger de la nécessité d'accorder à la zone cette protection renforcée que le statut de ZSPA lui conférait encore à l'heure actuelle.

134. L'ASOC a déclaré que la décision de radier une zone de la liste des ZSPA ne devait pas être prise à la légère et a suggéré au Comité d'envisager de renforcer la protection des colonies de manchots empereurs sur d'autres sites, surtout dans l'éventualité où la ZSPA no 107 se verrait retirée de la liste des ZSPA.

135. Le Comité a remercié le Royaume-Uni pour cette réévaluation exhaustive et systématique concernant le statut de la ZSPA no 107. Il a en outre insisté sur le fait que les données de surveillances fournies par le Royaume-Uni n'avaient enregistré aucun signe tangible du retour de ladite colonie de manchots empereurs, tout en soulignant que des manchots empereurs avaient malgré tout été observés dans la zone, notamment par des opérateurs de l'IAATO.

136. Plusieurs Membres ont déclaré que l'évaluation rigoureuse réalisée par le Royaume-Uni plaidait fortement en faveur de la radiation du site de la liste des ZSPA. Après une analyse minutieuse, et avec le soutien du Royaume-Uni, le Comité a cependant décidé que le statut de ZSPA devait être maintenu pour une période supplémentaire de cinq ans. Il a exhorté le Royaume-Uni à poursuivre ses travaux de surveillance par le biais de techniques de télédétection et d'autres outils moins technologiques et à tenir au courant le CPE des résultats de ces travaux. Le Comité n'a par ailleurs pas hésité à encourager les autres

Membres à lui fournir des données de surveillance qu'ils jugeraient pertinentes afin de l'aider dans le cadre des prochaines évaluations.

137. Au cours des discussions concernant le document de travail WP 9, plusieurs Membres ont mis en évidence l'importance d'adopter une approche dynamique et fondée sur la science pour la gestion des zones protégées, et notamment lorsqu'il s'agit de retirer à une zone son statut de ZSPA, dans un souci de cristalliser l'attention sur les zones ou les valeurs qui nécessitent une protection additionnelle à celle, plus générale, déjà prévue par le Protocole. Notant que le Comité devait faire preuve de rigueur dans l'évaluation de ses dossiers, plusieurs Membres ont suggéré l'élaboration de procédures et de critères destinés à informer le Comité de propositions de radiation de ZSPA, notamment dans le contexte du cadre mis en œuvre par le PTRCC. Le Comité a salué la proposition de la Norvège de conduire les travaux visant à approfondir cette question au cours du XXe CPE. Plusieurs Membres ont déclaré être intéressés de collaborer avec la Norvège dans le cadre de ces travaux.

138. La Chine a présenté le document de travail WP 29 « Rapport sur les discussions informelles menées durant la période intersessions 2015-2016 concernant la proposition d'une nouvelle Zone gérée spéciale de l'Antarctique à la station antarctique chinoise Kunlun, Dôme A et le travail de suivi ». Faisant suite aux avis du Comité formulés à l'occasion des XVIe, XVIIe et XVIIIe CPE relativement à la proposition de la Chine de désigner une nouvelle ZGSA à la station antarctique chinoise de Kunlun, Dôme A, ainsi qu'aux discussions intersessions informelles tenues durant les périodes intersessions respectives, ce document fait état des discussions informelles additionnelles qui se sont déroulées pendant la période intersessions 2015-2016. La Chine a répondu à diverses préoccupations exprimées par les Membres en lien, notamment, avec les valeurs protégées, les programmes collaboratifs internationaux, le nombre d'opérateurs, le chevauchement d'activités, le caractère approprié de la désignation d'une ZGSA, les possibilités d'utiliser des outils alternatifs, et l'interprétation de l'article 4 de l'Annexe V au Protocole.

139. La Chine a dressé un tableau des activités internationales de recherche passées, actuelles et futures dans la zone, et elle a fourni des détails sur le développement continu des infrastructures de la station Kunlun. La Chine a également fait observer qu'elle s'attendait dans un avenir proche à une augmentation du volume des activités scientifiques collaboratives, ainsi que du nombre d'opérateurs et d'autres activités de différents types. Rappelant l'atelier du CPE sur les Zones marines et terrestres gérées spéciales (2011), la Chine a réaffirmé son point de vue selon lequel l'établissement d'une ZGSA

constitue l'outil le plus adéquat pour gérer et protéger de manière proactive les valeurs scientifiques et environnementales du Dôme A. Réitérant son engagement à l'égard des dispositions du Protocole et de la collaboration scientifique internationale, la Chine a enjoint au Comité de prendre acte des valeurs scientifiques et environnementales qu'abritait la zone du Dôme A et a exhorté les autres Membres à participer à l'avenir à d'autres discussions intersessions menées par la Chine.

140. L'Argentine a remercié la Chine pour son engagement permanent à favoriser le débat autour de sa proposition d'établir une ZGSA au Dôme A. Elle a en outre indiqué qu'il convenait de prendre une décision sur cette question et qu'elle gardait foi dans la disposition du CPE à tout mettre en œuvre pour aboutir à un accord.

141. Le Comité a remercié la Chine d'avoir mené les discussions intersessions informelles et d'avoir établi un rapport. Il a également exprimé sa gratitude aux autres Membres qui avaient participé à ces discussions.

142. Le Comité a reconnu les valeurs scientifiques et environnementales de la zone du Dôme A ainsi que les possibilités qu'elle ouvrait pour la recherche scientifique. Il a en outre souligné que la Chine poursuivait actuellement le développement de ses installations et infrastructures au Dôme A et que celle-ci était sincèrement disposée à les partager en vue de promouvoir la coopération internationale dans le cadre de la recherche scientifique. Le Comité a salué les intentions de la Chine de réduire le plus possible les impacts des activités humaines sur l'environnement du Dôme A ainsi que son intention d'établir un cadre de gestion approprié pour cette zone.

143. Tout en reconnaissant que la proposition d'établir une ZGSA au Dôme A était examinée depuis un certain temps, plusieurs Membres ont déclaré continuer à avoir des réserves sur sa mise en œuvre. Ils ont fait remarquer que des programmes scientifiques internationaux et autres activités internationales n'avaient pas encore été réalisés au Dôme A, et qu'il n'y avait actuellement aucun chevauchement entre les activités des différents opérateurs actifs dans la zone. Précisant que ces réserves pourraient être revues à la lumière d'éventuelles futures modifications des circonstances et des activités au Dôme A, les Membres ont manifesté le souhait de participer à d'autres discussions intersessions informelles avec la Chine à propos des autres options possibles pour la gestion de la zone.

144. En réponse à ces préoccupations, la Chine a évoqué l'article 4 de l'Annexe V au Protocole, qui autorise la désignation d'une ZGSA là où des activités sont

menées ou sont susceptibles de l'être à l'avenir. La Chine a mis en exergue que sa proposition ne ciblait pas uniquement les menaces existantes pouvant peser sur les valeurs scientifiques et environnementales du Dôme A, mais aussi les possibles menaces futures. En référence aux sept ZGSA actuellement désignées, dont certaines avaient fait l'objet d'une proposition par un Membre unique, la Chine a émis l'opinion que le Comité avait déjà accepté par le passé toute une série d'approches concernant la désignation des ZGSA. Après avoir pris en considération les discussions menées avec le Comité, la Chine a accepté de continuer de mener les travaux intersessions informels afin de débattre de toutes les options de gestion pratiques et envisageables pour la zone du Dôme A.

145. Le Comité a salué la proposition de la Chine de conduire les discussions intersessions informelles dans l'optique d'analyser différentes options envisageables pour permettre à la Chine d'atteindre ses objectifs en matière de gestion au Dôme A, et a encouragé les Membres intéressés à participer.

146. Les États-Unis ont présenté le document d'information IP 33, intitulé « Amundsen-Scott South Pole Station, South Pole Antarctica Specially Managed Area (ASMA No. 5) 2016 Management Report », préparé conjointement avec la Norvège. Les États-Unis ont fait état de progrès concernant la révision du plan de gestion et la résolution de plusieurs questions dont s'occupe la Norvège, comme la mise à jour régulière des cartes des sites, la gestion des activités non gouvernementales et la disposition des zones et des secteurs au sein de la ZGSA. Ils ont par ailleurs apporté la confirmation que la révision serait prête pour l'année suivante, grâce à la participation intensive des parties prenantes.

147. L'IAATO a exprimé sa reconnaissance à l'égard des États-Unis et de la Norvège pour l'élaboration de ce document et leurs travaux de révision du plan de gestion de la ZGSA. L'organisation a également fait savoir qu'elle mettrait à l'épreuve la révision des approches terrestres, comme proposé dans le document, et qu'elle se montrait toute disposée à participer au groupe de gestion et à l'élaboration des futures procédures.

148. Les documents suivants ont également été soumis pour ce point de l'ordre du jour :

- document d'information IP 71, intitulé « Present zoological study at Mirny Station Area and at ASPA No. 127 "Haswell Island" (2011-2015) » (Fédération de Russie) ;
- document de contexte BP 11, intitulé « Determinación del marco de referencia geodésico oficial de la Estación Maldonado » (Équateur).

9b) Sites et monuments historiques

149. Le Royaume-Uni a présenté le document de travail WP 12 « Gestion du patrimoine de l'Antarctique : Bases britanniques historiques dans la péninsule antarctique », qui dresse le bilan du programme de gestion du patrimoine mis en œuvre par la « British Antarctic Survey » (BAS) et le Fonds du patrimoine antarctique du Royaume-Uni sur les sites historiques de la péninsule antarctique pendant ces vingt dernières années. Le Royaume-Uni a soulevé trois problématiques clés concernant la gestion du patrimoine en Antarctique : les frais élevés et le fort investissement en temps, la présence de matériaux dangereux sur de nombreux sites et la gestion du comportement des visiteurs sur les sites inoccupés. Il a en outre manifesté son soutien appuyé au moratoire sur l'introduction de nouveaux SMH tant que des Lignes directrices en la matière n'auraient pas été élaborées.

150. Menant une réflexion sur les enseignements tirés de ces deux décennies, le Royaume-Uni a recommandé aux Membres du CPE de promouvoir une plus grande collaboration internationale entre les différents acteurs responsables de la gestion du patrimoine de l'Antarctique et des SMH. Cette collaboration prévoirait de partager et de réviser les plans, de même qu'elle garantirait la protection du patrimoine de l'Antarctique sur une base collective et dans le respect des normes reconnues internationalement. Il a également été recommandé aux Membres du CPE de procéder à l'évaluation de la valeur patrimoniale des SMH et d'élaborer des plans de gestion, en particulier pour les nouvelles désignations de SMH ; ces évaluations devant notamment s'inscrire dans une perspective de gestion et d'entretien à long terme des SMH et comprendre des projets visant à impliquer et à sensibiliser un public plus large à l'égard de leur importance. Enfin, il a été recommandé que le CPE réfléchisse à la façon dont il pourrait communiquer et transmettre l'importance du patrimoine antarctique sur une plus grande échelle.

151. Le Comité a remercié le Royaume-Uni pour l'élaboration de ce document et a félicité le Fonds du patrimoine antarctique du Royaume-Uni pour son travail complet visant à protéger les sites historiques de l'Antarctique. Les Membres ont quant à eux souligné l'importance de la planification et de la collaboration internationale pour garantir la préservation et la gestion des Sites et monuments historiques de l'Antarctique.

152. Le Comité a manifesté son soutien à l'égard des recommandations du document WP 12, en soulignant que les expériences et les recommandations contenues dans le document pouvaient servir de référence utile à d'autres

acteurs rencontrant des problèmes similaires, ainsi que pour les discussions au sein du Comité relatives à la gestion du patrimoine de l'Antarctique.

153. La Norvège a présenté le document de travail WP 30 « Examen des différentes approches en matière de protection du patrimoine historique en Antarctique », qui résume les différentes approches en matière de gestion du patrimoine historique, notamment les discussions autour des avantages et des inconvénients relatifs aux approches de conservation in-situ et ex-situ pour préserver les valeurs du patrimoine historique de l'Antarctique. Afin d'atteindre un juste équilibre entre la motivation et les intentions des Annexes III et V du Protocole relatif à la protection de l'environnement, la Norvège a suggéré que le CPE envisage d'élaborer des Lignes directrices pour l'évaluation des méthodes de préservation appropriées des éléments patrimoniaux susceptibles de figurer sur la Liste des SMH en Antarctique.

154. Le Comité a rappelé les discussions sur le sujet qui se sont tenues à l'occasion des Réunions antérieures et a remercié la Norvège pour son résumé utile des différentes approches de gestion du patrimoine historique, notamment les avantages et les inconvénients de la conservation *in-situ* et *ex-situ*.

155. Le Comité a signalé que cette question avait vivement intéressé les Membres, autant dans une perspective de renforcement de la protection des sites historiques que pour trouver un juste équilibre entre les dispositions des Annexes III et V du Protocole, et a manifesté son soutien à l'égard des recommandations présentées dans le document de travail WP 30.

156. L'Argentine a souligné le besoin de prendre en compte la valeur individuelle de chaque objet du patrimoine pour chaque Membre, et a également souligné qu'il convenait de mener davantage de débats sur la conservation *ex-situ*, étant donné que les SMH faisaient partie du patrimoine antarctique.

157. Le Comité est convenu de mettre sur pied un GCI mené par la Norvège et le Royaume-Uni afin d'élaborer un document pour orienter les Parties dans l'évaluation de leurs approches de conservation pour la gestion des objets du patrimoine de l'Antarctique. Le GCI travaillerait lors des périodes intersessions 2016-2017 et 2017-2018, et aurait pendant la première période intersessions le mandat suivant :

    1. Élaborer un programme de travail pour mettre en place des lignes directrices qui permettront de déterminer les meilleures approches de conservation pour la gestion des éléments du patrimoine historique.

2. Identifier des questions sur la base desquelles pourraient être élaborés des documents d'orientation pour l'évaluation des approches potentielles en matière de conservation qui pourraient être adoptées pour gérer les objets historiques du patrimoine, plutôt que d'inscrire les objets à la liste des SMH. Il conviendrait d'examiner plus en profondeur les questions ci-après, entre autres :

    *   tenir compte de l'influence que l'âge de l'objet en question peut avoir sur l'approche de gestion, notamment en ce qui concerne son importance, l'utilisation qui en a été faite et les matériaux qui le composent (et le danger qu'il peut représenter) ;

    *   tenir compte de l'importance que le patrimoine en question présente à l'échelle nationale d'une part, et internationale d'autre part ;

    *   déterminer si la liste des SMH de l'Antarctique couvre déjà de façon adéquate la valeur de l'objet en question ;

    *   déterminer s'il est préférable que l'objet soit conservé *in situ* pour protéger sa valeur, ou s'il peut être conservé et présenté *ex-situ* ;

    *   déterminer s'il est préférable de conserver et de présenter un objet sous forme d'archives ou sous forme numérique ;

    *   prendre en compte les risques et les obstacles (en matière de ressources et autres) inhérents à l'entretien de l'objet *in situ* et *ex-situ* ;

    *   tenir compte de l'état de conservation de l'objet au moment de sa désignation, et de la nécessité potentielle d'intervenir rapidement le cas échéant (gestion à court terme) ;

    *   tenir compte du plan de gestion à moyen et long terme pour l'objet s'il est conservé *in situ*, ainsi que des implications que cela comporte (expérience, coûts, réalisation de bénéfices) ;

    *   tenir compte du « but » de l'objet du patrimoine : des visiteurs iront-ils le voir en Antarctique ? Sera-t-il encore utilisé ou fera-t-il encore partie d'un site toujours exploité ? Sa gestion reflète-t-elle son importance ?

    *   tenir compte de l'étendue de sa valeur pour le reste du monde - comment le rendre accessible à une plus grande échelle ? (Si personne n'a conscience de son existence, qui s'y intéressera ?)

    *   identifier les ressources, organes compétents et organisations du patrimoine afin d'offrir des orientations, des conseils ;

- évaluer l'intérêt de mettre en place pour toutes les Parties un modèle de bonnes pratiques pour la protection des objets du patrimoine de l'Antarctique ; et

- identifier, le cas échéant, les partenaires internationaux susceptibles d'aider ou de collaborer à la planification et à la mise en œuvre de la conservation.

3. Commencer, le cas échéant, à mettre en œuvre le programme de travail et à rédiger un projet de lignes directrices à soumettre au CPE pour examen.

4. Établir un projet de mandat pour une deuxième période intersessions.

5. Rendre compte au XXe CPE des progrès réalisés.

158. Le Comité a affirmé sa volonté de faire appel, pour ses travaux, aux compétences du Comité international pour le patrimoine historique polaire (IPHC) de l'ICOMOS en matière de patrimoine et a invité ses Membres à faire participer aux travaux leurs représentants nationaux à l'IPHC.

159. Le Comité s'est félicité de la proposition de Birgit Njåstad (Norvège) et de Stuart Doubleday (Royaume-Uni) d'être les porte-parole du GCI.

160. L'Argentine a présenté le document de travail WP 47 rév. 2, intitulé « Incorporación de un poste de madera histórico al SMH 60 (mojón de la corbeta Uruguay), en la Isla Seymour (Marambio), Península Antártica », qu'elle avait préparé conjointement avec la Suède. Il y est proposé de réviser le SMH n° 60 afin d'ajouter un cairn et un poteau de bois historiques à sa description, conformément aux Lignes directrices adoptées par la Résolution 5 (2011), et d'ajouter des informations supplémentaires à la description du SMH adoptée au XVe CPE, selon les conclusions du GCI de 2011-2012 à cet égard. Un texte pour la description proposée figure dans le document.

161. Étant donné la valeur historique que ce site revêt pour les deux Parties, la Suède a remercié l'Argentine d'avoir pris l'initiative de préparer la révision de la description du site.

162. Le Comité a remercié l'Argentine et la Suède de l'avoir informé de la découverte de cet important objet historique, conformément aux dispositions de la Résolution 5 (2001), et a accepté de transmettre les modifications relatives au SMH no 60 à la RCTA pour adoption sous la forme d'une Mesure.

163. L'Argentine a présenté le document de travail WP 48 rév. 2 « Notification de la localisation de vestiges historiques datant d'avant 1958 dans les environs de la station argentine Marambio », qu'elle avait préparé conjointement avec

la Norvège, la Suède, et le Royaume-Uni. Il y est fait rapport de la récente localisation de vestiges historiques datant d'avant 1958 dans les environs de la station argentine Marambio. Les vestiges étaient liés à plusieurs événements historiques connus ayant eu lieu entre 1893 et 1945 et auxquels avaient participé des explorateurs norvégiens, argentins, suédois et britanniques. Étant donné le moratoire relatif à la désignation du SMH convenu par le Comité lors du XVIIIe CPE, l'Argentine, la Norvège, le Royaume-Uni et la Suède ont demandé au Comité soit de reconnaître la valeur historique du site et de recommander l'application de la protection provisoire prévue par les dispositions de la Résolution 5 (2001) jusqu'à ce qu'il soit prêt à désigner de nouveaux SMH, soit d'envisager de le désigner comme SMH.

164. Le Comité a remercié l'Argentine, la Norvège, le Royaume-Uni et la Suède de l'avoir informé de la découverte de cet important site historique, conformément aux dispositions de la Résolution 5 (2001), et a félicité les chercheurs argentins d'avoir localisé le site. Il a été largement reconnu que la désignation prochaine de ce site comme SMH serait très probablement bénéfique. Le Comité a recommandé que les mesures de protection provisoires prévues par la Résolution 5 (2001) soient appliquées sur le site et s'est dit impatient d'examiner la proposition de SMH à la suite de la mise en place des Lignes directrices sur les approches relatives à la protection des patrimoines historiques en Antarctique.

165. La République de Corée a présenté le document de travail WP 51 « Proposition visant à ajouter la galerie historique de la station antarctique du Roi Sejong (Dortoir no 2) », située sur le site de la station du Roi Sejong, à la Liste des Sites et monuments historiques. Il y est expliqué que le Dortoir no 2 serait renommé et conservé sous le nom de Galerie historique de la station antarctique du Roi Sejong pour commémorer de manière permanente l'importance historique et la valeur scientifique de la recherche antarctique coréenne, ainsi que pour renforcer la visibilité des découvertes et des recherches coréennes auprès de la communauté internationale antarctique et du public coréen.

166. Le Comité a remercié la République de Corée pour sa proposition. Tout en reconnaissant l'initiative prise par la République de Corée de soumettre cette proposition, le Comité a rappelé la décision prise lors de sa XVIIIe réunion (Rapport du XVIIIe CPE, paragraphe 177) et a décidé de reporter l'examen de la proposition tant qu'il n'aurait pas reçu les Lignes directrices relatives à la désignation de SMH. La République de Corée a remercié le Comité et a accepté d'attendre que le moratoire soit levé avant d'entreprendre toute autre action.

167. La France a présenté le document d'information IP 1, intitulé « Reinstalling the memorial plaque of « *Le Pourquoi Pas?* » on Petermann Island (Charcot's cairn 1909, HSM 27) », qu'elle avait préparé conjointement avec l'IAATO. Il y est indiqué que la plaque commémorative du *Pourquoi Pas ?* avait été trouvée à terre lors de la saison estivale 2014-2015, près du cairn auquel elle avait été fixée. L'équipage de *L'Austral*, un navire appartenant à la compagnie française du Ponant et membre de l'IAATO, avait réinstallé la plaque en janvier 2016.

Avis du CPE à la RCTA concernant les propositions de modifications et d'ajouts à la Liste des Sites et monuments historiques

168. Le Comité est convenu de soumettre une proposition de modification à la Liste des Sites et monuments historiques pour approbation par la RCTA par le biais d'une Mesure.

#	Description
SMH n° 60	Poteau de bois et cairn (I), et plaque de bois et cairn (II) au SMH n° 60 (Cairn de la corvette Uruguay)

169. Le Comité est convenu qu'une fois les Lignes directrices pour la protection du patrimoine historique de l'Antarctique établies, il examinerait plus en profondeur les propositions d'ajouts à la Liste des Sites et monuments historiques.

   • Vestiges historiques datant d'avant 1958 dans les environs de la station Marambio ; et

   • Galerie historique de la station antarctique du Roi Sejong.

170. Le Comité est convenu que, conformément à la Résolution 5 (2001), la protection provisoire accordée aux sites datant d'avant 1958 s'appliquerait aux vestiges historiques situés dans les environs de la station Marambio.

171. Le Comité est convenu de mettre sur pied un GCI qui travaillerait pendant les périodes intersessions 2016-2017 et 2017-2018 afin d'élaborer un document d'orientation à l'intention des Parties, pour les aider à évaluer leurs approches de conservation dans la gestion des objets du patrimoine de l'Antarctique.

9c) Lignes directrices pour les visites de sites

172. Le Royaume-Uni a présenté le document de travail WP 32 « Lignes directrices pour le site des îles Yalour, archipel Wilhelm », qu'il avait préparé

conjointement avec l'Ukraine, les États-Unis, l'Argentine et l'IAATO. Il y est indiqué que le site abritait l'une des colonies de manchots papous les plus méridionales, ainsi qu'un certain nombre d'autres oiseaux reproducteurs et une couverture importante de mousses et de lichens. Au cours des dernières années, le site avait vu son nombre de visiteurs augmenter.

173. Le Comité a remercié le Royaume-Uni, l'Ukraine, les États-Unis, l'Argentine et l'IAATO d'avoir préparé les Lignes directrices du site et, rappelant ses débats lors du XVIIIe CPE sur la nécessité de Lignes directrices sur ce site, a accepté de transmettre les Lignes directrices à la RCTA pour adoption.

174. Le Royaume-Uni a présenté le document de travail WP 33 « Lignes directrices pour les visites du site de Pointe Wild, île de l'Éléphant », qu'il avait préparé conjointement avec le Chili et l'IAATO. Le site correspond à l'endroit où l'équipage de Sir Ernest Shackleton a été sauvé en août 1916 par le garde-côte de la marine chilienne Yelcho, commandé par le capitaine Luis Alberto Pardo. C'est là que se situe le SMH n° 53. Le Royaume-Uni et le Chili ont souligné que les niveaux actuels de visite de l'île étaient faibles, mais qu'on s'attendait à ce que l'importance historique du site continue de susciter l'intérêt.

175. Le Comité est convenu de transmettre les Lignes directrices pour le site pour adoption par la RCTA.

176. L'Équateur a présenté le document de travail WP 45 « Évaluation des communautés de mousses bordant les sentiers de l'île Aitcho, Rapport de suivi », qu'il avait préparé conjointement avec l'Espagne. Se référant à l'inclusion de cette activité dans le Plan de travail quinquennal du CPE lors du XVIe CPE, l'Équateur a présenté dans ce document les conclusions des travaux de suivi et de recouvrement effectués sur des sentiers de l'île Barrientos que les visiteurs avaient empruntés jusqu'à leur fermeture, quatre ans auparavant. Il a été souligné que la recolonisation du sentier inférieur semblait progresser correctement. L'Équateur et l'Espagne ont informé le Comité qu'ils continueraient de suivre la recolonisation.

177. Sur la base de leurs observations, l'Équateur et l'Espagne ont suggéré de ne pas rouvrir le sentier inférieur, puisqu'il restait vulnérable à l'érosion et serait fortement touché par le passage de visiteurs. À l'inverse, ils ont proposé de rouvrir le sentier supérieur, étant donné qu'il semblait jouir d'une meilleure stabilité et d'une meilleure résistance. Ils ont également suggéré de réviser les Lignes directrices du site des îles Aitcho en conséquence, afin de gérer l'incidence que le passage de visiteurs pourrait avoir sur le sentier

supérieur. L'Espagne a également souligné que la réouverture du sentier supérieur pourrait avoir des effets néfastes sur d'autres parties de l'île.

178. Le Comité a remercié l'Équateur et l'Espagne pour leurs activités de suivi et a appuyé leur recommandation de ne pas rouvrir le sentier inférieur.

179. L'IAATO a souligné que, par mesure de précaution, les deux sentiers resteraient fermés aux utilisateurs. Plusieurs Membres et l'ASOC ont salué l'IAATO pour son approche de précaution. Plusieurs Membres ont exprimé leur désir d'adopter une approche exhaustive qui s'appliquerait également aux opérateurs non membres de l'IAATO.

180. Rappelant qu'il avait déjà reconnu la nécessité d'éviter que ce site ne subisse davantage de dommages, le Comité est convenu qu'il serait préférable d'adopter une approche de précaution ainsi que de ne pas rouvrir le sentier supérieur.

181. Le Comité a invité l'Équateur et l'Espagne à poursuivre le suivi sur le long terme afin d'évaluer l'état de la reprise de la végétation sur les deux sentiers, et d'en rendre compte.

Avis du CPE à la RCTA sur les nouvelles Lignes directrices pour les visites de site

182. Le Comité a accepté de transmettre à la RCTA les nouvelles Lignes directrices suivantes pour adoption :

- Îles Yalour, archipel Wilhelm ; et
- Pointe Wild, île Éléphant.

---

183. L'IAATO a présenté le document d'information IP 105, intitulé « Report on IAATO Operator Use of Antarctic Peninsula Landing Sites and ATCM Visitor Site Guidelines, 2015-16 Season ». Y étaient reprises des données venant des formulaires de rapport post-visite de ses membres. Il y a été souligné que le tourisme antarctique continuait de viser principalement le tourisme maritime commercial en péninsule antarctique, et représentait environ 95 % des activités terrestres. Il y a également été souligné que, bien que le nombre de visiteurs avait augmenté, le nombre de sites visités était resté relativement stable. Le nombre total de visiteurs n'avait pas encore atteint les chiffres de 2007-2008. Le nombre total de voyages avait également augmenté, signe de l'augmentation du tourisme aérien et maritime.

184. Le Royaume-Uni a présenté le document d'information IP 62, intitulé « National Antarctic programme use of locations with Visitor Site Guidelines in 2015-2016 », préparé conjointement avec l'Argentine, l'Australie et les États-Unis. Ce document a fourni un aperçu des informations fournies par les Parties relativement aux visites effectuées par le personnel de leurs programmes antarctiques nationaux, pendant la saison 2015-2016, sur des sites où les Lignes directrices pour les visites de sites sont en vigueur. Afin de conférer aux analyses une plus grande portée, les Parties ont été invitées à poursuivre la collecte d'informations relatives aux visites effectuées par le personnel de leurs programmes antarctiques nationaux sur des sites appliquant des Lignes directrices pour les visites de sites. Il a également été souligné qu'il serait intéressant que le CPE révise à nouveau ces informations à l'avenir. Faisant référence à l'avis du CPE dans la Résolution 4 (2014), les auteurs ont enjoint au COMNAP de rappeler à ses Membres qu'il était souhaitable qu'ils utilisent, lors de leurs visites récréatives, les Lignes directrices pour les visites de site destinées aux programmes antarctiques nationaux.

185. Le Comité a remercié le Royaume-Uni pour les efforts qu'il déployait en la matière, et a également remercié d'autres Membres d'avoir contribué à cette initiative visant à obtenir une vue complète des sites visités. L'IAATO a souligné que le rapport lui était précieux pour comprendre comment les Lignes directrices pour les visites de sites de la RCTA étaient utilisées par les programmes antarctiques nationaux. Le Comité a exhorté les Membres à continuer de rassembler des informations pour mieux évaluer l'incidence des activités anthropiques sur les sites visités ainsi que l'efficacité de ces Lignes directrices, et a souligné qu'il pourrait à l'avenir être intéressant de se pencher plus avant sur ces questions.

186. L'Argentine a présenté le document d'information IP 101, intitulé « Analysis of Management Measures of the Tourism Management Policy for Brown Scientific Station » où il est sujet de l'application des Lignes directrices générales pour les visiteurs à la station de Brown pendant la saison 2015-2016. Elle a souligné que la mise en œuvre des Lignes directrices avait permis d'éviter de perturber les activités scientifiques et logistiques menées dans la station. Par ailleurs, l'Argentine a souligné les avantages découlant des Lignes directrices et a suggéré que tous les Membres accueillant des visiteurs dans leurs stations envisagent d'en élaborer.

187. L'IAATO a remercié l'Argentine pour son document. Elle a souligné qu'elle ferait rapport des observations à ses membres par le biais de la notification

qu'elle publiait en amont de l'ouverture de la saison et a invité les Membres à lui faire part à tout moment de leurs observations sur la gestion des visiteurs dans les stations. L'IAATO a également remercié tous les Membres ayant permis aux opérateurs membres de l'IAATO de visiter leurs stations, et a souligné l'importance de ces visites, qui permettent au personnel de terrain et aux visiteurs d'en apprendre davantage sur les programmes antarctiques nationaux.

188. Les documents suivants ont également été soumis au titre de ce point de l'ordre du jour :

- Document d'information IP 104 rév. 1, intitulé « Patterns of Tourism in the Antarctic Peninsula Region: a 20-year analysis » (États-Unis, IAATO).

9d) Gestion et protection de l'espace marin

189. La Belgique a présenté le document de travail WP 8, intitulé « Le concept de " valeurs exceptionnelles " dans l'environnement marin antarctique », dans lequel est exposé le rapport du GCI sur ce sujet créé lors du XVIIIe CPE. Le GCI a invité les Membres à prendre en compte les valeurs exceptionnelles de l'environnement marin reprises dans l'Annexe V du Protocole relatif à la protection de l'environnement, lorsqu'ils proposaient une nouvelle ZSPA ou ZGSA et lorsqu'ils révisaient celles déjà existantes. Le GCI a également encouragé les Membres à utiliser plus fréquemment les Lignes directrices figurant en annexe de la Résolution 1 (2000). De plus, le GCI a recommandé aux Membres d'appliquer le concept de « valeurs exceptionnelles » à l'environnement marin antarctique, et notamment prendre en considération les éventuelles menaces sur l'environnement et toute autre problématique pertinente. Il a également conseillé de fournir au Comité une liste des ZSPA et ZGSA retenues où le concept pourrait être testé. Le GCI a également recommandé au Comité de renforcer sa coopération avec la CCAMLR afin de mieux comprendre ses approches en matière de protection marine et d'éviter les doublons dans la poursuite des efforts.

190. Le Comité a remercié la Belgique d'avoir dirigé le GCI et tous les autres Membres ayant participé au débat. Certains Membres ont appuyé les recommandations du GCI et ont fait part de leur intention de suivre les conseils pratiques qui y figuraient.

191. Faisant écho de précédentes discussions à ce sujet, la Chine et le Japon ont estimé que certaines questions figurant dans le document devaient

faire l'objet d'un examen plus approfondi de la part du Comité. Figuraient parmi celles-ci : la dynamique et la résilience de l'environnement marin par rapport à l'environnement terrestre ; le fait que d'autres éléments figurant dans le Protocole relatif à la protection de l'environnement et de ses annexes puissent également contribuer à la protection des valeurs exceptionnelles de l'environnement marin antarctique ; et le fait que les mécanismes de protection des zones ne compromettent ni n'inversent les processus naturels. La Chine a en outre estimé qu'il serait préférable d'appliquer pleinement et adéquatement les Lignes directrices figurant en annexe de la Résolution 1 (2000) plutôt que de se concentrer sur la fréquence de leur utilisation. La résistance de l'environnement marin et la protection dont celui-ci fait l'objet grâce au Système du Traité sur l'Antarctique devraient faire l'objet d'une attention particulière. La Chine a également souligné que des débats étaient nécessaires afin de s'assurer que les ZSPA ne compromettaient pas la recherche scientifique, le soutien logistique y afférent et le transit maritime. Elle a soutenu qu'il serait nécessaire d'indiquer clairement la façon d'éviter les doubles emplois avec les travaux de la CCAMLR. La Chine a également proposé que la Belgique, avant de poursuivre ses efforts, continue avant tout de mener les débats intersessions sur les questions évoquées ci-dessus jusqu'à ce qu'un accord se dégage.

192. Notant que les ZSPA ont à la fois servi à protéger les valeurs des zones et les recherches scientifiques, l'ASOC a souligné que, selon elle, les ZSPA ne compromettaient pas les progrès scientifiques dans ces zones.

193. Se référant aux recommandations du GCI, le Comité a souligné à quel point il était important que les Parties prennent en compte les valeurs de l'environnement marin lorsqu'elles proposaient une nouvelle ZSPA ou ZGSA ou lorsqu'elles revoyaient un Plan de gestion déjà existant. Le Comité a reconnu que les valeurs de l'environnement marin devraient être prises en compte lors de l'application des dispositions de l'article 3 de l'Annexe V et des dispositions du Protocole et de ses annexes, notamment les dispositions de l'Annexe III visant à prévenir la pollution de l'environnement marin. Le Comité a également reconnu l'importance de coopérer davantage avec la CCAMLR et d'éviter le chevauchement de leurs activités.

194. L'ASOC a présenté le document d'information IP 83, intitulé « ASOC's update on Marine Protected Areas in the Southern Ocean », qui faisait rapport des débats sur la mise en place d'aires marines protégées (AMP) dans la CCAMLR, dont la zone de responsabilité chevauchait celle du Traité sur l'Antarctique. Conscient de l'importance que représente l'adoption d'un réseau représentatif

2. Rapport du XIXe CPE

d'AMP pour la conservation de l'océan Austral, et reconnaissant les avancées substantielles rapidement réalisées par la CCAMLR, l'ASOC a indiqué que les dernières années avaient été marquées par les retards et les désaccords survenus dans le cadre des négociations relatives aux projets actuels d'AMP. L'ASOC a exprimé l'espoir qu'en cette année anniversaire, qui marquait les 25 ans de la signature du Protocole, l'esprit audacieux et ouvert sur l'avenir dont la RCTA a fait preuve jusque-là inspirerait les membres de la CCAMLR lors de leurs délibérations sur les AMP, et que la Commission adopterait les propositions d'AMP pour l'Antarctique oriental et la mer de Ross lors de sa XXXVe Réunion en 2016.

195. Le Comité a remercié l'ASOC pour son document.

196. L'Argentine a exprimé sa gratitude envers l'ASOC pour son document, ainsi que pour son importante contribution au processus d'AMP dans le Domaine 1, notamment en matière de renforcement des capacités relatives à l'utilisation des outils systématiques de conservation.

197. L'Argentine a présenté le document d'information IP 65, intitulé « The relevance of the MPA designation process in Domain 1 in the current climate change context », qu'elle avait préparé conjointement avec le Chili. L'Argentine y a fait rapport de la procédure relative à la désignation d'un système représentatif d'AMP dans le Domaine 1, soulignant que la procédure transcendait le but même de la désignation d'AMP. Elle a souligné que la procédure permettait de tenir compte, de présenter et d'analyser toutes les informations connues, ce qui permettait non seulement de contribuer aux meilleures données scientifiques disponibles, mais également de fournir une plateforme exceptionnelle de partage de données pour renforcer la prise de décisions. L'Argentine a également souligné que la compilation de données pouvait être très utile au suivi des changements climatiques et pouvait également servir à identifier les lacunes de connaissances, promouvoir la coopération entre les Parties, et rendre les procédures relatives aux AMP plus transparentes. Enfin, l'Argentine a chaleureusement remercié tous les contributeurs au projet, notamment son co-auteur, le Chili, ainsi que le Royaume-Uni, les États-Unis, et les autres Membres ayant envoyé des données.

198. Le Comité a remercié les auteurs de ce document. Il a reconnu que la collecte de données pour l'AMP du Domaine 1 permettrait d'assurer une meilleure gestion de la conservation.

9e) Autres questions relevant de l'Annexe V

199. Le Royaume-Uni a présenté le document de travail WP 5 « Révision du Guide à la présentation de documents de travail contenant des propositions pour les Zones spécialement protégées de l'Antarctique, les Zones gérées spéciales de l'Antarctique ou les Sites et monuments historiques ». Le Royaume-Uni a recommandé que le Comité reconnaisse les avantages de rassembler des informations supplémentaires sur la façon dont les aires protégées s'inscrivent au sein des outils des cadres environnementaux-géographiques systématiques existants. Il a également encouragé le Comité à recommander à la RCTA des révisions au Formulaire A : Page de couverture pour un document de travail sur une ZSPA ou ZGSA, annexée à la Résolution 5 (2011) au sujet de la collecte de données sur les Régions de conservation biogéographique de l'Antarctique et les Zones importantes pour la conversation des oiseaux au sein des zones protégées proposées.

200. Le Comité a remercié le Royaume-Uni pour le document, et est convenu qu'il était avantageux pour les promoteurs des ZSPA de fournir des informations sur la façon dont s'intègraient les zones protégées dans les outils des cadres environnementaux-géographiques systématiques existants.

201. À la suite de modifications mineures apportées aux nouvelles questions suggérées dans le document de travail WP 5 et à une question déjà présente, et afin de démontrer que la notion de représentativité n'était pas applicable à toutes les zones protégées, le Comité est convenu que le *Guide à la présentation de documents de travail contenant des propositions pour les Zones spécialement protégées de l'Antarctique, les Zones gérées spéciales de l'Antarctique ou les Sites et monuments historiques* devait être modifié afin d'y inclure des questions relatives aux Régions de conservation biogéographique de l'Antarctique et des Zones importantes pour la conversation des oiseaux.

Avis du CPE à la RCTA sur la révision du Guide à la présentation de documents de travail contenant des propositions pour les Zones spécialement protégées de l'Antarctique, les Zones gérées spéciales de l'Antarctique ou les Sites et monuments historiques

202. Le Comité a conseillé à la RCTA de recommander la révision du Formulaire A : Page de couverture pour un document de travail sur une ZSPA ou une ZGSA annexé au Guide à la présentation de documents de travail contenant des propositions pour les Zones spécialement protégées de l'Antarctique,

les Zones gérées spéciales de l'Antarctique ou les Sites et monuments historiques, adopté sous la Résolution 5 (2011), afin d'y inclure les questions nouvelles et révisées suivantes :

- (6) Le cas échéant, avez-vous identifié le Domaine environnemental principal représenté par la ZSPA/ZGSA (référez-vous au document *Analyse des domaines environnementaux pour l'Antarctique*, joint à la Résolution 3 (2008)) ? Oui/non (dans l'affirmative, précisez le Domaine environnemental principal).

- (7) Le cas échéant, avez-vous identifié la Région de conservation biogéographique de l'Antarctique principale représentée par la ZSPA/ZGSA (référez-vous au document *Régions de conservation biogéographiques de l'Antarctique*, joint à la Résolution 6 (2012)) ? Oui/non (dans l'affirmative, précisez la Région de Conservation biogéographique de l'Antarctique principale).

- (8) Le cas échéant, avez-vous identifié une Zone importante pour la conversation des oiseaux (Résolution 5 (2015)) représentée par la ZSPA/ZGSA (référez-vous au document *Résumé 2015 des Zones importantes pour la conservation des oiseaux en Antarctique*, joint au document IP 27 de la XXXVIIIe RCTA et dont le rapport complet est disponible sur : *http://www.era.gs/resources/iba/*) ? Oui/non (dans l'affirmative, précisez la/les Zone(s) importante(s) pour la conservation des oiseaux).

---

203. Le Royaume-Uni a présenté le document de travail WP 6 « Formulaires de synthèse pour l'évaluation préalable d'une proposition de Zone spécialement protégée de l'Antarctique (ZSPA) ou de Zone gérée spéciale de l'Antarctique (ZGSA) devant être examinées ultérieurement par le CPE », préparé conjointement avec la Norvège. Ce document faisait suite à la ratification lors du XVIIIe CPE des *Lignes directrices : processus d'évaluation préalable pour la désignation de ZSPA et de ZGSA*. Afin d'aider les promoteurs de nouvelles désignations de ZSPA et de ZGSA à résumer leurs conclusions, conformément aux Lignes directrices, le Royaume-Uni et la Norvège ont proposé que le CPE envisage de recommander l'utilisation non obligatoire des deux formulaires succincts inclus dans le document de travail WP 6.

204. Le Comité a remercié le Royaume-Uni et la Norvège pour le document et la préparation des formulaires suggérés. Il a soutenu l'objet de la proposition consistant à fournir des moyens pratiques et non obligatoires pour faciliter la collecte d'informations conformes aux Lignes directrices adoptées lors du XVIIIe CPE et de ne pas retarder la désignation de nouvelles zones. Le

Comité a observé que l'Argentine avait présenté une proposition semblable lors d'une Réunion antérieure, dans le document de travail WP 50 de la XXIIIe RCTA.

205. L'Argentine a salué le Comité pour avoir considéré cette proposition, qui s'inscrivait dans la même optique qu'une initiative semblable proposée en 2010 par l'Argentine (WP5 – XIIIe CPE) et qui n'avait pas pu aboutir à un consensus.

206. Plusieurs Membres ont exprimé leur désir de contribuer au développement ultérieur de ces formulaires. La Belgique a estimé que les formulaires se révéleraient très utiles pour ses travaux préparatoires en vue de désigner une ZSPA dans la Région de conservation biogéographique « Terre de la Reine Maud ».

207. Le Comité a salué l'offre du Royaume-Uni et de la Norvège de délibérer avec les Membres intéressés pendant la période intersessions et de soumettre une proposition mise à jour lors du XXe CPE. Le Comité a noté que les formulaires et les Lignes directrices pouvaient être regroupés sur un seul document.

208. Le SCAR a présenté le document de travail WP 23 « Code de conduite du SCAR pour les activités se déroulant en environnement géothermique continental en Antarctique », qui fournit des conseils sur les mesures pratiques destinées à réduire le plus possible les impacts des études scientifiques de terrain sur les zones géothermiques continentales. Le SCAR a souligné que l'élaboration du Code de conduite avait impliqué des discussions entre décisionnaires, responsables de l'environnement, experts scientifiques, groupes subsidiaires du SCAR, et le COMNAP. Il a recommandé que le CPE étudie le Code de conduite et, s'il était approuvé, d'encourager sa diffusion et son utilisation lors de l'organisation et de la mise en place d'activités en environnement géothermique continental en Antarctique.

209. Le Comité a vivement remercié le SCAR pour son travail en vue de finaliser le Code de conduite. Le Comité a reconnu les vastes délibérations qui avaient eu lieu pour l'élaboration du Code de conduite, et a remercié tous les Membres qui s'étaient impliqués dans le processus ainsi que le COMNAP et d'autres contributeurs.

210. Le Comité a reconnu l'utilité du Code de conduite pour aider à l'organisation et à l'exécution d'activités dans les zones géothermiques continentales afin de réduire au minimum les risques dans ces zones à hautes valeurs scientifiques et environnementales. La Belgique a fait observer que des directives spécifiques pour les zones géothermiques n'ayant pas encore fait l'objet de visites permettraient de conserver les valeurs exceptionnelles de ces zones à des fins de recherche.

211. Le Comité a encouragé la diffusion et l'utilisation du Code de conduite, tout en faisant observer que les conseils y figurant devaient être appliqués de manière appropriée, selon les caractéristiques de chaque zone géothermique.

212. Le Comité a noté que le SCAR avait développé d'autres Codes de conduites très utiles, et qu'il serait bénéfique d'encourager la diffusion et l'utilisation de ces documents par le biais d'une Résolution de la RCTA. Le Comité a salué la volonté du SCAR de présenter ses différents Codes de conduites dans un document de travail pour le XXe CPE.

Avis du CPE à la RCTA sur le Code de conduite du SCAR pour les activités se déroulant en environnement géothermique continental en Antarctique

213. Le Comité a adopté le Code de conduite du SCAR pour les activités se déroulant en environnement géothermique continental en Antarctique, et a soumis à la RCTA un projet de Résolution sur l'encouragement de la diffusion et de l'utilisation du Code de conduite.

214. La Norvège a présenté la deuxième partie du document de travail WP 31 « Groupe subsidiaire sur les plans de gestion – Rapport sur les travaux intersessions de 2015-2016 », qui fait état du travail intersessions du GSPG relativement aux points 4 et 5 du mandat. Rappelant que le XVIIIe CPE avait reconnu la nécessité de disposer de documents de référence sur la création des ZGSA ainsi que pour la préparation et l'évaluation de leurs Plans de gestion, la coordonnatrice du GSPG a soumis un projet de Lignes directrices pour évaluer si une ZGSA se présentait comme la meilleure option pour la zone concernée. Son objectif à ce stade était de recueillir des commentaires sur le projet afin de l'améliorer et d'entamer une nouvelle série de discussions lors de la période intersessions 2016-2017 du GSPG, en vue de faire adopter le document au XXe CPE. La Norvège a également fait le point sur la proposition de plan de travail du GSPG pour la période intersessions 2016-2017.

215. Le Comité a remercié le GSPG pour son travail relatif aux points 4 et 5 du mandat, ainsi que Birgit Njåstad (Norvège) et le Dr Polly Penhale (États-Unis), pour avoir mené conjointement les discussions du GSPG sur l'élaboration de Lignes directrices pour les ZGSA. Le Comité est convenu que le plan de travail proposé pour la période intersessions à venir devait inclure le travail de finalisation de Lignes directrices relatives à la désignation ou non d'une zone en tant que ZGSA, et amorcer l'élaboration de Lignes directrices sur la façon de présenter un plan de gestion dans l'éventualité où

la désignation d'une ZGSA a été identifiée comme étant la mesure la plus appropriée. Le Comité a exhorté tous les Membres intéressés à participer aux travaux ultérieurs du GSPG relatifs à l'élaboration des Lignes directrices pour les ZGSA.

216. Le Comité est convenu d'adopter la proposition de plan de travail du GSPG pour la période 2016-2017.

Mandats	Travaux suggérés
Points 1 à 3	Passer en revue les projets de Plan de gestion soumis par le CPE pour une révision intersessions et fournir des conseils aux auteurs des projets (y compris les cinq Plans de gestion dont l'examen avait été reporté lors des périodes intersessions 2015-2016).
Points 4 à 5	Collaborer avec les Parties concernées pour assurer la bonne progression de l'examen des Plans de gestion dont l'échéance de révision quinquennale est dépassée.
	Poursuivre le travail d'élaboration des Lignes directrices afin de préparer et d'examiner des plans de gestion de ZGSA conformément au programme de travail adopté pour le processus, c.-à-d. finaliser le travail d'élaboration de Lignes directrices destinées à déterminer si une zone doit être désignée ou non comme ZGSA et initier le travail sur l'élaboration de Lignes directrices destinées au processus de préparation d'un Plan de gestion une fois qu'il a été conclu que la création d'une ZGSA se présentait comme l'outil le plus adapté pour gérer la zone en discussion.
	Examen et mise à jour du plan de travail du GSPG.
Documents de travail	Préparer un rapport pour le XXe CPE au titre des points 1 à 3 du mandat du GSPG.
	Préparer un rapport pour le XXe CPE au titre des points 4 à 5 du mandat du GSPG.

217. Le Comité a vivement remercié Birgit Njåstad (Norvège) pour son excellent travail de coordinatrice du GSPG lors des quatre dernières années. Il a également salué les progrès importants que le GSPG avait permis de réaliser quant à l'efficacité des considérations par le CPE des Plans de gestion nouveaux et révisés, et a souligné son travail plus général concernant la protection et la gestion des zones.

218. L'ASOC a soumis le document IP 80, intitulé « A Systematic Approach to Designating ASPAs and ASMAs », qui présentait des suggestions préliminaires sur la façon dont le système de zones protégées pourrait être élargi conformément au Protocole relatif à la protection de l'environnement, afin de

remplir les conditions des articles 3 et 4 de l'Annexe V. Elle a recommandé aux Parties d'envisager d'utiliser les ZSPA et les ZGSA de façon stratégique afin de réglementer le tourisme actuel et à venir. L'ASOC a fait remarquer le besoin réel de mettre en œuvre un processus de planification systématique basé sur les meilleures pratiques en matière de gestion de la conservation.

219. Le SCAR a observé que les processus de planification de la conservation, y compris les éléments des processus systématiques exposés par l'ASOC, avaient la capacité d'enrichir les outils existants prévus par le Protocole, incluant l'Analyse des domaines environnementaux (Résolution 3 (2008)) et les Régions de conservation biogéographique de l'Antarctique (Résolution 6 (2012)), et de se développer à partir de ces outils. Le SCAR a suggéré que les techniques modernes de planification de la conservation offraient d'immenses possibilités pour obtenir des informations sur l'élargissement du réseau actuel des zones protégées, et que de telles techniques pourraient être employées en respectant les exigences du Protocole. Le SCAR a avisé qu'il continuerait de présenter de nouvelles recherches au Comité lors de prochaines réunions.

220. Le Comité a remercié l'ASOC pour son document, qui traitait d'une question considérée comme hautement prioritaire dans le cadre de son Plan de travail quinquennal. Il a également salué la proposition du SCAR de faire un rapport sur ses activités de recherches connexes lors d'une prochaine réunion du CPE.

221. Le SCAR a soumis le document IP 31, intitulé « Antarctic Geoconservation: a review of current systems and practices », qui faisait état des menaces pesant sur les particularités géologiques en Antarctique et détaillait les systèmes existant actuellement pour leur protection. Le document contenait une liste des considérations relatives à la protection des sites géologiques et paléontologiques et de spécimens importants de l'Antarctique, en vue de la réalisation de futures études sur l'Antarctique. Le SCAR a également noté qu'un document exhaustif sur les résultats serait présenté en 2018.

222. Le Comité a remercié le SCAR pour son document et a noté que l'importance de renforcer la protection des valeurs géologiques, incluant les fossiles, avait été soulignée lors de réunions antérieures. Le Comité a salué la dernière révision, utile et à jour, des systèmes et pratiques actuels de géoconservation en Antarctique, et a déclaré attendre avec impatience le rapport sur ces questions, en préparation par le Groupe d'action sur l'héritage géologique et la géoconservation du SCAR, qui serait remis lors de la réunion du CPE en 2018.

223. Les États-Unis ont présenté le document IP 39, intitulé « Inspections of Antarctic Specially Protected Areas in the Ross Sea and Antarctic Peninsula

Regions by the United States Antarctic Program », qui faisait état des inspections effectuées dans huit ZSPA en mer de Ross et les régions de la péninsule antarctique. Tout en notant que toutes les ZSPA qui avaient fait l'objet d'une visite continuaient de protéger les valeurs pour lesquelles elles avaient été désignées, les États-Unis ont fait remarquer la nécessité de marquages clairs et adéquats sur le sol ainsi que sur les cartes de frontières des ZSPA, les aires d'atterrissage, les points d'entrée et les sentiers. Les États-Unis avaient prévu que leur document serait utile pour les futures révisions des Plans de gestion des ZSPA pertinents. Les États-Unis ont encouragé les autres Membres à effectuer des inspections occasionnelles afin de s'assurer que les Plans de gestion remplissent leur objectif, à savoir préserver les valeurs des zones et observer les changements éventuels, compte tenu des changements climatiques et écologiques qui surviennent en Antarctique.

224. La Norvège a soumis le document IP 113, intitulé « Recent findings from monitoring work in ASPA 142 Svarthamaren », qui décrit les changements spectaculaires observés dans la colonie de pétrels de l'Antarctique dans la ZSPA no 142. La Norvège a fait remarquer qu'elle avait présenté son rapport en réponse aux obligations prévues par le Protocole consistant à informer les Parties de toute modification importante apportée aux ZSPA, et a également noté que cette information était particulièrement pertinente dans le cadre des discussions pour déterminer si une ZSPA répondait toujours aux critères de valeurs pour lesquels elle avait été désignée.

225. Le Comité a remercié la Norvège pour le rapport sur les changements intervenus dans la ZSPA no 142, conformément à l'Article 10 (b) de l'Annexe V au Protocole.

Point 10 : Conservation de la faune et de la flore de l'Antarctique

10a) Quarantaine et espèces non indigènes

226. Le Royaume-Uni a présenté le document de travail WP 13 « Rapport du groupe de contact intersessions chargé de la révision du Manuel sur les espèces non indigènes du CPE », qui fait état des résultats du GCI établi à l'occasion du XVIIIe CPE dans le but de réviser le Manuel sur les espèces non indigènes du CPE. Le Royaume-Uni a rappelé au Comité la question de la Priorité 1, « Introduction d'espèces non indigènes », identifiée dans le Plan de travail quinquennal du CPE, et a présenté le projet de Manuel sur les espèces non indigènes.

227. Le Comité a remercié le coordinateur du GCI, le Dr Kevin Hughes, ainsi que tous les participants pour l'analyse et la révision complète du Manuel, prenant acte de la quantité de travail fourni.

228. Le Comité a approuvé le Manuel révisé sur les espèces non indigènes. Il est convenu de continuer à développer le Manuel à l'aide des contributions du SCAR et du COMNAP sur des questions scientifiques et pratiques respectivement, et a également reconnu l'utilité de collaborer plus étroitement avec le CS-CAMLR sur les questions relatives aux espèces marines non indigènes.

229. Le Comité a décidé d'inclure le plan de travail sur les espèces non indigènes préparé par le GCI au sein de son Plan de travail quinquennal, d'entreprendre une révision du Manuel et d'en mesurer les progrès en le confrontant au plan dans les quatre ou cinq ans à venir.

230. Le Comité a demandé au Secrétariat du Traité sur l'Antarctique de publier le Manuel sur son site web, en tant qu'outil interactif en ligne, et de le mettre à jour en fonction des nouvelles évolutions. En réponse à une demande faite par l'Argentine, le Secrétariat du Traité sur l'Antarctique a noté qu'il pouvait également mettre le Manuel en ligne sous le format PDF dans toutes les langues officielles, et tenir la version PDF à jour pour refléter les futures révisions approuvées par le Comité.

231. L'Argentine a noté qu'elle était en train d'évaluer un manuel spécifiquement adapté à ses activités menées en Antarctique sur la prévention de l'introduction d'espèces non indigènes, qui serait présenté lors du XXe CPE en vue d'une inclusion potentielle dans le Manuel sur les espèces non indigènes du CPE.

232. L'Australie a attiré l'attention du Comité sur le Document BP 8, intitulé « Installation of a new waste water treatment facility at Australia's Davis Station », qui décrit ses progrès réalisés dans le développement d'une nouvelle usine de traitement des eaux usées à la station Davis, en vue d'atténuer les risques environnementaux pesant sur l'environnement marin du littoral, en particulier le risque d'introduction d'espèces non indigènes et de matériels génétiques.

Avis du CPE à la RCTA sur la révision du Manuel sur les espèces non indigènes

233. Le Comité a approuvé la révision du Manuel sur les espèces non indigènes du CPE. Observant que la version actuelle du Manuel avait été approuvée conformément à la Résolution 6 (2011), le Comité est convenu de présenter

un projet de Résolution à la RCTA pour approbation, afin de réviser le Manuel et d'encourager sa diffusion et son utilisation.

234. La République de Corée a soumis le document de travail WP 52 « Présence de moustiques non indigènes dans des installations de traitement des eaux usées situées sur l'île du Roi George, îles Shetland du Sud », élaboré conjointement avec le Chili, le Royaume-Uni, et l'Uruguay. Le document faisait état de la colonisation de plusieurs usines de traitement des eaux usées sur l'île du roi George par des moustiques non indigènes. La République de Corée a manifesté sa volonté de faciliter la coordination des recherches collaboratives et des actions de gestion menées par toutes les Parties concernées afin d'identifier les moustiques non indigènes présents dans la zone, de déterminer leur répartition locale et leur origine, et de dégager des solutions pratiques et coordonnées pour le contrôle ou l'éradication des moustiques.

235. Le Comité a remercié la République de Corée, le Royaume-Uni, le Chili et l'Uruguay pour avoir avisé de la présence de moustiques non indigènes, a salué leurs efforts continus visant à trouver une solution au problème, et a exprimé son soutien aux recommandations décrites dans le document de travail WP 52.

236. Il a été constaté que certaines espèces de moustiques non indigènes ne survivaient que dans des climats plus doux, et ne proliféraient donc pas au-delà des bâtiments chauffés. Dans ce cas précis, l'espèce identifiée était originellement pré-adaptée aux milieux froids et avait donc le potentiel de se propager dans l'environnement local. La Chine a noté que la station Great Wall avait fait l'objet d'un contrôle et qu'aucune espèce de moustique non indigène n'avait été trouvée. Elle a en outre exprimé sa volonté de coopérer avec les autres Parties voisines sur l'île du roi George afin de déterminer l'origine de l'introduction des moustiques non indigènes.

237. Notant que le problème de l'introduction d'espèces non indigènes constituait une priorité élevée dans son Plan de travail quinquennal, le Comité est convenu que les Parties disposant de stations sur l'île du roi George devraient vérifier s'il n'y avait pas d'invasion d'invertébrés non indigènes dans leurs usines de traitement des eaux usées, et, si tel était le cas, qu'elles devraient participer à l'effort de recherche collaborative en vue d'identifier et de déterminer l'origine de ces espèces. Plusieurs Membres ont proposé de partager leurs expériences sur les défis que posent la localisation et l'éradication des espèces non indigènes dans le contexte des usines de traitement des eaux usées, ainsi que sur d'autres questions générales relatives au traitement des eaux usées, aussi bien sur l'île du roi George que dans

le reste de l'Antarctique. Plusieurs Membres ont noté qu'ils suivaient les efforts de gestion sur l'île du roi George avec intérêt.

238. Le COMNAP a informé le Comité que ce document avait déjà attiré l'attention de ses membres, et qu'il discuterait de l'étendue des invasions des usines de traitement des eaux usées par des espèces non indigènes, ainsi que des meilleures pratiques en matière de prévention et de lutte, lors de son assemblée générale annuelle à venir à Goa, en Inde, du 16 au 18 août 2016. Le COMNAP est convenu de faire un rapport sur ces discussions lors de la prochaine réunion.

239. Le Royaume-Uni a présenté le document d'information IP 27, intitulé « Introduction of biofouling organisms to Antarctica on vessel hulls », qui fournit un résumé des dernières recherches sur le niveau de salissure de la coque du RSS *James Clark Ross* de la British Antactic Survey, menées entre 2007 et 2014 à la station de recherche Rothera. Il a observé qu'une meilleure quantification des risques d'introduction d'espèces marines non indigènes que faisaient peser les coques de navires sur l'environnement antarctique serait susceptible de favoriser l'élaboration de mesures de gestion appropriées. De plus amples études sur les coques, englobant un plus large éventail de navires à travers l'Antarctique, pourraient apporter des informations très utiles sur les probabilités d'introduction d'espèces marines.

240. Le Comité a remercié le Royaume-Uni pour le document et a indiqué que les informations présentées seraient utiles aux travaux prévus dans son Plan de travail quinquennal actualisé visant à éviter l'introduction d'espèces marines non indigènes. L'Espagne a rappelé au Comité les travaux antérieurs du COMNAP relatifs aux systèmes antisalissures, présentés au IXᵉ CPE (XXIXᵉ RCTA — IP 83) et les conclusions du document. Le Portugal a par ailleurs noté que de nouvelles recherches étaient nécessaires relativement aux espèces non indigènes dans l'océan Austral.

241. L'Espagne a présenté le document d'information IP 57, intitulé « The successful eradication of *Poa pratensis* from Cierva Point, Danco Coast, Antarctic Peninsula », préparé conjointement avec l'Argentine et le Royaume-Uni. Le document indique qu'une espèce non indigène avait été introduite en Antarctique en 1954-1955 et qu'une opération visant son éradication avait été entreprise en 2015. Le suivi effectué en janvier 2016 n'a révélé aucun signe de repopulation.

242. Le Comité a salué les conclusions préliminaires des co-auteurs du document montrant que, suite à l'activité d'éradication au point Cierva, aucune trace de

la présence d'une espèce non indigène n'avait été détectée lors des activités de surveillance.

243. La Pologne a présenté le document d'information IP 60, intitulé « Next step in eradication of non native grass *Poa Annua L.* from ASPA No 128 Western Shore of Admiralty Bay, King George Island, South Shetland Islands », qui décrit les résultats des travaux menés sur le terrain en 2015-2016 afin d'éradiquer l'espèce végétale *Poa annua* et les recherches menées au cours de ce processus.

244. Le Royaume-Uni a reconnu l'importance de ces travaux et a encouragé la Pologne à tenir le Comité au fait des avancées de ses efforts d'éradication.

245. L'IAATO a présenté le document d'information IP 119, intitulé « IAATO Procedures Upon the Discovery of a High Mortality Event », qui décrit les procédures utilisées par l'IAATO pour encadrer le personnel de terrain lors de la découverte d'un épisode de forte mortalité, et fait état d'un exemple récent de leur application. En réponse à une requête introduite par le biais du dernier GCI, l'IAATO a indiqué que le document serait inclus dans le Manuel relatif aux espèces non indigènes du CPE.

10b) Espèces spécialement protégées

246. Aucun document n'a été soumis à ce point de l'ordre du jour.

247. La Norvège a noté que le Portail des environnements de l'Antarctique contenait un nouvel article traitant du statut du phoque de Ross, pouvant se révéler une référence utile pour le CPE dans le cadre de l'examen du statut de cette espèce protégée dans un avenir proche. Elle a de plus noté qu'il pourrait s'avérer utile de rendre disponibles d'autres articles sur les espèces menacées en raison du changement climatique via le Portail, dans le cadre du suivi de l'action prévue dans le PTRCC visant l'évaluation des espèces à risque.

10c) Autres questions relevant de l'Annexe II

248. Le SCAR a présenté le document d'information IP 38 « L'Antarctique et l'océan Austral dans le contexte du Plan stratégique pour la diversité biologique 2011-2020 ». Lors de la présentation de ce document, le SCAR a indiqué qu'à ce jour, l'Antarctique et l'océan Austral n'étaient pas représentés comme il se doit dans les évaluations mondiales de la biodiversité et dans les efforts déployés pour sa conservation. Le Plan stratégique pour la biodiversité 2011-2020 et les 20 objectifs d'Aichi qui

y sont associés constituent l'un des efforts les plus parlants en la matière. Il sera procédé à une évaluation des avancées réalisées au niveau mondial pour atteindre ces objectifs à l'horizon 2020. Le SCAR, la Principauté de Monaco et d'autres partenaires avaient organisé une réunion rassemblant des experts en biodiversité ainsi que des experts juridiques et politiques afin d'évaluer la biodiversité de l'Antarctique et de l'océan Austral et son statut de conservation dans le contexte du Plan stratégique. La réunion et ses activités connexes visaient à garantir que l'immense biodiversité de l'Antarctique et les vastes efforts collaboratifs déployés en vue d'assurer sa conservation ne soient pas absents des évaluations mondiales. Les résultats initiaux de la réunion sont repris dans le document d'information IP38. Figure parmi les conclusions notables le fait que, pour certaines zones de conservation, et dans le cadre des objectifs d'Aichi, l'Antarctique et l'océan Austral sont en première ligne au niveau international. Les travaux relatifs aux espèces non indigènes menés par les membres du CPE, les Parties et d'autres acteurs, comme le COMNAP, l'IAATO et l'ASOC illustrent parfaitement le rôle de la collaboration pour opérer une conservation réussie. Le SCAR a informé le Comité que les résultats complets de la réunion de Monaco seraient publiés en 2016 et qu'il en serait rendu compte au XXᵉ CPE.

249. Le Comité a remercié le SCAR et la Principauté de Monaco pour cet exercice qui a posé un important jalon, et s'est réjoui de recevoir le rapport complet en temps utile. Il a par ailleurs indiqué à quel point il était important que l'Antarctique soit inclus dans les évaluations de la biodiversité prévues à l'échelle mondiale.

250. L'IAATO a présenté le document d'information IP 107, intitulé « How to be a Responsible Antarctic Visitor : IAATO's New Animated Briefings », qui introduit de courts exposés animés qui complètent les exposés obligatoires déjà existants de l'IAATO. L'IAATO avait produit des films en anglais et proposait des sous-titres en neuf autres langues. Elle a également indiqué que les vidéos visaient à renforcer les principaux messages prônant un comportement responsable du visiteur de manière concise et accessible à un large public. L'IAATO a également présenté l'une des vidéos au Comité.

251. L'IAATO a présenté le document d'information IP 121, intitulé « Wildlife Watching Guidelines for Emperor Penguins and Leopard Seals », qui indique que les membres de l'IAATO ont adopté deux nouvelles séries de Lignes directrices traitant de l'observation des espèces sauvages : l'une relative aux manchots empereurs et l'autre aux léopards de mer, ce qui augmente encore le nombre de lignes directrices existantes.

252. Le Comité a remercié l'IAATO pour sa précieuse contribution et pour les mises à jour régulières qu'elle fournissait au CPE concernant ses activités.

Point 11 : Suivi environnemental et rapports

253. La Nouvelle-Zélande a présenté le document de travail WP 16 « Une méthodologie d'évaluation de la sensibilité des sites ouverts aux visiteurs : hiérarchisation des priorités en matière de gestion », préparé conjointement avec l'Australie, les États-Unis et la Norvège. Ce document fait le point sur les travaux visant à parvenir à une méthode d'évaluation de la sensibilité des sites ouverts aux visites des touristes, conformément à la Recommandation 3 de l'étude du CPE sur le tourisme de 2012, qui recommandait que le CPE développe une approche d'évaluation plus systématique des caractéristiques sensibles présentes sur les sites fréquentés par des visiteurs. Le document vise tout d'abord à établir une méthode simple qui permettrait de prendre en compte la présence de valeurs et les opinions des experts à appliquer pour évaluer l'impact potentiel d'une activité touristique normale sur ces valeurs. L'objectif de la méthode n'est pas de prescrire des arrangements de gestion spécifique pour des sites particuliers, mais plutôt de fournir une approche systématique permettant de rassembler les informations disponibles et le jugement d'experts pour évaluer la sensibilité des sites aux visites touristiques, avec l'objectif d'aider le CPE à cibler les priorités concernant la gestion des différents sites. Les auteurs invitent les Membres à donner leur avis sur l'approche présentée dans ce document pour que celui-ci soit inclus dans les prochains travaux de la période intersessions 2016-2017.

254. Le Comité a salué le rapport relatif aux avancées réalisées par la Nouvelle-Zélande, la Norvège, l'Australie et les États-Unis dans l'élaboration d'une méthode d'évaluation de la sensibilité des sites, conformément à la Recommandation 3 de l'étude du CPE sur le tourisme.

255. Les membres ont soulevé plusieurs points nécessitant un examen pour la suite de l'élaboration de la méthodologie, notamment : les concepts de sensibilité relative ou inhérente d'un site, la taille du site, la destination probable du site, la répartition des valeurs sur le site, les facteurs temporels, et l'importance d'évaluer la méthodologie sur le terrain.

256. L'ASOC a remercié l'Australie, les États-Unis, la Norvège et la Nouvelle-Zélande pour avoir entamé ces travaux, et a noté qu'il serait utile de développer une procédure d'évaluation rapide pour pouvoir évaluer les différents sites de manière cohérente.

257. Le Comité a encouragé les Membres et les Observateurs à renvoyer des commentaires quant à l'approche décrite dans ce document et a indiqué que plusieurs Membres, ainsi que l'IAATO et l'ASOC, avaient manifesté un intérêt à contribuer aux travaux intersessions conduits en amont du XXe CPE. L'IAATO a également indiqué que les membres de son personnel de terrain disposaient d'une connaissance experte des sites les plus fréquentés par les touristes et qu'ils pouvaient contribuer aux travaux, si nécessaire.

258. Le Portugal a présenté le document d'information IP 8, intitulé « Assessment of trace element contamination within the Antarctic Treaty area », avec l'Allemagne, le Chili, la Fédération de Russie et le Royaume-Uni. Le document décrit l'évaluation de trace d'éléments dans le sol et dans les échantillons de mousses prélevés en Antarctique. Il dénote également l'importance du partage de données de surveillance relatives à la zone afin de nourrir le développement des recherches et des politiques ultérieures en matière de surveillance.

259. Le Chili a présenté le document d'information IP 96, intitulé « Environmental Monitoring in Fildes Bay. Coastal Environment Observation Program of Chile (P.O.A.L.) », qui attire l'attention du Comité sur le programme. Celui-ci reprend des données sur les concentrations de plomb, d'arsenic et d'hydrocarbures dans les sédiments de la baie Fildes. Il indique également que des informations complémentaires sont disponibles (en espagnol) à l'adresse : *http://www. directemar.cl*, via le lien « Medio Ambiente Acuático / POAL Data ».

260. Le SCAR a présenté le document d'information IP 32, intitulé « Report on the 2015-2016 activities of the Southern Ocean Observing System (SOOS) », qui relate qu'en 2015, le SOOS avait finalisé son Plan de mise en œuvre quinquennal, plan qui serait mis à la disposition de la communauté après un examen externe organisé par le SCAR. Parmi les autres réalisations majeures du SOOS figuraient : des avancées significatives dans le développement de groupes de travail régionaux pour la mise en œuvre du système d'observation ; la présentation d'une publication sur les variables océaniques essentielles de l'écosystème et les progrès accomplis au sein d'une série de groupes de travail sur les capacités, comme celui chargé de l'amélioration des observations sous la glace. En outre, le SOOS, de concert avec le SCAR et le projet sur le climat et la cryosphère du Programme mondial de recherche sur le climat (WRCP), finalisait un rapport sur les exigences en matière de données satellitaires sur l'océan Austral. Le SCAR a également remercié l'Australie pour son soutien au Secrétariat du SOOS à Hobart.

Point 12 : Rapports d'inspection

261. La Chine a présenté le document de travail WP 22 « Tournée d'inspection entreprise par la République populaire de Chine en accord avec l'Article VII du Traité sur l'Antarctique et l'Article XIV du Protocole relatif à la protection de l'environnement », et a fait référence au document d'information IP 48, intitulé « Report of the Antarctic Treaty Inspections undertaken by the People's Republic of China in accordance with Article VII of the Antarctic Treaty and Article 14 of the Environmental Protocol: April 2016 ». Le document rend compte des inspections menées en application du Traité sur l'Antarctique entre le 25 et le 28 décembre 2015 dans six stations de recherche des pays suivants : Chili, Fédération de Russie, République de Corée et Uruguay. La Chine a indiqué que les stations respectaient généralement le Protocole relatif à la protection de l'environnement, et a souligné la pertinence des procédures en matière de gestion environnementale, notamment la formation sur le Protocole environnemental dispensée aux nouveaux arrivants. La Chine a également noté les recommandations spécifiques qui portent sur la gestion environnementale et les bonnes pratiques, et a remercié toutes les Parties pour leur coopération et leur hospitalité lors des inspections.

262. Le Chili et l'Uruguay ont remercié la Chine pour l'inspection de leurs stations, et ont fait état des actions spécifiques adoptées ou prévues à l'avenir suivant les recommandations.

263. Indiquant que les îles Shetland du Sud étaient utilisées par le secteur du tourisme aérien et que certaines stations inspectées étaient ouvertes aux visiteurs, l'IAATO a remercié la Chine pour son rapport sur les inspections et a souligné que les activités touristiques n'étaient pas signalées comme ayant un impact sur les activités menées dans la station ou dans l'environnement alentour.

264. Le Comité a félicité la Chine pour la conduite des inspections et l'a remerciée pour l'exhaustivité de ses rapports d'inspection. Le Comité a accueilli favorablement les conclusions générales indiquant que les stations inspectées respectaient le Protocole environnemental.

265. L'Argentine a présenté le document de travail WP 44 « Recommandations générales à l'issue des inspections conjointes menées par l'Argentine et le Chili en vertu de l'Article VII du Traité sur l'Antarctique et de l'article 14 du Protocole relatif à la protection de l'environnement », et a fait référence au document d'information IP 72, intitulé « Report of the Joint Inspections' Program undertaken by Argentina and Chile under Article VII of the Antarctic Treaty and Article 14 of the Environmental Protocol », préparé conjointement

avec le Chili. Il rend compte des inspections du Traité sur l'Antarctique menées entre le 16 et 18 février 2016, qui concernaient cinq stations antarctiques dans la région des îles Shetland du Sud, et un refuge non gouvernemental. Il relate que, de manière générale, le niveau de conformité aux exigences du Protocole environnemental des stations inspectées était satisfaisant.

266. En ce qui concerne la méthodologie adoptée pour l'inspection, l'Argentine a noté que, dans la plupart des cas, la Liste de contrôle A jointe à la Résolution 3 (2010) avait été vérifiée préalablement par le personnel de la station, et que cela améliorait la rapidité et l'efficacité des inspections. Tout en reconnaissant l'importance des rapports d'inspection antérieurs, l'Argentine a attiré l'attention sur certains manquements du SEEI et des incohérences entre différentes bases de données du STA et a recommandé que les Membres tiennent les bases de données à jour. L'Argentine a également félicité le COMNAP pour son Catalogue des installations antarctiques, espérant que lorsque celui-ci serait terminé, il deviendrait une source d'informations utile aux futures inspections. En outre, l'Argentine a noté que les problèmes identifiés au cours des inspections précédentes avaient été résolus. Les inspections avaient toutefois identifié des points qui pouvaient être améliorés au niveau de la gestion des déchets et de la gestion des espèces non indigènes par rapport à l'hydroponie. L'Argentine a remercié toutes les Parties dont les stations avaient été inspectées pour leur coopération.

267. Le Chili a souligné l'utilité des inspections en tant qu'outil permettant une amélioration continue, tant pour le personnel des stations inspectées que pour les observateurs qui menaient les inspections.

268. La Chine a salué les recommandations émises dans le rapport, faisant remarquer qu'elle avait répondu à l'Argentine et au Chili avant que le rapport d'inspection ne soit présenté à la réunion. Elle a aussi indiqué les avancées relatives au suivi faisant suite aux recommandations.

269. La République tchèque a indiqué qu'elle était consciente des problèmes liés au refuge Eco-Nelson, et qu'elle considérait sérieusement les recommandations suggérées dans le rapport de l'Argentine et du Chili. La République tchèque a également souligné que son autorité compétente n'avait approuvé aucun permis ni aucune activité liés au refuge Eco-Nelson au cours de la saison 2015-2016, et que son programme antarctique national n'avait aucun lien avec le refuge Eco-Nelson.

270. Le Comité a félicité l'Argentine et le Chili pour la conduite des inspections. Il a salué les conclusions générales qui révélaient que les stations opérées par

les programmes antarctiques nationaux avaient été considérées conformes aux exigences du Protocole environnemental. Le Comité a par ailleurs accueilli favorablement les résultats de l'équipe d'inspection montrant que les énergies renouvelables étaient de plus en plus utilisées, et que les membres du personnel avaient reçu des formations sur le Protocole environnemental.

271. Prenant acte des commentaires émis par l'Argentine concernant l'absence de certaines informations dans le SEEI, le Comité a réaffirmé son opinion selon laquelle toutes les Parties devaient respecter les exigences en matière d'échange d'informations. Le COMNAP a indiqué que son projet sur les infrastructures des stations allait compiler une série d'informations qui pouvaient se révéler utiles aux objectifs visés par les inspections.

272. En réponse à l'opinion exprimée par la France selon laquelle l'utilisation de la Liste de contrôle destinée aux inspections devrait être facultative lors de la conduite d'inspections, l'Argentine a précisé qu'elle savait que cette Liste n'était pas obligatoire, mais qu'elle s'était révélée très utile lors de la préparation des inspections.

273. L'ASOC a remercié la Chine, l'Argentine et le Chili pour les inspections qu'ils ont menées, et a déclaré que le fait d'élargir l'éventail de pays menant des inspections permettait d'améliorer la mise en œuvre du Protocole. L'ASOC a par ailleurs noté que les conclusions de ces récentes inspections comprenaient des problèmes « anciens », pour lesquels la nécessité d'une amélioration avait déjà été signalée par le passé, notamment sur les questions de gestion des déchets, mais également relativement aux progrès comme l'utilisation croissante d'énergies renouvelables. L'ASOC a souligné que l'augmentation du tourisme combiné air-croisière pouvait éventuellement avoir une incidence sur l'environnement au niveau régional.

274. La République de Corée a présenté le document d'information IP 102, intitulé « Rethinking Antarctic Treaty inspections; patterns, uses and scopes for improvements ». Le document souligne que les inspections ont été organisées et menées par des Parties disposant de capacités opérationnelles et, le plus souvent, dans des stations aisément accessibles. Il indique par ailleurs que la conduite des inspections et leur suivi ne répondaient pas nécessairement à des étapes bien définies. Le document propose le développement d'un nouveau modèle d'inspection, plus coopératif, dans lequel les inspections seraient menées de manière plus collective, les différentes Parties seraient autorisées à contribuer de manière unique, et les résultats des inspections seraient exécutés et suivis d'effets.

275. Le Comité a apprécié les points soulevés dans le document concernant l'importance d'améliorer la conduite et l'efficacité des activités d'inspection et de renforcer la participation et la coopération internationale. Il a pris acte de la remarque des Pays-Bas qui ont souligné que la RCTA avait également l'intention de mettre sur pied un GCI afin de discuter plus en profondeur des moyens susceptibles d'améliorer l'efficacité des inspections, et a encouragé les Membres intéressés à contribuer à ces discussions par le biais de leurs procédures nationales.

Point 13 : Questions diverses

276. Le Portugal a présenté le document d'information IP 7, intitulé « POLAR WEEKS: an Education and Outreach activity to promote Antarctic science and the Antarctic Treaty System », préparé conjointement avec le Brésil, la Bulgarie, la France et le Royaume-Uni. Il synthétise les semaines polaires (POLAR WEEKS), une activité pédagogique et de sensibilisation, et souligne l'importance que revêtent l'éducation et la sensibilisation pour l'ensemble des participants à cette activité. Reconnaissant le travail des co-auteurs du document, le Portugal a également reconnu l'excellent travail fourni par les organisations partenaires, l'Association of Polar Early Career Scientists (APECS), Polar Educators international, le COMNAP et la CCAMLR.

277. Le Comité a félicité le Portugal, la Bulgarie, la France, le Brésil et le Royaume-Uni pour le document, et a pris acte des avantages que présentaient les semaines polaires dans la promotion de la science antarctique.

278. L'Afrique du Sud a présenté le document d'information IP 47, intitulé « Upgrade of the SANAE IV Base Systems », qui souligne ses plans visant à mettre en œuvre une mise à jour globale de certains systèmes de base à la station SANAE IV.

279. Le document suivant a également été soumis pour ce point de l'ordre du jour :

- Document de contexte BP 8, intitulé « Installation of a new waste water treatment facility at Australia's Davis station » (Australie).

Point 14 : Élection des membres du Bureau

280. Le Comité a élu Mme Patricia Ortúzar (Argentine), au poste de vice-présidente pour un mandat de deux ans et il l'a félicitée pour son élection à ce poste. Mme Patricia Ortúzar a également été nommée responsable du Groupe subsidiaire sur les plans de gestion (GSPG).

281. Le Comité a chaleureusement remercié Mme Birgit Njåstad (Norvège), pour ses inlassables efforts, sa productivité et ses qualités de dirigeante en sa capacité de vice-présidente du CPE et responsable du GSPG.

282. Le Comité a élu M. Ewan McIvor (Australie), au poste de président pour un second mandat de deux ans et il l'a félicité pour sa réélection à ce poste.

Point 15 : Préparatifs de la prochaine réunion

283. Le Comité a adopté l'ordre du jour provisoire du XXe CPE (Appendice 3).

284. Notant les inquiétudes de certains Membres quant à l'éventuel doublon des discussions entre la RCTA et le CPE, le Comité a réaffirmé l'importance de renforcer la coopération avec la RCTA et de prendre des mesures pratiques pour que cette coopération soit effective.

Point 16 : Adoption du rapport

285. Le président du CPE a mis en avant le fait que la procédure d'adoption du rapport ne constituait pas une voie pour rouvrir des discussions déjà closes sous des points antérieurs de l'ordre du jour.

286 Le Bélarus a dit regretter de n'avoir pu présenter le document d'information IP 3, intitulé « Application of air dispersion modeling for impact assessment of construction/operation activities in Antarctica », lorsque le Comité a examiné le point 8 b de l'ordre du jour, et ce en raison de la participation de son unique délégué présent au XIXe CPE à des discussions menées parallèlement à la RCTA. Le président a indiqué que le Comité avait décidé que le document d'information IP 3 serait considéré comme lu.

287. Le président du CPE a reconnu les défis pratiques auxquels se heurtaient les petites délégations, et a encouragé les Membres et les Observateurs à se concerter avec le président afin de s'assurer, lors des prochaines réunions, que des solutions adéquates existent pour présenter leurs documents au Comité.

288. Le Comité a adopté son rapport.

Point 17 : Clôture de la réunion

289. Le président a clôturé la réunion le vendredi 27 mai 2016.

Appendice 1

Plan de travail quinquennal du CPE 2016

Question / Pression sur l'environnement : Introduction d'espèces non indigènes	
Priorité : 1	
Actions :	
1. Poursuivre le développement de Lignes directrices et de ressources pratiques pour tous les opérateurs antarctiques. 2. Mettre en œuvre les actions connexes identifiées dans le programme de travail en réponse au changement climatique. 3. Examiner les évaluations de risques, différenciées par activité afin d'atténuer les risques posés par les espèces terrestres non indigènes. 4. Développer une stratégie de surveillance pour les zones à haut risque d'implantation d'espèces non indigènes. 5. Porter une attention accrue aux risques posés par le transfert intra-Antarctique des propagules.	
Période intersession 2016-2017	• Publication du Manuel révisé sur le site du STA, avec des mises à jour effectuées par le Secrétariat, le cas échéant, lorsque de nouvelles informations sont disponibles. • Initier les travaux visant à évaluer les risques que comporte le transfert d'espèces indigènes de l'Antarctique et d'espèces non indigènes existantes entre les différentes régions biogéographiques de l'Antarctique, et identifier les actions de gestion pertinentes.
XXe CPE 2017	• Discuter des travaux intersessions relatifs au transfert d'espèces entres les différentes régions biogéographiques afin de les inclure dans le Manuel sur les espèces non indigènes. • Se féliciter de l'établissement par l'Argentine de son Manuel sur les espèces non indigènes.
Période intersession 2017-2018	• Initier les travaux visant à développer une stratégie de lutte contre les espèces non indigènes, notamment par des réactions adéquates face aux maladies des espèces sauvages. • Afin d'aider le Comité à évaluer l'efficacité du Manuel, commander un rapport au COMNAP sur la mise en œuvre de mesures de quarantaine et de biosécurité par ses Membres.
XXIe CPE 2018	• Discuter des travaux intersessions relatifs au développement d'une stratégie de réponse qui serait ensuite intégrée au Manuel sur les espèces non indigènes, et à la mise en œuvre de mesures de quarantaine et de biosécurité par les membres du COMNAP. Examen du rapport de l'OMI relatif aux Directives pour le contrôle et la gestion de l'encrassement biologique.
Période intersession 2018-2019	• Demander au SCAR de compiler les sources d'informations et les bases de données disponibles sur la biodiversité sous forme de liste afin d'aider les Parties à déterminer quelles espèces indigènes sont présentes sur les sites de l'Antarctique, et ainsi faciliter l'identification de l'échelle et de l'importance des introductions présentes et à venir. • Développer des lignes directrices de surveillance généralement applicables. Il est possible qu'une surveillance approfondie spécifique à certains sites soit requise à certains endroits. • Commander un rapport aux Parties et aux Observateurs sur la mise en œuvre des Directives sur la biosécurité par leurs membres.

XXIIe CPE 2019	• Discuter des travaux intersessions relatifs au développement de directives qui seraient ensuite incluses dans le Manuel sur les espèces non indigènes. Examiner les rapports des Parties et des Observateurs portant sur l'application des Directives relatives à la biosécurité par leurs membres.
Période intersession 2019-2020	• Initier les travaux visant à évaluer les risques que présentent les introductions d'espèces marines non indigènes.
XXIIIe CPE 2020	• Discuter des travaux intersessions relatifs aux risques que présentent les espèces marines non indigènes.
Période intersession 2020-2021	• Élaborer des lignes directrices spécifiques afin de réduire la dissémination des espèces non indigènes lors de l'évacuation des eaux usées. • Examiner les avancées et les contenus du Manuel sur les espèces non indigènes du CPE.
XXIVe CPE 2021	

Question / Pression sur l'environnement : Tourisme et activités des ONG

Priorité : 1

Actions :
1. Fournir un avis à la RCTA, comme demandé.
2. Promouvoir les Recommandations émises par la RETA sur le tourisme à bord de navires.

Période intersession 2016-2017	• Perfectionner la méthodologie pour l'évaluation de la vulnérabilité des sites (Recommandation 3 de l'étude relative au tourisme)
XXe CPE 2017	
Période intersession 2017-2018	
XXIe CPE 2018	
Période intersession 2018-2019	
XXIIe CPE 2019	
Période intersession 2019-2020	
XXIIIe CPE 2020	
Période intersession 2020-2021	
XXIVe CPE 2021	

Question / Pression sur l'environnement : Conséquences du changement climatique pour l'environnement :

Priorité : 1

Actions :
1. Envisager les implications du changement climatique pour la gestion de l'environnement antarctique.
2. Promouvoir les Recommandations de la RETA sur le changement climatique.
3. Mettre en œuvre le Programme de travail en réponse au changement climatique.

Période intersession 2016-2017	• Travaux conjoints du SCAR et de l'OMM pour cartographier les activités de recherches relatives au PTRCC. • Le président consultera l'ICED et le SOOS concernant les contributions à apporter au PTRCC. • Actions liées aux Recommandations issues de l'atelier conjoint u CPE et du CS-CAMLR, le cas échéant. • Appliquer le PTRCC en consultation avec les experts. • Débats intersessions sur les mécanismes de gestion du PTRCC.

XXe CPE 2017	• Point permanent de l'ordre du jour. • Le SCAR met à jour son rapport ACCE en y ajoutant, le cas échéant, les contributions de l'OMM, de l'ICED et du SOOS. • Examiner les avis du SCAR et de l'OMM sur la façon dont les priorités et les programmes de recherche cadrent avec le PTRCC. • Mettre en place un mécanisme de gestion du PTRCC.
Période intersession 2017-2018	• Appliquer le PTRCC en consultation avec des experts.
XXIe CPE 2018	• Point permanent de l'ordre du jour • Le SCAR met à jour son rapport ACCE en y ajoutant, le cas échéant, les contributions de l'OMM, de l'ICED et du SOOS.
Période intersession 2018-2019	• Appliquer le PTRCC en consultation avec des experts.
XXIIe CPE 2019	• Point permanent de l'ordre du jour • Le SCAR met à jour son rapport ACCE en y ajoutant, le cas échéant, les contributions de l'OMM, de l'ICED et du SOOS.
Période intersession 2019-2020	• Appliquer le PTRCC en consultation avec des experts.
XXIIIe CPE 2020	• Point permanent de l'ordre du jour. • Le SCAR met à jour son rapport ACCE en y ajoutant, le cas échéant, les contributions de l'OMM, de l'ICED et du SOOS.
Période intersession 2020-2021	• Appliquer le PTRCC en consultation avec des experts.
XXIVe CPE 2021	

Question / Pression sur l'environnement : Traitement des Plans de gestion nouveaux et révisés des Zones protégées / gérées	
Priorité : 1	
Actions : 1. Affiner la procédure d'examen des Plans de gestion nouveaux et révisés. 2. Mettre à jour les Lignes directrices existantes. 3. Promouvoir les Recommandations de la RETA sur le changement climatique. 4. Développer des Lignes directrices relatives à la préparation de ZSGA.	
Période intersession 2016-2017	• Le GSPG mène des travaux conformes au plan de travail. • Poursuivre l'élaboration des Lignes directrices relatives à la préparation des ZGSA. • Préparation d'un document sur les Lignes directrices relatives au déclassement de ZSPA par la Norvège et les Membres intéressés. • Élaboration par la Norvège, le Royaume-Uni, et les Membres intéressés de modèles pour les évaluations préalables des projets de ZSPA et de ZGSA.
XXe CPE 2017	• Examiner le document soumis par la Norvège et les Membres intéressés • Examiner le document soumis par la Norvège, le Royaume-Uni et les Membres intéressés • Examiner le rapport du GSPG
Période intersession 2017-2018	
XXIe CPE 2018	
Période intersession 2018-2019	
XXIIe CPE 2019	
Période intersession 2019-2020	
XXIIIe CPE 2020	
Période intersession 2020-2021	
XXIVe CPE 2021	

Pression sur l'environnement : Fonctionnement du CPE et planification stratégique	
Priorité : 1	
Actions :	
1. Maintenir le plan quinquennal à jour sur la base de l'évolution des circonstances et des besoins de la RCTA.	
2. Identifier les occasions permettant d'améliorer l'efficacité du CPE.	
3. Examiner les objectifs à long terme pour l'Antarctique (période de 50 à 100 ans).	
4. Examiner les occasions permettant l'amélioration des relations de travail entre le CPE et la RCTA.	
Période intersession 2016-2017	
XXe CPE 2017	
Période intersession 2017-2018	
XXIe CPE 2018	
Période intersession 2018-2019	
XXIIe CPE 2019	
Période intersession 2019-2020	
XXIIIe CPE 2020	
Période intersession 2020-2021	
XXIVe CPE 2021	

Question / Pression sur l'environnement : Réparation et réhabilitation des dommages causés à l'environnement	
Priorité : 2	
Actions :	
1. Répondre aux requêtes complémentaires émises par la RCTA concernant la réparation et la réhabilitation, le cas échéant.	
2. Suivre les avancées de la création d'un inventaire des sites dans l'ensemble de l'Antarctique ayant abrité des activités antérieures.	
3. Examiner les lignes directrices relatives à la réparation et la réhabilitation.	
4. Les Membres développent des Lignes directrices pratiques et les ressources associées afin de les inclure dans le Manuel de nettoyage.	
5. Poursuivre le développement des pratiques de biodépollution et de réparation afin de les inclure dans le Manuel de nettoyage.	
Période intersession 2016-2017	
XXe CPE 2017	• Envisager la révision du Manuel de nettoyage.
Période intersession 2017-2018	
XXIe CPE 2018	
Période intersession 2018 2019	
XXIIe CPE 2019	
Période intersession 2019-2020	
XXIIIe CPE 2020	
Période intersession 2020-2021	
XXIVe CPE 2021	

Question / Pression sur l'environnement : Empreinte écologique humaine / gestion de la nature à l'état sauvage	
Priorité : 2	
Actions : 1. Développer des méthodes afin de mieux protéger la vie sauvage, en vertu des Annexes I et V.	
Période intersession 2016-2017	
XXᵉ CPE 2017	
Période intersession 2017-2018	
XXIᵉ CPE 2018	
Période intersession 2018-2019	
XXIIᵉ CPE 2019	
Période intersession 2019-2020	
XXIIIᵉ CPE 2020	
Période intersession 2020-2021	
XXIVᵉ CPE 2021	

Question / Pression sur l'environnement : Suivi et rapports sur l'état de l'environnement	
Priorité : 2	
Actions : 1. Identifier les indicateurs et outils environnementaux clés. 2. Mettre en place une procédure pour les rapports faits à la RCTA. 3. Le SCAR transmettra les informations au COMNAP et au CPE.	
Période intersession 2016-2017	• Actions liées aux Recommandations issues de l'atelier conjoint du CPE et du CS-CAMLR, le cas échéant
XXᵉ CPE 2017	• Rapport du SCAR concernant l'utilisation de véhicules aériens sans pilote (UAV) et leurs conséquences sur la nature à l'état sauvage. • Créer un GCI pour élaborer des Lignes directrices relatives aux UAV • Actions liées aux Recommandations issues de l'atelier conjoint du CPE et du CS-CAMLR, le cas échéant
Période intersession 2017-2018	
XXIᵉ CPE 2018	
Période intersession 2018-2019	
XXIIᵉ CPE 2019	
Période intersession 2019-2020	
XXIIIᵉ CPE 2020	
Période intersession 2020-2021	
XXIVᵉ CPE 2021	• Examiner le rapport de suivi du Royaume-Uni sur la ZSPA no 107

191

Question / Pression sur l'environnement : Gestion et protection de l'espace marin
Priorité : 2
Actions :
1. Coopération entre le CPE et le CS-CAMLR sur des questions d'intérêt commun.
2. Coopérer avec la CCAMLR dans le domaine de la biorégionalisation de l'océan Austral et d'autres domaines d'intérêt commun et sur les principes adoptés.
3. Identifier et application des procédures de gestion et de protection de l'espace marin.
4. Promouvoir les Recommandations de la RETA sur le changement climatique.

Période intersession 2016-2017	
XXe CPE 2017	
Période intersession 2017-2018	
XXIe CPE 2018	
Période intersession 2018-2019	
XXIIe CPE 2019	
Période intersession 2019-2020	
XXIIIe CPE 2020	
Période intersession 2020-2021	
XXIVe CPE 2021	

Question / Pression sur l'environnement : Lignes directrices spécifiques pour les sites fréquentés par les touristes
Priorité : 2
Actions :
1. Examiner régulièrement la Liste des lignes directrices de sites et déterminer si des Lignes directrices devraient être développées pour d'autres sites.
2. Fournir un avis à la RCTA, comme demandé.
3. Revoir le format des Lignes directrices relatives aux sites.

Période intersession 2016-2017	
XXe CPE 2017	• Point permanent de l'ordre du jour ; les Parties rendront compte de leur examen des Lignes directrices relatives aux sites.
Période intersession 2017-2018	
XXIe CPE 2018	• Point permanent de l'ordre du jour ; les Parties rendront compte de leur examen des Lignes directrices relatives aux sites..
Période intersession 2018-2019	
XXIIe CPE 2019	• Point permanent de l'ordre du jour ; les Parties rendront compte de leur examen des Lignes directrices relatives aux sites.
Période intersession 2019-2020	
XXIIIe CPE 2020	• Point permanent de l'ordre du jour ; les Parties rendront compte de leur examen des lignes directrices relatives aux sites.
Période intersession 2020-2021	
XXIVe CPE 2021	

Question / Pression sur l'environnement : Présentation du système des zones protégées	
Priorité : 2	

Actions :
1. Appliquer l'Analyse des domaines environnementaux (ADE) et des Régions de conservation biogéographiques de l'Antarctique (RCBA) afin d'améliorer le système des zones protégées.
2. Promouvoir les recommandations de la RETA sur le changement climatique.
3. Maintenir et développer la base de données des zones protégées.
4. Évaluer dans quelle mesure les zones de conservation importantes pour les oiseaux (IBA) sont ou devraient être représentées dans la série de ZSPA.

Période intersession 2016-2017	• Appliquer les mesures du PTRCC connexes. • Élaboration par la Norvège, le Royaume-Uni, et les Membres intéressés de modèles pour les évaluations préalables de projets de ZSPA et de ZGSA.
XXe CPE 2017	• Examiner le document soumis par la Norvège, le Royaume-Uni, et les Membres intéressés. • Les Parties fournissent des rapports d'étape sur les efforts de recherche et de gestion qui sont entrepris pour appliquer les outils biogéographiques. • Les Parties fournissent des rapports d'étape sur les recherches menées ou prévues pour identifier les régions biogéographiques vulnérables au changement climatique.
Période intersession 2017-2018	
XXIe CPE 2018	• Planifier un atelier conjoint SCAR/CPE sur la biogéographie de l'Antarctique, notamment pour : identifier les applications pratiques de gestion des outils biogéographiques et des futurs besoins de recherche. • Fournir un rapport d'état à la RCTA sur l'état du réseau des zones protégées de l'Antarctique.
Période intersession 2018-2019	• Atelier conjoint SCAR/CPE sur la biogéographie antarctique.
XXIIe CPE 2019	• Examiner le rapport de l'atelier conjoint SCAR/CPE sur la biogéographie antarctique.
Période intersession 2019-2020	
XXIIIe CPE 2020	
Période intersession 2020-2021	
XXIVe CPE 2021	

Question / Pression sur l'environnement : Sensibilisation et éducation	
Priorité : 2	
Actions :	
1. Examiner les exemples actuels et identifier les possibilités d'élargir la portée des activités d'éducation et de sensibilisation.	
2. Encourager les Membres à échanger des informations concernant leurs expériences dans ce domaine.	
3. Mettre en place une stratégie et des Lignes directrices entre les Membres dans les domaines de l'éducation et de la sensibilisation dans une perspective à long terme.	
Période intersession 2016-2017	• Distribuer le document relatif au 25e anniversaire adopté lors du XIXe CPE et de la XXXIXe RCTA • Distribuer le document lors des manifestations du 4 octobre 2016.
XXe CPE 2017	
Période intersession 2017-2018	
XXIe CPE 2018	
Période intersession 2018-2019	
XXIIe CPE 2019	
Période intersession 2019-2020	
XXIIIe CPE 2020	
Période intersession 2020-2021	
XXIVe CPE 2021	

Question /Pression sur l'environnement : Mettre en œuvre et améliorer les dispositions de l'Annexe I relatives aux EIE	
Priorité : 2	
Actions :	
1. Affiner le processus d'examen des EGIE et conseiller la RCTA de manière adéquate.	
2. Développer des Lignes directrices relatives à l'Évaluation des impacts cumulatifs.	
3. Réviser les Lignes directrices des EIE et envisager une politique plus large, ainsi que d'autres questions.	
4. Envisager l'application d'une évaluation environnementale stratégique en Antarctique.	
5. Promouvoir les Recommandations de la RETA sur le changement climatique.	
Période intersession 2016-2017	• Mettre sur pied un GCI pour examiner les projets d'EGIE, comme demandé. • Le Royaume-Uni et les Membres intéressés élaborent un document relatif à la politique générale et aux questions relatives aux EIE.
XXe CPE 2017	• Examen des rapports du GCI sur les projets d'EGIE, comme demandé. • Débats consacrés à la politique et à des questions relatives aux EIE.
Période intersession 2017-2018	• Mettre sur pied un GCI pour examiner les projets d'EGIE, comme demandé.
XXIe CPE 2018	• Examen des rapports du GCI sur les projets d'EGIE, comme demandé.
Période intersession 2018-2019	
XXIIe CPE 2019	
Période intersession 2019-2020	
XXIIIe CPE 2020	
Période intersession 2020-2021	
XXIVe CPE 2021	

Question / Pression sur l'environnement : Désignation et gestion des Sites et monuments historiques		
Priorité : 2		
Actions :		
1. Maintenir la Liste et envisager les nouvelles propositions lorsqu'elles se présentent.		
2. Examiner les questions stratégiques comme il convient, y compris les questions relatives à la désignation de SMH en regard des dispositions du Protocole relatives au nettoyage.		
3. Réviser la présentation de la Liste de SMH dans le but d'améliorer l'accès aux informations.		
Période intersession 2016-2017	• Mise à jour de la lListe de SMH par le Secrétariat. • GCI pour l'élaboration de Lignes directrices relatives à la désignation de SMH.	
XXe CPE 2017	• Point permanent. • Examiner le rapport du GCI.	
Période intersession 2017-2018	• GCI pour l'élaboration de Lignes directrices relatives à la désignation de SMH.	
XXIe CPE 2018	• Examiner le rapport du GCI.	
Période intersession 2018-2019		
XXIIe CPE 2019		
Période intersession 2019-2020		
XXIIIe CPE 2020		
Période intersession 2020-2021		
XXIVe CPE 2021		

Question /Pression sur l'environnement : Connaissances en matière de biodiversité		
Priorité : 3		
Actions :		
1. Poursuivre la sensibilisation aux menaces posées à la biodiversité.		
2. Promouvoir les Recommandations de la RETA sur le changement climatique.		
3. Le CPE examinera les avis scientifiques complémentaires sur les nuisances causées à la nature à l'état sauvage.		
Période intersession 2016-2017	• Actions liées aux Recommandations issues de l'atelier conjoint du CPE et du CS-CAMLR, le cas échéant.	
XXe CPE 2017	• Discussion de la mise à jour du SCAR sur les nuisances sonores sous-marines.	
Période intersession 2017-2018		
XXIe CPE 2018		
Période intersession 2018-2019		
XXIIe CPE 2019		
Période intersession 2019-2020		
XXIIIe CPE 2020		
Période intersession 2020-2021		
XXIVe CPE 2021		

Question / Pression sur l'environnement : Échange d'informations	
Priorité : 3	
Actions : 1. Assigner au Secrétariat. 2. Suivre et faciliter l'utilisation du SEEI. 3. Examiner les exigences en matière de rapports sur l'environnement	
Période intersession 2016-2017	
XXe CPE 2017	• Rapport du Secrétariat
Période intersession 2017-2018	
XXIe CPE 2018	
Période intersession 2018-2019	
XXIIe CPE 2019	
Période intersession 2019-2020	
XXIIIe CPE 2020	
Période intersession 2020-2021	
XXIVe CPE 2021	

Question / Pression sur l'environnement : Protection des valeurs géologiques exceptionnelles	
Priorité : 3	
Actions : 1. Envisager de nouveaux mécanismes visant à la protection des valeurs géologiques exceptionnelles.	
Période intersession 2016-2017	
XXe CPE 2017	
Période intersession 2017-2018	
XXIe CPE 2018	• Examiner l'avis émis par le SCAR.
Période intersession 2018-2019	
XXIIe CPE 2019	
Période intersession 2019-2020	
XXIIIe CPE 2020	
Période intersession 2020-2021	
XXIVe CPE 2021	

Appendice 2

Programme de travail en réponse au changement climatique

Vision du PTRCC : Tenant compte des conclusions et Recommandations émises par la RETA sur le changement climatique en 2010, le PTRCC comprend un mécanisme permettant au CPE d'identifier et de réviser les buts et actions spécifiques visant à soutenir les efforts déployés au sein du Système du Traité sur l'Antarctique pour se préparer et développer la résilience aux conséquences environnementales d'un climat en évolution, ainsi qu'aux conséquences pour la gouvernance et la gestion de l'Antarctique.

Question liée aux changements climatiques	Lacunes/besoins	Domaine de réponse	Mesure/tâche	Priorité	Qui	IP	CPE 2017	IP	CPE 2018	IP	CPE 2019	IP	CPE 2020	IP	CPE 2021
1) Possibilité accrue d'introduction et d'installation d'espèces non indigènes	• Cadre de surveillance de l'installation des espèces non indigènes dans les environnements marins, terrestres et dulçaquicole • Stratégie de réponse aux introductions suspectées d'espèces non indigènes • Évaluation de la suffisance des régimes existants de prévention des introductions et des transferts d'espèces non indigènes • Analyse des outils de gestion utilisés dans d'autres régions	Gestion	a. Continuer à développer le Manuel sur les espèces non indigènes en conformité avec la Résolution 6 (2011), en s'assurant que : en réponse aux changements climatiques et notamment dans : • Le développement des approches de surveillance (p. 21) • La stratégie de réponse (p. 22) • Les Lignes directrices relatives aux EIE pour inclure les espèces non indigènes (p. 18)	1.3	CPE / Parties	Que les Parties entreprennent des travaux préparatoires pertinents pour les discussions sur le développement de la surveillance et la recherche d'espèces non indigènes Que les Parties prennent en considération la mise en œuvre des Lignes directrices contenues dans le Manuel révisé des espèces non indigènes pour la planification et la réalisation de leurs activités	Lancer les travaux intersessions sur le développement des travaux préparatoires pertinents pour les discussions sur la surveillance et la réponse stratégique sur les espèces non indigènes, y compris l'identification des habitats/bioréginaux à plus haut risque Tenir compte des initiatives portant sur les menaces induites par les espèces non indigènes	Travaux intersessions	Recevoir le rapport des travaux intersessions et prendre des mesures en conséquence							S'assurer que les répercussions des changements climatiques sont prises en compte à leur juste valeur et incluses de manière appropriée dans les Lignes directrices spécifiques afin de réduire la désatténuation d'espèces non indigènes lors de l'évacuation des eaux usées S'assurer que les répercussions des changements climatiques sont prises en compte à leur juste valeur et incluses de manière appropriée dans la révision du Manuel sur les espèces non indigènes
		Gestion/ recherche	b. Examen des Directives de l'OMI sur l'encrassement biologique afin de vérifier le caractère adéquat de la présence dans l'océan Austral de navires voyageant d'une région à l'autre	2.6	Parties, experts et Observateurs intéressés	Travaux intersessions			S'assurer que les répercussions des changements climatiques sont prises en compte à leur juste valeur et incluses de manière appropriée dans les discussions liées à l'encrassement biologique, tel qu'énoncé dans le plan de travail quinquennal						
	• Meilleure compréhension des risques liés à la réinstallation d'espèces terrestres indigènes • Évaluation et cartographie des habitats antarctiques présentant un risque d'invasion		c. Effectuer une analyse de risques : identifier les espèces indigènes présentant un risque de relocalisation et identifier les voies de transfert intracontinental, notamment en élaborant des cartes/descriptions régionales des habitats présentant un risque d'invasion	1.2	CPE, Parties, experts et Observateurs intéressés	Travaux intersessions	Recevoir le rapport des travaux intersessions et prendre des mesures en conséquence				Lancer les travaux intersessions sur l'évaluation et l'identification d'espèces maritimes non indigènes			Travaux intersessions	
	• Évaluation des risques d'introduction d'espèces marines non indigènes • Techniques d'éradication et de contrôle		d. Effectuer une analyse de risques : identifier les habitats marins préoccupants risque d'invasion et identifier les voies d'introduction	1.8	CPE, Parties, experts et Observateurs intéressés	Que les Parties identifient les projets de recherche existants pertinents et de transmettre ces informations au CPE 2017		Que les Parties entreprenant des travaux préparatoires avant les discussions sur l'évaluation des risques liés à l'introduction en mer des espèces non indigènes				Recevoir le rapport des travaux intersessions et prendre des mesures en conséquence			Que les Membres établissent un rapport sur les mesures prises pour mettre en place des mesures de surveillance et de réponse
			e. Actions de progrès identifiées dans la rubrique « Réponse » du Manuel sur les espèces non indigènes (p. 22–23)	1.6	PAN, SCAR				S'assurer que les répercussions des changements climatiques sont prises en compte à leur juste valeur et incluses de manière appropriée dans la stratégie de réponse des espèces non indigènes						
	• Programme de surveillance en cours visant à définir le statut des espèces non indigènes compte tenu des changements climatiques	Surveillance	f. Mettre en œuvre un suivi marin et terrestre conformément au cadre de surveillance établi, une fois celui-ci élaboré. (pt. a)	1.9	PAN, SCAR	Examen des informations fournies par les Parties (voir la 1e-ci-dessus)				Les Membres établissent un rapport sur les mesures prises pour mettre en place des mesures de surveillance et de réponse					

Question liée aux changements climatiques	Lacunes/besoins	Domaine de réponse	Mesure/tâche	Priorité	Qui	IP	CPE 2017	IP	CPE 2018	IP	CPE 2019	IP	CPE 2020	IP	CPE 2021
2) Modification des environnements biotiques et abiotiques terrestres (y compris aquatiques) induite par les changements climatiques	• Comprendre comment les biotes terrestres et du/aquatiques répondront aux changements climatiques actuels et quels seront les répercussions de ces changements • Comprendre dans quelle mesure l'environnement abiotique terrestre se modifiera et quelles seront les répercussions de ces changements	Recherche	a. Soutenir et entreprendre les recherches afin de mieux comprendre les changements actuels et futurs et d'étayer la réponse	1.9	PAN, SCAR	Que le SCAR présente les principales initiatives de recherche actuelles pertinentes pour les changements environnementaux terrestres et du/aquapicole.	En cours. Rapports actualisés à fournir, notamment à travers le Portail.		En cours. Rapports actualisés à fournir, notamment à travers le Portail.		En cours. Rapports actualisés à fournir, notamment à travers le Portail.		En cours. Rapports actualisés à fournir, notamment à travers le Portail.		
			b. Soutenir et entreprendre une surveillance à long terme des changements, notamment pour des efforts conjoints (p. ex., ANTOS).	1.8	PAN, SCAR	Que le SCAR développe des conseils pour le CPE sur la pertinence des découvertes/résultats d'ANTOS pour les questions relatives à la gestion du CPE.	Examiner les questions relatives à l'accès des données par le CPE.		Analyser les principales lacunes en matière de suivi du réseau et encourager la mise en œuvre lorsque de telles lacunes existent						
			c. Continuer à élaborer des outils biogéographiques (ADE et RCBA) afin de fournir une base d'information solide sur la protection et la gestion de la région antarctique à l'échelle régionale et continentale, en tenant compte des changements climatiques, d'identifier le besoin de réserver des zones moins/s pour les recherches futures et de définir les zones présentant une résilience aux changements climatiques	2.1	Engagé par les Parties intéressées et le CPE		Que les Parties fournissent des rapports actualisés sur les recherches et les efforts de gestion déployés afin d'appliquer des outils biogéographiques.	Planifier un atelier conjoint SCAR/CPE sur la biogéographie de l'Antarctique, notamment pour : identifier les applications pratiques de la gestion des outils biogéographiques et des futurs besoins de recherche	Atelier conjoint SCAR/CPE sur la biogéographie de l'Antarctique	Tenir compte du rapport de l'atelier conjoint SCAR/CPE sur la biogéographie de l'Antarctique.				
			d. Identifier et donner la priorité aux régions biogéographiques de l'Antarctique les plus menacées par les changements climatiques	1.6	Engagé par les Parties intéressées et le CPE		Que les Parties fournissent des mises à jour sur les travaux de recherche entrepris ou prévus afin d'identifier les régions biogéographiques vulnérables face au changement climatique.							
		Gestion	e. Examiner et réviser, le cas échéant, les outils de gestion existants afin d'évaluer s'ils offrent les meilleures mesures d'adaptation pratiques aux régions les plus menacées par les changements climatiques	1.9	CPE								Que les Parties fournissent des données d'expériences relatives à l'application des considérations climatiques dans la procédure d'évaluation d'impact sur l'environnement.		
			f. Analyse globale du réseau de zones protégées existant et de processus de désignation de telles zones afin de s'assurer qu'elles prennent en compte les représentations des changements climatiques et qu'elles envisagent une réponse appropriée	1.8	CPE	Travail du GSPG sur les Lignes directrices pour les ZGESA (cf. plan de travail du GSPG) prend en compte et intègre de manière appropriée les répercussions des changements climatiques.	Travail du GSPG pour les ZGSA. Inciter les travaux visant à développer des Lignes directrices/critères pour le retrait des zones protégées dû, par exemple, au changement climatique.		Plan pour l'atelier intersessions portant sur l'examen du système des zones protégées	Atelier*	Examiner les résultats de l'atelier sur les zones protégées.				
			g. Prendre des mesures visant à protéger les zones représentatives de chaque région biogéographique et les zones susceptibles de constituer un refuge pour les espèces et les écosystèmes menacés	2.1	CPE		Fournir un rapport d'état à la RCTA sur l'état du réseau des zones protégées de l'Antarctique.							

Question liée aux changements climatiques	Lacunes/besoins	Domaine de réponse	Mesure/tâche	Priorité	Qui	IP	CPE 2017	IP	CPE 2018	IP	CPE 2019	IP	CPE 2020	IP	CPE 2021
3) Changement des environnements marins biotiques et abiotiques côtiers (acidification des océans exclue)¹⁰	• Comprendre et être en mesure de prévoir les changements des environnements marins côtiers, ainsi que leurs répercussions • Avoir une meilleure connaissance des données de suivi des environnements marins induits par le climat	Recherche	a. Encourager les recherches entreprises par les Programmes nationaux et le SCAR et chercher à actualiser l'état des connaissances du SCAR sur les répercussions des changements climatiques sur le biote marin	2.0	PAN, SCAR	Que le SCAR présente les initiatives de recherche pertinentes actuelles et les actuelles pertinentes pour les changements environnements marins.	En cours. Rapports actualisés à fournir, notamment le Portail.		En cours. Rapports actualisés à fournir, notamment à travers le Portail.		En cours. Rapports actualisés à fournir, notamment à travers le Portail.		En cours. Rapports actualisés à fournir, notamment à travers le Portail.		
			b. Soutenir et entreprendre un suivi conçu à long terme des changements (p. ex., SOOS, ANTOS) et solliciter des rapports réguliers sur l'état des connaissances de ces programmes	2.0	PAN, SCAR	Que le SCAR présentation aperçu de la manière dont les programmes de recherche existants (tels que ASSOS et ANTOS) peuvent contribuer aux questions relatives à la gestion du CPE. Que le président du CPE écrive aux Comités directeurs des programmes internationaux de recherches pertinents (par ex, ICED) afin de demander une mise à jour régulière des rapports.	En cours. Rapports actualisés à fournir, notamment à travers le Portail.		En cours. Rapports actualisés à fournir, notamment à travers le Portail.		En cours. Rapports actualisés à fournir, notamment à travers le Portail.		En cours. Rapports actualisés à fournir, notamment à travers le Portail.		
		Gestion	c. Examiner et réviser, le cas échéant, les outils de gestion existants afin d'évaluer s'ils offrent les meilleures mesures d'adaptation pratiques aux espèces et aux zones géographiques menacées par les changements climatiques de l'océan Austral.	2.0	CPE											
			d. Continuer à collaborer avec la CCAMLR afin d'identifier le processus de désignation des zones de référence pour les recherches futures.	2.5	CPE, SCAR, CS-CAMLR											
			d. Maintenir un dialogue régulier (ou un partage d'informations) avec le CS-CAMLR sur les changements climatiques et l'océan Austral, en particulier concernant les mesures futures.	1.5	CPE, CCAMLR										Organiser un atelier, comme mentionné dans le plan de travail quinquennal du CPE.
4) Modification des écosystèmes dus à l'acidification des océans	• Comprendre l'impact de l'acidification des océans sur les biotes et les écosystèmes marins	Recherche	a. Encourager, comme demandé, l'approfondissement des recherches et de "l'évaluation de l'impact de l'acidification des océans, à la manière du rapport du SCAR.	1.9	PAN, SCAR		En cours. Rapports actualisés à fournir, notamment à travers le Portail.		En cours. Rapports actualisés à fournir, notamment le Portail.		En cours. Rapports actualisés à fournir, notamment à travers le Portail.		En cours. Rapports actualisés à fournir, notamment à travers le Portail.		
		Gestion	b. Examiner le produire rapport du SCAR sur l'acidification des océans et agir en conséquence (certaines mesures servies par la RCTA).	1.6	CPE, CCAMLR**	Examen préliminaire du rapport du SCAR	Examen préliminaire du rapport du SCAR.								
			c. Examiner et réviser, le cas échéant, les outils de gestion pertinents existants afin d'évaluer s'ils offrent les meilleures mesures d'adaptation pratiques aux espèces et aux zones géographiques menacées par l'acidification des océans	2.4	CPE, CCAMLR***										

Question liée aux changements climatiques*	Lacunes/besoins	Domaine de réponse	Mesure/tâche	Priorité	Qui	IP	CPE 2017	IP	CPE 2018	IP	CPE 2019	IP	CPE 2020	IP	CPE 2021
5) Effets des changements climatiques sur les environnements bâtis, ayant des répercussions sur les valeurs naturelles et patrimoniales	• Comprendre quels sont les changements des environnements terrestres abiotiques et dans quelle mesure ils pourraient avoir des répercussions sur les valeurs environnementales et patrimoniales • Comprendre les effets des changements climatiques sur les sites contaminés et les implications pour les espèces/écosystèmes (p. ex., si les changements climatiques augmentent et l'exposition des espèces/écosystèmes aux contaminants et comprendre comment les espèces/écosystèmes répondront à l'exposition à de tels contaminants) • Comprendre quelles mesures de préservation ou correctives peuvent être appliquées pour contrer ces effets	Recherche	a. Les opérateurs nationaux évaluent les risques des changements climatiques (p. ex., pergélisol) sur leurs infrastructures et dans quelle mesure ils pourraient avoir des répercussions sur les valeurs environnementales et patrimoniales	3.0	PAN, COMNAP				Encourager le COMNAP à évaluer les risques des changements climatiques sur les infrastructures du PAN				Recevoir le rapport du COMNAP et prendre des mesures en conséquence		
			b. Évaluer les risques des changements climatiques sur les SMH/le patrimoine des ZSPA	2.9	Promoteurs et Parties intéressées								Lancer l'évaluation des risques pour les SMH		
			c. Identifier et mentionner les besoins en matière de recherche et les communiquer à la communauté scientifique	3.1	CPE										
		Gestion	d. Mettre à jour les Lignes directrices relatives aux EIE afin de prendre en compte les impacts des changements climatiques, p. ex., s'assurer que les installations durables proposées présentent une résilience aux changements climatiques et n'aient pas d'impact sur les espèces ou les habitats menacés	1.9	CPE										
			e. Développement du Manuel de nettoyage pour l'Antarctique (cf. Résolution 2 (2013))	2.0	CPE		S'assurer que les révisions du Manuel de nettoyage pour l'Antarctique (mentionné dans le plan de travail quinquennal) prennent en compte les effets des changements climatiques				En cours				
			f. Encourager les Programmes nationaux à évaluer quels sites de leurs activités passées (pas encore nettoyés ou réhabilités) sont les plus susceptibles d'être perturbés par les changements climatiques, afin de classer leurs travaux par priorité	2.5	PAN		Que les Membres fournissent un rapport d'état au CPE, afin de lui communiquer quels sites encore nettoyés ou réhabilités sont les plus susceptibles d'être perturbés par les changements climatiques, et de lui faire part des plans de nettoyage et de réhabilitation de ces sites		En cours				En cours		

Question liée aux changements climatiques	Lacunes/Pressions	Domaine de réponse	Mesure/tâche	Priorité	Qui	IP	CPE 2017	IP	CPE 2018	IP	CPE 2019	IP	CPE 2020	IP	CPE 2021
6) Espèces marines et terrestres menacées par les changements climatiques	• Comprendre le statut des populations, les tendances démographiques, le degré de vulnérabilité et la répartition des espèces antarctiques clés • Mieux comprendre les effets des changements climatiques sur les espèces menacées, y compris les seuils critiques à partir desquels les effets sont irréversibles • Cadre de suivi permettant de s'assurer que les effets sur les espèces clés sont identifiés • Comprendre la relation entre les espèces et les répercussions des changements climatiques sur les zones d'importance	Recherche	a. Promouvoir les recherches des programmes nationaux, du SCAR et de CS-CAMLR, par ex. à travers des programmes tels que AntERA et AntECO) ainsi que le programme de surveillance des écosystèmes (CEMP) de la CCAMLR	1.6	PAN, SCAR, CS-CAMLR	Que le SCAR présente un aperçu de la manière dont les programmes de recherche existants (tels que AntERA et AntECO) peuvent contribuer aux questions relatives à la gestion du CPE									
		Gestion	b. Analyser la possibilité et la façon dont les critères de la Liste rouge de l'UICN peuvent être appliqués à l'échelle régionale de l'Antarctique, dans le contexte des changements climatiques	2.4	SCAR		Encourager un programme de travail en collaboration avec le SCAR, le CS-CAMLR, l'ACAP et l'UICN dans le but de : 1. Lancer un programme permettant de fournir régulièrement des rapports actualisés sur le statut des espèces antarctiques		Encourager un programme de travail en collaboration avec le SCAR, le CS-CAMLR, l'ACAP et l'UICN dans le but de : 1. Évaluer les espèces antarctiques qui n'ont pas encore été évaluées. 2. Développer une approche d'utilisation des critères de la Liste rouge de l'UICN à l'échelle régionale en Antarctique							
			c. Établir un programme glissant d'évaluation de l'état des espèces antarctiques, qui se concentre notamment sur les espèces qui n'ont pas encore été évaluées par la Liste rouge de l'UICN	1.7	CPE, SCAR, ACAP		Cf. point 6a ci-dessous						Fournir des rapports actualisés à la RCTA sur l'état, les tendances et la vulnérabilité des espèces antarctiques		
			d. Examiner et corriger, le cas échéant, les outils de gestion existants afin d'évaluer à l'la effort des meilleures mesures d'adaptation pratiques aux espèces menacées par les changements climatiques	1.6	CPE, CCAMLR		Cf. point 6a ci-dessous								
			e. Mettre au point, le cas échéant, des mesures de gestion pour améliorer et améliorer l'état de conservation des espèces menacées par les changements climatiques, p. ex., à travers des plans d'action SPS	2.0	CPE, SCAR, Travaux intersessions (par le biais d'un GCI, d'un atelier, de Membres intéressés, etc.) Atelier		En cours		En cours		En cours				

Question liée aux changements climatiques	Lacunes/besoins	Domaine de réponse	Mesure/tâche	Priorité	Qui	IP	CPE 2017	IP	CPE 2018	IP	CPE 2019	IP	CPE 2020	IP	CPE 2021
7) Habitats marins, terrestres et dulçaquicoles menacés par les changements climatiques	• Comprendre le statut, les tendances, la vulnérabilité et la répartition des habitats • Mieux comprendre les effets des changements climatiques sur les habitats, p. ex., écoulue et persistance de la glace de mer, couverture de neige, humidité du sol, microclimat, modification du sol, vitesse et consistance sur les systèmes lacustres • Mieux comprendre l'expansion potentielle de la présence humaine en Antarctique en réponse aux changements induits par les changements climatiques (par ex., modification de la distribution des glaces, effondrement des plates-formes de glace, extension des zones libres de glace)	Recherche	a. Promouvoir les recherches des programmes nationaux, du SCAR et le CS-CAMLR	2.4	PAN, SCAR, CS-CAMLR		En cours Rapports actualisés à fournir, notamment à travers le Portail		En cours Rapports actualisés à fournir, notamment à travers le Portail		En cours Rapports actualisés à fournir, notamment à travers le Portail		En cours Rapports actualisés à fournir, notamment à travers le Portail		
		Gestion	b. Examiner et réviser, le cas échéant, les outils de gestion existants afin d'évaluer s'ils offrent les meilleures mesures d'adaptation pratiques aux habitats menacés par les changements climatiques	2.3	CPE, CCAMLR											

* Travaux intersessions (par le biais d'un GCI, d'un atelier, de Membres intéressés, etc.)

** Noter l'importance de la prise en compte par la CCAMLR des problèmes induits par les changements climatiques dans l'océan Austral

*** Rapport du SCAR sur l'acidification des océans publié en août 2016.

**** Remarque : les critères de l'UICN couvrent plusieurs aspects, outre les changements climatiques, et n'identifient pas nécessairement les effets dus uniquement aux changements climatiques. Les avantages d'utiliser les critères de l'UICN dans la réponse du CPE aux changements climatiques seront évalués en amont de leur utilisation.

Appendice 3

Ordre du jour prévisionnel pour le XXe CPE

1. Ouverture de la réunion
2. Adoption de l'ordre du jour
3. Débat stratégique sur les travaux futurs du CPE
4. Fonctionnement du CPE
5. Coopération avec d'autres organisations
6. Réparation et réhabilitation des dommages causés à l'environnement
7. Conséquences du changement climatique pour l'environnement :
    a. Approche stratégique
    b. Mise en œuvre et examen du programme de travail en réponse au changement climatique
8. Évaluation d'impact sur l'environnement (EIE)
    a. Projets d'évaluations globales d'impact sur l'environnement
    b. Autres questions relatives aux EIE
9. Plans de gestion et de protection des zones
    a. Plans de gestion
    b. Sites et monuments historiques
    c. Lignes directrices pour les visites de sites
    d. Gestion et protection de l'espace marin
    e. Autres questions relevant de l'Annexe V
10. Conservation de la faune et de la flore de l'Antarctique
    a. Quarantaine et espèces non indigènes
    b. Espèces spécialement protégées
    c. Autres questions relevant de l'Annexe II
11. Surveillance de l'environnement et rapports
12. Rapports d'inspection
13. Questions diverses
14. Élection des membres du Bureau
15. Préparatifs de la prochaine réunion
16. Adoption du rapport
17. Clôture de la réunion

3. Appendices

Déclaration de Santiago pour le vingt-cinquième anniversaire de la signature du Protocole relatif à la protection de l'environnement au Traité sur l'Antarctique

Les Parties consultatives au Traité sur l'Antarctique, réunies à Santiago, au Chili, en mai 2016, à l'occasion du vingt-cinquième anniversaire de la signature du Protocole de 1991 relatif à la protection de l'environnement au Traité sur l'Antarctique (le Protocole environnemental),

Rappelant la Déclaration ministérielle de Washington sur le 50ème anniversaire du Traité sur l'Antarctique de la XXXIIe RCTA, en 2009,

Rappelant en outre la déclaration de 2011 sur la coopération antarctique à l'occasion du 50ème anniversaire de l'entrée en vigueur du Traité sur l'Antarctique,

Reconnaissant l'importance du Protocole environnemental, signé à Madrid le 4 octobre 1991, au sein du système du Traité sur l'Antarctique,

Rappelant l'engagement des Parties consultatives envers la protection complète de l'environnement de l'Antarctique et des écosystèmes dépendants et associés, et la désignation de l'Antarctique comme réserve naturelle, consacrée à la paix et à la science,

Réaffirmant que la protection complète de l'environnement de l'Antarctique et des écosystèmes dépendants et associés est dans l'intérêt de la science et de l'humanité toute entière,

Rappelant les responsabilités des Parties consultatives au Traité sur l'Antarctique de s'assurer que toutes les activités en Antarctique sont compatibles avec le système du Traité sur l'Antarctique,

Rappelant en outre que la protection complète de l'environnement antarctique et des écosystèmes dépendants et associés est un facteur fondamental dans la planification des activités et la recherche scientifique dans la zone du Traité sur l'Antarctique,

Résolues à assurer la pleine application des principes et des dispositions du Protocole et de ses annexes à l'appui d'une protection complète de l'environnement d l'Antarctique et des écosystèmes dépendants et associés,

Profondément préoccupées par les effets des changements environnementaux mondiaux, en particulier le changement climatique, pour l'environnement antarctique et les écosystèmes dépendants et associés,

Convaincues que la coopération internationale en Antarctique est essentielle afin d'étudier efficacement les changements environnementaux mondiaux et que le système du Traité sur l'Antarctique offre le cadre nécessaire au renforcement de cette coopération,

Conscientes de la nécessité de veiller à ce que toute l'activité humaine en Antarctique soit menée de manière à favoriser la protection continue de l'environnement de l'Antarctique et à empêcher et minimiser les impacts,

Réaffirmant l'importance de tirer parti des meilleurs avis scientifiques et techniques disponibles quant à la gestion des activités en Antarctique et à la protection globale de l'environnement de l'Antarctique et des écosystèmes dépendants et associés,

Reconnaissant l'importance de la Comité pour la protection de l'environnement en tant qu'organe consultatif pour les réunions consultatives du Traité sur l'Antarctique dans le cadre de la mise en œuvre du Protocole environnemental,

Par la présente :

1. réaffirment leur engagement ferme et inébranlable envers les objectifs et les buts du Traité sur l'Antarctique et de son Protocole environnemental ;

2. gagent de redoubler d'efforts afin de préserver et protéger les environnements terrestre et marin de l'Antarctique, compte tenu de la désignation de l'Antarctique comme réserve naturelle, consacrée à la paix et à la science ;

3. réaffirment, en particulier, leur engagement fort et sans équivoque envers les articles 6 et 7 du Protocole environnemental, définissant respectivement les principes sur la coopération dans la planification et la conduite des activités dans la zone du Traité sur l'Antarctique, et interdisant toute activité liée aux ressources minérales, autres qu'aux fins de la recherche scientifique ;

4. s'engagent à déployer tous les efforts nécessaires afin de mettre en vigueur l'Annexe VI du Protocole sur la protection de l'environnement qui porte sur la responsabilité découlant des urgences environnementales, comme une étape cruciale en vue de l'application des articles 15 et 16 du Protocole environnemental ;

5. saluent l'augmentation du nombre de Parties au Protocole environnemental à trente-sept Parties au moment de la présente déclaration et encouragent les autres États qui sont engagés envers les buts et objectifs du Protocole d'y adhérer ;

6. s'engagent à garantir que le tourisme actuel et futur et les activités non gouvernementales soient gérés efficacement, y compris les défis et impacts découlant de l'éventuelle croissance et diversification de ces activités, en tenant compte des dispositions du Système du Traité sur l'Antarctique et en particulier, celles contenues dans le Protocole de l'environnement.

7. réaffirment leur intention de travailler de concert afin de mieux comprendre les changements du climat antarctique, et de chercher activement des moyens pour contrer les effets du changement climatique sur l'environnement de l'Antarctique et les écosystèmes dépendants et associés ;

8. réitèrent leur engagement à promouvoir des programmes coopératifs à valeur scientifique, technique et éducative, y compris des activités visant à protéger l'environnement en Antarctique et les écosystèmes dépendants et associés ; et à faciliter le partage des biens et

les infrastructures de l'Antarctique afin de soutenir des projets de collaboration scientifique, lorsque cela est possible et réalisable ;

9. réaffirment leur engagement à rester vigilantes et à prendre des mesures efficaces et rapides pour relever les futurs défis environnementaux qui se poseront en Antarctique.

Adoptée à Santiago, Chili, le 30 mai 2016.

Ordre du jour préliminaire pour la XLᵉ RCTA, Groupes de travail et répartition des points de l'ordre du jour

Réunion Plénière

1) Ouverture de la Réunion

2) Élection des membres du Bureau et constitution de groupes de travail

3) Adoption de l'ordre du jour, répartition des points de l'ordre du jour entre les groupes de travail et examen du Programme de travail stratégique pluriannuel

4) Fonctionnement du Système du Traité sur l'Antarctique : Rapports des Parties, des Observateurs et des Experts

5) Rapport du Comité pour la protection de l'environnement

Groupe de travail 1 : (*Politique, juridique, institutionnel*)

6) Fonctionnement du Système du Traité sur l'Antarctique : Questions générales

7) Fonctionnement du Système du Traité sur l'Antarctique : Questions liées au Secrétariat

8) Responsabilité

9) Prospection biologique en Antarctique

10) Échange d'informations

11) Questions relatives à la formation

12) Programme de travail stratégique pluriannuel

Groupe de travail 2 : (*Science, opérations, tourisme*)

13) Sécurité et opérations en Antarctique

14) Inspections en vertu du Traité sur l'Antarctique et du Protocole environnemental

15) Questions scientifiques, coopération et facilitation scientifiques

16) Implications du changement climatique pour la zone du Traité sur l'Antarctique

17) Tourisme et activités non gouvernementales dans la zone du Traité sur l'Antarctique, y compris les questions relatives aux autorités compétentes

Plénière

18) Nomination du Secrétaire exécutif

19) Préparation de la XLIe Réunion
20) Autres questions
21) Adoption du Rapport final
22) Clôture de la Réunion

Communiqué du pays hôte

La XXXIXe Réunion consultative du Traité sur l'Antarctique (RCTA) a eu lieu à Santiago, au Chili, du 23 mai au 1er juin 2016. La Réunion a été présidée par l'ambassadeur Alfredo Labbé (Chili). La XIXe Réunion du Comité pour la protection de l'environnement (CPE) a eu lieu du 23 au 27 mai et a été présidée par Ewan Mclvor (Australie). Les Réunions ont été organisées par le ministère des Affaires étrangères du Chili.

Plus de 340 participants, des Parties du Traité sur l'Antarctique, des experts, des représentants de la société civile et des observateurs internationaux ont assisté à la Réunion annuelle. La Réunion a été inaugurée par le ministre des Affaires étrangères du Chili, M. Heraldo Muñoz.

Les thèmes suivants ont fait l'objet de discussions lors du CPE : l'échange d'informations sur les questions environnementales, les conséquences du changement climatique pour l'environnement de l'Antarctique, les plans de gestion et de protection de la zone, la conservation de la flore et de la faune de l'Antarctique ainsi que les évaluations d'impact environnemental. Le CPE a également examiné le rapport de la Réunion conjointe du Comité sur la protection de l'environnement et du Comité scientifique pour la conservation de la faune et la flore marines (CS-CAMLR), qui a eu lieu à Puntas Arenas, au Chili, les 19 et 20 mai.

Les discussions de la RCTA se sont concentrées sur les questions suivantes : la promotion de la recherche scientifique et le renforcement de l'esprit de collaboration internationale, la sécurité et les opérations en Antarctique, les inspections menées en Antarctique, les activités non gouvernementales et touristiques dans la zone du Traité sur l'Antarctique, l'échange d'informations entre les autorités compétentes, la gestion et la préservation des sites historiques ainsi que les problèmes généraux concernant le fonctionnement du système du Traité sur l'Antarctique. Les questions concernant la pédagogie et la sensibilisation ont également fait l'objet de longues discussions.

La Réunion a également tenu un Groupe de travail spécial pour commémorer le 25e anniversaire de la signature du Protocole au Traité sur l'Antarctique relatif à la protection de l'environnement, qui a été inauguré par le vice-ministre des Affaires étrangères chilien, Edgardo Riveros. La structure de ce groupe de travail ressemblait à celle d'un symposium. Quelque 11 intervenants y ont participé et son objectif était de célébrer et de discuter de la réussite du Protocole sur l'environnement en tant que cadre pour l'amélioration de la protection environnementale en Antarctique, ainsi que de s'assurer que le Protocole était adapté aux évolutions futures. La Réunion a également adopté une résolution réaffirmant l'engagement des Parties en faveur de l'interdiction de l'exploitation minière, conformément à l'article 7 du Protocole.

La RCTA a adopté la Déclaration de Santiago lors du vingt-cinquième anniversaire de la signature du Protocole au Traité sur l'Antarctique relatif à la protection de l'environnement. La déclaration réaffirme l'engagement des Parties consultatives en faveur de la protection de l'environnement antarctique et des écosystèmes qui en dépendent ou qui lui sont associés. La Déclaration de Santiago est jointe au présent communiqué.

Les Parties ont exprimé leur gratitude envers le gouvernement chilien et leur satisfaction par rapport aux excellentes installations mises à la disposition de la Réunion.

La prochaine RCTA sera organisée par la Chine en 2017.

Conclusions de l'échange d'informations de la RCTA

1. La réunion a examiné le document de travail WP 17 intitulé « Rapport du groupe de contact intersessions chargé d'examiner les exigences en matière d'échange d'informations ». Ce GCI était chargé de réviser les points informatifs dont l'échange est actuellement exigé, et de formuler des recommandations quant à: l'intérêt ou non pour les Parties de poursuivre l'échange d'informations sur ces points; le besoin ou non de modifier, mettre à jour, décrire différemment, rendre obligatoire (pour ceux encore optionnels) ou retirer certains de ces points; le délai prévu pour l'échange d'information de ces points; la manière dont chaque point correspondrait le mieux aux catégories d'information « présaison », « annuelle » et « permanente »; et la question de savoir si ces informations pourraient être mieux partagées au moyen d'autres mécanismes.

2. L'Australie a noté que les discussions intersessions avaient été centrées sur des points reportés de la XXXVIIIe RCTA. Le GCI avait terminé son examen des éléments restants.

3. La réunion a également examiné les conseils du CPE portant sur les informations liées à l'environnement.

4. La réunion a noté que certains points soulevés lors des discussions du GCI n'étaient pas du ressort des termes de référence du GCI. Parmi ces questions, citons :

- le bien-fondé de la détermination de la façon dont les Parties utilisent les informations échangées ;
- le niveau de détail des informations échangées et si ces détails sont nécessaires ;
- les variations dans le niveau de détail fourni en fonction des Parties ; et
- les différentes solutions possibles pour échanger des informations (par exemple, par un système d'échange d'informations électronique, ou par d'autres moyens).

5. La RCTA a pris note de ces questions tout en encourageant les Parties à envisager comment elles pourraient se résoudre, en vue d'examiner toute proposition liée à ces questions lors d'une réunion future.

6. La réunion a considéré les recommandations du GCI et a convenu de modifier les exigences en matière d'échange d'informations dans certains cas, tout en prenant note d'autres questions. Les conclusions de la RCTA sur les points d'information considérés sont :

Informations scientifiques	Conclusion de la RCTA
Informations scientifiques : Plans futurs	La RCTA a convenu de modifier le calendrier se rapportant à la communication d'informations de plans futurs, de façon à communiquer à tout moment, par exemple lorsque des plans nationaux sont conclus ou mis à jour.

Informations opérationnelles – expéditions nationales	Conclusion de la RCTA
Opérationnel : expéditions nationales – Stations	En vue des questions soulevées par les participants du GCI, la RCTA a noté le bien-fondé de la modification éventuelle d'informations à la catégorie Opérationnel : expéditions nationales – Stations. La RCTA a demandé au COMNAP de consulter ses membres et de les conseiller sur les catégories pertinentes pour décrire les stations et installations facilitant l'échange d'informations précises.
	La RCTA a noté qu'il n'existe aucune information sur les installations aériennes et a réaffirmé leur pertinence, en vue de la Résolution 1 (2013), qui indique que les Parties doivent faciliter la révision régulière du Manuel d'information sur les vols antarctiques du COMNAP, qui comporte des informations sur les installations aériennes.
Sondes d'exploration	La RCTA a noté que toute modification portant sur l'échange d'informations concernant le lancement de sondes d'exploration doit être considérée dans le contexte plus large des débats portant sur la gestion de la sécurité aérienne par la RCTA et le COMNAP.
Informations relatives à la recherche et au sauvetage - Stations, navires, et aéronefs	La RCTA a noté le manque de clarté sur les informations à échanger, ainsi que sur le format de reporting envisagé. La RCTA a également noté que le COMNAP exploite des informations et des systèmes relatifs à la recherche et au sauvetage.
	La RCTA a demandé au COMNAP de la conseiller sur la nécessité, d'un point de vue opérationnel, d'échanger des informations relatives à la recherche et au sauvetage via le système d'échange d'informations. La RCTA a également exigé que le COMNAP détermine s'il était avantageux que les informations relatives à la recherche et au sauvetage gérées par le COMNAP soient rendues publiques en les liant au site Web de l'ACTM, et si cela entraînerait des difficultés techniques ou autres.

Informations opérationnelles – expéditions non gouvernementales	Conclusion de la RCTA
Expéditions non gouvernementales	La RCTA a conclu que la communication d'informations relatives aux expéditions non gouvernementales sera modifiée de façon à être disponible au plus tôt après l'achèvement des processus nationaux, selon la description temporelle adjointe suivante : « au plus tôt, dès la fin des procédures nationales, de préférence avant la date cible pré-saison du 1er octobre, et au plus tard au début de l'activité ». La RCTA a noté qu'il était souhaitable que les Parties fournissant des informations sur la mise en œuvre nationale de la Mesure 4 (2004) via l'élément « législation nationale pertinente », à l'aide des éléments d'information existants dans cette section.
Expéditions non gouvernementales – Activités aériennes (aucune exigence à l'heure actuelle)	La RCTA a noté qu'il n'existe actuellement aucune exigence concernant les activités aériennes non gouvernementales et a décidé d'ajouter une nouvelle catégorie pour les activités aériennes non gouvernementales, qui comportera les informations suivantes : nom de l'opérateur, date de départ de chaque vol, lieu de départ et d'arrivée des vols, itinéraire des vols, objet des vol, nombre de passagers. Dans un souci de cohérence avec les autres informations relatives aux expéditions non gouvernementales, ces informations seront requises avant la saison et annuellement.
Opérations menées à bord de navires – Lieux	La RCTA a noté que des questions avaient été soulevées par un certain nombre de participants au GCI, qui ont souligné que, souvent, les informations pré-saison (dans les lieux d'activités prévus) différaient de l'activité réelle, et s'est demandé s'il était nécessaire de fournir des informations plus détaillées dans le cadre de l'échange d'informations pré-saison. La RCTA a encouragé les Parties intéressées à examiner plus avant cette question et de mettre en avant des propositions lors d'une réunion future.
Opérations menées à bord de navires – Date	La RCTA a décidé d'ajouter un point d'information supplémentaire facultatif relatif aux opérations menées à bord de navires, à savoir la « durée de l'accostage » afin de rendre compte des situations entraînant la poursuite d'une activité sur plusieurs jours dans un même emplacement, ou dans plusieurs sites visités au cours d'une même journée.

7. La RCTA a considéré les conseils du CPE concernant l'échange d'informations relatives aux questions environnementales, et convient :

1) de modifier les points d'échange d'informations sur les *Plans d'urgence en cas de déversement de carburants et d'autres urgences* comme suit :

- modification de la description du point en ajoutant le texte souligné suivant, « déversements d'hydrocarbures *et autres urgences environnementales* » ;

- ajout d'un point facultatif pour décrire « la portée et l'envergure du plan (p. ex. marée noire de navire, marée noire de station, incident chimique de station, etc.) », si cela n'est pas indiqué dans le titre ;

- conservation du point « lien », mais en le rendant « facultatif »; et

- suppression du point « rapport de mise en œuvre ».

2) Les modifications de points relatifs à l'échange d'informations sur les EPIE et les EGIE comprennent :

- l'inclusion d'un point supplémentaire facultatif d'information, indiquant la « période/durée de l'activité » ; et

- la modification des délais de communication d'informations sur les EPIE et les EGIE pour encourager cette communication « dès la conclusion de procédures nationales, tout en maintenant le délai de soumission des informations imposé aux Parties ».

DEUXIÈME PARTIE

Mesures, décisions et résolutions

1. Mesures

Zone spécialement protégée de l'Antarctique n° 116
(Vallée New College, plage Caughley, cap Bird, île de Ross) : Plan de gestion révisé

Les représentants,

Rappelant les articles 3, 5 et 6 de l'Annexe V du Protocole au Traité sur l'Antarctique relatif à la protection de l'environnement qui prévoient la désignation de Zones spécialement protégées de l'Antarctique (« ZSPA ») et l'approbation de Plans de gestion pour ces zones ;

Rappelant

- La Recommandation XIII-8 (1985), qui a désigné la plage Caughley comme Site d'intérêt scientifique particulier (« SISP ») n° 10, et a annexé un Plan de gestion pour le site ;

- La Recommandation XIII-12 (1985), qui a désigné la vallée New College comme Zone spécialement protégée (« ZSP ») n° 20 ;

- La Recommandation XVI-7 (1991), qui a prorogé la date d'expiration du SISP n° 10 ;

- La Recommandation XVII-2 (1992) qui a annexé un Plan de gestion pour la ZSP n° 20 ;

- La Mesure 1 (2000), qui a agrandi la ZSP n° 20 de manière à inclure la plage Caughley, a annexé un Plan de gestion révisé pour la zone, et a stipulé que le SISP n° 10 devenait caduque ;

- La Décision 1 (2002) qui a renommé et renuméroté la ZSP n° 20 en ZSPA n° 116 ;

- La Mesure 1 (2006) et la Mesure 2 (2011) qui ont adopté des Plans de gestion révisés pour la ZSPA n° 116 ;

Rappelant que que la Recommandation XVI-7 (1991) et la Mesure 1 (2000) ne sont pas entrées en vigueur, et que la Recommandation XVII-2 (1992) a été retirée par la Mesure 1 (2010) ;

Rappelant que les Recommandations XIII-12 (1985) et XII-7 (1991) ont été déclarées caduques par la Mesure 1 (2011) ;

Notant que le Comité pour la protection de l'environnement a approuvé un Plan de gestion révisé pour la ZSPA n° 116 ;

Désireux de remplacer le Plan de gestion existant pour la ZSPA n° 116 par le Plan de gestion revisé ;

Recommandent à leurs gouvernements d'approuver la Mesure suivante conformément au paragraphe 1 de l'article 6 de l'Annexe V du Protocole au Traité sur l'Antarctique relatif à la protection de l'environnement :

Que :

1. Le Plan de gestion révisé pour la Zone spécialement protégée de l'Antarctique n° 116 (Vallée New College, plage Caughley, cap Bird, île de Ross), en annexe à cette Mesure, soit approuvé ; et

2. Le Plan de gestion de la Zone spécialement protégée de l'Antarctique n° 116 en annexe à la Mesure 1 (2011) soit abrogé.

Zone spécialement protégée de l'Antarctique n° 120
(Archipel de Pointe-Géologie, Terre Adélie) : Plan de gestion révisé

Les Représentants,

Rappelant les articles 3, 5 et 6 de l'Annexe V du Protocole au Traité sur l'Antarctique relatif à la protection de l'environnement qui prévoient la désignation de Zones spécialement protégées de l'Antarctique (« ZSPA ») et l'approbation de Plans de gestion pour ces zones ;

Rappelant

- La Mesure 3 (1995) qui a désigné l'Archipel de Pointe-Géologie, Terre Adélie comme Zone spécialement protégée (« ZSP ») n° 24 et comprenait un Plan de gestion pour la zone en annexe ;
- La Décision 1 (2002) qui a renommé et renuméroté la ZSP n° 24 en ZSPA n° 120 ;
- La Mesure 2 (2005) et la Mesure 2 (2011) qui ont adopté des Plans de gestion révisés pour la ZSPA n° 120 ;

Rappelant que la Mesure 3 (1995) n'est pas entrée en vigueur et a été retirée par la Mesure 2 (2011) ;

Notant que le Comité pour la protection de lenvironnement a approuvé un Plan de gestion révisé pour la ZSPA n° 120 ;

Désireux de remplacer le Plan de gestion existant pour la ZSPA n° 120 par le Plan de gestion révisé ;

Recommandent à leurs gouvernements d'approuver la Mesure suivante conformément au paragraphe 1 de l'article 6 de l'Annexe V du Protocole au Traité sur l'Antarctique relatif à la protection de l'environnement :

Que :

1. Le Plan de gestion révisé pour la Zone spécialement protégée de l'Antarctique n° 120 (Archipel de Pointe-Géologie, Terre Adélie), qui figure en annexe à la présente Mesure, soit approuvé ; et

2. Le Plan de gestion de la Zone spécialement protégée de l'Antarctique n° 120 en annexe à la Mesure 2 (2011) soit abrogé.

Zone spécialement protégée de l'Antarctique n° 122
(Hauteurs Arrival, péninsule Hut Point, île de Ross) : Plan de gestion révisé

Les Représentants,

Rappelant les articles 3, 5 et 6 de l'Annexe V du Protocole au Traité sur l'Antarctique relatif à la protection de l'environnement qui prévoient la désignation de Zones spécialement protégées de l'Antarctique (« ZSPA ») et l'approbation de Plans de gestion pour ces zones ;

Rappelant

- La Recommandation VIII-4 (1975), qui a désigné les Hauteurs Arrival, péninsule Hut Point, île de Ross, comme Site présentant un intérêt scientifique particulier (« SISP ») n° 2 et a annexé un Plan de gestion pour le site ;
- Les Recommandations X-6 (1979), XII-5 (1983), XIII-7 (1985), XIV-4 (1987), la Résolution 3 (1996) et la Mesure 2 (2000), qui ont prorogé la date d'expiration du SISP n° 2 ;
- La Décision 1 (2002) qui a renommé et renuméroté la SISP n° 2 en ZSPA n° 122 ;
- La Mesure 2 (2004) et la Mesure 3 (2011) qui ont adopté des Plans de gestion révisés pour la ZSPA n° 122 ;

Rappelant que la Mesure 2 (2000) a été retirée par la Mesure 5 (2009) ;

Rappelant que les Recommandations VIII-4 (1975), X-6 (1979), XII-5 (1983), XIII-7 (1985), XIV-4 (1987) et la Résolution 3 (1996) ont été désignées comme caduques par la Décision 1 (2011) ;

Notant que le Comité pour la protection de l'environnement a approuvé un Plan de gestion révisé pour la ZSPA n° 122 ;

Désireux de remplacer le Plan de gestion existant pour la ZSPA n°122 par le Plan de gestion révisé ;

Recommandent à leurs gouvernements d'approuver la Mesure suivante conformément au paragraphe 1 de l'article 6 de l'Annexe V du Protocole au Traité sur l'Antarctique relatif à la protection de l'environnement :

Que :

1. Le Plan de gestion révisé pour la Zone spécialement protégée de l'Antarctique n° 122 (Hauteurs Arrival, péninsule Hut Point, île de Ross), en annexe à cette Mesure, soit approuvé ; et

2. Le Plan de gestion de la Zone spécialement protégée de l'Antarctique n° 122 en annexe à la Mesure 3 (2011) soit abrogé.

Zone spécialement protégée de l'Antarctique n° 126
(Péninsule Byers, île Livingston, îles Shetland du Sud) : Plan de gestion révisé

Les Représentants,

Rappelant les articles 3, 5 et 6 de l'Annexe V du Protocole au Traité sur l'Antarctique relatif à la protection de l'environnement qui prévoient la désignation de Zones spécialement protégées de l'Antarctique (« ZSPA ») et l'approbation de Plans de gestion pour ces zones ;

Rappelant

- La Recommandation IV-10 (1966) qui a désigné la Péninsule Byers, île Livingston, îles Shetland du Sud, comme Zone spécialement protégée (« ZSP ») n° 10 ;
- La Recommandation VIII-2 (1975), qui a désigné la ZSP n° 10, et la Recommandation VIII-4 (1975), a rebaptisé la zone comme Site présentant un intérêt scientifique particulier (« SISP ») n° 6 et a annexé le premier Plan de gestion pour le site ;
- Les Recommandations X-6 (1979), XII-5 (1983), XIII-7 (1985), et la Mesure 3 (2001), qui ont prorogé la date d'expiration du SISP n° 6 ;
- La Recommandation XVI-5 (1991), qui a adopté un Plan de gestion révisé pour le SISP n° 6 ;
- La Décision 1 (2002) qui a renommé et renuméroté le SISP n° 6 en ZSPA n° 126 ;
- La Mesure 1 (2002) et la Mesure 4 (2011) qui ont adopté des Plans de gestion révisés pour la ZSPA n° 126 ;

Rappelant que la Recommandation XVI-5 (1991) et la Mesure 3 (2001) ne sont pas entrées en vigueur et ont été retirées par la Mesure 4 (2011) ;

Rappelant que les Recommandations VIII-2 (1975), X-6 (1979), XII-5 (1983), XIII-7 (1985) et XVI-5 (1991) ont été désignées comme caduques par la Décision 1 (2011) ;

Notant que le Comité pour la protection de l'environnement a approuvé un Plan de gestion révisé pour la ZSPA n° 126 ;

Désireux de remplacer le Plan de gestion existant pour la ZSPA n° 126 par le Plan de gestion révisé ;

Recommandent à leurs gouvernements d'approuver la Mesure suivante conformément au paragraphe 1 de l'article 6 de l'Annexe V du Protocole au Traité sur l'Antarctique relatif à la protection de l'environnement :

Que :

1. Le Plan de gestion révisé pour la Zone spécialement protégée de l'Antarctique n° 126 (Péninsule Byers, île Livingston, îles Shetland du Sud), en annexe à cette Mesure, soit approuvé ; et

2. Le Plan de gestion de la Zone spécialement protégée de l'Antarctique n° 126 en annexe à la Mesure 4 (2011) soit abrogé.

Zone spécialement protégée de l'Antarctique n° 127 (Île Haswell) : Plan de gestion révisé

Les Représentants,

Rappelant les articles 3, 5 et 6 de l'Annexe V du Protocole au Traité sur l'Antarctique relatif à la protection de l'environnement qui prévoient la désignation de Zones spécialement protégées de l'Antarctique (« ZSPA ») et l'approbation de Plans de gestion pour ces zones ;

Rappelant

- La Recommandation VIII-4 (1975), qui a désigné l'Île Haswell comme Site présentant un intérêt scientifique particulier (« SISP ») n° 7 et a annexé un Plan de gestion pour le site ;
- Les Recommandations X-6 (1979), XII-5 (1983), XIII-7 (1985), et XVI-7 (1987), et la Mesure 3 (2001), qui ont prorogé la date d'expiration du SISP n° 7 ;
- La Décision 1 (2002) qui a renommé et renuméroté le SISP n°7 en ZSPA n° 127 ;
- La Mesure 4 (2005) qui a prorogé la date d'expiration du Plan de gestion de la ZSPA n° 127 ;
- La Mesure 1 (2006) et la Mesure 5 (2011) qui ont adopté des Plans de gestion révisés pour la ZSPA n° 127 ;

Rappelant que les Recommandations VIII-4 (1975), X-6 (1979), XII-5 (1983), XIII-7 (1985) et XVI-7 (1987) ont été désignées comme caduques par la Décision 1 (2011) ;

Notant que le Comité pour la protection de l'environnement a approuvé un Plan de gestion révisé pour la ZSPA n° 127 ;

Désireux de remplacer le Plan de gestion existant pour la ZSPA n° 127 par le Plan de gestion révisé ;

Recommandent à leurs gouvernements d'approuver la Mesure suivante conformément au paragraphe 1 de l'article 6 de l'Annexe V du Protocole au Traité sur l'Antarctique relatif à la protection de l'environnement :

Que :

1. Le Plan de gestion révisé pour la Zone spécialement protégée de l'Antarctique n° 127 (Île Haswell), en annexe à cette Mesure, soit approuvé ; et

2. Le Plan de gestion pour la ZSPA n°127 en annexe à la Mesure 5 (2011) soit abrogé.

Zone spécialement protégée de l'Antarctique n° 131
(Glacier Canada, lac Fryxell, vallée Taylor, Terre Victoria) : Plan de gestion révisé

Les Représentants,

Rappelant les articles 3, 5 et 6 de l'Annexe V du Protocole au Traité sur l'Antarctique relatif à la protection de l'environnement qui prévoient la désignation de Zones spécialement protégées de l'Antarctique (« ZSPA ») et l'approbation de Plans de gestion pour ces zones ;

Rappelant

- La Recommandation XIII-8 (1985) qui a désigné le Glacier Canada, lac Fryxell, vallée Taylor, Terre Victoria, comme Site présentant un intérêt scientifique particulier (« SISP ») n° 12 et a annexé un Plan de gestion pour le site ;
- La Recommandation XVI-7 (1987) qui a prorogé la date d'expiration du SISP n° 12 ;
- la Mesure 3 (1997) qui a adopté un Plan de gestion révisé pour le SISP n° 12 ;
- La Décision 1 (2002) qui a renommé et renuméroté le SISP n° 12 en ZSPA n° 131 ;
- La Mesure 1 (2006) et la Mesure 6 (2011) qui ont adopté des Plans de gestion révisés pour la ZSPA n° 131 ;

Rappelant que la Mesure 3 (1997) n'est pas entrée en vigueur et a été retirée par la Mesure 6 (2011) ;

Rappelant que la Recommandation XVI-7 (1987) n'est pas entrée en vigueur et a été déclarée caduque par la Décision 1 (2011) ;

Notant que le Comité pour la protection de l'environnement a approuvé un Plan de gestion révisé pour la ZSPA n° 131 ;

Désireux de remplacer le Plan de gestion existant pour la ZSPA n° 131 par le Plan de gestion révisé ;

Recommandent à leurs gouvernements d'approuver la Mesure suivante conformément au paragraphe 1 de l'article 6 de l'Annexe V du Protocole au Traité sur l'Antarctique relatif à la protection de l'environnement :

Que :

1. Le Plan de gestion révisé pour la Zone spécialement protégée de l'Antarctique n° 131 (Glacier Canada, lac Fryxell, vallée Taylor, Terre Victoria), qui figure en annexe de la présente Mesure, soit approuvé ; et

2. Le Plan de gestion de la Zone spécialement protégée de l'Antarctique n°131 annexé à la Mesure 6 (2011) soit abrogé.

Zone spécialement protégée de l'Antarctique n° 149
(Cap Shirreff et Île San Telmo, île Livingston, îles Shetland du Sud) : Plan de gestion révisé

Les Représentants,

Rappelant les articles 3, 5 et 6 de l'Annexe V du Protocole au Traité sur l'Antarctique relatif à la protection de l'environnement qui prévoient la désignation de Zones spécialement protégées de l'Antarctique (« ZSPA ») et l'approbation de Plans de gestion pour ces zones ;

Rappelant

- La Recommandation IV-11 (1966) qui a désigné le Cap Shirreff et l'Île San Telmo, île Livingston, îles Shetland du Sud, comme Zone spécialement protégée (« ZSP ») n° 11 ;
- La Recommandation XV-7 (1989) qui a abrogé la ZSP n° 11 et l'a désigné comme Site présentant un intérêt scientifique particulier (« SISP ») n° 32 et comprenait en annexe un Plan de gestion pour le site ;
- La Résolution 3 (1996) et la Mesure 2 (2000) qui ont prorogé la date d'expiration du SISP n° 32 ;
- La Décision 1 (2002) qui a renommé et renuméroté la SISP n° 32 en ZSPA n° 149 ;
- La Mesure 2 (2005) et la Mesure 7 (2011) qui ont adopté des Plans de gestion révisés pour la ZSPA n° 149 ;

Rappelant que la Recommandation XV-7 (1989) et la Mesure 2 (2000) ne sont pas entrées en vigueur et que la Mesure 2 (2000) a été retirée par la Mesure 5 (2009) ;

Rappelant que la Recommandation XV-7 (1989) et la Résolution 3 (1996) ont été déclarées caduques par la Mesure 1 (2011) ;

Notant que le Comité pour la protection de l'environnement a approuvé un Plan de gestion révisé pour la ZSPA n° 149 ;

Désireux de remplacer le Plan de gestion existant pour la ZSPA n° 149 par le Plan de gestion révisé ;

Recommandent à leurs gouvernements d'approuver la Mesure suivante conformément au paragraphe 1 de l'article 6 de l'Annexe V du Protocole au Traité sur l'Antarctique relatif à la protection de l'environnement :

Que :

1. Le Plan de gestion révisé pour la Zone spécialement protégée de l'Antarctique n° 149 (Cap Shirreff et Île San Telmo, île Livingston, îles Shetland du Sud), en annexe à cette Mesure, soit approuvé ; et

2. Le Plan de gestion de la Zone spécialement protégée de l'Antarctique n° 149 en annexe de la Mesure 7 (2011) soit abrogé.

Zone spécialement protégée de l'Antarctique n° 167
(Île Hawker, Terre Princesse Elizabeth) : Plan de gestion révisé

Les Représentants,

Rappelant les articles 3, 5 et 6 de l'Annexe V du Protocole au Traité sur l'Antarctique relatif à la protection de l'environnement qui prévoient la désignation de Zones spécialement protégées de l'Antarctique (« ZSPA ») et l'approbation de Plans de gestion pour ces zones ;

Rappelant

- La Mesure 1 (2006) qui désignait l'Île Hawker, collines Vestfold, côte Ingrid Christensen, Terre Princesse Elizabeth, Antarctique Orientale, comme ZSPA n° 167 et comprenait en annexe un Plan de gestion pour la zone;
- La Mesure 9 (2011) qui a adopté un Plan de gestion révisé pour la ZSPA n° 167 ;

Notant que le Comité pour la protection de l'environnement a approuvé un Plan de gestion révisé pour la ZSPA n° 167 ;

Désireux de remplacer le Plan de gestion existant pour la ZSPA n° 167 par le Plan de gestion révisé ;

Recommandent à leurs gouvernements d'approuver la Mesure suivante conformément au paragraphe 1 de l'article 6 de l'Annexe V du Protocole au Traité sur l'Antarctique relatif à la protection de l'environnement :

Que :

1. Le Plan de gestion révisé pour la Zone spécialement protégée de l'Antarctique n° 167 (Île Hawker, Terre Princesse Elizabeth), en annexe à cette Mesure, soit approuvé ; et

2. Le Plan de gestion pour la Zone spécialement protégée de l'Antarctique n° 167 annexé à la Mesure 9 (2011) soit abrogé.

Liste révisée des Sites et monuments historiques de l'Antarctique :

incorporation d'un poteau en bois historique au SMH n° 60 (Cairn de la corvette Uruguay, île Seymour (Marambio), Péninsule Antarctique)

Les Représentants,

Rappelant les dispositions de l'article 8 de l'Annexe V du Protocole au Traité sur l'Antarctique relatif à la protection de l'environnement visant à garantir la tenue à jour d'une Liste des Sites et monuments historiques (« SMH »), et que de tels sites ne soient ni endommagés, ni retirés, ni détruits ;

Rappelant

- La Recommandation XVII-3 (1992), qui a désigné le SMH n° 60 (Cairn de la corvette Uruguay) ;
- La Mesure 19 (2015) qui a révisé et mis à jour la Liste des SMH ;

Désireux de modifier la description du SMH n° 60 ;

Recommandent à leurs gouvernements d'approuver la Mesure suivante conformément au paragraphe 2 de l'article 8 de l'Annexe V du Protocole au Traité sur l'Antarctique relatif à la protection de l'environnement :

Que :

1. La description du SMH n° 60 (Cairn de la corvette Uruguay) soit modifiée comme suit :

   « Poteau en bois et cairn (I) et plaque en bois et cairn (II), tous deux situés à la baie des Manchots, côte méridionale de l'île Seymour (Marambio), archipel de James Ross. Le poteau en bois et le cairn (I) ont été placés en 1902 lors de l'expédition polaire australe suédoise dirigée par le Dr Otto Nordenskjöld.

On trouve sur le cairn un poteau de bois, qui ne mesure aujourd'hui plus que 44 cm, mais qui faisait 4 m à l'époque, et qui était accompagné de câbles et d'un drapeau. Il avait été installé pour signaler l'emplacement d'un entrepôt bien approvisionné, contenant quelques caisses en bois remplies de vivres, de notes et de lettres conservées dans des bouteilles. L'entrepôt était destiné à l'expédition polaire australe suédoise, au cas où celle-ci aurait été forcée de rebrousser chemin durant son périple vers le sud.

La plaque en bois (II) a été placée le 10 novembre 1903 par l'équipage d'une mission de sauvetage de la corvette argentine Uruguay dans le site où elle rencontra les membres de l'expédition polaire australe suédoise dirigée par le Dr Otto Nordenskjöld. Le texte de cette plaque est le suivant :

« " 10.XI.1903 Uruguay (la marine argentine) en voyage pour aider l'expédition antarctique suédoise ".

En janvier 1990, un cairn rocheux (II) a été érigé par l'Argentine à la mémoire de cet épisode à l'endroit où la plaque est située ».

Situation géographique :

(I) : 64° 17' 47.2" S, 56° 41' 30.7" W

(II) : 64 ° 16' S, 56° 39' W

Parties à l'origine de la proposition : Argentine et Suède

Parties chargées de la gestion : Argentine et Suède

2. La Liste des Sites et monuments historiques révisée et mise à jour soit annexée à cette Mesure.

Liste révisée des Sites et Monuments Historiques

N°	Description	Emplacement	Désignation / modification
1	Mât de drapeau érigé en décembre 1965 au pôle sud géographique par la première expédition polaire terrestre argentine. Partie qui, la première, a fait une proposition : Argentine Partie qui se charge de la gestion : Argentine	90°S	Rec. VII-9
2	Cairn de roches plaques à la station Syowa à la mémoire de Shin Fukushima, un membre de la 4e expédition de recherche antarctique japonaise, décédé en octobre 1960 dans l'exercice de ses fonctions officielles. Le cairn a été érigé le 11 janvier 1961 par ses collègues. Une partie de ses cendres repose dans le cairn. Partie qui, la première, a fait une proposition : Japan Partie qui se charge de la gestion : Japan	69°00'S, 39°35'E	Rec. VII-9
3	Cairn de roches et plaque sur l'île Proclamation, terre Enderby, érigés en janvier 1930 par Sir Douglas Mawson. Le cairn comme la plaque commémorent le débarquement sur l'île Proclamation de Sir Douglas Mawson avec des membres de l'expédition britannique, australienne et néo-zélandaise de recherche antarctique de 1929-31. Partie qui, la première, a fait une proposition : Australie Partie qui se charge de la gestion : Australie	65°51'S, 53°41'E	Rec. VII-9
4	Bâtiment de la station Pôle d'inaccessibilité. Bâtiment de la station auquel est fixé un buste de V.I. Lénine, avec une plaque à la mémoire de la conquête en 1958 du pôle d'inaccessibilité par des explorateurs antarctiques soviétiques. Le bâtiment de la station a été recouvert par la neige depuis 2007. Le buste de Lénine est érigé sur un support en bois fixé sur le toit du bâtiment, s'élevant à environ 1,5 m au-dessus de la surface de la neige. Partie qui, la première, a fait une proposition : Russie Partie qui se charge de la gestion : Russie	82°06'42"S, 55°01'57"E	Rec. VII-9 Mesure 11 (2012)
5	Cairn de roches et plaque au cap Bruce, terre Mac Robertson, érigés en février 1931 par Sir Douglas Mawson. Le cairn et la plaque commémorent le débarquement au cap Bruce de Sir Douglas Mawson avec des membres de l'expédition britannique, australienne et néo-zélandaise de recherche antarctique (1929-31). Partie qui, la première, a fait une proposition : Australie Partie qui se charge de la gestion : Australie	67°25'S, 60°47'E	Rec. VII-9
6	Cairn de roches à Walkabout Rocks, collines Vestfold, terre Princesse Elizabeth, érigé en 1939 par Sir Hubert Wilkins. Il abrite une boîte renfermant un récit de sa visite. Partie qui, la première, a fait une proposition : Australie Partie qui se charge de la gestion : Australie	68°22'S, 78°33'E	Rec. VII-9

N°	Description	Emplacement	Désignation / modification
7	Pierre d'Ivan Khmara. Pierre avec une plaque portant une inscription, érigée sur l'île Buromsky à la mémoire du conducteur mécanicien Ivan Khmara, membre de la 1ère expédition complexe antarctique de l'URSS (1ère expédition antarctique soviétique) qui périt le 21.01.1956 sur une banquise côtière dans l'exercice de ses fonctions officielles. La pierre avait été érigée à l'origine à l'observatoire de Mirny de la pointe Mabus. La 19ème expédition antarctique soviétique avait changé la pierre d'emplacement en 1974 en raison d'activités de construction. Partie qui, la première, a fait une proposition : Russie Partie qui se charge de la gestion : Russie	66°32'04"S, 92°59'57"E	Rec. VII-9 Mesure 11 (2012)
8	Monument d'Anatoly Shcheglov. Stèle de métal avec une plaque à la mémoire d'Anatoly Shcheglov, conducteur mécanicien qui périt dans l'exercice de ses fonctions officielles, érigée sur un traîneau sur la route Mirny – Vostok, à 2 km de la station Mirny. Partie qui, la première, a fait une proposition : Russie Partie qui se charge de la gestion : Russie	66°34'43"S, 92°58'23"E	Rec. VII-9 Mesure 11 (2012)
9	Cimetière de l'Île Buromsky. Cimetière sur l'île Buromsky, près de l'observatoire de Mirny, où sont enterrés des citoyens d'URSS (Fédération de Russie), de Tchécoslovaquie, de RDA et de Suisse (membres des expéditions antarctiques soviétiques et russes) qui périrent dans l'exercice de leurs fonctions officielles. Partie qui, la première, a fait une proposition : Russie Partie qui se charge de la gestion : Russie	66°32'04"S, 93°00'E	Rec. VII-9 Mesure 11 (2012)
10	Observatoire de la station soviétique Oasis. Bâtiment de l'observatoire magnétique à la station Dobrowolsky (qui fait partie de l'ancienne station soviétique Oasis transférée à la Pologne) sur les collines Bunger, avec une plaque commémorant l'ouverture en 1956 de la station Oasis. Partie qui, la première, a fait une proposition : Russie Partie qui se charge de la gestion : Russie	66°16'30"S, 100°45'03"E	Rec. VII-9 Mesure 11 (2012)
11	Tracteur de la station Vostok. Tracteur lourd ATT 11 à la station de Vostok ayant participé à la première expédition vers le pôle Sud géomagnétique, avec une plaque commémorant l'ouverture de la station en 1957. Partie qui, la première, a fait une proposition : Russie Partie qui se charge de la gestion : Russie	78°27'48"S, 106°50'06"E	Rec. VII-9 Mesure 11 (2012)
12	*Intégré dans le SMH N° 77*		
13	*Intégré dans le SMH N° 77*		

242

N°	Description	Emplacement	Désignation / modification
14	Site d'une glacière sur l'île Inexpressible, baie Terra Nova, construite en mars 1912 par l'équipe du nord de Victor Campbell, expédition antarctique britannique, 1910-13. L'équipe a passé l'hiver de 1912 dans cette glacière. On y trouve encore un panneau indicateur en bois, une plaque et des os de phoque. Partie qui, la première, a fait une proposition : Nouvelle-Zélande Parties qui se chargent de la gestion : Nouvelle-Zélande/Italie/Royaume-Uni	74°54'S, 163°43'E	Rec. VII-9 Mesure 5 (1995)
15	Cabane au cap Royds, île Ross, construite en février 1908 par l'expédition antarctique britannique de 1907-09, que dirigeait Sir Ernest Shackleton. Restaurée en janvier 1961 par l'Antarctic Division of New Zealand, département de la recherche scientifique et industrielle. Site incorporé dans la ZSPA n° 157 Parties qui, les premières, ont fait une proposition : Nouvelle-Zélande/Royaume-Uni Parties qui se chargent de la gestion : Nouvelle-Zélande/Royaume-Uni	77°33'S, 166°10'E	Rec. VII-9
16	Cabane au cap Evans, île de Ross, construite en janvier 1911 par l'expédition antarctique britannique de 1910-1913, placée sous la direction du capitaine Robert F. Scott. Restaurée en janvier 1961 par l'Antarctic Division of New Zealand, département de la recherche scientifique et industrielle. Site incorporé dans la ZSPA n° 155 Parties qui les premières ont fait une proposition : Nouvelle-Zélande/Royaume-Uni Parties qui se chargent de la gestion : Nouvelle-Zélande/Royaume-Uni	77°38'S, 166°24'E	Rec. VII-9
17	Croix sur la colline Wind Vane, cap Evans, île de Ross, érigée par l'équipe de la mer de Ross, placée sous la direction du capitaine Aeneas Mackintosh, de l'expédition transantarctique impériale 1914-1916 d'Ernest Shackleton, à la mémoire de trois membres de l'équipe qui périrent aux alentours de 1916. Site incorporé dans la ZSPA n° 155 Parties qui les premières ont fait une proposition : Nouvelle-Zélande/Royaume-Uni Parties qui se chargent de la gestion : Nouvelle-Zélande/Royaume-Uni	77°38'S, 166°24'E	Rec. VII-9
18	Cabane à pointe Hut, île de Ross, construite en février 1902 par l'expédition antarctique britannique de 1901-04, placée sous la direction du capitaine Robert F. Scott. Partiellement restaurée en janvier 1964 par la New Zealand Antarctic Society, avec l'assistance du Gouvernement des Etats-Unis d'Amérique. Site incorporé dans la ZSPA n° 158 Parties qui, les premières, ont fait une proposition : Nouvelle-Zélande/Royaume-Uni Parties qui se chargent de la gestion : Nouvelle-Zélande/Royaume-Uni	77°50'S, 166°37'E	Rec. VII-9

N°	Description	Emplacement	Désignation / modification
19	Croix à pointe Hut, île de Ross, érigée en février 1904 par l'expédition antarctique britannique de 1901-04, à la mémoire de George Vince, un membre de l'expédition, mort à proximité. Parties qui, les premières, ont fait une proposition : Nouvelle-Zélande/Royaume-Uni Parties qui se chargent de la gestion : Nouvelle-Zélande/Royaume-Uni	77°50'S, 166°37'E	Rec. VII-9
20	Croix sur la colline Observation, île de Ross, érigée en janvier 1913 par l'expédition antarctique britannique de 1910-13, à la mémoire de l'équipe du capitaine Robert F. Scott qui périt en mars 1912 à son retour du pôle Sud. Parties qui les premières ont fait une proposition : Nouvelle-Zélande/ Royaume-Uni Parties qui se chargent de la gestion : Nouvelle-Zélande/Royaume-Uni	77°51'S, 166°41'E	Rec. VII-9
21	Vestiges de la cabane de pierre au cap Crozier, île de Ross, construite en juillet 1911 par l'équipe d'Edward Wilson de l'expédition antarctique britannique (1910-13) durant le voyage d'hiver pour ramasser des œufs de manchots Empereur. Partie qui, la première, a fait une proposition : Nouvelle-Zélande Parties qui se chargent de la gestion : Nouvelle-Zélande/Royaume-Uni	77°31'S, 169°22'E	Rec. VII-9
22	Trois cabanes et reliques historiques connexes au cap Adare. Deux ont été construites en février 1899 durant l'expédition antarctique britannique (*Southern Cross*), 1898-1900, placée sous la direction de Carsten E. Borchgrevink. La troisième a été construite en février 1911 par l'équipe nord de Robert F. Scott, sous la direction de Victor L.A.Campbell. La cabane de l'équipe nord de Scott s'est en grande partie effondrée, seul le porche restant debout en 2002. Site incorporé dans la ZSPA n° 159. Parties qui, les premières, ont fait une proposition : Nouvelle-Zélande/Royaume-Uni Parties qui se chargent de la gestion : Nouvelle-Zélande/Royaume-Uni	71°18'S, 170°12'E	Rec. VII-9
23	Tombe au cap Adare du biologiste norvégien Nicolai Hanson, un des membres de l'expédition antarctique britannique (*Southern Cross*) de 1898-1900, dirigée par Carsten E. Borchgrevink. Un grand rocher marque la tête de la tombe, laquelle est elle-même schématisée en pierres de granit. Une croix et une plaque sont attachées au rocher. Parties qui, les premières, ont fait une proposition : Nouvelle-Zélande/ Royaume-Uni Parties qui se chargent de la gestion : Nouvelle-Zélande/Norvège	71°17'S, 170°13'E	Rec. VII-9
24	Cairn de roches, appelé 'Cairn d'Amundsen', sur le mont Betty, Queen Maud Range, érigé par Roald Amundsen le 6 janvier 1912, alors qu'il retournait à *Framheim* du pôle Sud. Partie qui, la première, a fait une proposition : Norvège Partie qui se charge de la gestion : Norvège	85°11'S, 163°45'O	Rec. VII-9

N°	Description	Emplacement	Désignation / modification
25	*Site retiré de la liste*		
26	Installations abandonnées de la station argentine 'General San Martin' sur l'île Barry, îles Debenham, baie Marguerite, avec croix, mât de drapeau et monolithe construits en 1951. Partie qui, la première, a fait une proposition : Argentine Partie qui se charge de la gestion : Argentine	68°08'S, 67°08'O	Rec. VII-9
27	Cairn doté de la réplique d'une plaque de plomb érigée en 1909 sur la colline Megalestris, île Petermann, par la deuxième expédition française placée sous la direction de Jean-Baptiste E. A. Charcot. La plaque originelle se trouve dans les réserves du Musée national d'histoire naturelle (Paris). Parties qui, les premières, ont fait une proposition : Argentine/ France/Royaume-Uni Parties qui se chargent de la gestion : France /Royaume-Uni	65°10'S, 64°09'O	Rec. VII-9
28	Cairn de roches à Port Charcot, île Booth, avec un pilier et une plaque de bois sur lesquels sont inscrits les noms des membres de la première expédition française dirigée par Jean-Baptiste E. A. Charcot qui y a en 1904 hiverné à bord du *Le Français*. Partie qui, la première, a fait une proposition : Argentine Parties qui se chargent de la gestion : Argentine/France	65°03'S, 64°01'O	Rec. VII-9
29	Phare appelé 'Primero de Mayo' érigé en 1942 sur l'île Lambda, îles Melchior, par l'Argentine. Premier phare argentin dans l'Antarctique. Partie qui, la première, a fait une proposition : Argentine Partie qui se charge de la gestion : Argentine	64°18'S, 62°59'O	Rec. VII-9
30	Abri à Paradise Harbour érigé en 1950 près de la base chilienne 'Gabriel Gonzalez Videla' en honneur à Gabriel Gonzalez Videla, le premier chef d'Etat qui visita l'Antarctique. Il est un exemple représentatif des activités qui ont précédé l'Année géophysique internationale et il constitue une commémoration nationale importante. Partie qui, la première, a fait une proposition : Chili Partie qui se charge de la gestion : Chili	64°49'S, 62°51'O	Rec. VII-9
31	*Site retiré de la liste.*		
32	Monolithe de béton érigé en 1947, près de la base Capitán Arturo Prat sur l'île Greenwich, Îles Shetland du Sud. Point de référence pour les études hydrographiques antarctiques chiliennes. Il est représentatif d'une importante activité qui a précédé l'Année géophysique internationale et il est actuellement préservé et entretenu par le personnel de la base. Partie qui, la première, a fait une proposition : Chili Partie qui se charge de la gestion : Chili	62°28'S, 59°40'O	Rec. VII-9

N°	Description	Emplacement	Désignation / modification
33	Abri et croix avec plaque près de la base Capitán Arturo Prat (Chile), île Greenwich, îles Shetland du Sud. Ils ont été nommés à la mémoire du lieutenant-commandant González Pacheco, qui décéda en 1960 alors qu'il dirigeait la station. Le monument commémore des événements liés à une personne dont le rôle et les circonstances de sa mort ont une valeur symbolique tout en offrant la possibilité d'informer les hommes d'activités humaines importantes conduites dans l'Antarctique. Partie qui, la première, a fait une proposition : Chili Partie qui se charge de la gestion : Chili	62°29'S, 59°40'O	Rec. VII-9
34	Buste à la base Capitán Arturo Prat (Chili), île Greenwich, îles Shetland du Sud, du héro des forces navales chiliennes Arturo Prat ; érigé en 1947. Ce monument est représentatif des activités qui ont précédé l'Année géophysique internationale et il revêt une valeur symbolique dans le contexte de la présence chilienne en Antarctique. Partie qui, la première, a fait une proposition : Chili Partie qui se charge de la gestion : Chili	62°50'S, 59°41'O	Rec. VII-9
35	Croix et statue en bois de la Vierge de Carmen érigées en 1947 près de la base Capitán Arturo Prat (Chili), île Greenwich, îles Shetland du Sud. Le monument est représentatif des activités qui ont précédé l'Année géophysique internationale et il revêt une valeur particulièrement symbolique et architecturale. Partie qui, la première, a fait une proposition : Chili Partie qui se charge de la gestion : Chili	62°29'S, 59°40'O	Rec. VII-9
36	Réplique d'une plaque de métal érigée par Edouard Dallmann à l'anse Potter, île du roi Georges, pour commémorer la visite le 1er mars 1874 de son expédition allemande à bord du *Grönland*. Parties qui les premières ont fait une proposition : Argentine/Royaume-Uni Parties qui se chargent de la gestion : Argentine/Allemagne	62°14'S, 58°39'O	Rec. VII-9

246

N°	Description	Emplacement	Désignation / modification
37	Site historique O'Higgins situé sur le Cap Legoupil dans la Péninsule antarctique et qui comprend les structures de valeur historique suivantes : • Buste du « Capitán General Bernardo O´Higgins Riquelme », érigé en 1948 en face de la base du même nom. Le général O´Higgins a été le premier dirigeant du Chili à reconnaître l'importance de l'Antarctique. Cela a un sens symbolique dans l'histoire de l'exploration antarctique puisque c'est durant son gouvernement que le navire Dragon a débarqué sur la côte de la Péninsule antarctique en 1820. Ce monument est également représentatif des activités antérieures à l'AGI en Antarctique. (63°19'14.3"S / 57°53'53.9"O) • Ancienne base antarctique « Capitán General Bernardo O'Higgins Riquelme » dévoilée le 18 février 1948 par le Président de la République du Chili, Gabriel González Videla, le premier président au monde à visiter l'Antarctique. Elle est considérée comme un modèle de base pionnière de la période moderne de l'exploration antarctique. (63°19'S / 57°54'O) • Plaque à la mémoire des lieutenants Oscar Inostroza Contreras et Sergio Ponce Torrealba, qui ont péri sur le continent antarctique pour la paix et la science, le 12 août 1957. (63°19'15.4"S / 57°53'52.9"O) • Grotte de la Virgen del Carmen, située dans les environs de la base, construite il y a environ quarante ans. Elle a servi comme lieu de retraite spirituelle pour le personnel des différentes stations et expéditions antarctiques. (63°19'15.9"S / 57°54'03.2"O) Partie qui, la première, a fait une proposition : Chili Partie qui se charge de la gestion : Chili	63°19'S, 57°54'O	Rec. VII-9 Mesure 11 (2012)
38	Cabane en bois construite en février 1902 sur l'île Snow Hill par la principale équipe de l'expédition polaire australe suédoise placée sous la direction d'Otto Nordenskjöld. Parties qui, les premières, ont fait une proposition : Argentine/Royaume-Uni Parties qui se chargent de la gestion : Argentine/Suède	64°22'S, 56°59'O	Rec. VII-9
39	Cabane en pierres construite en janvier 1903 à la baie Hope, péninsule Trinity, par une équipe de l'expédition polaire australe suédoise. Parties qui, les premières, ont fait une proposition : Argentine/Royaume-Uni Parties qui se chargent de la gestion : Argentine/Suède	63°24'S, 56°59'O	Rec. VII-9
40	Buste du Général San Martin, grotte avec une statue de la Vierge de Lujan, et un mât à drapeau érigé en 1955 par l'Argentine à la base 'Esperanza', baie Hope, avec un cimetière doté d'une stèle à la mémoire de membres des expéditions argentines morts dans la zone. Partie qui, la première, a fait une proposition : Argentine Partie qui se charge de la gestion : Argentine	63°24'S, 56°59'O	Rec. VII-9

N°	Description	Emplacement	Désignation / modification
41	Cabane en pierres construite en février 1903 sur l'île Paulet par des survivants de l'épave de l'*Antarctic* commandé par le capitaine Carl A. Larsen, membres de l'expédition polaire australe suédoise dirigés par Otto Nordenskjöld, ainsi que la tombe d'un membre de l'expédition et le cairn de roches construit par les survivants de l'épave au sommet de l'île pour attirer l'attention des expéditions de secours. Parties qui, les premières, ont fait une proposition : Argentine/ Royaume-Uni Parties qui se chargent de la gestion : Argentine/Suède/Norvège	63°34'S, 55°45'O	Rec. VII-9 Mesure 5 (1997)
42	Zone de la baie Scotia, île Laurie, Orcades du Sud, où l'on trouve une cabane en pierres construite en 1903 par l'expédition antarctique écossaise placée sous la direction de William S. Bruce ; cabane météorologique argentine et observatoire magnétique, construits en 1905 et connus sous le nom de Moneta House; et cimetière avec douze tombes dont la première date de 1903. Partie qui, la première, a fait une proposition : Argentine Parties qui se chargent de la gestion : Argentine/Royaume-Uni	60°46'S, 44°40'O	Rec. VII-9
43	Croix érigée en 1955, à une distance de 1 300 mètres au nord-est de la station General Belgrano I (Argentine) et, en 1979, transférée à la station Belgrano II (Argentine), Nunatak Bertrab, côte Confin, terre Coats. Partie qui, la première, a fait une proposition : Argentine Partie qui se charge de la gestion : Argentine	77°52'S, 34°37'O	Rec. VII-9
44	Plaque érigée à la station temporaire de l'Inde 'Dakshin Gangotri', Princesse Astrid Kyst, terre Dronning Maud, énumérant les noms des membres de la première expédition antarctique indienne qui a débarqué à proximité le 9 janvier 1982. Partie qui, la première, a fait une proposition : Inde Partie qui se charge de la gestion : Inde	70°45'S, 11°38'E	Rec. XII-7
45	Plaque sur l'île Brabant, pointe Metchnikoff, montée à une hauteur de 70 m sur la crête de la moraine qui sépare cette pointe du glacier et qui porte l'inscription suivante : Ce monument a été construit par François de Gerlache et d'autres membres de l'expédition de services conjointe 1983-85 pour commémorer le premier débarquement sur l'île Brabant de l'expédition antarctique belge 1897-99. Adrien de Gerlache (Belgique), chef de l'expédition, Roald Amundsen (Norvège), Henryk Arctowski (Pologne), Frederick Cook (Etats-Unis d'Amérique) et Emile Danco (Belgique) ont campé à proximité du 30 janvier au 6 février 1898. Partie qui, la première, a fait une proposition : Belgique Partie qui se charge de la gestion : Belgique	64°02'S, 62°34'O	Rec. XIII-16

Nᵒ	Description	Emplacement	Désignation / modification
46	Tous les bâtiments et installations de la base de Port-Martin, Terre Adélie, construits en 1950 par la 3e expédition française en Terre Adélie et, en partie, détruits par un incendie durant la nuit du 23 au 24 janvier 1952. Partie qui, la première, a fait une proposition : France Partie qui se charge de la gestion : France	66°49'S, 141°24'E	Rec. XIII-16
47	Bâtiment en bois appelé 'Base Marret' sur l'île des Pétrels, Terre Adélie, où sept hommes sous le commandement de Mario Marret ont passé l'hiver en 1952 après l'incendie à la base de Port Martin. Partie qui, la première, a fait une proposition : France Partie qui se charge de la gestion : France	66°40'S, 140°01'E	Rec. XIII-16
48	Croix de fer sur le promontoire nord-est de l'île des Pétrels, Terre Adélie, consacrée à la mémoire d'André Prudhomme, chef météorologiste durant la 3e expédition de l'Année géophysique internationale, qui a disparu durant un blizzard le 7 janvier 1959. Partie qui, la première, a fait une proposition : France Partie qui se charge de la gestion : France	66°40'S, 140°01'E	Rec. XIII-16
49	Pilier en béton érigé en janvier 1959 par la première expédition antarctique polonaise à la station de Dobrolowski sur la colline Bunger pour mesurer l'accélération gravimétrique g = 982 439,4 mgal ±0.4 mgal par rapport à Varsovie d'après le système de Postdam. Partie qui, la première, a fait une proposition : Pologne Partie qui se charge de la gestion : Pologne	66°16'S, 100°45'E	Rec. XIII-16
50	Plaque de laiton portant l'aigle polonais, emblème national de la Pologne, les dates 1975 et 1976, et le texte ci-après en polonais, anglais et russe : À la mémoire du débarquement en février 1976 des membres de la première expédition polonaise de recherche marine dans l'Antarctique sur les navires 'Profesor Siedlecki' et 'Tazar'. Cette plaque, au sud-ouest des stations chilienne et soviétique, est montée sur une falaise qui fait face à la baie Maxwell, péninsule Fildes, île du roi Georges. Partie qui, la première, a fait une proposition : Pologne Partie qui se charge de la gestion : Pologne	62°12'S, 59°01'O	Rec. XIII-16
51	Tombe de Wlodzimierz Puchalski, surmontée par une croix de fer, sur une colline située au sud de la station Arctowski sur l'île du roi Georges. W. Puchalski était un artiste et un producteur de documentaires sur la nature, qui mourut le 19 janvier 1979 alors qu'il travaillait à la station. Partie qui, la première, a fait une proposition : Pologne Partie qui se charge de la gestion : Pologne	62°13'S, 58°28'O	Rec. XIII-16

N°	Description	Emplacement	Désignation / modification
52	Monolithe érigé pour commémorer la création le 20 février 1985 par la République populaire de Chine de la 'station Grande Muraille' sur la péninsule Fildes, île du roi Georges, dans les Îles Shetland du Sud. Gravée sur le monolithe, on trouve l'inscription en chinois suivante : 'Station de la Grande Muraille, première expédition antarctique chinoise, 20 février 1985'. Partie qui, la première, a fait une proposition : Chine Partie qui se charge de la gestion : Chine	62°13'S, 58°58'O	Rec. XIII-16
53	Buste du capitaine Luis Alberto Pardo, monolithe et plaques sur la pointe Wild, île Eléphant, Îles Shetland du Sud, célébrant le sauvetage des survivants du navire britannique *Endurance* par le garde-côte de la marine chilienne *Yelcho*, avec les mots suivants : « C'est ici que, le 30 août 1916, le garde-côte de la marine chilienne *Yelcho* commandé par le pilote Luis Pardo Villalón a sauvé les 22 hommes de l'expédition Shackleton qui, après avoir survécu au naufrage de l''Endurance', vécurent pendant quatre mois et demi sur cette île ». Le monolithe et les plaques ont été placés sur l'île Eléphant et leurs répliques sur les bases chiliennes Capitan Arturo Prat (62°30'S, 59°49'O) et Président Eduardo Frei (62°12'S, 62°12'O). Des bustes de bronze du pilote Luis Pardo Villalon ont été placés en 1987-88 sur les trois monolithes susmentionnés de la XXIVe expédition antarctique chilienne. Partie qui, la première, a fait une proposition : Chili Partie qui se charge de la gestion : Chili	61°03'S, 54°50'O	Rec. XIV-8 Rec. XV-13
54	Monument historique Richard E. Byrd, station McMurdo, Antarctique. Buste en bronze sur du marbre noir, 5 pieds de haut x 2 pieds carrés, sur une plate-forme en bois, portant des inscriptions qui décrivent les exploits polaires de Richard Evelyn Byrd. Erigé en 1965 à la station McMurdo. Partie qui, la première, a fait une proposition : Etats-Unis d'Amérique Partie qui se charge de la gestion : Etats-Unis d'Amérique	77°51'S, 166°40'E	Rec. XV-12
55	Base East, Antarctique, île Stonington. Bâtiments et objets de cette base, île Stonington et leurs environs immédiats. Ces structures ont été érigées et utilisées durant deux expéditions d'hivernage américaines : l'expédition des services antarctiques (1939-1941) et l'expédition de recherche antarctique Ronne (1947-1948). La superficie de la zone historique est d'environ 1 000 mètres du nord en sud (de la plage jusqu'au glacier nord-est adjacent à la baie Back) et d'environ 500 mètres d'est en ouest. Partie qui, la première, a fait une proposition : Etats-Unis d'Amérique Partie qui se charge de la gestion : Etats-Unis d'Amérique	68°11'S, 67°00'O	Rec. XIV-8

250

Nº	Description	Emplacement	Désignation / modification
56	Pointe Waterboat, côte Danco, péninsule Antarctique. Vestiges et environs immédiats de la cabane de pointe Waterboat. Elle a été occupée par l'expédition britannique composée de deux hommes (Thomas W. Bagshawe et Maxime C. Lester) en 1921-22. Seules la base du navire, les fondations des montants de porte et une esquisse de la cabane et de son extension existent encore. La cabane est située à proximité de la station chilienne 'President Gabriel Gonzáles Videla'. Partie qui, la première, a fait une proposition : Chili/Royaume-Uni Parties qui se chargent de la gestion : Chili/Royaume-Uni	64°49'S, 62°51'O	Rec. XVI-11
57	Plaque commémorative à 'Yankee Bay' (Yankee Harbour), détroit de MacFarlane, île Greenwich, Îles Shetland du Sud. Près d'un abri chilien. Erigé à la mémoire du capitaine Andrew MacFarlane qui, en 1820, explora la zone de la péninsule Antarctique sur le voilier à deux mâts *Dragon*. Parties qui les premières ont fait une proposition : Chili/Royaume-Uni Parties qui se chargent de la gestion : Chili/Royaume-Uni	62°32'S, 59°45'O	Rec. XVI-11
58	*Site retiré de la liste.*		
59	Un cairn sur Half Moon Beach, cap Shirreff, île Livingston, Îles Shetland du Sud, et une plaque sur 'Cerro Gaviota' de l'autre côté des îlots San Telmo qui commémore les officiers, soldats et marins à bord du navire espagnol *San Telmo*, lequel allait couler en septembre 1819 ; vraisemblablement les premières personnes qui vécurent et perdirent la vie en Antarctique. Site incorporé dans la ZSPA no 149. Parties qui les premières ont fait une proposition : Chili/Espagne/Pérou Parties qui se chargent de la gestion : Chili/Espagne/Pérou	62°28'S, 60°46'O	Rec. XVI-11
60	Perche en bois et cairn (I), et plaque en bois et cairn (II), tous deux situés dans la baie des Manchots, sur la côte méridionale de l'île Seymour (Marambio), dans l'archipel de James Ross. La perche en bois et le cairn (I) ont été installés en 1902 au cours de l'Expédition suédoise au pôle Sud menée par le docteur Otto Nordenskjöld. Une perche en bois de 4 m de long – 44 cm de long de nos jours – était à l'origine attachée au cairn ainsi que des haubans et un drapeau ; ils furent installés pour signaler la localisation géographique d'une réserve bien fournie, composée de plusieurs boîtes en bois contenant des denrées, des messages et des lettres conservés à l'intérieur de bouteilles. La réserve devait être utilisée dans le cas où l'Expédition suédoise au pôle Sud était forcée de revenir sur ses pas lors de son trajet vers le sud. Cette plaque en bois (II) a été placée le 10 novembre 1903 par l'équipage d'une mission de sauvetage de la corvette argentine *Uruguay* dans le site où elle rencontra les membres de l'expédition suédoise dirigée par Dr Otto Nordenskjöld. Le texte de cette plaque lit comme suit : « 10.XI.1903 Uruguay (la marine argentine) en voyage pour aider l'expédition antarctique suédoise ». En janvier 1990, un cairn de roches (II) a été érigé par l'Argentine à la mémoire de cet épisode à l'endroit où la plaque est située. Parties qui les premières ont fait une proposition: Argentine/Suède Parties qui se chargent de la gestion : Argentine/Suède	(I) : 64°17'47.2"S, 56°41'30.7"O (II) : 64°16'S, 56°39'O	Rec. XVII-3 Mesure 9 (2016)

N°	Description	Emplacement	Désignation / modification
61	'Base A' à Port Lockroy, île Goudier, au large de l'île Wiencke, péninsule Antarctique. Revêt une importance historique en tant que base 'Operation Tabarin' à partir de 1944 et pour des recherches scientifiques, y compris les premières mesures de l'ionosphère, et le premier enregistrement d'une interférence atmosphérique de l'Antarctique. Port Lockroy a été un site de surveillance clé durant l'Année géophysique internationale de 1957/58. Partie qui, la première, a fait une proposition : Royaume-Uni Partie qui se charge de la gestion : Royaume-Uni	64°49'S, 63°29'O	Mesure 4 (1995)
62	'Base F (Wordie House)' sur l'île Winter, îles Argentines. Revêt une importance historique en tant qu'exemple d'une première base scientifique britannique. Partie qui, la première, a fait une proposition : Royaume-Uni Parties qui se chargent de la gestion : Royaume-Uni/Ukraine	65°15'S, 64°16'O	Mesure 4 (1995)
63	'Base Y' sur l'île Horseshoe, baie Marguerite, terre western Graham. A mentionner comme base scientifique britannique relativement inchangée et complètement équipée de la fin des années 50. 'Blaiklock', la cabane abri située à proximité, est considérée comme faisant partie intégrante de cette base. Partie qui, la première, a fait une proposition : Royaume-Uni Partie qui se charge de la gestion : Royaume-Uni	67°48'S, 67°18'O	Mesure 4 (1995)
64	'Base E' sur l'île Stonington, baie Marguerite, terre western Graham. Revêt une importance historique durant les premières années d'exploration et, plus tard, de l'histoire de la British Antarctic Survey (BAS) pendant les années 60 et 1970. Partie qui, la première, a fait une proposition : Royaume-Uni Partie qui se charge de la gestion : Royaume-Uni	68°11'S, 67°00'O	Mesure 4 (1995)
65	Panneau de messages, île Svend Foyn, îles Possession. Un panneau auquel est fixé une boîte en date du 16 janvier 1895 durant l'expédition de chasse à la baleine d'Henryk Bull et du capitaine Leonard Kristensen de l'*Antarctic*. Il a été examiné et jugé intact par l'expédition antarctique britannique de 1898-1900, puis repéré de la plage par le USS *Edisto* en 1956 et le USCGS *Glacier* en 1965. Parties qui les premières ont fait une proposition : Nouvelle-Zélande/ Norvège/Royaume-Uni Parties qui se chargent de la gestion : Nouvelle-Zélande/ Norvège	71°56'S, 171°05'O	Mesure 4 (1995)
66	Cairn Prestrud, nunataks Scott, montagnes Alexandra, péninsule Edward VII. Le petit cairn de roches a été érigé le 3 décembre 1911 au pied de la principale falaise du côté nord des nunataks par le lieutenant K. Prestrud durant l'expédition antarctique norvégienne de 1910-1912. Parties qui les premières ont fait une proposition : Nouvelle-Zélande/ Norvège/ Royaume-Uni Parties qui se chargent de la gestion : Nouvelle-Zélande/Norvège	77°11'S, 154°32'O	Mesure 4 (1995)

N°	Description	Emplacement	Désignation / modification
67	Abri de rochers, 'Granite House', cap Geology, Granite Harbour. Cet abri a été construit en 1911 pour être utilisé comme cuisine roulante par la deuxième excursion géologique de Griffith Taylor durant l'expédition antarctique britannique de 1910-1913. Il a été entouré de trois côtés par des parois de roches de granit tandis qu'un traîneau était utilisé pour soutenir un toit en peaux de phoque. Les murs de pierre se sont en partie effondrés. L'abri contient des restes de boîtes à conserves corrodées, une peau de phoque et des cordes. Le traîneau est maintenant situé à 50 m du côté de la mer de l'abri et il se compose de quelques morceaux dispersés de bois, d'étriers et de crochets. Site incorporé dans la ZSPA n° 154. Parties qui les premières ont fait une proposition : Nouvelle-Zélande/ Norvège/Royaume-Uni Parties qui se chargent de la gestion : Nouvelle-Zélande/Royaume-Uni	77°00'S, 162°32'E	Mesure 4 (1995)
68	Site de dépôt à Hells Gate Moraine, île Inexpressible, baie de Terra Nova. Ce dépôt d'urgence consistait en un traîneau chargé de fournitures et de matériel qui y a été placé le 25 janvier 1913 par l'expédition antarctique britannique 1910-1913. Le traîneau et les fournitures ont été enlevées en 1994 afin de remédier à la dégradation de leur état. Parties qui, les premières, ont fait une proposition : Nouvelle-Zélande/Norvège/Royaume-Uni Parties qui se chargent de la gestion : Nouvelle-Zélande/Royaume-Uni	74°52'S, 163°50'E	Mesure 4 (1995)
69	Panneau à messages au cap Crozier, île de Ross, érigé le 22 janvier 1902 par l'expédition *Discovery* 1901-04 du capitaine Robert F. Scott. Installé pour fournir des renseignements aux navires de secours de l'expédition, il était doté d'un cylindre à message en métal qui a depuis été enlevé. Site incorporé dans la ZSPA n° 124 Parties qui, les premières, ont fait une proposition : Nouvelle-Zélande/Norvège/Royaume-Uni Parties qui se chargent de la gestion : Nouvelle-Zélande/Royaume-Uni	77°27'S, 169°16'E	Mesure 4 (1995)
70	Panneau à messages au cap Wadworth, île Coulman. Un cylindre en métal cloué à un panneau rouge 8 m au-dessus du niveau de la mer, qu'avait placé le capitaine Robert F. Scott en date du 15 janvier 1902. Il a peint en rouge et blanc les rochers situés devant le panneau afin de le rendre plus évident. Parties qui, les premières, ont fait une proposition : Nouvelle-Zélande/Norvège/Royaume-Uni Parties qui se chargent de la gestion : Nouvelle-Zélande/Royaume-Uni	73°19'S, 169°47'E	Mesure 4 (1995)

N°	Description	Emplacement	Désignation / modification
71	Baie des Baleiniers, île Déception, Îles Shetland du Sud. Le site comprend la totalité des vestiges d'avant 1970 à terre de la baie des Baleiniers, y compris ceux de la première expédition baleinière (1906-12) entreprise par le capitaine Adolfus Andresen de la Sociedad Ballenera de Magallanes, Chili ; les vestiges de la station baleinière norvégienne Hektor créée en 1912 et tous les objets associés à son exploitation jusqu'en 1931 ; le site d'un cimetière avec 35 sépultures et d'un monument à la mémoire de dix hommes perdus en mer ; et les vestiges de la période d'activités scientifiques et cartographiques britanniques (1944-1969). Le site reconnaît et commémore également la valeur historique d'autres événements qui s'y sont produits et dont il ne reste rien. Parties qui, les premières, ont fait une proposition : Chili/Norvège Parties qui se chargent de la gestion : Chili/Norvège/Royaume-Uni	62°59'S, 60°34'O	Mesure 4 (1995)
72	Cairn Mikkelsen, îles Tryne, collines Vestfold. Un cairn de roches et un mât de bois érigés par l'équipe de débarquement sous la direction du capitaine Klarius Mikkelsen du baleinier norvégien *Thorshavn* , équipe dont faisait partie Caroline Mikkelsen, épouse du capitaine Mikkelsen, la première femme à poser le pied sur l'Antarctique oriental. Le cairn a été découvert en 1957 puis en 1995 par des équipes de terrain de l'expédition nationale australienne de recherche antarctique. Parties qui les premières ont fait une proposition : Australie/Norvège Parties qui se chargent de la gestion : Australie/Norvège	68°22'S 78°24'E	Mesure 2 (1996)
73	Croix à la mémoire des victimes de l'accident aérien en 1979 au mont Erebus, baie Lewis, île de Ross. Croix en acier inoxydable qui avait été érigée en janvier 1987 sur un promontoire rocheux à trois kilomètres du site où l'accident à la mémoire des 257 personnes de différentes nationalités qui ont perdu la vie lorsque l'avion dans lequel elles voyageaient s'est écrasé contre les pentes inférieures du mont Erebus, île de Ross. La croix a été érigée en signe de respect et à la mémoire de ceux et celles qui ont péri dans la tragédie. Partie qui, la première, a fait une proposition : Nouvelle-Zélande Partie qui se charge de la gestion : Nouvelle-Zélande	77°25'S, 167°27'E	Mesure 4 (1997)
74	Anse sans nom sur la côte sud-ouest de l'île Elephant, y compris l'estran et la zone intertidale dans lesquels se trouve l'épave d'un grand voilier en bois. Partie qui, la première, a fait une proposition : Royaume-Uni Partie qui se charge de la gestion : Royaume-Uni	61°14'S, 55°22'O	Mesure 2 (1998)
75	Cabane A de la base Scott, le seul bâtiment existant de l'expédition transantarctique 1956/1957 dans l'Antarctique, située à pointe Pram, île de Ross, région de la mer de Ross, Antarctique. Partie qui, la première, a fait une proposition : Nouvelle-Zélande Partie qui se charge de la gestion : Nouvelle-Zélande	77°51'S, 166°46'E	Mesure 1 (2001)

N°	Description	Emplacement	Désignation / modification
76	Ruines de la station Base Pedro Aguirre Cerda, un centre météorologique et volcanologique chilien situé dans l'anse Pendulum, île Déception, Antarctique, qui a été détruit par des éruptions volcaniques en 1967 et 1969. Partie qui, la première, a fait une proposition : Chili Partie qui se charge de la gestion : Chili	62°59'S, 60°40'O	Mesure 2 (2001)
77	Cap Denison, baie du Commonwealth, terre George V, y compris port Boat et les objets historiques contenus dans ses eaux. Le site est incorporé à la ZGSA n° 3, désignée par la mesure 1 (2004). Une partie de ce site est également contenue dans la ZGSA n° 162, désigbée par la mesure 2 (2004). Partie à l'origine de la proposition : Australie Partie chargée de la gestion : Australie	67°00'30"S 142°39"40"O	Mesure 3 (2004)
78	Plaque commémorative à pointe India, monts Humboldt, massif Wohlthat, partie centrale de terre Dronning Maud, érigée à la mémoire de trois scientifiques de la *Geological Survey of India* (GSI) et d'un technicien en communication de la marine indienne – tous membres de la neuvième expédition indienne en Antarctique qui, alors qu'ils se trouvaient dans un campement de montagne, ont trouvé la mort dans un accident le 8 janvier 1990. Partie à l'origine de la proposition : Inde Partie chargée de la gestion : Inde	71°45'08"S 11°12'30"E	Mesure 3 (2004)
79	Cabane Lilie Marleen, mont Dockery, Everett Range, partie Nord de terre Victoria. La cabane Lillie Marleen a été érigée à l'appui des travaux de l'expédition allemande dans la partie nord de terre Victoria (GANOVEX I) de 1979-1980. Il s'agit d'un conteneur de bivouac composé d'unités en fibre de verre préfabriquées et isolées au moyen de mousse polyuréthane. Elle tire son nom du glacier Lillie et de la chanson « Lili Marleen ». Elle est étroitement associée au naufrage spectaculaire du navire d'expédition "Gotland II" durant l'expédition GANOVEX II en décembre 1981. Partie ayant initialement présenté la proposition : Allemagne Partie chargée de la gestion: Allemagne	71°12' S 164°31' E	Mesure 5 (2005)
80	Tente d'Amundsen. La tente a été installée au point 90° par le groupe d'explorateurs norvégiens que dirigeait Roald Amundsen à leur arrivée le 14 décembre 1911 au pôle Sud. Elle est actuellement enfouie dans de la glace et de la neige à proximité du pôle Sud. Partie ayant initialement présenté la proposition : Norvège Partie chargée de la gestion: Norvège	dans les parages du point 90° de latitude sud	Mesure 5 (2005)

N°	Description	Emplacement	Désignation / modification
81	Rocher du Débarquement, terre Adélie. Petite île sur laquelle prirent pied l'amiral Dumont D'Urville et son équipage le 21 janvier 1840 pour y découvrir ensuite la Terre Adélie. Partie à l'origine de la proposition : France Partie chargée de la gestion : France	66°36,30' 140°03,85'	Mesure 3 (2006)
82	Monument au Traité sur l'Antarctique et plaque. Ce monument est situé à proximité des bases Frei, Bellingshausen et Escudero, à la péninsule Fildes, île du Roi Georges (île du 25 Mai). La plaque placée au pied du monument rend hommage aux signataires du Traité sur l'Antarctique. Ce monument comprend 4 plaques rédigées dans les langues officielles du Traité sur l'Antarctique. Lesdites plaques ont été installées en février 2011 et portent l'inscription suivante : « Ce monument historique dédié à la mémoire des signataires du Traité sur l'Antarctique, Washington, D.C. 1959, est aussi un rappel de l'héritage de la première et de la deuxième Années polaires internationales (1882-1883 et 1932-1933) et de l'Année géophysique internationale (1957-1958) antérieure au Traité sur l'Antarctique et rappelle l'héritage que constitue la coopération internationale qui a rendu possible l'Année polaire internationale 2007-2008. » Ce monument a été conçu et construit par l'Américain Joseph W. Pearson qui en a fait don au Chili. Le monument a été inauguré en 1999 à l'occasion du quarantième anniversaire de la signature du Traité sur l'Antarctique. » Partie auteur de la proposition initiale : Chili Partie chargée de la gestion : Chili	62° 12' 01" S; 58° 57' 41" O	Mesure 3 (2007) Mesure 11 (2011)
83	Base "W", île Detaille, fjord Lallemand, côte Loubet. La base "W" est située sur un isthme étroit à l'extrémité nord de l'île Detaille, fjord Lallemand et côte Loubet. Le site se compose d'une cabane et d'une série de structures et de constructions annexes, notamment un petit entrepôt d'urgence, des enclos pour femelles et chiots, une tour anémométrique et deux mâts radio en acier tubulaire (l'un au sud-ouest de la cabane principale et l'autre à l'est). La base "W" a été construite en 1956 en tant que base scientifique britannique, principalement pour y faire des travaux de levés, de géologie et de météorologie ainsi que pour contribuer à l'AGI en 1957. Base relativement inchangée depuis la fin des années 50, la base "W" est un rappel important des conditions scientifiques et de vie qui régnaient dans l'Antarctique lorsque le Traité a été signé il y a 50 ans. Partie qui en a fait initialement la proposition : Royaume-Uni Partie chargée de la gestion : Royaume-Uni	66°52'S, 66°48'O	Mesure 14 (2009)

Nº	Description	Emplacement	Désignation / modification
84	Cabane à la pointe Damoy, baie Dorian, île Wiencke, archipel Palmer. Le site se compose d'une cabane bien préservée ainsi que du matériel scientifique et autres objets se trouvant à l'intérieur. Il se trouve à la pointe Damoy sur la baie Dorian, île Wiencke, archipel Palmer. La cabane a été érigée en 1973 et utilisée pendant plusieurs années comme une installation aérienne estivale britannique et une station de transit pour le personnel scientifique. Elle a été occupée pour la dernière fois en 1993. Partie qui en a fait initialement la proposition : Royaume-Uni Partie chargée de la gestion : Royaume-Uni	64° 49'S, 63°31'O	Mesure 14 (2009)
85	Plaque commémorant la centrale nucléaire PM-3A à la station McMurdo. La plaque est d'environ 45 x 60 cm, faite de bronze et fixée à un grand rocher vertical à la station McMurdo, ancien site du réacteur de la centrale nucléaire PM-3A. Elle se trouve approximativement à mi-hauteur du côté ouest de la colline Observation. Le texte de la plaque décrit en détail les réalisations de la PM-3A, première centrale nucléaire en Antarctique. Partie qui en a fait initialement la proposition: États-Unis d'Amérique Partie chargée de la gestion: États-Unis d'Amérique	77° 51'S, 166°41'E	Mesure 15 (2010)
86	Bâtiment n° 1 à la station Great Wall. Le bâtiment n° 1, construit en 1985 avec une surface au sol de 175 mètres carrés, est situé au centre de la station chinoise antarctique Great Wall qui se trouve sur la péninsule Fildes, île du Roi Georges, Shetlands du Sud, Antarctique occidentale. Ce bâtiment marque le début de l'implication chinoise dans la recherche antarctique dans les années 1980, et par conséquent, il est d'une grande importance pour commémorer l'expédition antarctique chinoise. Partie qui la première a fait la proposition : Chine Partie qui se charge de la gestion : Chine	62°13'4"S, 58°57'44"O	Mesure 12 (2011)
87	Emplacement de la première station de recherche antarctique allemande occupée à titre permanent « Georg Forster » dans l'oasis Schirmacher, Terre de la Reine-Maud. Le site d'origine est situé à côté de l'oasis Schirmacher et est marqué d'une plaque commémorative en bronze portant l'inscription suivante en langue allemande : Antarktisstation Georg Forster 70° 46'39"S 11° 51'03"E von 1976 bis 1996 La plaque est bien préservée et fixée sur un mur en pierre à l'extrémité sud du site. Cette station de recherche antarctique a été ouverte le 21 avril 1976 et a fermé en 1993. La totalité du site a été entièrement nettoyée une fois le démantèlement de la station achevé le 12 février 1996. Le site se trouve à environ 1,5 km à l'est de la station de recherche antarctique russe Novolazarevskaya. Partie ayant formulé la proposition initiale : Allemagne Partie chargée de la gestion : Allemagne	70°46'39"S, 11°51'03"E Altitude : 141 mètres au-dessus du niveau de la mer	Mesure 18 (2013)

N°	Description	Emplacement	Désignation / modification
88	Bâtiment du complexe de forage du Professeur Kudryashov. Le bâtiment du complexe de forage a été construit au cours de la campagne d'été 1983-84. Sous la direction du Professeur Boris Kudryashov, des échantillons de glace ancien ont ainsi été obtenus sur le plateau du continent antarctique . Partie ayant formulé la proposition initiale : Fédération de Russie Partie chargée de la gestion : Fédération de Russie	78°28'S, 106°48'E 3488 m au-dessus du niveau de la mer.	Mesure 19 (2013)
89	Expédition Terra Nova de 1910-12, « Camp du sommet » supérieur utilisé pendant l'étude du mont Erebus en décembre 1912. Le site du campement comprend une partie d'un cercle de pierres, qui servaient probablement à maintenir les toiles de tentes par leur poids. Le site du campement était utilisé par une équipe scientifique faisant partie de l'Expédition Terra Nova dirigée par le capitaine Scott, qui a réalisé un travail de cartographie et a récolté des échantillons géologiques en décembre 1912 sur le mont Erebus. Parties ayant formulé la proposition initiale : Royaume-Uni, Nouvelle Zélande et États-Unis d'Amérique Parties chargées de la gestion : Royaume-Uni, Nouvelle Zélande et États-Unis d'Amérique	77°30,348'S, 167°10,223'E (environ 3 410 m au-dessus du niveau de la mer)	Mesure 20 (2013)
90	Expédition Terra Nova de 1910-12, « Camp E » inférieur utilisé pendant l'étude du mont Erebus en décembre 1912. Le site du campement consiste en une zone de gravier légèrement surélevée et comprend des rochers alignés, qui pourraient avoir servi à maintenir les toiles de tentes par leur poids. Le site du campement était utilisé par une équipe scientifique faisant partie de l'Expédition Terra Nova dirigée par le capitaine Scott, qui a réalisé un travail de cartographie et a récolté des échantillons géologiques en décembre 1912 sur le mont Erebus. Parties ayant formulé la proposition initiale : Royaume-Uni, Nouvelle Zélande et États-Unis d'Amérique Parties chargées de la gestion : Royaume-Uni, Nouvelle Zélande et États-Unis d'Amérique	77°30,348'S, 167°9,246'E (environ 3 410 m au-dessus du niveau de la mer)	Mesure 21 (2013)
91	Cabane du « Chien boiteux » située à la station bulgare Saint-Clément-d'Ohrid, île Livingston. La cabane du « Chien boiteux » a été construite en avril 1988 et a constitué le bâtiment principal de la base Saint-Clément-d'Ohrid jusqu'en 1998. C'est, à l'heure actuelle, le plus ancien bâtiment préservé de l'île Livingston. Elle fait office de station radio et de bureau de poste, et accueille également un musée exposant des objets liés au début des activités scientifiques et logistiques bulgares en Antarctique. Partie à l'origine de la proposition : Bulgarie Partie qui se charge de la gestion : Bulgarie	62°38'29"S, 60°21'53"O	Mesure 19 (2015)

Nº	Description	Emplacement	Désignation / modification
92	Tracteur-autoneige lourd « Kharkovchanka », utilisé dans l'Antarctique de 1959 à 2010. Le tracteur-autoneige lourd « Kharkovchanka » a été spécialement conçu et fabriqué à l'usine de construction d'engin de transport Malyshev de Kharkov pour organiser des traversées intérieures en tracteur-traîneau dans l'Antarctique. Il s'agit du premier véhicule de transport hors série de construction soviétique, produit exclusivement pour les opérations en Antarctique. Ce tracteur n'a pas été utilisé en dehors de l'Antarctique. Ainsi, le STT « Kharkovchanka » est un échantillon historique unique de l'évolution de l'ingénierie technique fabriqué pour l'exploration de l'Antarctique. Partie à l'origine de la proposition : Fédération de Russie Partie qui se charge de la gestion : Fédération de Russie	69°22'41,0"S, 76°22'59,1"E	Mesure 19 (2015)

2. Décisions

Observateurs du Comité pour la protection de l'environnement

Les Représentants,

Agissant sur l'avis du Comité pour la protection de l'environnement (« CPE ») ;

Rappelant la Décision 1 (2000) confirmant la qualité d'observateur de certaines organisations ;

Décident de confirmer que, conformément à l'alinéa c) de l'article 4 du Règlement intérieur du CPE, les organisations suivantes ont qualité d'observateur aux réunions du Comité pour la protection de l'environnement : ASOC, IAATO, OHI, GIEC, UICN, PNUE et OMM, et ce, aussi longtemps que la Réunion consultative du Traité sur l'Antarctique n'en décide autrement.

Règlement intérieur révisé de la Réunion consultative du Traité sur l'Antarctique

Les Représentants,

Rappelant la Décision 1 (2015) *Règlement intérieur révisé de la Réunion consultative du Traité sur l'Antarctique (2015), Règlement intérieur révisé du Comité pour la protection de l'environnement (2011) et Procédures pour la soumission, la traduction et la distribution pour la RCTA et le CPE* ;

Reconnaissant le besoin de donner des orientations claires au Secrétariat du Traité sur l'Antarctique (« le Secrétariat ») concernant le référent que chaque Partie consultative au Traité sur l'Antarctique juge approprié de contacter au cours d'une consultation intersession formelle ;

Reconnaissant en outre l'utilité continue des points de contact pour la diffusion des informations relatives au Traité sur l'Antarctique ainsi que des informations scientifiques, comme le prévoit la Recommandation XIII-1 (1985) ;

Notant, néanmoins, que les points de contact nommés en vertu de la Recommandation XIII-1 (1985) ne sont pas nécessairement les personnes qu'il convient de contacter au cours d'une consultation intersession formelle ;

Considérant que la sensibilisation à l'égard du travail réalisé à l'occasion des Réunions consultatives du Traité sur l'Antarctique (« RCTA ») sera majeure à travers la publication d'un communiqué de presse de son rapport dans les trois mois qui suivent chaque RCTA ;

Notant la nécessité de mettre à jour le *Règlement intérieur révisé de la Réunion consultative du Traité sur l'Antarctique* (2015) ainsi que son annexe *Procédures pour la soumission, la traduction et la distribution pour la RCTA et le CPE* ;

Décident :

1. que le *Règlement intérieur révisé de la Réunion consultative du Traité sur l'Antarctique* annexée à la présente Décision remplace le *Règlement intérieur révisé de la Réunion consultative du Traité sur l'Antarctique* (2015) ; et

2. que le Secrétariat doit dresser la liste des représentants et des représentants suppléants nommés en vertu de l'article 46(a) révisé du *Règlement intérieur de la Réunion consultative du Traité sur l'Antarctique* mis à la disposition du public sur son site sous le titre « Représentants intersession de la RCTA » sur une page autre que celle qui énumère les points de contact du CPE et de la Recommandation XIII-1 (1985).

Règlement intérieur révisé de la Réunion consultative du Traité sur l'Antarctique (2016)

1. Les Réunions organisées en conformité avec l'Article IX du Traité sur l'Antarctique sont appelées « Réunions consultatives du Traité sur l'Antarctique ». Les Parties contractantes habilitées à participer à ces Réunions sont appelées « Parties consultatives » ; les autres Parties contractantes qui ont été invitées à participer à ces Réunions sont appelées « Parties non consultatives ». Le Secrétaire exécutif du Secrétariat du Traité sur l'Antarctique est appelé « Secrétaire exécutif ».

2. Les représentants de la Commission pour la conservation de la faune et de la flore marines de l'Antarctique, du Conseil des directeurs des programmes antarctiques nationaux, et du Comité scientifique pour la recherche en Antarctique, invités à participer à ces Réunions en application de l'article 31, sont désignés sous le nom d'« Observateurs ».

Représentants

3. Chaque Partie consultative est représentée par une délégation qui se composera d'un représentant, de représentants suppléants, de conseillers et d'autres personnes que chaque État partie peut juger nécessaires. Chaque Partie non consultative, invitée à participer à une Réunion consultative, est représentée par une délégation qui se composera d'un représentant et d'autres personnes considérées comme nécessaires, en respectant la limite numérique qui peut être, de temps en temps, déterminée par le pays hôte après consultation avec les Parties consultatives. La Commission pour la conservation de la faune et de la flore marines de l'Antarctique, le Comité scientifique pour la recherche en Antarctique et le Conseil des directeurs des programmes antarctiques nationaux sont représentés par leurs présidents respectifs ou par d'autres personnes qui auront été désignées à cette fin. Les noms des membres des délégations et des observateurs seront communiqués au gouvernement hôte avant l'ouverture de la Réunion.

4. 'L'ordre de préséance des délégations suivra l'ordre alphabétique arrêté dans la langue du pays hôte, toutes les délégations des Parties non consultatives suivant les délégations des Parties consultatives, et toutes les délégations d'observateurs suivant celles des Parties non consultatives.

Membres du bureau

5. Un représentant du gouvernement hôte assurera à titre temporaire la présidence de la Réunion et il présidera la Réunion jusqu'à l'élection d'un président.

6. Au cours de la séance d'ouverture, un président issu de l'une des Parties consultatives sera élu. Les autres représentants des Parties consultatives agiront en qualité de vice-présidents de la Réunion dans l'ordre de préséance. Le Président doit normalement présider

toutes les séances plénières. En son absence à l'une des séances ou partie de séance, le vice-président, désigné par roulement sur la base de l'ordre de préséance arrêté à l'article 4, présidera la séance.

Secrétariat

7. Le Secrétaire exécutif agira en qualité de secrétaire de la Réunion. Avec le concours du gouvernement hôte, il sera chargé, conformément à l'article 2 de la Mesure 1 (2003) tel qu'il est provisoirement appliqué par la Décision 2 (2003) jusqu'à ce que la Mesure 1 entre en vigueur, de fournir des services de secrétariat pour la Réunion.

Séances

8. La séance plénière d'ouverture sera ouverte au public alors que les autres séances se tiendront à huis clos, à moins que les Parties n'en décident autrement.

Comités et groupes de travail

9. La Réunion peut, afin de faciliter son travail, créer les comités qu'elle juge nécessaires à l'exécution de ses fonctions, et elle en a établira les mandats.

10. Les comités travaillent sur la base du Règlement intérieur de la Réunion, sauf lorsque celui-ci ne peut être appliqué.

11. Des groupes de travail peuvent être établis par la Réunion ou par ses comités pour traiter de différents points inscrits à l'ordre du jour. La Réunion détermine les dispositions provisoires pour les groupes de travail à l'issue de chaque Réunion consultative, au moment d'approuver l'ordre du jour provisoire pour la réunion suivante (en vertu de l'article 36). Ces dispositions comprennent :

   a) la formation d'un ou de plusieurs groupes de travail en vue de la réunion suivante ;

   b) la nomination des présidents des différents groupes de travail ; et

   c) l'attribution de points de l'ordre du jour à chaque groupe de travail.

Dès lors que la Réunion décide de maintenir un groupe de travail pendant plus d'un an, le(s) président(s) de ce(s) groupe(s) de travail est (sont) nommé(s) pour une période d'une ou de deux Réunions consécutives. Les présidents des groupes de travail peuvent ensuite être nommés pour un nouveau mandat d'une ou deux années supplémentaires, mais ils ne devront pas présider le même groupe de travail plus de quatre années consécutives.

Dans l'éventualité où la Réunion n'est pas en mesure de nommer le(s) président(s) du (des) groupe(s) de travail de la Réunion suivante, elle le (les) nommera à l'ouverture de cette Réunion.

Conduite des travaux

12. Le quorum est constitué par les deux tiers des représentants des Parties consultatives qui participent aux réunions.

13. Le Président exerce ses pouvoirs comme le veut l'usage. Il veille à ce que le règlement intérieur soit observé et à ce que l'ordre soit maintenu. Dans l'exercice de ses fonctions, le Président demeure sous l'autorité de la Réunion.

14. Conformément à l'article 28, aucun représentant ne peut s'adresser à la Réunion sans avoir, au préalable, obtenu l'autorisation du Président ; celui-ci donnera la parole aux représentants dans l'ordre dans lequel ils ont fait part de leur intention d'intervenir. Le Président peut rappeler à l'ordre un intervenant s'il juge que ses remarques ne s'appliquent pas au sujet à l'étude.

15. Au cours de l'examen d'une question, le représentant d'une Partie consultative peut soulever une motion d'ordre, laquelle fera immédiatement l'objet d'une décision par le Président, et ce conformément au règlement intérieur. Le représentant d'une Partie consultative peut faire appel de la décision du Président. L'appel est mis immédiatement aux voix et la décision du Président demeurera en son état sauf si elle est annulée par la majorité des représentants des Parties consultatives, présents et votants. Le représentant d'une Partie consultative qui soulève une motion d'ordre ne peut pas intervenir sur le fond de la question en cours de discussion.

16. La Réunion peut limiter le temps de parole accordé à chaque intervenant ainsi que le nombre d'interventions que celui-ci peut faire sur une question. Lorsque le débat est ainsi limité et qu'un représentant a épuisé les délais qui lui ont été impartis, le Président le rappellera immédiatement à l'ordre.

17. Pendant un débat sur une question, le représentant d'une Partie consultative peut demander le report du débat sur le sujet à l'étude. En dehors du représentant qui a proposé la motion, deux représentants peuvent se prononcer en faveur de cette motion et deux contre, après quoi la motion doit être immédiatement mise aux voix. Le Président peut, au titre du présent article, limiter le temps de parole accordé aux intervenants.

18. Le représentant d'une Partie consultative peut, à tout moment, proposer la clôture du débat sur le sujet à l'étude, indépendamment du fait qu'un autre représentant a fait part de son intention de prendre la parole. L'autorisation de prendre la parole sur la clôture du débat ne sera accordée qu'aux représentants de deux Parties consultatives qui s'opposent à la clôture, après quoi la motion doit être mise immédiatement aux voix. Si la Réunion se prononce en faveur de la clôture, le Président déclarera le débat clos. Le Président peut, au titre du présent article, limiter le temps de parole accordé aux intervenants. (Cet article ne s'applique pas aux débats en comité).

19. Pendant l'examen d'une question, le représentant d'une Partie consultative peut proposer la suspension ou le report de la Réunion. Ces motions ne font pas l'objet d'un débat, mais elles seront immédiatement mises aux voix. Le Président peut limiter le temps de parole accordé au représentant qui propose la suspension ou le renvoi de la Réunion.

20. Conformément à l'article 15, les motions ci-après ont, dans l'ordre arrêté ci-dessous, la priorité sur toutes les autres propositions ou motions présentées à la Réunion :

a)   suspension de la Réunion ;

b)   report de la Réunion ;

c)   report du débat sur le sujet à l'étude ; et

d)   clôture du débat sur le sujet à l'étude.

21. Les décisions de la Réunion sur toutes les questions de procédure sont prises à la majorité des représentants des Parties consultatives qui participent à la Réunion, chacun d'eux disposant d'une voix.

Langues

22. L'anglais, l'espagnol, le français et le russe sont les langues officielles de la Réunion.

23. Les représentants peuvent, s'ils le souhaitent, s'exprimer dans une autre langue que les langues officielles, mais, dans ce cas, ils devront assurer eux-mêmes l'interprétation dans une de ces langues officielles.

Mesures, Décisions, Résolutions et Rapport final

24. Sans préjudice de l'article 21, les Mesures, Décisions et Résolutions dont il est fait mention dans la Décision 1 (1995) sont adoptées par les représentants de toutes les Parties consultatives présentes et elles seront par la suite sujettes aux dispositions de la Décision 1 (1995).

25. Le Rapport final comprendra un bref compte-rendu des actes de la Réunion. Il sera approuvé par la majorité des représentants des Parties consultatives présentes et transmis par le Secrétaire exécutif aux gouvernements de toutes les Parties consultatives et non consultatives ayant été invités à participer à la Réunion, afin qu'ils en prennent connaissance.

26. Nonobstant l'article 25, le Secrétaire exécutif notifiera, immédiatement après la clôture de la Réunion consultative, à toutes les Parties consultatives, toutes les Mesures, Décisions et Résolutions prises et il leur enverra des copies authentifiées des textes définitifs dans une des langues officielles du Traité sur l'Antarctique. Dans le cas d'une Mesure adoptée en application des procédures visées à l'article 6 ou 8 de l'Annexe V du Protocole, la notification respective doit également inclure le délai d'approbation de cette Mesure.

Parties non consultatives

27. Les représentants des Parties non consultatives invités à participer à la Réunion consultative peuvent assister :

a)   à toutes les séances plénières de la Réunion ; et

b)   à toutes les réunions des comités ou groupes de travail formels auxquels participent toutes les Parties consultatives, à moins que le représentant d'une Partie consultative demande qu'il en soit autrement dans un cas particulier.

28. Le Président peut inviter le représentant d'une Partie non consultative à s'adresser à la Réunion, au comité ou au groupe de travail auquel il assiste, à moins que le représentant d'une Partie consultative demande qu'il en soit autrement. Le Président doit, à tout moment, donner la priorité aux représentants des Parties consultatives qui signalent leur intention de prendre la parole, et il peut, lorsqu'il invite les représentants des Parties non consultatives à parler, limiter le temps de parole accordé à chaque intervenant ainsi que le nombre de ses interventions sur un sujet.

29. Les Parties non consultatives ne sont pas autorisées à participer à la prise de décisions.

30.

a) Les Parties non consultatives peuvent soumettre au Secrétariat des documents afin qu'ils soient distribués à la réunion comme documents d'information. Ces documents se rapporteront aux questions examinées à la Réunion.

b) À moins qu'un représentant d'une Partie consultative n'en fasse la demande, lesdits documents ne seront disponibles que dans la langue ou les langues dans lesquelles ils ont été soumis.

Observateurs du Système du Traité sur l'Antarctique

31. Les observateurs dont il est fait mention à l'article 2 participeront aux réunions dans le but spécifique de faire rapport :

a) dans le cas de la Commission pour la conservation de la faune et de la flore marines de l'Antarctique, sur les faits nouveaux survenus dans son domaine de compétence ;

b) dans le cas du Comité scientifique pour la recherche en Antarctique, sur :

   i) les travaux en général du SCAR ;

   ii) les questions qui relèvent de la compétence du SCAR en vertu de la Convention pour la protection des phoques de l'Antarctique ;

   iii) les publications et les rapports qui peuvent avoir été publiés ou établis conformément aux Recommandations IX-19 et VI-9.

c) dans le cas du Conseil des directeurs des programmes antarctiques nationaux, sur les activités qui sont de son domaine de compétence.

32. Les observateurs peuvent assister :

a) à toutes les séances plénières de la Réunion auxquelles leur rapport est examiné ;

b) à toutes les réunions des comités et groupes de travail formels auxquels participent toutes les Parties consultatives et où leur rapport est examiné, à moins que le représentant d'une Partie consultative n'en fasse autrement la demande dans un cas particulier.

33. Après la présentation de chaque rapport, le Président peut inviter l'observateur à s'adresser à la Réunion à laquelle le rapport est de nouveau examiné, à moins que le

représentant d'une Partie consultative n'en fasse autrement la demande. Le Président peut, dans le cas de ces interventions, limiter le temps de parole.

34. Les observateurs ne sont pas autorisés à participer à la prise de décisions.

35. Les observateurs peuvent présenter leur rapport et/ou documents ayant trait aux questions abordées au Secrétariat afin qu'ils soient distribués à la Réunion en tant que documents de travail.

Ordre du jour des Réunions consultatives

36. À la fin de chaque Réunion consultative, le gouvernement hôte arrête l'ordre du jour provisoire de la Réunion consultative suivante. S'il est approuvé par la Réunion, cet ordre du jour provisoire de la Réunion suivante sera annexé au Rapport final de la Réunion.

37. Toute Partie contractante peut proposer que des points supplémentaires soient inscrits à l'ordre du jour provisoire et en informer le gouvernement hôte de la prochaine Réunion consultative au plus tard 180 jours avant le début de la Réunion, chaque proposition devant être accompagnée d'une note explicative. Le gouvernement hôte appellera l attention de toutes les Parties contractantes sur le présent article au plus tard 210 jours avant la Réunion.

38. Le gouvernement hôte doit préparer un ordre du jour provisoire pour la Réunion consultative. Cet ordre du jour doit contenir :

a)   tous les points inscrits à l'ordre du jour provisoire conformément à l'article 36 ; et

b)   tous les points dont l'inclusion a été sollicitée par une Partie contractante en conformité avec l'article 37.

Au plus tard 120 jours avant la Réunion, le gouvernement hôte transmettra à toutes les Parties contractantes l'ordre du jour provisoire, y compris les notes explicatives et autres documents y ayant trait.

Experts d'organisations internationales

39. À la fin de chaque Réunion consultative, les Parties décideront des organisations internationales ayant un intérêt scientifique ou technique en Antarctique qui seront invitées à désigner un expert pour participer à la prochaine Réunion afin de les aider dans leurs principaux travaux.

40. Toute Partie contractante peut, ultérieurement, proposer que l'invitation soit étendue à d'autres organisations internationales ayant un intérêt scientifique ou technique en Antarctique afin que celles-ci puissent apporter leur concours aux travaux de la Réunion ; chacune de ces propositions sera soumise au gouvernement hôte de la Réunion, au plus tard 180 jours avant le début de la Réunion, et elle sera accompagnée d'une note décrivant la raison d'être de la proposition.

41. Le gouvernement hôte transmettra, en vertu de l'article 38, ces propositions à toutes les Parties contractantes. Toute Partie consultative qui souhaite faire objection à une proposition devra le faire au plus tard 90 jours avant la Réunion.

42. À moins qu'il n'ait été saisi d'une telle objection, le gouvernement hôte enverra une invitation aux organisations internationales identifiées conformément aux articles 39 et 40 et il leur demandera de lui communiquer avant l'ouverture de la Réunion le nom de 1 expert qu'elles auront désigné. Tous ces experts peuvent assister à la Réunion pendant 1 examen de tous les points de l'ordre du jour, à l'exception des points relatifs au fonctionnement du Système du Traité sur l'Antarctique qui ont été retenus par la Réunion précédente ou lors de l'adoption de l'ordre du jour.

43. Le Président peut, avec le consentement de toutes les Parties consultatives, inviter un expert à prendre la parole au cours de la Réunion à laquelle celui-ci participe. Il donnera toujours la priorité aux représentants des Parties consultatives ou non consultatives ou aux observateurs, dont il est fait mention à l'article 31, qui signalent leur intention de prendre la parole, et il peut, lorsqu'il invite un expert à prendre la parole, limiter le temps qui lui est imparti et le nombre d'interventions qu'il peut faire sur chaque sujet.

44. Les experts ne sont pas autorisés à participer à la prise de décisions.

45.

a) Les experts peuvent, lorsqu'il s'agit d'un point de l'ordre du jour approprié, soumettre au Secrétariat des documents pour qu'ils soient distribués à la Réunion comme documents d'information.

b) À moins qu'un représentant d'une Partie consultative n'en fasse la demande, lesdits documents ne seront disponibles que dans la langue ou les langues dans lesquelles ils ont été soumis.

Consultations intersessions

46. Durant la période intersessions et dans la mesure des compétences qui lui sont conférées en vertu de la Mesure 1 (2003) et des instruments connexes régissant le fonctionnement du Secrétariat, le Secrétaire exécutif devra consulter les Parties consultatives lorsqu'il est légalement tenu de le faire aux termes des instruments pertinents de la RCTA et lorsque les circonstances ne permettent pas d'attendre l'ouverture de la prochaine Réunion consultative, en suivant la procédure suivante :

a) Chaque Partie consultative communiquera régulièrement au Secrétaire exécutif les noms des représentants ou représentants suppléants qui auront autorité de parler en son nom lors des consultations intersessions ;

b) Le Secrétaire exécutif tiendra une liste des représentants et représentants suppléants des Parties consultatives, et veillera à ce que celle-ci soit toujours à jour ;

c) Lorsque des consultations intersessions s'avèrent nécessaires, le Secrétaire exécutif transmet les informations pertinentes et toute proposition d'intervention à l'ensemble des Parties consultatives par le truchement de leurs représentants et représentants suppléants qu'elles auront désignés en vertu du paragraphe (a) ci-dessus, en indiquant une date opportune pour la présentation des réponses ;

d) Le Secrétaire exécutif veillera à ce que les Parties consultatives accusent bonne réception de ces informations ;

e) Chaque Partie consultative examinera la question et informera le Secrétaire exécutif de sa réponse, le cas échéant, par le truchement de son représentant ou de son représentant suppléant, et ce dans les délais impartis ;

f) Le Secrétaire exécutif peut, après avoir informé les Parties consultatives du résultat des consultations, prendre la mesure proposée si aucune des Parties ne s'y oppose ; et,

g) Le Secrétaire exécutif conservera un relevé des consultations intersessions, y compris leurs résultats et les mesures qu'il aura prises, et il en fera mention dans son rapport à la Réunion consultative.

47. Durant la période intersessions, lorsqu'une organisation internationale ayant un intérêt scientifique ou technique en Antarctique demande des renseignements sur les activités de la RCTA, le Secrétaire exécutif est tenu de coordonner la réponse suivant la procédure suivante :

Le Secrétaire exécutif transmet la demande ainsi qu'un premier projet de réponse à toutes les Parties consultatives par le truchement des représentants et représentants suppléants qu'elles auront désignés en vertu de l'article 46 (a), et il propose de répondre à la demande et fixe un délai adéquat pour que les Parties (1) annoncent qu'elles estiment qu'il ne convient pas de répondre à la demande ou (2) fassent part de leurs commentaires sur le premier projet de réponse. Le délai imparti doit être suffisamment généreux pour permettre aux Parties de faire des commentaires et doit tenir compte des échéances fixées par les demandes de renseignements initiales. Si une Partie consultative estime qu'il ne convient pas de répondre à la demande, le Secrétaire exécutif enverra uniquement une réponse d'ordre formel accusant réception de la demande sans se prononcer sur le fond.

a) En l'absence d'objections à la procédure et si les Parties fournissent des commentaires avant la date évoquée dans l'envoi auquel fait référence le paragraphe (a) ci-dessus, le Secrétaire exécutif révise la réponse à la lumière des commentaires reçus, transmet à toutes les Parties consultatives la version révisée et fixe un délai raisonnable pour la soumission de commentaires.

b) S'il reçoit des commentaires avant la date précisée dans l'envoi auquel fait référence le paragraphe (b) ci-dessus, le Secrétaire exécutif suit à nouveau la procédure décrite au paragraphe (b) ci-dessus jusqu'à ce qu'il ne reçoive plus de commentaires.

c) En l'absence de commentaires avant la date précisée lors de l'envoi décrit aux paragraphes (a), (b) ou (c) ci-dessus, le Secrétaire exécutif remet une version définitive et demande un accusé de réception ainsi qu'une confirmation d'approbation par voie électronique à chaque Partie consultative, en fixant un délai pour la réception de l'approbation. Le Secrétaire exécutif doit informer les

Parties consultatives des confirmations reçues. Après réception des confirmations d'approbation des Parties consultatives, le Secrétaire exécutif signe, au nom de toutes les Parties consultatives, la réponse et l'envoie à l'organisation internationale concernée. Il envoie également une copie de la réponse signée à l'ensemble des Parties consultatives.

d) Toute Partie consultative peut, à tout moment de ce processus, demander un délai supplémentaire.

e) Toute Partie consultative peut, à tout moment de ce processus, annoncer qu'elle estime qu'il ne convient pas de répondre à la demande. Le cas échéant, le Secrétaire exécutif est tenu d'envoyer une réponse formelle accusant réception de la demande sans se prononcer sur le fond.

Documents des réunions

48. On entend par « documents de travail » les documents remis par les Parties consultatives qui doivent faire l'objet de discussions et de décisions lors d'une Réunion, ou les documents fournis par les observateurs dont il est question à l'article 2.

49. On entend par « documents du Secrétariat » les documents préparés par le Secrétariat mandaté lors d'une Réunion ou les documents qui, selon le Secrétaire exécutif, pourraient fournir des informations aux participants à la Réunion ou contribuer au déroulement de celle-ci.

50. On entend par « documents d'information » les documents suivants :

• les documents remis par les Parties consultatives ou les observateurs qui fournissent des informations en complément d'un document de travail ou des documents utiles aux discussions d'une Réunion ;

• les documents remis par les Parties non consultatives utiles aux discussions d'une Réunion ; et

• les documents remis par les experts utiles aux discussions d'une Réunion.

51. Les « documents de contexte » désignent les documents qui peuvent être soumis par tout participant à une Réunion, qui ne seront pas présentés en séance, et dont le but est de soumettre des informations de manière officielle.

52. Les procédures d'envoi, de traduction et de distribution des documents sont annexées au présent Règlement intérieur.

Modifications

53. Le présent Règlement intérieur peut être modifié à la majorité des deux tiers des représentants des Parties consultatives qui participent à la Réunion. Cette disposition ne s'applique pas aux articles 24, 27, 29, 34, 39-42, 44, et 46 dont l'amendement nécessite l'approbation des représentants de toutes les Parties consultatives présentes à la Réunion.

Annexe

Lignes directrices relatives à la soumission, à la traduction et à la distribution de documents pour la RCTA et le CPE

1. Ces procédures s'appliquent à la soumission, à la traduction et à la distribution de documents officiels pour la Réunion consultative du Traité sur l'Antarctique (RCTA) et pour le Comité pour la protection de l'environnement (CPE), tel que défini dans leurs règlements intérieurs respectifs. Les documents concernés sont les documents de travail, les documents du Secrétariat, les documents d'information et les documents de contexte.

2. Les documents devant être soumis à la RCTA et au CPE doivent indiquer clairement, du moins lorsque c'est possible, les éléments qui doivent faire l'objet de discussions à la RCTA et au CPE, respectivement.

3. Les documents devant faire l'objet d'une traduction sont les documents de travail, les documents du Secrétariat, les rapports soumis à la RCTA par les Observateurs et les Experts invités à la RCTA conformément aux instructions de la Recommandation XIII-2, les rapports soumis à la RCTA relatifs à l'article III-2 du Traité sur l'Antarctique, et les documents d'information ayant fait l'objet d'une demande de traduction par une Partie consultative. Les documents de contexte ne seront pas traduits.

4. Les documents devant faire l'objet d'une traduction, à l'exception des rapports des groupes de contact intersessions (GCI) convoqués par la RCTA ou le CPE, des rapports des présidents des Réunions d'experts du Traité sur l'Antarctique, et du Rapport et programme de travail du Secrétariat, ne doivent pas excéder 1500 mots. Lors de l'évaluation de la longueur d'un document, les Mesures, Décisions et Résolutions proposées, ainsi que les pièces jointes en référence, ne sont pas incluses.

5. Les documents devant faire l'objet d'une traduction doivent être reçus par le Secrétariat au plus tard 45 jours avant la Réunion consultative. Dans le cas où un tel document serait soumis après la limite de 45 jours avant la Réunion consultative, il ne sera pris en compte que si aucune Partie consultative ne s'y oppose.

6. Le Secrétariat devra recevoir les documents d'information ne devant pas faire l'objet d'une traduction et les documents de contexte que les participants souhaitent voir inscrits dans le Rapport final au plus tard 30 jours avant la Réunion.

7. Le Secrétariat indiquera sur chaque document soumis par une Partie contractante, un Observateur ou un Expert, sa date de soumission.

8. Lorsqu'une version révisée d'un document rédigée après sa soumission initiale est à nouveau soumise au Secrétariat pour traduction, le texte révisé devra clairement indiquer les modifications ayant été établies.

9. Les documents doivent être transmis au Secrétariat par voie électronique et seront téléchargés sur le site de la RCTA établi par le Secrétariat. Les documents de travail reçus avant la limite de 45 jours devront être téléchargés le plus tôt possible et en aucun cas au-delà de 30 jours avant la Réunion. Les documents seront d'abord téléchargés vers la section du site protégée par mot de passe, et ensuite déplacés vers la partie non protégée du site après la conclusion de la Réunion.

10. Les Parties peuvent décider de présenter un document au Secrétariat pour lequel aucune traduction n'a préalablement été requise afin de le faire traduire.

11. Aucun document soumis à la RCTA ne devra être utilisé à des fins de discussions à la RCTA ou au CPE, à moins qu'il n'ait fait l'objet d'une traduction dans les quatre langues officielles.

12. Dans les trois mois suivant la fin de la Réunion consultative, le Secrétariat postera une version préliminaire du Rapport final de la Réunion sur la page d'accueil de la RCTA, et ce dans les quatre langues officielles. Il sera clairement indiqué sur cette version du rapport que celui-ci est susceptible d'être modifié lors des procédures de mise en page et d'édition.

13. Dans les six mois suivant la fin de la Réunion consultative, le Secrétariat transmettra aux Parties et diffusera sur la page d'accueil de son site web le rapport final de la Réunion, et ce dans les quatre langues officielles.

Rapport, programme et budget du Secrétariat

Les Représentants,

Rappelant la Mesure 1 (2003) relative à la création du Secrétariat du Traité sur l'Antarctique (« le Secrétariat ») ;

Rappelant la Décision 2 (2012) sur la création du Groupe de contact intersessions à composition non limitée (« GCI ») sur les questions financières, dont la présidence revient au prochain pays organisateur de la Réunion consultative du Traité sur l'Antarctique ;

Gardant à l'esprit le Règlement financier du Secrétariat du Traité sur l'Antarctique, présenté en annexe de la Décision 4 (2003) ;

Décident :

1. d'approuver le Rapport financier vérifié pour 2014-2015, annexé à la présente Décision (Annexe 1) ;

2. de prendre note du Rapport 2015-2016 du Secrétariat, qui comprend le Rapport financier provisionnel pour 2015/16, annexé à la présente Décision (Annexe 2) ;

3. de prendre note du profil de budget prévisionnel quinquennal pour la période 2016-2020 et d'approuver le Programme du Secrétariat 2016-2017, qui comprend le budget pour l'exercice 2016-2017, annexé à la présente Décision (Annexe 3) ; et

4. d'inviter le pays organisateur de la prochaine Réunion consultative du Traité sur l'Antarctique à demander au Secrétaire exécutif d'ouvrir le forum de la RCTA au GCI sur les questions financières et de lui fournir son appui.

Rapport financier vérifié 2014/2015

Rapport de l'auditeur financier

Adressé à : la direction du Secrétariat du Traité sur l'Antarctique
Maipú 757, 4ᵉ étage
CUIT 30-70892567-1
Objet : XIXᵉ CPE - XXXIXᵉ Réunion consultative du Traité sur l'Antarctique, 2016 - Santiago, Chili

1. Rapport sur les états financiers

Nous avons vérifié les états financiers du Secrétariat du Traité sur l'Antarctique, qui comprennent les documents suivants : état des recettes et des dépenses, état de la situation financière, état de l'évolution des actifs nets, état du flux de trésorerie, et notes explicatives pour la période allant du 1er avril 2014 au 31 mars 2015.

2. Responsabilité de la direction pour les états financiers

Le Secrétariat du Traité sur l'Antarctique, constitué en vertu de la loi argentine n° 25.888 du 14 mai 2004, est responsable de la préparation et de la présentation sincère de ces états financiers, conformément aux normes comptables internationales (IAS) et aux normes spécifiques applicables aux Réunions consultatives du Traité sur l'Antarctique. Cette responsabilité implique le développement, la mise en œuvre et l'entretien des contrôles internes relatifs à la préparation et à la présentation des états financiers, de façon à ce qu'ils soient exempts de fautes dues aux erreurs ou aux tentatives de fraudes ; la sélection et la mise en œuvre des politiques de comptabilité appropriées et l'élaboration d'estimations comptables raisonnables et adéquates à la situation.

3. Responsabilité de l'auditeur

Notre responsabilité est d'exprimer notre opinion sur ces états financiers, sur la base de l'audit effectué.

L'audit a été effectué conformément aux normes internationales d'audit et à l'annexe à la Décision 3 (2012) de la XXXIᵉ Réunion consultative du Traité sur l'Antarctique, qui définit les tâches des auditeurs externes.

Ces normes impliquent le respect des règles d'éthique, ainsi que la planification et l'exécution de l'audit pour obtenir l'assurance raisonnable que les états financiers ne comportent pas de fautes.

Un audit inclut l'exécution de procédures dans le but de fournir des illustrations aux montants et aux informations reflétées dans les états financiers. Les procédures choisies relèvent du jugement de l'auditeur, y compris d'une évaluation des risques de fautes dans les états financiers.

En procédant à cette évaluation des risques, l'auditeur tient compte du contrôle interne de la préparation et de la présentation sincère des états financiers par l'organisation, afin de développer des procédures adéquates à la situation.

Un audit inclut également une évaluation du caractère approprié et des principes de comptabilité appliqués, une opinion sur le caractère raisonnable des estimations comptables de la direction, ainsi qu'une évaluation de la présentation générale des états financiers.

Nous pensons que les éléments probants recueillis par l'audit sont suffisants et adéquats pour fournir une base sur laquelle fonder notre opinion en tant que contrôleurs externes.

4. Opinion

Selon nous, les états financiers reflètent fidèlement, à tous les égards, la situation financière du Secrétariat du Traité sur l'Antarctique au 31 mars 2015 ainsi que les résultats financiers de l'exercice ayant pris fin à cette date, conformément aux normes comptables internationales et aux règles spécifiques des Réunions consultatives du Traité sur l'Antarctique.

5. Informations supplémentaires exigibles par la loi

Conformément à l'analyse décrite au point 3, j'atteste que les états financiers décrits ci-dessus proviennent de documents comptables non retranscrits en livres financiers, dans le respect des normes argentines en vigueur.

Nous signalons également que, conformément à la comptabilité au 31 mars 2015, le passif au titre du système argentin de sécurité sociale en peso argentin s'élevait à 124 004,85 $ (14 059,51 $ US), et que ce montant n'était ni exigible ni payable en peso argentin à cette date.

Il est important de noter que les relations de travail sont régies par le Statut du personnel du Secrétariat du Traité sur l'Antarctique.

Dr Gisela Algaze
Expert-comptable
CPCECABA Volume n° 300, page 169

Buenos Aires, le 8 avril 2016
Sindicatura General de la Nación
Av. Corrientes 389, Buenos Aires, Argentine

1. État des recettes et des dépenses pour tous les fonds pour la période allant du 1er avril 2014 au 31 mars 2015, par rapport à l'année précédente.

		Budget	
RECETTES	**31/03/14**	**31/03/15**	**31/03/15**
Contributions (note 10)		1 379 710	1 379 710
Autres recettes (note 2)		1 000	6 162
Recettes totales	**1 343 411**	**1 380 710**	**1 385 872**
DÉPENSES			
Salaires	650 000	678 600	677 760
Services de traduction et d'interprétation	249 671	325 780	294 318
Frais de déplacement	81 093	110 266	104 207
Technologie de l'information	41 919	44 000	33 224
Impression, édition et reproduction	12 823	23 640	18 910
Services généraux	32 943	72 052	73 382
Communications	17 623	19 700	15 254
Frais de bureau	11 589	18 200	12 471
Dépenses administratives	11 780	20 300	8 582
Frais de représentation	2 211	3 500	4 267
Autre	0	0	0
Financements	16 290	11 000	7 986
Total des dépenses	**1 127 942**	**1 327 038**	**1 250 361**
DOTATION DES FONDS			
Fonds de licenciement du personnel	29 369	29 820	30 314
Fonds de remplacement du personnel	0	0	0
Fonds de roulement	0	6 685	6 685
Fonds pour risques et charges	0	0	0
Total dotations des fonds	**29 369**	**36 505**	**36 999**
Frais & dotations totaux	**1 157 311**	**1 363 543**	**1 287 360**
(Déficit) / Excédant pour la période	**186 100**	**17 167**	**98 512**

Le présent état doit être lu conjointement avec les NOTES 1 à 10 jointes.

2. État de la situation financière au 31 mars 2015, par rapport à l'année précédente

ACTIFS	31/03/14	31/03/15
Actifs circulant		
Trésorerie et équivalents de trésorerie (note 3)	1 231 803	1 057 170
Contributions dues (note 9) et 10	108 057	196 163
Autres debiters (note 4)	37 687	39 306
Autres actifs circulant (note 5)	99 947	146 018
Total actifs circulant	1 477 494	1 438 657
Actifs immobilisés		
Actifs immobilisés (notes 1.3 et 6)	79 614	109 434
Total actifs immobilisés	79 614	109 434
Total actifs	1 557 108	1 548 091
PASSIFS		
Passifs circulant		
Exigibles (note 7)	25 229	30 462
Contributions perçues en avance (note 10)	626 595	467 986
Fonds bénévole spécial pour des affectations spécifiques (note 1.9)	0	13 372
Remunerations et contributions payables (note 8)	64 507	30 163
Total passifs circulant	716 331	541 983
Passifs immobilisés		
Fonds de licenciement du personnel de direction (note 1.4)	176 880	207 194
Fonds de remplacement du personnel (note 1.5)	50 000	50 000
Fonds pour risques et charges (note 1.7)	30 000	30 000
Fonds de remplacement des actifs immobilisés (note 1.8)	13 318	43 138
Total passifs immobilisés	270 198	330 332
Total del passifs	986 529	872 315
ACTIFS NETS	570 579	675 776

Le présent état doit être lu conjointement avec les NOTES 1 à 10 jointes.

3. État de l'évolution des actifs nets au 31 mars 2013 et 2014

Correspondent à	Actifs nets 31/03/2014	Recettes	Dépenses & Dotations(*)	Intérêts cumulées	Actifs nets 31/03/2015
Fonds général	347 312	1 379 710	(1 287 360)	6 162	445 824
Fonds de roulement (note 1.6)	223 267		6 685		229 952
Actifs nets	570 579				675 776

Le présent état doit être lu conjointement avec les NOTES 1 à 10 jointes.

4. État du flux de trésorerie pour la période allant du 1ᵉʳ avril 2014 au 31 mars 2015, par rapport à l'année précédente.

Variations de la trésorerie et équivalents de trésorerie		31/03/15	31/03/14
Trésorerie et équivalents de trésorerie (trésorerie d'ouverture)		1 231 803	
Trésorerie et équivalents de trésorerie (trésorerie de clôture)		1 057 170	
Augmentation nette de la trésorerie et équivalents de trésorerie		(174 633)	342 716

Causes des variations de la trésorerie et équivalents de trésorerie

Activités d'exploitation

Contributions perçues	665 014		
Salaires et contributions sociales	(732 513)		
Services de traduction	(291 846)		
Frais de déplacement	(114 420)		
Impression, édition et reproduction	(18 910)		
Services généraux	(56 338)		
Autres paiements aux prestataires	(36 290)		
Flux nets de trésorerie provenant des activités d'exploitation		(585 303)	(262 333)

285

		31/03/15	31/03/14
Activités d'investissement			
Acquisition d'actifs immobilisés	(35 719)		
Fonds bénévole spécial	0		
Flux nets de trésorerie provenant des opérations d'investissement		(35 719)	(3 393)
Activités de financement			
Contributions perçues en avance	467 986		
Collection conforme au point 5.6 du Statut du personnel	151 897		
Paiement conforme au point 5.6 du Statut du personnel	(152 962)		
Paiement anticipé des montants	24 400		
Remboursement net de l'AFIP	(42 934)		
Revenus divers		5 992	
Flux nets de trésorerie liés aux opérations de financement		454 379	624 732
Transactions en devises étrangères			
Perte nette	(7 991)		
Flux nets de trésorerie provenant des opérations en devises étrangères		(7 991)	(16 290)
Augmentation nette de la trésorerie et équivalents de trésorerie		(174 632)	342 716

Le présent état doit être lu conjointement avec les NOTES 1 à 10 jointes.

Notes relatives aux états financiers
au 31 mars 2014 et 2015

1. Bases pour l'prepáration des états financiers

Ces états financiers sont exprimés en dollar des États-Unis, conformément aux lignes directrices établies dans le Règlement financier, annexe à la Décision 4 (2003). Ces états ont été préparés conformément aux normes internationales d'informations financières (IFRS) établies par le Conseil des normes comptables internationales (IASB).

1.1 Coût historiques

Les comptes sont préparés conformément aux règles régissant le coût historique, sauf indication contraire.

1.2 Bureaux

Le siège du Secrétariat est mis à disposition par le ministère des Affaires étrangères, du Commerce international et du Culte de la république d'Argentine. Les locaux ne sont pas soumis au paiement d'un loyer ni de charges communes.

1.3 Actifs immobilisés

Tous les biens sont estimés selon leur coût historique, moins l'amortissement cumulé. L'amortissement est calculé selon la méthode linéaire et des taux d'amortissement annuels constants fixés en fonction de la durée de vie estimée du bien sont appliqués.

La valeur résiduelle cumulée des actifs immobilisés n'excède pas leur valeur d'usage.

1.4 Fonds de licenciement du personnel de direction

Conformément à l'article 10.4 Statut du personnel, ce fonds doit disposer des montants nécessaires pour l'indemnisation du personnel de direction à hauteur d'un mois de salaire de référence par année de service.

1.5 Fonds de remplacement du personnel

Ce fonds sert à couvrir les frais de déplacement du personnel de direction du Secrétariat à destination et en provenance du siège du Secrétariat.

1.6 Fonds de roulement

Conformément à l'article 6.2 (a) Règlement financier, le fonds ne doit pas excéder un sixième (1/6) du budget pour l'exercice financier en cours.

1.7 Fonds pour risques et charges

Conformément à la Décision 4 (2009), ce fonds a été créé pour couvrir tous les frais de traduction et d'interprétation pouvant émerger d'une augmentation imprévue du nombre de documents soumis à la RCTA pour traduction.

1.8 Fonds de remplacement des actifs immobilisés

En vertu de l'IAS, les actifs dont la durée de vie dépasse le cadre de l'exercice financier en cours doivent être présentés comme actifs dans les états de la situation financière. Jusqu'à mars 2010, la contrepartie était présentée comme un ajustement du fonds général. Depuis avril 2010, la contrepartie doit être présentée comme passif sous cette ligne.

1.9 Fonds bénévole spécial pour des affectations spécifiques

Conformément au paragraphe (82) du Rapport final de XXXVe RCTA sur le fonds spécial destiné à recevoir les contributions volontaires des Parties. Le fonds bénévole de 14 189 dollars des États-Unis a été recatégorisé pour inclure les services de traduction et d'interprétation.

1.10 Contributions non perçues

À la fin de chaque exercice, des contributions n'ont pas été perçues. Cela entraîne l'augmentation du Fonds général d'un montant correspondant à celui des contributions non perçues. Conformément à l'article 6 (3) Règlement financier, « ...notifier aux Parties consultatives tout excédent de trésorerie présent dans le Fonds général. ... », au cours de l'exercice se terminant au 31 mars 2015, un montant de 196 163 $ devrait être déduit et, au 31 mars 2014, la déduction s'élèverait à 108 057 $.

Notes relatives aux états financiers
aux 31 mars 2014 et 2015

		31/03/2014	31/03/2015
2	**Autres revenus**		
	Intérêts acquis	3 740	6 162
	Remises obtenues	71	0
	Total	3 811	6 162
3	**Trésorerie et équivalents de trésorerie**		
	Liquidités en dollars des États-Unis	1 185	61
	Liquidités en pesos argentins	382	480
	Compte spécial BNA en dollars des États-Unis	411 565	539 324
	Compte BNA en pesos argentins	15 557	17 077
	Compte chèque Santander Rio en ARS	0	58
	Investissements	803 114	500 170
	Total	1 231 803	1 057 170
4	**Autres débiteurs**		
	Statut du personnel article 5.6	37 687	39 306
5	**Autres actifs circulant**		
	Paiements anticipés	80 561	86 992
	Créance TVA	14 771	54 250
	Autres créances à recouvrer	4 615	4 776
	Total	99 947	146 018
6	**Actifs immobilisés**		
	Livres et abonnements	8 104	8 667
	Matériel de bureau	11 252	37 234
	Mobilier	45 466	45 466
	Matériel informatique et logiciels	95 025	120 262
	Coût initial total	159 847	211 629
	Amortissements cumulés	-80 233	-102 195
	Total	79 614	109 434

7   Créances

Commerce	3 764	8 670
Frais cumulés	20 854	18 287
Autre	611	3 504
Total	25 229	30 462

8   Rémunération et contributions payables

Rémunération	45 479	9 274
Contributions	19 028	20 889
	64 507	
Total	64 507	30 163

Notes relatives aux états financiers
aux 31 mars 2014 et 2015

9. Contributions dues, annoncées, réglées et anticipées

Contributions Parties	Dues 31/03/2014	Annoncées	Réglées $	Dues 31/03/2015	Perçues à l'avance 31/03/2015
Afrique du Sud		46 181	46 181	0	46 119
Allemagne	23	52 250	52 262	11	0
Argentine		60 346	60 346	0	0
Australie	25	60 346	60 346	25	60 347
Belgique	68	40 110	40 128	50	0
Brésil	866	40 110	708	40 268	0
Bulgarie		34 038	34 038	0	33 923
Chili		46 181	46 181	0	46 119
Chine	25	46 181	46 181	25	0
Corée		40 110	40 110	0	0
Equateur	34 039	34 038	34 038	34 039	0
Espagne	25	46 181	46 181	25	0
États-Unis d'Amérique	25	60 346	60 346	25	60 347
Finlande		40 110	40 110	0	40 021
France		60 346	60 346	0	60 347
Inde	74	46 181	46 143	112	0
Italie		52 250	52 250	0	0
Japon		60 346	60 346	0	0
Norvège	35	60 346	60 321	60	60 372
Nouvelle-Zélande		60 346	60 321	25	60 391
Pays-Bas		46 181	46 181	0	0
Pèrou	32 692	34 038	65 643	1 087	0
Pologne		40 110	40 110	0	0
République tchèque		40 110	40 110	0	0
Royaume-Uni		60 346	60 346	0	0
Russie		46 181	46 181	0	0
Suède		46 181	46 151	30	0
Ukraine	40 110	40 110	0	80 220	0
Uruguay	50	40 110	0	40 160	0
Total	108 057	1 379 710	1 291 605	196 163	467 986

DR. MANFRED REINKE
Secrétaire exécutif

ROBERTO A. FENNELL
Responsable financier

Rapport financier provisoire 2015/2016

**Estimation des recettes et des dépenses pour tous les fonds
pour la période du 1ᵉʳ avril 2015 au 31 mars 2016**

POSTES BUDGÉTAIRES	États financiers révisés 2014/2015	Budget 2015/2016	Rapport Prov. 2015/2016
RECETTES			
CONTRIBUTIONS annoncées	**$ -1 379 710**	**$ -1 378 097**	**$ -1 378 099**
Autres recettes	$ -6 162	$ -1 000	$ -13 577
Recettes totales	**$ -1 385 872**	**$ -1 379 097**	**$ -1 391 676**
DÉPENSES			
SALAIRES			
Cadres	$ 322 658	$ 331 680	$ 331 679
Services généraux	$ 318 417	$ 330 098	$ 330 359
Personnel de soutien à la RCTA	$ 16 496	$ 18 192	$ 16 398
Stagiaires	$ 6 837	$ 10 600	$ 3 667
Heures supplémentaires	$ 13 351	$ 16 000	$ 12 552
	$ 677 760	**$ 706 570**	**$ 694 656**
TRADUCTION ET INTERPRÉTATION			
* Traduction et interprétation	**$ 294 318**	**$ 323 000**	**$ 301 634**
DÉPLACEMENTS			
Déplacements	**$ 104 207**	**$ 99 000**	**$ 88 741**
TECHNOLOGIES DE L'INFORMATION			
Matériel informatique	$ 8 315	$ 10 815	$ 13 306
Logiciels	$ 4 468	$ 3 500	$ 1 940
Développement	$ 13 104	$ 24 000	$ 17 693
Assistance	$ 5 451	$ 9 500	$ 11 009
	$ 33 224	**$ 47 815**	**$ 43 949**
IMPRESSION, ÉDITION ET REPRODUCTION			
Rapport final	$ 13 473	$ 17 850	$ 6 510
Compilation	$ 639	$ 3 500	$ 2 000
Lignes directrices pour les visites de sites	$ 3 396	$ 3 500	$ 0
	$ 18 910	**$ 24 850**	**$ 8 995**

POSTES BUDGÉTAIRES	États financiers révisés 2014/2015	Budget 2015/2016	Rapport Prov. 2015/2016
SERVICES GÉNÉRAUX			
Conseil juridique	$ 1 036	$ 4 200	$ 2 008
Audit externe	$ 9 345	$ 10 500	$ 9 539
Nettoyage, entretien et sécurité	$ 50 820	$ 19 011	$ 12 829
Formations	$ 4 401	$ 6 880	$ 4 275
Opérations bancaires	$ 5 276	$ 6 300	$ 5 143
Location de matériel	$ 2 504	$ 2 556	$ 2 543
	$ 73 382	**$ 49 447**	**$ 36 335**
COMMUNICATION			
Téléphone	$ 5 201	$ 5 460	$ 6 535
Internet	$ 2 487	$ 3 150	$ 2 574
Hébergement Internet	$ 6 731	$ 9 450	$ 6 846
Affranchissement	$ 834	$ 2 625	$ 5 437
	$ 15 254	**$ 20 685**	**$ 21 393**
BUREAU			
Fournitures de bureau	$ 4 562	$ 4 515	$ 4 084
Livres et abonnements	$ 1 299	$ 3 150	$ 1 994
Assurance	$ 2 558	$ 3 675	$ 3 603
Mobilier	$ 0	$ 7 945	$ 4 535
* Matériel de bureau	$ 4 053	$ 21 200	$ 21 416
Entretien	$ 0	$ 2 625	$ 0
	$ 12 471	**$ 43 110**	**$ 35 632**
ADMINISTRATION			
Approvisionnements	$ 3 749	$ 4 725	$ 2 618
Transport local	$ 318	$ 840	$ 483
Divers	$ 3 477	$ 4 200	$ 1 481
Fournisseurs (Énergie)	$ 1 038	$ 6 550	$ 3 199
	$ 8 582	**$ 16 315**	**$ 7 781**
REPRÉSENTATION			
Frais de représentation	**$ 4 267**	**$ 4 000**	**$ 3 950**
FINANCEMENT			
Pertes de change	**$ 7 986**	**$ 11 393**	**$ 10 540**
SOUS-TOTAL DES POSTES OUVERTS	**$ 1 250 361**	**$ 1 346 185**	**$ 1 253 605**

Annexe 2 : Rapport financier provisoire 2015-2016

POSTES BUDGÉTAIRES	États financiers révisés 2014/2015	Budget 2015/2016	Rapport Prov. 2015/2016
ALLOCATION AUX FONDS			
Fonds de réserve pour la traduction	$ 0	$ 0	$ 0
Fonds de remplacement du personnel	$ 0	$ 0	$ 0
Fonds de licenciement du personnel	$ 30 314	$ 32 912	$ 32 912
Fonds de roulement	$ 6 685	$ 0	$ 0
	$ 36 999	**$ 32 912**	**$ 32 912**
TOTAL DES POSTESOUVERS	**$1 287 360**	**$1 379 097**	**$1 286 517**
** Contributions bénévoles	**$ 40 325**	**$ 0**	**$ 81 547**
SOLDE	**$ 58 187**	**$ 0**	**$ 23 612**
Synthèse des fonds			
Fonds de réserve pour la traduction	$ 30 000	$ 30 000	$ 30 000
Fonds de remplacement du personnel	$ 50 000	$ 50 000	$ 50 000
Fonds de licenciement du personnel	$ 207 194	$ 240 101	$ 237 489
***Fonds de roulement	$ 229 952	$ 229 952	$ 229 952

* Transfer du poste budgétaire « Traduction et interprétarion » vers « Équipement de bureau » dans le budget 2015-2016 (cf SP3)

** Contributions impayées à partir du 31 mars 2016

*** Montant maximum requis. Fonds de roulement (Reg. Fin. 6.2) $ 229 683 $ 229 683 $ 229 683

Programme 2016-2017 du Secrétariat

Introduction

Le présent programme de travail présente les activités proposées pour le Secrétariat pour l'exercice 2016-2017 (du 1er avril 2016 au 31 mars 2017). Les principaux domaines d'activité du Secrétariat sont abordés dans les quatre premières parties, suivies d'une section sur la gestion et d'une prévision de programme pour l'exercice 2017-2018.

Le budget de l'exercice 2016-2017, le budget prévisionnel de l'exercice 2017-2018 ainsi que le barème des contributions et la grille des salaires qui les accompagnent sont inclus dans les annexes.

Le programme et les chiffres du budget 2016-2017 qui l'accompagnent se fondent sur le budget prévisionnel pour l'exercice 2016-2017 (Décision 3 (2015), Annexe 3, Appendice 1).

Le programme est axé sur les activités régulières, comme les préparatifs de la XXXIXe et de la XLe RCTA, la publication des Rapports finaux et les diverses tâches spécifiques attribuées au Secrétariat en vertu de la Mesure 1 (2003).

Table des matières :

1. Soutien à la RCTA/au CPE
2. Technologie de l'information
3. Documentation
4. Informations publiques
5. Gestion
6. Programme prévisionnel pour l'exercice financier 2016-2017

    -   Annexe 1 : Rapport prévisionnel de l'exercice financier 2015-2016, budget de l'exercice financier 2016-2017, budget prévisionnel de l'exercice financier 2017-2018
    -   Annexe 2 : Barème des contributions pour l'exercice financier 2017-2018
    -   Annexe 3 : Grille des salaires

1. Soutien à la RCTA/au CPE

XXXIXe RCTA

Le Secrétariat soutiendra la XXXIXe RCTA en recueillant et en assemblant les documents de réunion et en les publiant dans une section réservée sur le site internet du Secrétariat. Le Secrétariat fournira également, au moyen d'une clé USB distribuée à tous les délégués, une application qui permettra de consulter tous les documents hors ligne et de les synchroniser automatiquement avec les dernières mises à jour de la base de données en ligne. La section « Délégués » permettra aux délégués de s'inscrire en ligne et de télécharger une liste mise à jour des délégués.

Le Secrétariat apportera son soutien aux activités de la RCTA, par la production des documents du Secrétariat, d'un Manuel pour les délégués et de résumés des documents destinés à la RCTA, au CPE et aux groupes de travail de la RCTA.

Le Secrétariat gèrera les services de traduction et d'interprétation. Il est responsable de l'organisation des prestations de traduction pendant les phases pré-session, session et post-session de la RCTA. Il demeure en contact avec le fournisseur de services d'interprétation, ONCALL.

Le Secrétariat organisera les services de prise de notes en coopération avec le secrétariat du pays hôte et se chargera de la compilation et de l'édition des rapports du CPE et de la RCTA, qui doivent être adoptés durant les dernières réunions en session plénière.

Le Secrétariat soutiendra également l'atelier conjoint CPE/SC-CAMLR, qui aura lieu en mai 2016 à Punta Arenas, en prévoyant une section réservée pour les documents de réunion, en gérant les soumissions de documents et en appuyant le processus d'enregistrement.

XLe RCTA

Le Secrétariat de la Chine, pays hôte, et le Secrétariat du Traité sur l'Antarctique prépareront ensemble la XLe RCTA, qui se déroulera en Chine en mai/juin 2017.

Le Secrétariat apportera son soutien aux activités de la RCTA, par la production des documents du Secrétariat, d'un Manuel pour les délégués et de résumés des documents avec des ordres du jour annotés destinés à la RCTA, au CPE et aux groupes de travail de la RCTA.

Coordination et contact

Outre le maintien d'un contact régulier avec les Parties et les institutions internationales du Système du Traité sur l'Antarctique par courriel, téléphone ou tout autre moyen à sa disposition, le Secrétariat tire profit de sa présence aux différentes réunions, pour renforcer sa coordination et sa communication.

Les déplacements à prévoir sont les suivants :

- XXVIIe Réunion générale annuelle du COMNAP (AGA) à Goa, Inde, 16-18 août 2016. Sa présence lors de la réunion lui permettra de renforcer ses liens et sa collaboration avec le COMNAP.
- XXXIVe Réunion des délégués du SCAR à Kuala Lumpur, Malaisie, 29-30 août 2016. Sa présence lors de la réunion lui permettra de renforcer ses liens et sa collaboration avec le SCAR.

- CCAMLR à Hobart, en Australie, du 19 au 30 octobre 2015. La réunion de la CCAMLR, qui intervient à mi-chemin entre deux RCTA, permet au Secrétariat d'informer les représentants de la RCTA, pour la plupart présents à la CCAMLR, des évolutions sur les travaux qu'il a entrepris. Les contacts avec le Secrétariat de la CCAMLR revêtent également une certaine importance pour le Secrétariat du Traité sur l'Antarctique, puisqu'une grande partie de ses réglementations sont inspirées de celles du Secrétariat de la CCAMLR.

- Réunions de coordination avec la Chine, pays hôte de la XLe RCTA, en août 2015 et mars 2016.

Soutien aux activités intersessions

Ces dernières années, le CPE et la RCTA ont produit un volume substantiel de travail en période intersessions, principalement par le biais des Groupes de contact intersessions (GCI). Le Secrétariat apportera un soutien technique à la création en ligne des GCI convenus lors de la XXXIXe RCTA et du XIXe CPE, et à la production de documents spécifiques en cas de requête émise par la RCTA et le CPE.

Le Secrétariat mettra à jour son site internet en ajoutant les mesures adoptées par la RCTA, accompagnées des informations produites par le CPE et la RCTA.

Le Secrétariat rédigera pour chaque RCTA un document du Secrétariat, fondé sur les informations émanant du gouvernement dépositaire, qui reprendra les Mesures actuelles qui ne sont pas encore en vigueur, ainsi qu'un résumé indiquant quelle Partie a approuvé une Mesure particulière, et quelle autre ne l'a pas encore fait.

Le Secrétariat actualisera le site web afin d'afficher une liste de toutes les stations, la date de la dernière inspection et, par ailleurs, une liste des stations qui n'ont jamais été inspectées.

Impression

Le Secrétariat traduira, publiera et distribuera le Rapport final de la XXXIXe RCTA et ses annexes dans les quatre langues officielles du Traité. Le texte du Rapport final sera publié sur le site internet du Secrétariat et sera imprimé sous forme d'ouvrage. Le texte intégral du Rapport final sera disponible sous la forme d'un ouvrage (en deux volumes) auprès des détaillants en ligne et en version électronique.

2. Technologie de l'information

Échange d'informations

Le Secrétariat continuera d'aider les Parties à publier leurs documents d'échange d'informations et à traiter les informations mises en ligne en recourant à la fonctionnalité « Mise en ligne de fichiers ».

Le Secrétariat continuera de fournir ses conseils, le cas échéant, au GCI en cours sur la révision des critères d'échange d'informations.

Système électronique d'échange d'informations

Lors de la prochaine saison, le Secrétariat continuera, en fonction des décisions de la XXXIXe RCTA, à effectuer les ajustements nécessaires pour favoriser l'utilisation du système électronique par les Parties, et à élaborer les outils permettant de compiler et de présenter des synthèses de rapports.

Base de données des contacts

Le Secrétariat a l'intention de revoir en profondeur la conception de cet outil, par l'introduction de nouvelles technologies destinées à en améliorer l'interface utilisateur et par le renforcement de sa compatibilité avec différents appareils.

En outre, des procédures internes améliorées pour la gestion des contacts et des communications, au moyen notamment de la conception d'un logiciel adéquat, seront mises en œuvre.

Développement du site internet du Secrétariat

L'amélioration du site internet se poursuivra pour le rendre plus concis, plus ergonomique et donner une plus grande visibilité à ses pages et à ses informations les plus pertinentes.

3. Archives et documents

Documents de la RCTA

Le Secrétariat poursuivra ses efforts d'archivage des Rapports finaux et des documents émanant de la RCTA et d'autres réunions du Traité sur l'Antarctique, dans les quatre langues officielles du Traité. La contribution des Parties, invitées à rechercher leurs documents, sera essentielle pour conserver une archive exhaustive au Secrétariat. Le projet se poursuivra tout au long de l'exercice financier 2016-2017. Une liste détaillée et exhaustive des documents manquants dans notre base de données est accessible à toutes les délégations souhaitant collaborer.

Glossaire

Le Secrétariat va poursuivre l'élaboration de son glossaire des termes et des expressions de la RCTA afin de produire une nomenclature dans les quatre langues officielles du Traité. Il continuera ensuite d'améliorer la mise en œuvre du serveur de vocabulaire contrôlé électroniquement pour gérer, publier et partager les ontologies, thésaurus et listes de la RCTA.

Base de données du Traité sur l'Antarctique

La base de données contenant les Recommandations, Mesures, Décisions et Résolutions de la RCTA est à ce jour complète en anglais, et quasiment complète en espagnol et en français, même si le Secrétariat déplore encore l'absence de plusieurs exemplaires de rapports finaux dans ces langues. Davantage de rapports finaux manquent en langue russe.

4. Informations publiques

Le Secrétariat et son site internet continueront d'exercer la fonction de centre de diffusion d'informations sur les activités des Parties et les évolutions significatives intervenant en Antarctique.

5. Gestion

Personnel

Au 1er avril 2016, le personnel du Secrétariat se composait comme suit :

Personnel de direction

Dénomination	Poste	Depuis	Rang	Échelon	Mandat
Manfred Reinke	Secrétaire exécutif	1-09-2009	E1	7	31-08-2017
José María Acero	Sous-Secrétaire exécutif	1-01-2005	E3	12	31-12-2018

Personnel général

Dénomination	Poste	Depuis	Rang	Échelon	Mandat
José Luis Agraz	Fonctionnaire chargé de l'information	11-01-2004	G1	6	
Diego Wydler	Fonctionnaire chargé des TIC	02-01-2006	G1	6	
Roberto Alan Fennell	Comptable (à temps partiel)	1-12-2008	G2	6	
Pablo Wainschenker	Rédacteur	02-01-2006	G2	2	
Violeta Antinarelli	Bibliothécaire (à temps partiel)	04-01-2007	G3	6	
Anna Balok	Spécialiste en communication (à temps partiel)	10-01-2010	G5	6	
Viviana Collado	Chef de bureau	11-15-2012	G5	5	
Margarita Tolaba	Responsable nettoyage professionnel	1-07-2015	G7	1	

La XXXVIe RCTA a décidé de renommer le Secrétaire exécutif pour un mandat de quatre ans à compter du 1er septembre 2013 (voir Décision 2 (2013)). La RCTA commencera à envisager son remplacement lors de cette RCTA.

Le Secrétaire exécutif demande que la promotion d'Anna Balok et de Viviana Collado à la classe G4, échelon 1 de la grille des salaires, soit approuvée, conformément à l'article 5.5 du Statut du personnel.

Mme Balok a fait preuve de responsabilité dans les processus de communication et de rédaction externes et internes au sein du Secrétariat en soutien au fonctionnaire chargé de l'information, au rédacteur et au personnel de direction. Elle a démontré sa capacité à réaliser un grand nombre de tâches en toute indépendance et de manière responsable, notamment en ce qui concerne l'appui aux présidents lors des RCTA, sa participation active dans les processus de rédaction des rapports et la gestion générale du Secrétariat.

Mme Collado a assumé, outre son rôle de Chef de bureau, de grandes responsabilités dans le règlement de questions bancaires complexes avec Banco de la Nación Argentina sur les exemptions accordées au Secrétariat de certaines restrictions financières en vertu de l'article 12 de l'Accord de siège. Elle a de surcroît exercé d'autres responsabilités dans les processus comptables du Secrétariat afin de mettre en œuvre un système sûr de séparation des tâches dans ce domaine.

Le Secrétariat va inviter des stagiaires internationaux issus des Parties dans le cadre d'un stage auprès du Secrétariat. Il a également invité la Chine, qui accueillera la XLe RCTA, à envoyer l'un des membres de son équipe organisatrice pour un stage à Buenos Aires.

Questions financières

Le budget de l'exercice financier 2016-2017 et le budget prévisionnel de l'exercice financier 2017-2018 sont présentés en Annexe 1.

Salaires

Le coût de la vie a continué à augmenter considérablement en Argentine en 2015. En raison de changements dans la méthodologie de calcul des hausses des prix effectués par l'Office national argentin des statistiques et du recensement (INDEC), les données statistiques finales pour 2015 ne sont pas encore disponibles. Selon une estimation du Secrétariat, l'augmentation du coût de la vie est probablement compensée par plusieurs petites dévaluations et une dévaluation de taille du peso argentin par rapport au dollar américain.

Le Secrétaire exécutif propose de ne pas compenser cette augmentation pour le personnel général et le personnel de direction.

L'article 5.10 du Statut du personnel prévoit la compensation des membres du personnel général lorsqu'ils doivent travailler plus de 40 heures en une semaine. Les heures supplémentaires sont nécessaires durant les réunions de la RCTA.

Fonds

Fonds de roulement

Conformément à l'alinéa (a) de l'article 6.2 du Règlement financier, le fonds de roulement doit être maintenu à 1/6e du budget du Secrétariat (229 952 dollars des États-Unis) au cours des prochaines années. Les contributions des Parties servent de base au calcul du taux du fonds de roulement.

Informations additionnelles sur le projet de budget de l'exercice financier 2016-2017

Le gouvernement chilien et le Secrétariat sont convenus que le Secrétariat ferait appel aux services de rapporteurs internationaux pour la XXXIXe RCTA et que le gouvernement chilien rembourserait les frais encourus par une contribution volontaire.

La répartition des fonds sur les différentes lignes de crédit se conforme à la proposition formulée l'année dernière. Quelques ajustements mineurs ont été apportés en fonction des dépenses prévues pour l'exercice financier 2016-2017.

- *Traduction et interprétation* Traduction et interprétation : des fonds complémentaires consacrés à l'entretien du glossaire sont compris.
- *Bureau :* Des dépenses supplémentaires sont prévues pour le remplacement d'une partie du mobilier du Secréta*riat.*

L'Annexe 1 présente le budget de l'exercice financier 2016-2017 et le budget prévisionnel de l'exercice financier 2017-2018. La grille des salaires est présentée à l'Annexe 3.

Contributions pour l'exercice financier 2017-2018

Les contributions pour l'exercice financier 2017-2018 ne seront pas augmentées.

L'Annexe 2 présente les contributions des Parties pour l'exercice financier 2017-2018.

6. Programme prévisionnel pour l'exercice financier 2017-2018 et l'exercice financier 2018-2019

La plupart des activités actuelles du Secrétariat se poursuivront au cours de l'exercice financier 2017-2018 et de l'exercice 2018-2019 et, à moins que le programme ne subisse de profonds changements, aucune modification du point de vue des postes du personnel n'est prévue pour les prochaines années.

Annexe I

Rapport provisoire pour l'exercice financier 2015/2016, Prévisions pour l'exercice financier 2016/2017 Budget pour l'exercice financier 2016/2017 et Prévisions pour l'exercice financier 2017/2018

POSTES BUDGÉTAIRES	Rapport prov. 2015/2016 (*)	Prévisions 2016/2017	Budget 2016/2017	Prévisions 2017/2018
RECETTES				
CONTRIBUTIONS annoncées	**$ -1 378 099**	**$ -1 378 097**	**$ -1 378 097**	**$ -1 378 097**
**Contributions voluntaires			$ -53 207	
Placements à intérêt	$ -13 577	$ -3 000	$ -2 000	$ -2 000
Recettes totales	**$ -1 391 676**	**$ -1 381 097**	**$ -1 433 304**	**$ -1 380 097**
DÉPENSES				
Salaires				
Cadres	$ 331 679	$ 336 377	$ 336 376	$ 326 636
Services généraux	$ 330 359	$ 341 392	$ 336 801	$ 345 666
Personnel de soutien à la RCTA	$ 16 398	$ 18 092	$ 18 092	$ 18 092
Stagiaires	$ 3 667	$ 9 600	$ 9 600	$ 9 600
Heures supplémentaires	$ 12 552	$ 16 000	$ 16 000	$ 16 000
	$ 694 656	**$ 721 461**	**$ 716 869**	**$ 715 994**

TRADUCTION ET INTERPRÉTATION				
Traduction et interprétation	**$ 301 634**	**$ 338 505**	**$ 326 326**	**$ 331 518**

DÉPLACEMENTS				
Déplacements	**$ 88 741**	**$ 90 000**	**$ 99 000**	**$ 99 000**

TECHNOLOGIES DE L'INFORMATION				
Matériel informatique	$ 13 306	$ 11 356	$ 11 000	$ 11 000
Logiciel	$ 1 940	$ 3 605	$ 9 000	$ 3 500
Développment	$ 17 693	$ 21 630	$ 21 500	$ 21 500
Maintenance des matériels informatiques e logiciels	$ 2 587	$ 0	$ 2 000	$ 2 040
Assistance	$ 8 422	$ 9 785	$ 9 500	$ 10 000
	$ 43 949	**$ 46 376**	**$ 53 000**	**$ 48 040**

POSTES BUDGÉTAIRES	Rapport prov. 2015/2016 (*)	Prévisions 2016/2017	Budget 2016/2017	Prévisions 2017/2018
IMPRESSION, ÉDITION ET REPRODUCTION				
Rapport final	$ 6 510	$ 18 386	$ 18 386	$ 18 937
Compilation	$ 2 000	$ 3 412	$ 3 412	$ 3 271
Lignes directrices pour les visites de sites	$ 0	$ 3 396	$ 3 396	$ 3 497
	$ 8 995	**$ 25 194**	**$ 25 194**	**$ 25 705**

SERVICES GÉNÉRAUX

Conseil juridique	$ 2 008	$ 4 326	$ 3 500	$ 3 605
** Services de reporteur			$ 53 207	
Audit externe	$ 9 539	$ 10 815	$ 10 815	$ 11 139
Nettoyage, entretien et sécurité	$ 12 829	$ 17 845	$ 15 000	$ 16 480
Formations	$ 4 275	$ 7 086	$ 6 500	$ 7 298
Opérations bancaires	$ 5 143	$ 6 489	$ 6 489	$ 6 683
Location de matériel	$ 2 543	$ 3 245	$ 3 245	$ 3 342
	$ 36 335	**$ 49 806**	**$ 98 756**	**$ 48 547**

COMMUNICATION

Téléphone	$ 6 535	$ 5 624	$ 7 000	$ 7 210
Internet	$ 2 574	$ 3 245	$ 3 000	$ 3 000
Hébergement Internet	$ 6 846	$ 9 734	$ 8 500	$ 8 500
Affranchissement	$ 5 437	$ 2 704	$ 2 704	$ 2 785
	$ 21 393	**$ 21 307**	**$ 21 204**	**$ 21 495**

BUREAU

Fournitures de bureau	$ 4 084	$ 4 650	$ 4 650	$ 4 789
Livres et abonnements	$ 1 994	$ 3 245	$ 3 245	$ 3 342
Assurance	$ 3 603	$ 3 785	$ 4 200	$ 4 326
Mobilier	$ 4 535	$ 973	$ 4 565	$ 1 255
* Matériel de bureau	$ 21 416	$ 4 326	$ 4 326	$ 4 455
Entretien	$ 0	$ 2 704	$ 2 704	$ 2 785
	$ 35 632	**$ 19 683**	**$ 23 690**	**$ 20 952**

ADMINISTRATION

Approvisionnements	$ 2 618	$ 4 867	$ 4 867	$ 5 013
Transport local	$ 483	$ 865	$ 865	$ 890
Divers	$ 1 481	$ 4 326	$ 4 326	$ 4 455
Fournisseurs (Énergie)	$ 3 199	$ 11 897	$ 11 897	$ 12 253
	$ 7 781	**$ 21 955**	**$ 21 955**	**$ 22 611**

POSTES BUDGÉTAIRES	Rapport prov. 2015/2016 (*)	Prévisions 2016/2017	Budget 2016/2017	Prévisions 2017/2018
REPRÉSENTATION				
Frais de Représentation	**$ 3 950**	**$ 3 500**	**$ 4 000**	**$ 4 000**
FINANCEMENT				
	$ 7 518	$ 7 519	$ 7 520	$ 7 521
Pertes de change	**$ 10 540**	**$ 11 893**	**$ 11 893**	**$ 12 249**
SOUS-TOTAL DES DOTATIONS	**$ 1 253 605**	**$ 1 349 680**	**$ 1 401 887**	**$ 1 350 111**
ALLOCATION AUX FONDS				
Fonds de réserve pour la traduction	$ 0	$ 0	$ 0	$ 0
Fonds de remplacement du personnel	$ 0	$ 0	$ 0	$ 0
Fonds de licenciement du personnel	$ 32 912	$ 31 417	$ 31 417	$ 29 986
Fonds de roulement	$ 0	$ 0	$ 0	$ 0
	$ 32 912	**$ 31 417**	**$ 31 417**	**$ 29 986**
TOTAL DES DOTATIONS	**$ 1 286 517**	**$ 1 381 097**	**$ 1 433 304**	**$ 1 380 097**
***Contributions impayées	**$ 81 547**	**$ 0**	**$ 0**	**$ 0**
SOLDE	**$ 23 612**	**$ 0**	**$ 0**	**$ 0**

Synthèse des fonds

Fonds de réserve pour la traduction	$ 30 000	$ 30 000	$ 30 000	$ 30 000
Fonds de remplacement du personnel	$ 50 000	$ 50 000	$ 50 000	$ 50 000
Fonds de licenciement du personnel	$ 237 489	$ 237 489	$ 237 489	$ 174 066
**** Fonds de roulement	$ 229 952	$ 229 952	$ 229 952	$ 229 952

* Rapport provisoire au 31 mars 2016

** Les services de repporteur on été contractés par le Secreétariat et remboursés par le pays hôte de la XXXIXᵉ RCTA

*** Contributions impayées à partir du 31 mars 2016

**** Montant maximum requis. Fonds de roulement (Reg. Fin. 6.2) $ 229 683 $ 229 683 $ 229 683 $ 229 683

Annexe II

Barème des contributions pour l'exercice financier 2017/2018

2017/2018	Cat.	Mult.	Variable	Fixe	Total
Afrique du Sud	C	2,8	$ 22 359	$ 23 760	$ 46 119
Allemagne	B	2,8	$ 28 456	$ 23 760	$ 52 216
Argentine	A	3,6	$ 36 587	$ 23 760	$ 60 347
Australie	A	3,6	$ 36 587	$ 23 760	$ 60 347
Belgique	D	1,6	$ 16 261	$ 23 760	$ 40 021
Bresil	D	1,6	$ 16 261	$ 23 760	$ 40 021
Bulgarie	E	1	$ 10 163	$ 23 760	$ 33 923
Chili	C	2,2	$ 22 359	$ 23 760	$ 46 119
Chine	C	2,2	$ 22 359	$ 23 760	$ 46 119
Equateur	E	1	$ 10 163	$ 23 760	$ 33 923
Espagne	C	2,2	$ 22 359	$ 23 760	$ 46 119
États-Unis d'Amérique	A	3,6	$ 36 587	$ 23 760	$ 60 347
Fédération de Russie	C	2,2	$ 22 359	$ 23 760	$ 46 119
Finlande	D	1,6	$ 16 261	$ 23 760	$ 40 021
France	A	3,6	$ 36 587	$ 23 760	$ 60 347
Inde	C	2,2	$ 22 359	$ 23 760	$ 46 119
Italie	B	2,8	$ 28 456	$ 23 760	$ 52 216
Japon	A	3,6	$ 36 587	$ 23 760	$ 60 347
Norvège	A	3,6	$ 36 587	$ 23 760	$ 60 347
Nouvelle-Zélande	A	3,6	$ 36 587	$ 23 760	$ 60 347
Pays-Bas	C	2,8	$ 22 359	$ 23 760	$ 46 119
Pèrou	E	1	$ 10 163	$ 23 760	$ 33 923
Pologne	D	1,6	$ 16 261	$ 23 760	$ 40 021
République de Corée	D	1,6	$ 16 261	$ 23 760	$ 40 021
République tchèque	D	1,6	$ 16 261	$ 23 760	$ 40 021
Royaume-Uni	A	3,6	$ 36 587	$ 23 760	$ 60 347
Suède	A	3,6	$ 36 587	$ 23 760	$ 60 347
Ukraine	C	2,2	$ 22 359	$ 23 760	$ 46 119
Uruguay	D	1,6	$ 16 261	$ 23 760	$ 40 021

Budget   **$1 378 097**

Annexe III

Grille des salaires pour l'exercice financier 2016/2017

Tableau A
GRILLE SALARIALE - PERSONNEL DE DIRECTION
(USD)

2014/15 Classe		I	II	III	IV	V	VI	VII	VIII	IX	X	XI	XII	XIII	XIV	XV
E1	A	$135 302	$137 819	$140 337	$142 855	$145 373	$147 890	$150 407	$152 926							
E1	B	$169 127	$172 274	$175 421	$178 569	$181 716	$184 863	$188 009	$191 158							
E2	A	$113 932	$116 075	$118 218	$120 359	$122 501	$124 642	$126 783	$128 926	$131 069	$133 211	$135 352	$135 595	$137 709		
E2	B	$142 415	$145 093	$147 772	$150 449	$153 126	$155 802	$158 479	$161 158	$163 837	$166 513	$169 190	$169 494	$172 136		
E3	A	$95 007	$97 073	$99 140	$101 207	$103 275	$105 341	$107 408	$109 476	$111 542	$113 608	$115 675	$116 915	$118 154	$120 193	$122 231
E3	B	$118 758	$121 341	$123 925	$126 509	$129 094	$131 676	$134 260	$136 845	$139 427	$142 010	$144 594	$146 143	$147 693	$150 242	$152 788
E4	A	$78 779	$80 693	$82 609	$84 518	$86 435	$88 347	$90 257	$92 174	$94 089	$96 000	$97 915	$98 448	$100 336	$102 223	$104 110
E4	B	$98 474	$100 866	$103 262	$105 648	$108 044	$110 434	$112 822	$115 217	$117 611	$119 999	$122 393	$123 060	$125 419	$127 778	$130 137
E5	A	$65 315	$67 029	$68 739	$70 452	$72 162	$73 873	$75 586	$77 293	$79 007	$80 719	$82 427	$82 981			
E5	B	$81 644	$83 786	$85 924	$88 065	$90 203	$92 342	$94 482	$96 617	$98 759	$100 899	$103 034	$103 726			
E6	A	$51 706	$53 351	$54 994	$56 641	$58 294	$59 928	$61 575	$63 219	$64 862	$65 862	$66 508				
E6	B	$64 632	$66 689	$68 742	$70 801	$72 855	$74 910	$76 969	$79 024	$81 078	$82 328	$83 135				

Note : La ligne B correspond à la rémunération de base (ligne A) plus un montant additionnel de 25 % pour les frais indirects (caisse de retraite et primes d'assurance, primes d'installation et de rapatriement, indemnités pour frais d'études, etc.) et représente le montant total du traitement auquel a droit le personnel de direction conformément à l'article 5.

Tableau B
GRILLE SALARIALE - PERSONNEL SERVICES GÉNÉRAUX
(USD)

Classe	I	II	III	IV	V	VI	VII	VIII	IX	X	XI	XII	XIII	XIV	XV
G1	$61 102	$63 952	$66 804	$69 653	$72 624	$75 722									
G2	$50 918	$53 293	$55 670	$58 044	$60 520	$63 102									
G3	$42 430	$44 410	$46 390	$48 370	$50 434	$52 887									
G4	$35 360	$37 010	$38 659	$40 309	$42 029	$43 822									
G5	$29 210	$30 574	$31 936	$33 301	$34 723	$36 207									
G6	$23 944	$25 059	$26 177	$27 294	$28 460	$29 675									
G7	$11 000	$11 512	$12 026	$12 539	$13 075	$13 633									

Procédure de sélection et de nomination du Secrétaire exécutif du Secrétariat du Traité sur l'Antarctique

Les Représentants,

Rappelant l'article 3 de la Mesure 1 (2003) visant la nomination d'un Secrétaire exécutif du Secrétariat du Traité sur l'Antarctique (« Secrétaire exécutif ») ;

Rappelant la Décision 4 (2008) sur la sélection et la nomination du Secrétaire exécutif ;

Notant l'article 6.1 du Statut du personnel du Secrétariat du Traité sur l'Antarctique (« Secrétariat ») ;

Notant que la nomination du Secrétaire exécutif actuel prendra fin le 31 août 2017 ;

Décident que le Secrétaire exécutif du Secrétariat sera sélectionné et nommé en conformité avec la procédure décrite ci-dessous :

Avis de vacance de poste

Le Secrétariat du Traité sur l'Antarctique annoncera la vacance de poste sur son site internet ; le projet d'avis de vacance de poste et le formulaire type de candidature seront joints en annexe (Annexe 1 et Annexe 2).

Les Parties consultatives peuvent, à leurs propres frais, annoncer la vacance de poste dans des publications, sur des sites internet et dans d'autres médias qu'ils jugent appropriés.

Critères de sélection

Les candidats doivent répondre aux critères de sélection suivants :

1. Avoir une expérience éprouvée ou une connaissance approfondie du fonctionnement des réunions internationales ou d'organisations intergouvernementales ;

2. avoir démontré un niveau élevé d'expérience en matière de gestion et de direction et posséder une compétence prouvée dans des domaines tels que :

   a. la sélection et la supervision de personnel professionnel, administratif et technique ;

   b. l'établissement de budgets financiers et la gestion de dépenses ;

   c. l'organisation de réunions et la prestation de services de secrétariat pour des comités de haut niveau ; et

   d. la supervision et la gestion de services informatiques et de technologies de l'information.

3. Être familier avec les affaires antarctiques, y compris les principes du Traité sur l'Antarctique et l'étendue des activités dans la région ;

4. avoir une bonne connaissance de l'une des quatre langues de travail officielles de la RCTA (anglais, espagnol, français ou russe) ;

5. avoir un diplôme universitaire ou un diplôme équivalent ;

6. être ressortissant d'une Partie consultative au Traité sur l'Antarctique.

Soumission des candidatures

Les ressortissants d'une Partie consultative ne peuvent poser leur candidature au poste de Secrétaire exécutif qu'auprès de leur autorité nationale qui sera chargée de transmettre les candidatures au Secrétariat du Traité sur l'Antarctique, au plus tard 180 jours avant la Réunion consultative du Traité sur l'Antarctique lors de laquelle la sélection du Secrétaire exécutif sera effectuée. Les candidatures reçues après cette date ne seront pas examinées. Les candidatures doivent être soumises par voie électronique à l'aide du formulaire type de candidature (Annexe 2).

Réception des candidatures

Le Secrétariat du Traité sur l'Antarctique notifiera aux Parties consultatives la réception des candidatures.

Disponibilité des candidatures

Une copie de chacune des candidatures reçues par le Secrétariat du Traité sur l'Antarctique, au plus tard 180 jours avant la Réunion consultative du Traité sur l'Antarctique durant laquelle la sélection du Secrétaire exécutif sera effectuée, sera transmise par voie électronique et sans tarder par le Secrétariat du Traité sur l'Antarctique au représentant de chaque Partie consultative.

Classement des candidats

Chaque Partie consultative notifiera au gouvernement dépositaire la liste de ses dix candidats préférés par ordre de préférence, au plus tard 120 jours avant la Réunion consultative concernée. S'agissant des classements reçus dans les délais impartis, le gouvernement dépositaire fera le calcul des places accordées aux candidats, donnant dix points au premier sur la liste, neuf au deuxième, etc.

Présélection

Les candidats qui obtiennent les cinq notes globales les plus élevées formeront la liste de présélection. Si l'une des personnes présélectionnées devait retirer sa candidature, le ou les candidats qui la suivent dans le classement seront suppléants.

Interview

Le gouvernement dépositaire communiquera aux Parties consultatives, par l'intermédiaire du Secrétariat du Traité sur l'Antarctique, les noms des candidats présélectionnés, au plus tard 60 jours avant la Réunion consultative concernée du Traité sur l'Antarctique. Le Secrétariat du Traité sur l'Antarctique invitera les candidats présélectionnés à prendre part à une interview lors de cette réunion.

Les candidats présélectionnés invités à une interview auront à leur charge les frais de déplacement et les dépenses afférentes. Chaque Partie consultative est encouragée à les défrayer.

Les candidats présélectionnés seront interviewés par les chefs de délégation qui souhaitent participer à la procédure de sélection lors de la Réunion consultative concernée du Traité sur l'Antarctique.

Le résultat de la procédure de sélection sera communiqué aux candidats présélectionnés par le Président de cette réunion à la fin de la première semaine de la Réunion consultative du Traité sur l'Antarctique concernée.

Sélection

Lors de cette réunion, les Parties consultatives prendront une décision concernant la nomination du candidat sélectionné.

Le candidat sélectionné sera tenu de signer un contrat décrivant les modalités d'emploi.

Date d'entrée en fonctions

Le candidat sélectionné prendra ses fonctions au siège du Secrétariat à Buenos Aires au plus tard à la date arrêtée par la Réunion consultative du Traité sur l'Antarctique concernée.

Secrétaire exécutif du Secrétariat du Traité sur l'Antarctique

Projet d'avis de vacance de poste

La Réunion consultative du Traité sur l'Antarctique (RCTA) lance un appel à candidatures pour le poste de Secrétaire exécutif du Secrétariat du Traité sur l'Antarctique.

La RCTA se compose de 29 Parties consultatives qui se réunissent tous les ans pour mener des consultations sur la mise en œuvre du Traité sur l'Antarctique. Le Secrétariat du Traité sur l'Antarctique a son siège à Buenos Aires en Argentine. Pour de plus amples renseignements, consultez le site à l'adresse *www.ats.aq*.

Le Secrétaire exécutif dirige un effectif administratif limité chargé de s'acquitter des tâches que lui a confiées la RCTA. Le Secrétaire exécutif présente et gère le budget du Secrétariat, appuie les réunions de la RCTA et remplit d'autres tâches que lui aura assignées la RCTA.

Critères de sélection

Les candidats doivent répondre aux critères de sélection suivants :

1) Avoir une expérience éprouvée ou une connaissance approfondie du fonctionnement des réunions internationales ou d'organisations intergouvernementales ;

2) avoir démontré un niveau élevé d'expérience en matière de gestion et de direction, et posséder une compétence prouvée dans des domaines tels que :

   a) la sélection et la supervision de personnel professionnel, administratif et technique ;

   b) l'établissement de budgets financiers et la gestion de dépenses ;

   c) l'organisation de réunions et la prestation de services de secrétariat pour des comités de haut niveau ; et

   d) la supervision et la gestion de services informatiques et de technologies de l'information ;

3) être familier avec les affaires antarctiques, y compris les principes du Traité sur l'Antarctique et l'étendue des activités dans la région ;

4) avoir une bonne connaissance de l'une des quatre langues de travail officielles de la RCTA (anglais, espagnol, français ou russe) ;

5) avoir un diplôme universitaire ou un équivalent ; et

6) être ressortissant de l'une des Parties consultatives au Traité sur l'Antarctique.

Rémunération et indemnités

Le Secrétariat du Traité sur l'Antarctique fournira, sur demande, les détails de la rémunération et des indemnités du Secrétaire exécutif.

La personne dont la candidature aura été retenue sera élue pour un mandat de quatre ans avec la possibilité d'être réélue pour un mandat additionnel de quatre ans.

Interview

Le gouvernement dépositaire du Traité sur l'Antarctique établira une liste restreinte de candidats pour le JJ MM 2017 au plus tard. Les candidats dont le nom figure sur cette liste seront interviewés durant la XLe RCTA qui se tiendra à XXXXXX, Chine, du JJ au JJ MM 2017. Le nom de la personne dont la candidature aura été retenue sera annoncé à cette réunion.

Disponibilité

La personne choisie pour occuper le poste de Secrétaire exécutif doit pouvoir prendre ses fonctions au plus tard le 1er septembre 2017.

Informations supplémentaires

Veuillez consulter le site internet du Secrétariat du Traité sur l'Antarctique à l'adresse : *www.ats.aq* pour obtenir des renseignements détaillés sur la rémunération et les indemnités, les devoirs, les critères de sélection, la procédure de candidature, le statut du personnel et d'autres documents pertinents.

Date de clôture

Le gouvernement de chacune des Parties consultatives acceptera les candidatures des ressortissants de son pays et il les soumettra au Secrétariat du Traité sur l'Antarctique pour le JJ MM 2016 au plus tard.

Les candidats devront vérifier la date de clôture des candidatures dans leur pays en s'adressant à leur gouvernement.

Veuillez consulter le site internet du Secrétariat du Traité sur l'Antarctique à l'adresse : *www. ats.aq* pour obtenir les coordonnées de contact du gouvernement de la Partie consultative concernée.

Formulaire type de candidature

Détails personnels

Nom :

Adresse :

Téléphone :

Fax :

Adresse électronique :

Nationalité :

Critères de sélection

(Fournir des renseignements complémentaires étoffant ces critères)

1) Avoir une expérience éprouvée ou une connaissance approfondie du fonctionnement des réunions internationales ou d'organisations intergouvernementales ;

2) Avoir démontré un niveau élevé d'expérience en matière de gestion et de direction, et posséder une compétence prouvée dans des domaines tels que :

    a) la sélection et la supervision de personnel professionnel, administratif et technique ;

    b) l'établissement de budgets financiers et la gestion de dépenses ;

    c) l'organisation de réunions et la prestation de services de secrétariat pour des comités de haut niveau ; et

    d) la supervision et la gestion de services informatiques et de technologies de l'information ;

3) Être familier avec les affaires antarctiques, y compris les principes du Traité sur l'Antarctique et l'étendue des activités dans la région ;

4) Avoir une bonne connaissance de l'une des quatre langues de travail officielles de la RCTA (anglais, espagnol, français ou russe) ;

5) Avoir un diplôme universitaire ou un équivalent ; et

6) Être un ressortissant de l'une des Parties consultatives du Traité sur l'Antarctique.

Échange d'informations

Les Représentants,

Rappelant les Articles III(1)(a) et VII(5) du Traité sur l'Antarctique ;

Conscients des obligations reprises dans le Protocole au Traité sur l'Antarctique relatif à la protection de l'environnement (« le Protocole ») et dans ses Annexes concernant l'échange d'informations ;

Conscients également des décisions de la Réunion consultative du Traité sur l'Antarctique (« RCTA ») concernant les informations que les Parties doivent partager ;

Souhaitant garantir que l'échange d'informations entre les Parties soit mené de la façon la plus adéquate et la plus opportune possible ;

Souhaitant également que les informations échangées entre les Parties soient aisément identifiées ;

Rappelant la Décision 4 (2012), qui rend obligatoire l'utilisation du Système électronique d'échange d'informations (« SEEI ») afin que les Parties remplissent leur obligations en matière d'échange d'informations en vertu du Traité sur l'Antarctique et de son Protocole, et précise que les Parties doivent poursuivre leur collaboration avec le Secrétariat du Traité sur l'Antarctique (« le Secrétariat ») afin de peaufiner et améliorer le SEEI ;

Notant que la Décision 4 (2012) a exigé des Parties de mettre à jour régulièrement les sections pertinentes du SEEI au cours de l'année, et au minimum conformément à la Résolution 6 (2001), afin que les Parties disposent et accèdent à ces informations le plus rapidement possible ;

Décident :

1. Que l'Annexe à la présente Décision constitue une liste consolidée des informations dont il a été convenu que les Parties s'échangeront ;

2. Que le Secrétariat modifiera le SEEI afin qu'il reflète les informations reprises dans l'annexe à la présente Décision, et rendra disponible dès que possible les informations soumises par les Parties ; et

3. Que l'Annexe à la Décision 6 (2015) et l'Appendice 1 du Rapport final de la XXXVIIIe RCTA sont caduques.

Exigences en matiere d'echange d'informations

1. Informations pré-saisonnières

Les informations suivantes sont à soumettre le plus tôt possible, de préférence avant le 1ᵉʳ octobre et en tout cas avant le début des activités.

1.1 Informations opérationnelles

1.1.1 Expéditions nationales

A. Stations

Noms de stations d'hivernage (région donnée, latitude et longitude), population maximale et support médical disponible.

Noms de stations/bases estivales et de camps de champ (région donnée, latitude et longitude), période d'opérations, population maximale et support médical disponible.

Noms des refuges (région, latitude et longitude), matériel médical et capacité de logement. Autres activités principales de terrain, par exemple, des traversées scientifiques (précisant les emplacements).

B. Navires

Nom du navire, État du pavillon du navire, nombre de voyages, dates envisagées de départ, zones des opérations, ports de départ et d'arrivée de et en Antarctique, but du voyage (p.ex. : déploiement scientifique, provision, relève, océanographie etc.)

Nombre maximum de membres d'équipage, nombre maximum de passagers.

C. Aéronefs

Catégorie (vols intercontinentaux, vols intracontinentaux, vols locaux d'hélicoptères), nombre de chaque aéronef, type, nombre envisagé de vols, période de vols et les dates envisagées de décollage, trajets et objectifs.

D. Missiles de recherche

Coordonnées de lieux de lancement, le temps et la date/période, direction de lancement, altitude maximale envisagée, zone d'impact, type et spécifications de missiles, objectifs et nom de projets de recherche.

E. Militaire

• Quantité du personnel militaire en expéditions et les grades de tous les officiers.

• Nombre et type des armements en possession du personnel.

• Nombre et types des armements de navires et aéronefs et information sur le matériel militaire, s'il existe, et son emplacement dans la zone du Traité sur l'Antarctique.

1.1.2 Expéditions non-gouvernementales*

A. Opérations à bord de navires

Nom de l'opérateur, nom du navire, nombre maximum de membres d'équipage, nombre maximum de passagers, État du pavillon du navire, nombre de voyages, responsable de l'expédition, dates envisagées de départ, ports de départ et d'arrivée de et en Antarctique, zones des opérations y compris les noms de sites de visite envisagés et les dates envisagées pour chacune de ces visites, type d'activité, si ces visites comprennent ou non un débarquement, et le nombre de visiteurs qui participent à chacune des activités spécifiques.

B. Opérations terrestres

Nom de l'expédition, nom de l'opérateur, méthode de transport en, de et à l'intérieur de l'Antarctique, type d'aventure/activité, emplacement(s), dates d'expéditions, nombre du personnel impliqué, adresse de contact, adresses de sites Web.

C. Activités d'aéronefs

Nom de l'opérateur, type d'aéronef, nombre de vols, période des vols, date de départ de chaque vol, lieu de départ et d'arrivée de chaque vol, itinéraire de chaque vol, objectif du vol et nombre de passagers.

D. Autorisations refusées

Nom du navire et/ou de l'expédition, nom de l'opérateur, date, motif du refus.

1.2 Visite de zones protégées

Nom et nombre de zones protégées, nombre de personnes ayant un permis de visite, date/période et but.

---

* La communication d'informations relatives aux expéditions non gouvernementales sera organisée afin qu'elle soit réalisée au plus tôt après l'achèvement des processus nationaux, selon la description suivante : « au plus tôt, dès la fin des procédures nationales, de préférence avant la date cible pré-saison du 1er octobre, et au plus tard au début de l'activité ».

2. Rapport annuel

Les informations suivantes sont à soumettre le plus tôt possible, après la fin de saison estivale, mais en tout cas, avant le 1ᵉʳ octobre. La période des rapport post expédition est du 1ᵉʳ avril au 30 mars.

2.1 Informations scientifiques

2.1.1 Plans pour le futur*

Détails de plans scientifiques stratégiques ou pluriannuels ou point de contact pour une version papier. Liste de participations envisagées dans des programmes/projets scientifiques majeurs, internationaux, de collaboration.

2.1.2 Activités scientifiques pendant l'année précédente.

Liste de projets scientifiques entrepris l'année précédente dans le cadre de disciplines scientifiques (donnant le(s) emplacement(s), la personne responsable, le nom ou numéro du projet, la discipline et l'activité principale / commentaires).

2.2 Informations opérationnelles

2.2.1 Expéditions nationales

Mise à jour des informations données à 1.1.1.

2.2.2 Expéditions non-gouvernementales

Mise à jour des informations données à 1.1.2.

2.3 Informations relatives aux autorisations

2.3.1 Visites de zones protégées

Mise à jour des informations données à 1.2.

2.3.2 Interférences entreprises et portant dommage à la flore et à la faune

Numéro de permis, durée du permis, espèce, lieu, quantité, sexe, âge et objectif**

2.3.3 Introductions d'espèces non indigènes

Numéro de permis, durée du permis, espèce, lieu, quantité, sexe, âge et objectif,*** démantèlement ou élimination.

---

* La communication facultative d'informations sur les plans à venir sera autorisée à tout moment, par exemple lorsque les plans nationaux sont terminés ou actualisés.
** Objectif, conformément à l'article 4 de l'Annexe II du Protocole.
*** Objectif, conformément à l'article 4 de l'Annexe II du Protocole.

2.4 Informations sur l'environnement

2.4.1 Conformité au Protocole*

Description de la mesure, date d'effet.

2.4.2 Plans de réserve

Titre de plan(s) d'action en cas de déversements d'hydrocarbures et d'autres cas d'urgence, copies (PDF) ou point de contact pour versions papier.

2.4.3 Liste des EPIE et EGIE**

Liste des EPIE/EGIE entreprises pendant l'année en donnant des activités proposées, emplacement, niveau d'évaluation et décisions prises.

2.4.4 Rapport de surveillance des activités***

Nom de l'activité, emplacement, procédures en place, informations importantes obtenues, actions prises en conséquence.

2.4.5 Plans de gestion de déchets

Titre, nom du site/navire, copie (PDF) ou point de contact pour la version imprimée. Rapport sur la mise en œuvre des plans de gestion de déchets au cours de l'année.

2.4.6 Mesures prises pour la mise en œuvre des dispositions de l'Annexe V****

Description des Mesures.

2.4.7 Procédures liées aux EIE

Description des procédures nationales adaptées.

2.4.8 Prévention de la pollution marine*****

Description des Mesures.

---

* Nouvelles mesures adoptées l'année précédente conformément à l'article 13 du Protocole au Traité sur l'Antarctique relatif à la protection de l'environnement, notamment l'adoption de lois et de règlements, de mesures administratives et de mesures d'exécution, en donnant une description des mesures et de la date d'effet.

** Modifier les délais de communication d'informations sur les EPIE et les EGIE afin d'encourager cette communication « dès la conclusion de procédures nationales, tout en maintenant le délai de soumission des informations imposé aux Parties ».

*** Activités de suivi liées aux activités soumises aux évaluations environnementales initiale et globales (auxquelles il est fait référence dans l'Annexe I du Protocole, art. 6.1 c)

**** Informations sur les mesures prises pour mettre en œuvre l'Annexe V, notamment les inspections de sites et toute mesure prise afin de faire face à des cas d'activités contrevenant aux dispositions des plans de gestion d'une ZSPA ou ZGSA, en décrivant les mesures.

***** Mesures visant à garantir que tout navire de guerre, navire militaire auxiliaire ou tout autre vaisseau appartenant à un État ou exploité par un État et affecté, pour le moment, exclusivement à un service public non commercial conformément, autant qu'il est raisonnable et praticable, avec l'Annexe.

3. Informations permanentes

Les informations suivantes sont à soumettre conformément aux exigences du Traité sur l'Antarctique et du Protocole au Traité sur l'Antarctique relatif à la protection de l'environnement. Les informations peuvent être mises à jour à tout moment.

3.1. Installations scientifiques

3.1.1 Stations / observatoires d'enregistrement automatique

Nom du site, coordonnées (latitude et longitude), altitude (m), paramètres enregistrés, fréquence d'observations, numéro de référence (ex. : numéro d'OMM).

3.2 Informations opérationnelles

A. Stations

Noms des stations d'hivernage (avec indication de région, de latitude et de longitude et du personnel maximal), date de constitution, logements et matériel médical.

Noms des stations / bases estivales et des camps de terrain (avec indication de région, de latitude et de longitude, de période d'opérations et du personnel maximal).

Noms des refuges (région, latitude et longitude), matériel médical et capacité de logement.

Informations de Recherche et Sauvetage

B. Navires

Noms de navires, pavillon, classe de protection contre les glaces, largeur et tirant d'eau (possibilité de fournir un lien aux données du COMNAP). Nombre maximum de membres d'équipage, nombre maximum de passagers.

Informations de Recherche et Sauvetage

C. Aéronefs

Quantité et type d'aéronefs utilisés. Informations de Recherche et Sauvetage

3.3 Informations sur l'environnement

3.3.1 Plans de gestion de déchets

Titre du plan, site/navire, copie (PDF) ou point de contact pour la version imprimée.

3.3.2 Plans d'action en cas d'urgence

Titre de plan(s) d'action en ces d'urgence en cas de déversements d'hydrocarbures et d'autres cas d'urgence, copies (PDF) ou point de contact pour versions papier.

3.3.3 Inventaire d'activités passées

Nom de station/base/camp de terrain/traversée/aéronefs accidentés/etc., coordonnées (latitude et longitude), période de réalisation de l'activité; description/but des activités entreprises ; description du matériel ou constructions restantes.

3.3.4 Conformité au Protocole*

Description de la mesure, date d'effet. 3.3.5 Procédures liées aux EIE

Identique à 2.4.7

3.3.6 Prévention de la pollution marine

Identique à 2.4.8

3.3.7 Mesures prises pour la mise en œuvre des dispositions de l'Annexe V

Identique à 2.4.6

3.4 Autres informations

3.4.1 Législation nationale correspondante

Description de lois, règlements, actes administratifs ou autres mesures, date d'entrée en vigueur, en donnant une copie (PDF) ou point de contact pour copie papier.

---

* Nouvelles mesures adoptées l'année précédente conformément à l'article 13 du Protocole au Traité sur l'Antarctique relatif à la protection de l'environnement, notamment l'adoption de lois et de règlements, de mesures administratives et de mesures d'exécution, en donnant une description des mesures, de la date d'effet.

Plan de travail stratégique pluriannuel pour la Réunion consultative du Traité sur l'Antarctique

Les Représentants,

Réaffirmant les valeurs, les objectifs et les principes du Traité sur l'Antarctique et son Protocole relatif à la protection de l'environnement ;

Rappelant la Décision 3 (2012) sur le Plan de travail stratégique pluriannuel (« le Plan ») et ses principes ;

Gardant à l'esprit que le Plan est complémentaire à l'ordre du jour de la Réunion consultative du Traité sur l'Antarctique (« RCTA ») et que les Parties et les autres participants à la RCTA sont invités à contribuer normalement aux autres questions inscrites à l'ordre du jour de la RCTA ;

Décident :

1. de mettre à jour le Plan tel qu'annexé à cette Décision ;
2. de désigner le Plan en annexe à la Décision 4 (2015) comme étant caduque.

Programme de travail stratégique pluriannuel de la RCTA

	Priorité	RCTA 39 (2016)	Intersession	RCTA 40 (2017)	RCTA 41 (2018)	RCTA 42 (2019)
1.	Mener une révision complète des exigences existantes en matière d'échange d'informations et du fonctionnement du Système électronique d'échange d'informations, et identifier toute exigence supplémentaire.	• Le GT1 a examiné le rapport du CGI sur l'échange d'informations • Le GT1 a adopté la Décision F (2016) Échange d'informations		• Le GT1 révisera le fonctionnement du SEEI.		
2.	Envisager de communiquer avec les États non parties dont les ressortissants ou les biens sont actifs en Antarctique, et les États qui sont Parties au Traité sur l'Antarctique mais pas encore au Protocole	• Le GT1 a demandé au GT 2 des informations sur les États non Parties dont les ressortissants sont actifs en Antarctique.		• La RCTA identifiera et contactera les États non Parties dont les ressortissants sont actifs en Antarctique.		
3.	Contribuer à des activités pédagogiques et de sensibilisation coordonnées au niveau national et international, du point de vue du Traité sur l'Antarctique.	• Le GT1 a examiné le rapport du GCI sur l'éducation et la sensibilisation et a convenu que le CGI doit poursuivre son travail	• GCI sur l'éducation et la sensibilisation	• Le GT1 examinera le rapport du GCI sur l'éducation et la sensibilisation		
4.	Partager et discuter des priorités scientifiques stratégiques afin d'identifier et de saisir les opportunités de collaboration et de renforcement des capacités scientifiques, et plus particulièrement dans le domaine des changements climatiques.	• Le GT2 réunira et comparera les priorités stratégiques dans le domaine scientifique afin d'identifier les occasions de coopération.		• Le GT2 réunira et comparera les priorités stratégiques dans le domaine scientifique afin d'identifier les occasions de coopération.		
5.	Améliorer la coopération effective entre les Parties (p.ex. : inspections conjointes, projets scientifiques conjoints et soutien logistique) et participation efface aux réunions (p. ex. : examen de méthodes de travail efficaces lors de réunions)	• Le GT2 a convenu d'établir un GCI sur les inspections conjointes • Le GT2 a examiné les méthodes de travail lors des réunions	• GCI sur les inspections conjointes • Groupes de travail et présidences du CPE à des fins de coordination basée sur des agendas annotés	• Le GT2 examinera le rapport du GCI sur les inspections conjointes		
6.	Renforcement de la coopération entre le CPE et la RCTA	• La RCTA a reçu un avis émis par le CPE • La RCTA a reconnu le besoin de mieux espacer les prochaines réunions du CPE et de la RCTA		• La RCTA examinera les questions soulevées dans le rapport du CPE lors de la 39e et 40e RCTA ; • La RCTA recevra des conseils du CPE qui nécessiteront d'être suivis d'effet.		

	Priorité	RCTA 39 (2016)	Intersession	RCTA 40 (2017)	RCTA 41 (2018)	RCTA 42 (2019)
7.	Mettre en vigueur l'Annexe VI et poursuivre la collecte d'informations sur la réparation et la remise en état des dommages environnementaux et d'autres questions pertinentes afin d'étayer les futures négociations relatives à la responsabilité	• La RCTA a évalué l'état d'avancement vers l'entrée en vigueur de l'Annexe VI en vertu de l'article IX du Traité sur l'Antarctique, ainsi que les éventuelles actions nécessaires et propices à encourager les Parties à approuver l'Annexe VI en temps voulu.	• Les Parties travailleront à l'approbation de l'Annexe VI et partageront d'autres informations et expériences entre elles • Les Parties mettront leur législation de l'Annexe VI en ligne sur le SEEI • Le Secrétariat invitera le Fond FIPOL et le Club P & I à prodiguer conseils sur questions relatives aux assurances conformément à l'Annexe VI	• La RCTA évaluera l'état d'avancement vers l'entrée en vigueur de l'Annexe VI en vertu de l'Article IX du Traité sur l'Antarctique, ainsi que les éventuelles actions nécessaires et propices à encourager les Parties à approuver l'Annexe VI en temps voulu ;		
8.	Évaluer les avancées du CPE dans ses travaux en cours visant à refléter les bonnes pratiques et d'améliorer les outils existants et de développer les autres outils pour la protection environnementale, notamment les procédures d'évaluation d'impact sur l'environnement (et envisager, le cas échéant, le développement plus poussé des outils)	• La RCTA a reçu l'avis CPE • La RCTA a adopté la Résolution 1(2016)		• Le GT1 examinera l'avis du CPE et discutera des considérations politiques de la révision des lignes directrices pour les évaluations d'impact sur l'environnement (EIE)		
9.	Traiter les recommandations de la Réunion des Experts du Traité sur l'Antarctique sur les implications du changement climatique pour la gestion et la gouvernance de l'Antarctique (CPE-GCI)	• Le GT 2 a examiné les Recommandations 7 et 8		• Le GT2 examinera les Recommandations 4 à 6 • Le GT2 examinera les conclusions de l'atelier conjoint du CS-CAMLR et du CPE		
10.	Discuter la mise en œuvre du PTRCC (Programme de travail d'interventions pour les changements climatiques)			• Le GT2 examinera la mise à jour annuelle du CPE sur la mise en œuvre du PTRCC	• Le GT2 examinera la mise à jour annuelle du CPE sur la mise en œuvre du PTRCC	• Le GT2 examinera la mise à jour annuelle du CPE sur la mise en œuvre du PTRCC
11.	Moderniser les stations antarctiques dans le contexte des changements climatiques			• Le GT2 discutera de l'échange d'informations et de l'avis du COMNAP		

Annexe : Programme de travail stratégique pluriannuel de la RCTA

	Priorité	RCTA 39 (2016)	Intersession	RCTA 40 (2017)	RCTA 41 (2018)	RCTA 42 (2019)
12.	Renforcer la coopération entre les Parties dans les opérations actuelles aériennes et marines spécifiques et la pratique en matière de sécurité, et identifier les questions qui pourraient être présentées à l'OMI et l'OACI, le cas échéant	• La RCTA a reçu l'avis du CPE	• Le Secrétariat s'adressera à l'OACI et l'OMI pour donner leur avis sur les questions de sécurité aérienne et maritime en Antarctique et de les inviter aux débats lors de la prochaine RCTA	• Le GT2 examinera les avis du CPE et du COMNAP sur les UAV • Le GT2 examinera les vues présentées par l'OACI et l'OMI sur les questions de sécurité aérienne et maritime	• Discussion consacrée aux UAV	
13.	Relevés hydrographiques en Antarctique				• Les relevés hydrographiques en Antarctique seront examinés	
14.	Étudier et évaluer la nécessité de mettre en place des mesures supplémentaires pour gérer la zone et bâtir des infrastructures permanentes liées au tourisme, ainsi que les questions liées au tourisme terrestre et d'aventure, et examiner les recommandations de l'étude sur le tourisme menée par le CPE.			• Examiner le rapport du Secrétariat concernant les progrès liés à la Recommandation 1 de l'Étude sur le tourisme du CPE 2012.		
15.	Développer une approche stratégique de l'écotourisme et des activités non gouvernementales en Antarctique	• La RCTA a examiné rapport du GCI sur le développement d'une approche stratégique pour ce qui concerne le tourisme respectueux de l'environnement et les activités non gouvernementales menées en Antarctique.	• Le Secrétariat mettra à jour l'état actuel des Recommandations de l'Étude sur le tourisme 2012 du CPE Recommandations de l'Étude sur le tourisme 2012 du CPE	• Le GT2 examinera la mise à jour du Secrétariat • Développer une vision stratégique concernant les activités touristiques et non gouvernementales en Antarctique		
16.	Survellier les sites destinés aux visiteurs				• Discuter des conseils du CPE concernant l'amélioration de la surveillance des sites touristiques à la suite de la Recommandation 7 de l'Étude sur le tourisme du CPE.	

NOTE : Les groupes de travail de la RCTA mentionnés ci-dessus n'ont pas un caractère permanent mais sont établis sur la base du consensus à la fin de chaque Réunion consultative du Traité sur l'Antarctique.

3. Résolutions

Lignes directrices révisées pour l'évaluation d'impact sur l'environnement en Antarctique

Les Représentants,

Rappelant les exigences prévues à l'article 8 et à l'Annexe I du Protocole au Traité sur l'Antarctique relatif à la protection de l'environnement (« le Protocole ») visant les évaluations d'impact sur l'environnement (EIE) pour les activités proposées dans la zone du Traité sur l'Antarctique ;

Reconnaissant que les Parties devraient déjà avoir mis en place des procédures nationales pour mettre en œuvre le Protocole, conformément à l'article 1 de l'Annexe I de celui-ci ;

Prenant acte qu'en vertu de la Résolution 1 (1999), la Réunion consultative du Traité sur l'Antarctique (« RCTA ») a adopté les Lignes directrices pour les évaluations d'impact sur l'environnement en Antarctique (« Lignes directrices ») ;

Notant également qu'en vertu de la Résolution 4 (2005), la RCTA a adopté les Lignes directrices révisées pour les évaluations d'impact sur l'environnement en Antarctique ;

Notant que le Comité pour la protection de l'environnement a approuvé les Lignes directrices révisées ;

Désirant actualiser lesdites Lignes directrices afin de refléter les bonnes pratiques actuelles en matière d'évaluation d'impact sur l'environnement en Antarctique ;

Recommandent que:

1. les Lignes directrices pour les évaluations d'impact sur l'environnement en Antarctique jointes à la présente Résolution remplacent les Lignes directrices jointes à la Résolution 4 (2005) ; et

2. le Secrétariat du Traité sur l'Antarctique affiche le texte de la Résolution 4 (2005) sur son site web et indique clairement que celui-ci est désormais obsolète.

Lignes directrices pour l'évaluation d'impact sur l'environnement en Antarctique

1. Introduction

Dans son article 3, le Protocole au Traité sur l'Antarctique relatif à la protection de l'environnement (le Protocole) arrête un certain nombre de principes environnementaux qui peuvent être considérés comme un guide à la protection de l'environnement en Antarctique et de ses écosystèmes dépendants et associés. Il dispose que : « La protection de l'environnement en Antarctique et des écosystèmes dépendants et associés, ainsi que la préservation de la valeur intrinsèque de l'Antarctique, qui tient notamment à ses qualités esthétiques, à son état naturel et à son intérêt en tant que zone consacrée à la recherche scientifique, en particulier celle qui est essentielle pour comprendre l'environnement global, constituent des éléments fondamentaux à prendre en considération dans l'organisation et la conduite de toute activité dans la zone du Traité sur l'Antarctique.»

Pour conférer de l'effet au principe général mentionné ci-dessus l'article 3.2(c) requiert que « les activités dans la zone du Traité sur l'Antarctique doivent être organisées et menées sur la base d'informations suffisantes afin de permettre de réaliser des évaluations préalables et d'émettre des jugements avisés sur les impacts potentiels des activités sur l'environnement en Antarctique et les écosystèmes dépendants et associés, ainsi que sur les valeurs de l'Antarctique aux fins de la recherche scientifique » ; Il stipule en outre que « ces appréciations doivent tenir pleinement compte :

i)   de la portée de l'activité, notamment son domaine, sa durée et son intensité ;

ii)   des incidences cumulatives de l'activité, tant par son effet propre qu'en combinaison avec d'autres activités dans la zone du Traité sur l'Antarctique ;

iii)   de l'effet dommageable que peut éventuellement avoir l'activité sur toute autre activité dans la zone du Traité sur l'Antarctique ;

iv)   de la disponibilité de technologies et de procédures permettant de veiller à ce que les opérations soient sans danger pour l'environnement ;

v)   de l'existence de moyens de surveillance des principaux paramètres relatifs à l'environnement ainsi que des composantes des écosystèmes, de manière à identifier et à signaler au plus tôt tout effet négatif de l'activité et à apporter aux modalités opérationnelles toute modification qui serait nécessaire à la lumière des résultats de la surveillance ou d'une amélioration de la connaissance de l'environnement en Antarctique et des écosystèmes dépendants et associés ; et

vi)   de l'existence de moyens de réaction rapides et efficaces en cas d'accidents, en particulier lorsque ceux-ci peuvent avoir des répercussions sur l'environnement. »

L'article 8 introduit l'expression *Évaluation d'impact sur l'environnement* et offre trois catégories d'impact sur l'environnement (*moindre que mineur ou transitoire, mineur ou transitoire, ou plus que mineur ou transitoire*), selon leur importance. Cet article stipule également qu'une évaluation des activités envisagées dans l'Antarctique doit être faite sous réserve des procédures établies à l'Annexe I du Protocole.

L'Annexe I du Protocole donne une explication plus détaillée des différentes catégories d'impact sur l'environnement et elle arrête une série de principes de base à respecter pour faire une évaluation d'impact des activités envisagées sur l'environnement en Antarctique.

De surcroît, cette annexe prévoit une étape préliminaire pour évaluer l'impact sur l'environnement des activités menées dans l'Antarctique, étape qui a pour objet de déterminer si un impact produit par une activité est ou non moindre que mineur ou transitoire. Cette opération doit avoir lieu en recourant aux procédures nationales appropriées.

En fonction des résultats de l'étape préliminaire, ou des évaluations ultérieures si nécessaire, l'activité peut soit :

- continuer, si les impacts prévus de l'activité sont moins que mineurs ou transitoires ; ou

- être précédée d'une évaluation préliminaire d'impact sur l'environnement (EPIE), si les impacts prévus sont des impacts mineurs ou transitoires ; ou

- être précédée d'une évaluation globale d'impact sur l'environnement (EGIE), si les impacts prévus sont supérieurs à des impacts mineurs ou transitoires.

Bien que le concept d'« *impact mineur ou transitoire* » soit à la base de la question de savoir si une activité doit être précédée ou non d'une évaluation préliminaire ou globale d'impact sur l'environnement, on n'est encore arrivé à ce jour à aucun accord sur cette expression. Les difficultés éprouvées jusqu'ici à définir l'expression « *impact mineur et transitoire* » semblent être attribuables à la dépendance d'un certain nombre de variables associées à chaque activité et à chaque contexte environnemental. Par conséquent, l'interprétation de cette expression devra être faite au coup par coup sur des bases propres à chaque site. Aussi ce document n'a-t-il pas pour objet fondamental d'établir une définition claire de l'expression « *impact mineur ou transitoire* ». Il cherche plutôt à fournir les éléments de base pour l'élaboration de la procédure d'évaluation d'impact sur l'environnement.

L'article 8 et l'Annexe I du Protocole arrêtent les dispositions qui régissent les évaluations d'impact sur l'environnement (EIE) pour les activités envisagées dans l'Antarctique. Les présentes lignes directrices ne visent pas à amender, modifier ou interpréter les obligations visées à l'article 8 et à l'Annexe I du Protocole, ni les dispositions de la législation nationale qui peuvent inclure des procédures et lignes directrices pour l'élaboration d'EIE dans l'Antarctique. Les présentes lignes directrices ont été élaborées pour aider celles et ceux qui préparent des EIE pour des activités proposées dans l'Antarctique

2. Objectifs

L'objectif général de ces lignes directrices est non seulement d'assurer transparence et efficacité dans l'évaluation des impacts sur l'environnement durant les phases de planification d'activités possibles en Antarctique, mais encore de systématiser l'approche suivie par les Parties pour s'acquitter de leurs obligations en vertu du Protocole.

En termes concrets, les lignes directrices visent à :

- aider les promoteurs d'activités qui n'ont sans doute guère d'expérience dans le domaine des EIE en Antarctique ;
- aider à déterminer le niveau approprié du document d'EIE (d'après le Protocole) qui doit être établi ;
- faciliter la coopération et la coordination en matière d'EIE pour des activités conjointes ;
- faciliter la comparaison d'EIE pour des activités et/ou conditions environnementales similaires ;
- donner des avis à des opérateurs gouvernementaux et non gouvernementaux ;
- si nécessaire, aider les auteurs d'EIE à prendre en compte les éventuelles implications du changement climatique pour les activités envisagées et leurs impacts environnementaux associés ;
- si nécessaire, aider les auteurs à prendre en compte les risques potentiels de l'introduction ou la dissémination d'espèces non indigènes associés aux activités proposées ;
- aider à effectuer une analyse des impacts cumulatifs en lien avec l'activité proposée ;
- entreprendre un processus d'amélioration continue des EIE.

3. Procédure d'évaluation d'impact sur l'environnement

L'évaluation d'impact sur l'environnement est une procédure dont l'objectif fondamental est de donner aux décideurs une bonne idée des conséquences qu'une activité proposée aura vraisemblablement sur l'environnement (Figure 1).

Le mécanisme qui consiste à prédire les impacts sur l'environnement d'une activité et à évaluer leur importance est le même indépendamment de l'ampleur apparente de cette activité. Certaines activités n'exigent pas davantage qu'un examen superficiel pour déterminer leurs impacts, encore qu'il ne faille pas oublier que le niveau d'évaluation est fonction de l'importance des impacts sur l'environnement et non pas de l'échelle ou de la complexité de l'activité. Le processus d'élaboration de l'EIE permettra d'avoir une meilleure compréhension des éventuels impacts environnementaux. Par conséquent, le tableau qui se dégage des impacts de l'activité déterminera à quel point il faut approfondir la procédure d'évaluation d'impact sur l'environnement et à quel point celle-ci doit être détaillée.

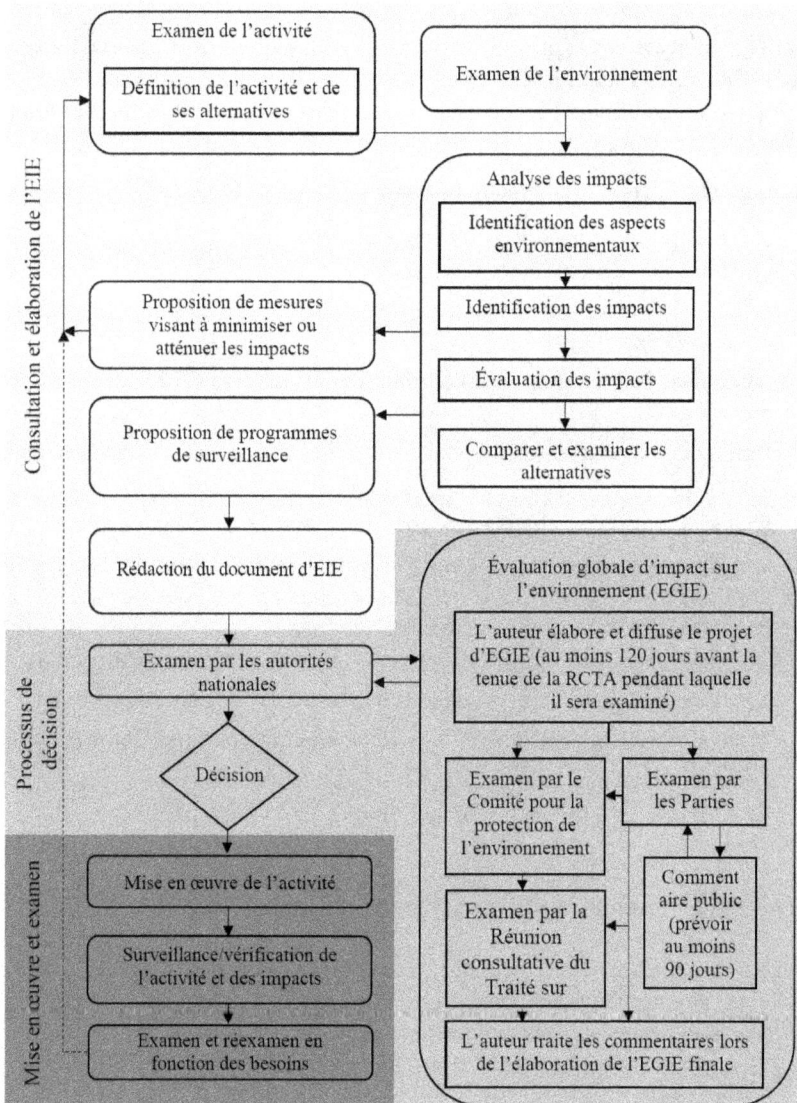

Figure 1 : Étapes de la procédure d'évaluation d'impact sur l'environnement
des activités menées en Antarctique

Les personnes chargées d'une procédure d'évaluation d'impact sur l'environnement doivent s'assurer qu'elles se livreront autant que faire se peut et dans toute la mesure relativement nécessaire à des consultations, de telle sorte que les meilleurs avis professionnels et informations disponibles puissent contribuer au résultat final. Un certain nombre de personnes peuvent y prendre part d'un bout à l'autre de la procédure, de celles qui interviennent dans le détail de la quasi-totalité des parties de la procédure (comme par exemple le fonctionnaire préposé à l'environnement et le promoteur de l'activité) à celles qui sont les experts techniques et, partant, apportent une contribution à des éléments particuliers de la procédure (p. ex. : chercheurs, personnel logistique et autres individus ayant une expérience sur place ou d'une activité spécifique).

De plus, les évaluations d'impact sur l'environnement antérieures effectuées pour les activités proposées en Antarctique peuvent représenter une source précieuse d'information. La Résolution 1 (2005) recommande aux Parties de rendre compte au Secrétariat du Traité sur l'Antarctique des EIE et EGIE qu'elles ont préparées ou qui leur ont été présentées (p. ex. : une brève description du développement ou de l'activité ; le type d'évaluation d'impact sur l'environnement entrepris (EPIE ou EGIE) ; l'emplacement (nom, latitude et longitude) de l'activité ; l'organisation responsable pour l'EIE ; et toute décision faisant suite à l'examen de l'évaluation d'impact sur l'environnement). Ces détails, y compris une copie électronique du document d'EIE si c'est possible, sont disponibles dans la base de données des EIE qui se trouve sur le site de l'ATS. Le système des répertoires de données antarctiques peut également constituer une source utile de métadonnées.

Évaluation globale d'impact sur l'environnement (EGIE)

En vertu de l'Annexe I, un projet d'EGIE doit être préparé si la Partie qui propose une activité, ou à laquelle une proposition a été présentée, estime qu'une activité est susceptible d'avoir un impact plus important que mineur ou transitoire. Cette estimation se fera conformément aux procédures nationales adéquates ainsi qu'aux dispositions et aux objectifs du Protocole.

Le projet d'EGIE est rendu public et transmis à toutes les Parties, qui le diffusent à leur tour, aux fins de recueillir des commentaires (Figure 1). Une période de 90 jours est à prévoir pour permettre l'envoi de commentaires. Lorsqu'il est envoyé aux Parties, le projet d'EGIE est également envoyé au CPE pour examen le cas échéant, et ce au moins 120 jours avant la tenue de la RCTA suivante.

Conformément aux *Procédures d'examen intersessions par le CPE des projets d'EGIE*, le président du CPE mettra sur pied un groupe de contact intersessions ouvert (GCI) chargé d'examiner le projet d'EGIE, et consultera les membres du CPE afin d'identifier un responsable adapté et de convenir du mandat du GCI. Le GCI rendra compte de ses travaux à la réunion du CPE suivante, qui discutera du projet d'EGIE et fournira des conseils à la RCTA.

L'article 3.5 de l'Annexe I prévoit qu'aucune décision définitive ne sera prise concernant la conduite de l'activité proposée dans la zone du Traité sur l'Antarctique, à moins que la RCTA ait eu l'occasion d'examiner le projet d'EGIE, sur avis du CPE, pour autant qu'aucune décision de poursuivre l'activité ne soit reportée de plus de quinze mois à compter du jour où le projet d'EGIE a été diffusé.

Une EGIE définitive traitera et intégrera, ou résumera, les commentaires reçus relativement au projet d'EGIE. L'EGIE finale, toute décision s'y rapportant et toute évaluation de l'importance des impacts escomptés en comparaison des avantages de l'activité proposée seront transmis à l'ensemble des Parties, qui les rendront également publics, et ce au moins 60 jours avant le début de l'activité proposée dans la zone du Traité sur l'Antarctique.

3.1. Examen de l'activité

3.1.1 Définition de l'activité

Une activité est un événement ou un processus qui résulte de la présence d'êtres humains dans l'Antarctique (ou qui y est associé) et/ou qui peut aboutir à la présence d'êtres humains dans l'Antarctique. Une activité peut comprendre plusieurs *actions*. C'est ainsi par exemple qu'une *activité* de forage glaciaire peut exiger des *actions* telles que le transport de matériel, l'installation d'un campement, la production d'électricité à des fins de forage, la gestion de combustibles, l'opération de forage elle-même et la gestion des déchets, etc. Une activité doit être analysée en examinant toutes les phases en jeu (p. ex. : construction, exploitation et démantèlement).

L'activité et chacune des actions individuelles doivent être définies par le biais d'un processus de planification qui tient compte des aspects physiques, techniques et économiques du projet proposé et de ses alternatives. La consultation avec des experts compétents en vue d'identifier tous ces aspects constitue une partie importante de ce processus initial de cadrage. Il importe de définir avec précision tous les aspects de l'activité pour laquelle l'évaluation d'impact sur l'environnement est établie. Le reste de la procédure d'évaluation repose sur cette description initiale, qui devrait intervenir durant le processus de planification.

Les aspects ci-après de l'activité proposée et de ses alternatives doivent être clairement identifiés :

- le but de l'activité et sa nécessité. Les raisons qui sous-tendent l'activité proposée constituent un élément majeur de toute EGIE et, le cas échéant, il convient d'examiner de quelle manière l'activité contribuera à promouvoir les objectifs du Traité sur l'Antarctique et du Protocole. Ce point doit tout particulièrement être mis en exergue lorsqu'il est attendu que l'activité soit assortie d'effets bénéfiques pour l'environnement ou la science. Le cas échéant, une description des activités scientifiques proposées pourrait inclure, à toutes fins utiles, des références à des plans scientifiques stratégiques nationaux ou internationaux plus larges ;

- les principales caractéristiques de l'activité susceptibles d'avoir un impact sur l'environnement, comme par exemple la conception, les besoins en matière de construction (types de matériau, technologies, énergie, taille des installations, personnel, bâtiments temporaires, etc.), les besoins en matière de transport (types, nombre et fréquence d'utilisation des véhicules, types de combustible), le type (d'après l'Annexe III du Protocole) et le volume des déchets engendrés durant les différentes phases de l'activité et leur élimination finale, le démantèlement des bâtiments temporaires, l'arrêt selon que de besoin de l'activité ainsi que tous les aspects qui résulteront de la phase opérationnelle de l'activité ;

- la relation de l'activité proposée avec des activités pertinentes antérieures ou en cours. À cet égard, et si nécessaire, l'EIE doit stipuler clairement les résultats escomptés de l'activité proposée, en tenant compte des activités similaires menées dans la zone (p. ex. : dans quelle mesure les ressources scientifiques ou les installations d'appui à la science seront susceptibles de compléter les activités conduites dans les installations situées à proximité, ou dans quelle mesure une activité proposée à des fins pédagogiques sera susceptible de promouvoir la valeur et l'importance de l'Antarctique) ;

- une description de l'emplacement et de la zone géographique de l'activité, indiquant notamment les voies d'accès et les infrastructures associées, sans omettre une description de toute caractéristique qui aura une incidence sur l'ensemble de la zone géographique couverte par l'activité et les impacts qu'elle aura, notamment les aspects physiques, visibles, et audibles. L'utilisation de cartes facilitera la procédure d'évaluation et, partant, servira à documenter l'évaluation d'impact sur l'environnement ;

- la chronologie de l'activité (y compris l'éventail des dates de calendrier pour les délais de construction ainsi que la durée globale, les périodes de conduite de l'activité et de son démantèlement. Cela peut revêtir une grande importance dans le cas, par exemple, des cycles de reproduction de la faune et de la flore sauvages) ;

- l'emplacement de l'activité par rapport aux zones soumises à des besoins de gestion spécifiques (p. ex. : ZSPA, ZGSA, SMH, CCAMLR, sites CEMP, les ZSPA et/ou les ZGSA dont la création a déjà été proposée). Ces informations sont disponibles dans la *Base de données des zones protégées de l'Antarctique* tenue à jour par le Secrétariat du Traité sur l'Antarctique.

Afin de garantir que l'EIE présente une description précise et exhaustive de l'activité, et que les aspects environnementaux potentiellement importants sont traités, il convient d'accorder une attention particulière à :

- adopter une approche globale de la définition de l'étendue de l'activité proposée. Il convient de tout mettre en œuvre pour déterminer la portée complète de l'activité, de telle sorte que les impacts puissent être évalués comme il se doit. Cela s'avère nécessaire pour éviter la préparation d'un certain nombre d'EIE distinctes dans le cas d'actions qui font, en apparence, état d'un impact mineur, alors que, considérée dans son intégralité, l'activité pourrait en réalité exercer des impacts d'une portée beaucoup plus grande. À titre d'exemple, un projet de construction d'une nouvelle station doit, outre le bâtiment principal de la station, également aborder en détail les aspects logistiques, les principales infrastructures scientifiques et les installations secondaires (p. ex. : routes, héliports/pistes d'atterrissage, installations de communication, etc.). C'est particulièrement courant lorsqu'un certain nombre d'activités ont lieu au même endroit, que ce soit dans l'espace ou dans le temps. Lorsque des activités doivent être entreprises en des endroits qui font l'objet de visites répétées par un ou plusieurs opérateurs, les impacts cumulatifs des activités passées, en cours et envisagées doivent être pris en considération ;

- en prenant en compte, et dans la mesure du possible en fournissant des détails relatifs à la phase de démantèlement, notamment sa durée, son coût et ses éventuels impacts. D'un point de vue environnemental, et conformément à l'Annexe III du Protocole, le retrait complet des infrastructures est préférable, bien qu'il soit reconnu qu'il existe des situations dans lesquelles cela est impossible ou dans lesquelles le démantèlement pourrait avoir des conséquences néfastes encore plus fortes pour les aspects environnementaux. L'EIE doit donc expliciter si les unités resteront en place à la suite du démantèlement et, dans l'affirmative, justifier clairement les raisons pour lesquelles elles ne seront pas retirées. Il conviendra de noter que, en fonction des circonstances (p. ex : le temps écoulé, les évolutions de l'activité/utilisation de l'installation, les modifications du point de vue de l'environnement), une nouvelle EIE peut devoir être préparée lors du démantèlement des activités ; et

- décrire précisément les activités liées au transfert éventuel d'espèces non indigènes au sein d'une zone et entre différents emplacements en Antarctique (p. ex. : transport de véhicules/de l'équipement/des provisions /du personnel). À cet égard, le transport de l'équipement et de la machinerie lourde entre emplacements au climat similaire, comme la région arctique ou les îles sub-antarctiques, peut revêtir un intérêt particulier.

Lorsqu'ils arrêtent les limites dans le temps et dans l'espace, les auteurs de l'EIE doivent, dans le cadre de cette évaluation, identifier d'autres activités en cours dans la région.

Au moment de définir une activité antarctique, l'expérience accumulée au titre de projets similaires, exécutés tant à l'intérieur qu'à l'extérieur du système du Traité sur l'Antarctique (en Arctique, par exemple), peut constituer une source additionnelle et utile d'informations.

Une fois que l'activité est définie, tous les changements apportés ultérieurement à celle-ci doivent être clairement identifiés et pris en compte en fonction de l'étape de la procédure d'EIE durant laquelle ils surviennent (par exemple, si le changement a lieu alors que le document d'évaluation est terminé, une modification de l'évaluation ou du document peut s'avérer nécessaire en fonction de l'importance de ce changement). Dans tous les cas, il est indispensable que le changement et ses conséquences en termes d'impact) soient évalués de la même manière que d'autres impacts identifiés au préalable dans le cadre de la procédure d'évaluation d'impact sur l'environnement (Figure 1).

3.1.2 Alternatives à l'activité proposée

Aussi bien l'activité proposée que ses alternatives doivent être examinées ensemble, de telle sorte qu'un décideur puisse en comparer plus facilement les impacts sur l'environnement antarctique et les écosystèmes dépendants et associés ; conformément à l'article 3 du Protocole, cet examen doit prendre en compte les impacts sur les valeurs intrinsèques de l'Antarctique, notamment ses espèces sauvages et ses valeurs esthétiques, ainsi que sa valeur en tant que zone où sont menées des recherches scientifiques.

Au nombre des exemples d'alternatives à examiner figurent les suivantes :

* utilisation de différents emplacements ou sites pour l'activité. Les impacts généraux peuvent être minimisés en choisissant un site qui permettra d'éviter les interactions néfastes entre l'activité et l'environnement (p. ex. : à distance des colonies d'espèces sauvages, de zones de végétation, emplacements de projets scientifiques, site intacts importants pour la microbiologie, sites historiques). Pour des raisons identiques, il conviendra de tenir compte des alternatives possibles à l'entreprise de l'activité dans un lieu qui a déjà subi des modifications du fait d'activités humaines antérieures ;

* d'autres arrangements pour l'utilisation d'un emplacement proposé, notamment le plan des installations. Par exemple, un bâtiment à plusieurs étages pourrait permettre de minimiser les perturbations dues aux passages à pied. Il convient cependant de tenir compte également de la visibilité ;

* les possibilités de lancer une coopération internationale autour des installations, de la recherche et de la logistique. Le cas échéant, des avantages scientifiques et financiers, mais aussi environnementaux, peuvent découler d'arrangements conclus dans le cadre d'une coopération avec d'autres nations, comme l'utilisation partagée des stations de recherche existantes ou d'autres infrastructures, l'adhésion à des programmes scientifiques existants ou prévus, ou la conclusion d'arrangements visant à exploiter les transports maritime, aérien et terrestre ;

* utilisation de différentes technologies en vue de réduire les produits (ou l'intensité des produits) de l'activité ; Par exemple, l'utilisation de sources d'énergie renouvelables, d'équipements efficaces d'un point de vue énergétique et de systèmes de gestion des bâtiments contribuant à la réduction des émissions atmosphériques, la construction de sites de traitement des eaux usées permettant de réutiliser les eaux traitées, l'utilisation de véhicules aériens sans pilote (UAV) susceptibles de réduire l'impact anthropique direct dans les environnements fragiles, ou d'autres équipements de mesure susceptibles de minimiser le bruit sous-marin ;

* utilisation d'installations préexistantes. Cela peut par exemple se traduire par le partage ou l'extension des installations opérationnelles, notamment dans le cadre de la collaboration internationale, ou par la réouverture, la réhabilitation et la réutilisation d'installations abandonnées ou temporairement fermées ;

- des possibilités permettant d'éviter/de minimiser les coûts et les efforts déployés pour le démantèlement et liés aux impacts environnementaux. Dans la mesure du possible, l'EIE doit examiner une combinaison de possibilités parmi les options identifiées ci-avant, notamment l'emplacement, les plans, la coopération internationale ou les technologies ; et

- différents calendriers d'exécution de l'activité (afin, notamment, d'éviter l'accès des véhicules lors de la saison de reproduction des oiseaux ou des mammifères indigènes, ou lors des périodes de l'année où le terrain libéré de la neige ou de la glace est susceptible de permettre le passage de véhicules).

L'option consistant à ne pas exécuter l'activité proposée (c'est-à-dire celle qui consiste à ne pas prendre d'actions) doit toujours être incluse dans les analyses d'impacts que pourrait avoir sur l'environnement l'activité proposée.

L'EIE doit décrire les facteurs/critères examinés lors de l'évaluation des différentes options (p. ex. : l'impact environnemental, les considérations logistiques, sécuritaires, les coûts), et expliquer clairement le raisonnement et les processus utilisés pour évaluer et identifier l'option privilégiée.

3.2. Examen de l'environnement

Pour prévoir et évaluer les impacts et identifier les mesures d'atténuations pertinentes et efficaces, il est essentiel de disposer d'une compréhension complète de l'état de l'environnement préalablement au déroulement de l'activité. S'il est proposé que l'activité se déroule en différents lieux, l'ensemble de ces lieux concernés doit être examiné.

Examiner l'environnement requiert de qualifier l'intégralité des valeurs et ressources physiques, biologiques, chimiques et anthropiques concernées dans une zone déterminée, au moment et à l'endroit où une activité est proposée. Le terme « concernées » implique tous les éléments de l'environnement susceptibles de subir une influence causée par l'activité proposée ou susceptibles d'influencer l'activité, y compris les écosystèmes dépendants et associés.

Ces informations doivent être quantitatives (p. ex. : concentration en métaux lourds dans les organismes ou dans le débit des cours d'eau, taille d'une population d'oiseaux) lorsque cela est possible et justifié. L'enregistrement de métadonnées (p. ex. : informations importantes concernant les données détaillant le lieu, le moment et la manière dont ces données ont été récoltées) peut se révéler précieux aux fins de comparaisons futures, y compris pour la surveillance et la vérification des impacts escomptés. Dans de nombreux cas, des descriptions qualitatives peuvent être utilisées, lorsqu'il s'agit de décrire la valeur esthétique d'un paysage, par exemple. Les cartes, les publications, les résultats des recherches ainsi que les chercheurs sont autant de sources d'information différentes à identifier et à prendre en considération.

Dans l'examen de l'environnement existant, il convient d'inclure, le cas échéant :

- la reconnaissance du statut spécial accordé à l'Antarctique par le système du Traité sur l'Antarctique, y compris son statut de réserve naturelle consacrée à la paix et à la science ;

- les caractéristiques physiques ou biologiques susceptibles d'être affectées, que ce soit directement ou indirectement, dont :

    - les caractéristiques physiques (topographie, bathymétrie, géologie, géomorphologie, sols, hydrologie, météorologie, glaciologie, etc.) ;

    - le biote. Par exemple les inventaires des espèces de végétaux terrestres, d'eau douce et marins ainsi que des espèces, populations et communautés d'animaux, et d'autres particularités importantes telles que la présence de lieux de reproduction et de communautés et d'habitats microbiens ; et

    - toutes les populations dépendantes. Par exemple, les zones de nidification liées aux aires d'alimentation ;

- une évaluation, dans la mesure du possible, de l'état de la vie sauvage avant l'activité de l'emplacement qui doit accueillir l'activité proposée. Bien que les Parties au Traité sur l'Antarctique ne se soient pas accordées sur une définition du terme « vie sauvage », il est généralement entendu qu'il représente une mesure de l'absence relative de preuves, ou d'impacts, de l'activité humaine ;

- une évaluation de la valeur de l'emplacement en tant que zone dédiée à la conduite de recherches scientifiques ;

- les variations naturelles des conditions environnementales susceptibles de survenir sur une échelle de temps diurne, saisonnière, annuelle et/ou interannuelle ;

- les informations sur la variabilité dans l'espace et dans le temps de la sensibilité de l'environnement. Par exemple, les différences en matière d'impacts lorsqu'une zone est couverte de neige et lorsqu'elle ne l'est pas ;

- identification et examen de toute vulnérabilité particulière associée aux lieux où l'activité se déroulera, ou de tout écosystème dépendant ou associé, y compris toute caractéristique u ou vulnérabilité unique propre à la région biogéographique. Il peut s'avérer utile de se référer aux Régions de conservation biogéographiques de l'Antarctique et à l'Analyse des domaines environnementaux de l'Antarctique ;

- les tendances actuelles des processus naturels comme l'accroissement de la population ou la propagation d'une espèce particulière, des phénomènes géologiques ou hydrologiques ;

- la fiabilité des données (anecdotiques, historiques et scientifiques, par exemple) ;

- les aspects de l'environnement qui ont été changés ou qui sont peut-être en cours de changement du fait d'autres activités en cours ou passées ;

- les valeurs spéciales de la zone (si elles ont été identifiées au préalable) ; Ceci peut inclure, sans s'y limiter, la présence de ZSPA, de ZGSA ou de SMH (cf. la *Base de données des zones protégées de l'Antarctique*) ;

- l'existence de zones susceptibles de subir des impacts indirects et cumulatifs ;

- l'influence que l'activité est susceptible d'exercer sur des écosystèmes dépendants et associés ;

- les activités en cours d'exécution dans la zone ou sur le site, en particulier les activités scientifiques, compte tenu de l'importance intrinsèque qu'elles revêtent en tant que valeur à protéger dans l'Antarctique ; et

- les paramètres spécifiques au regard desquels les changements prévus doivent être soumis à surveillance.

Un examen approfondi de l'environnement avant d'entreprendre l'activité (données de référence) est essentiel pour assurer au besoin une prévision valide des impacts et définir les paramètres de surveillance, le cas échéant. Si de telles données ne sont pas disponibles, des travaux de recherche doivent être réalisés sur le terrain afin d'obtenir, préalablement au lancement de l'activité, des données fiables quant à l'état de l'environnement. Les données recueillies par télédétection, comme l'imagerie satellite ou aérienne, peut également se révéler une source d'informations utile. Une liste de contrôle, fournie à titre d'exemple, est jointe en Annexe 1 afin d'aider à orienter les processus visant à obtenir et enregistrer les informations de référence. La section « Ressources » qui se trouve à la fin du présent document fait référence à un éventail de sources d'informations qui peuvent être utile lors d'un examen de l'environnement.

Dans la mesure du possible, les conséquences potentielles ou escomptées du changement climatique sur l'environnement à l'endroit de l'activité doivent faire l'objet d'un examen, tout comme le calendrier prévu pour l'activité proposée, y compris la phase de démantèlement, si cela est pertinent. À cette fin, les sources d'information générales pertinentes sur lesquelles il convient de s'appuyer peuvent comprendre, sans s'y limiter, le rapport 2009 du SCAR sur le changement climatique et l'environnement antarctiques, et ses actualisations ultérieures opérées par le SCAR. Les auteurs doivent également se pencher sur les sources d'informations susceptibles d'apporter un éclairage sur les changements liés au climat observés ou escomptés à l'endroit en question.

Il importe également d'identifier clairement les lacunes dans les connaissances et les incertitudes rencontrées lors de la compilation des informations. L'EIE doit examiner dans quelle mesure les limitations de la compréhension de l'environnement vont affecter la précision et la pertinence de l'évaluation d'impact et, le cas échéant, indiquer les moyens permettant de remédier à ces lacunes et incertitudes (p. ex. au moyen d'autres études réalisées sur les sites, de recherches de terrain, de la télédétection, etc.).

Lorsqu'un opérateur envisage de se livrer à une activité qui se déroulera en plusieurs endroits, chacun de ces endroits devra être décrit en fonction de la méthodologie proposée ci-dessus.

3.3. Analyse des impacts

3.3.1 Identification des aspects environnementaux

Comprendre les interactions entre une activité proposée et l'environnement (ses aspects environnementaux, par exemple) constitue une étape importante de l'identification et de l'atténuation des éventuels impacts sur l'environnement.

Un aspect environnemental peut inclure un produit ou un ajout à l'environnement (p. ex. : émissions de polluants/bruit/lumière, présence humaine, transfert d'espèces indigènes ou non indigènes, contact direct avec la vie sauvage/végétation, fuite ou déversement de substances dangereuses, etc.) ou un retrait de l'environnement (p. ex. : utilisation d'eau lacustre, collecte d'échantillons de mousses, retrait de roches). Identifier les aspects environnementaux implique de déterminer le type d'interaction (p. ex. : émission, décharge, extraction) et la ou les composante(s) de l'environnement susceptible(s) d'être impliquée(s) dans des interactions avec l'activité (p. ex. : déversement d'eaux usées dans l'océan/dans la glace, ou émission de bruit dans l'air/dans l'eau).

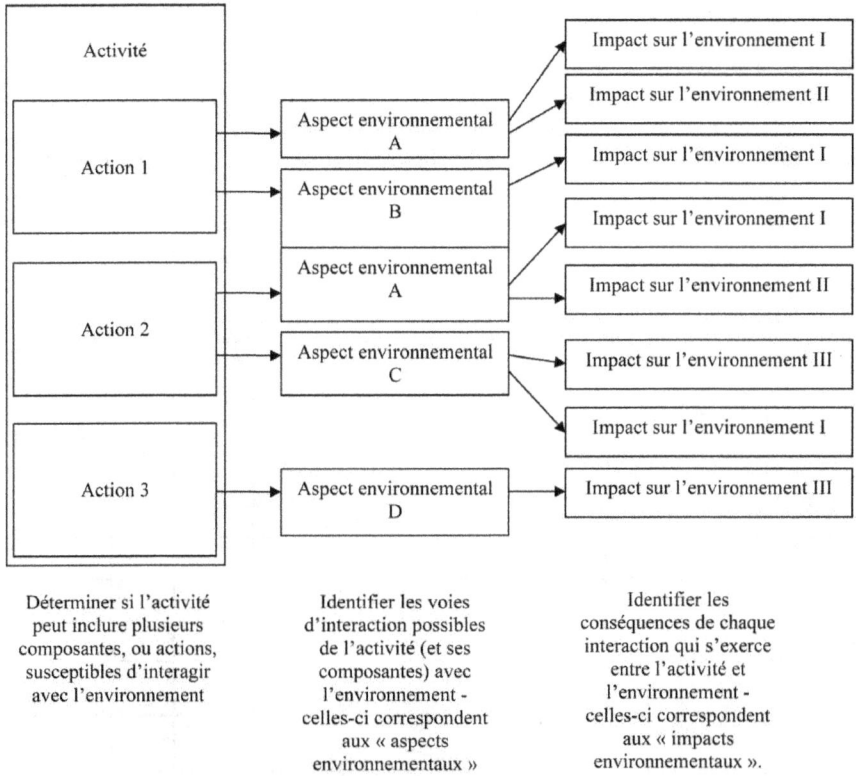

Figure 2 : Modèle conceptuel pour le processus d'identification
des aspects et impacts environnementaux

Une seule activité peut voir intervenir plusieurs composantes ou *actions*, dont chacune peut avoir plusieurs impacts environnementaux associés. (cf. Figure 2). Par exemple, l'activité générale que représente la construction et le fonctionnement d'une station de recherche peut impliquer l'utilisation de véhicules, ceux-ci pouvant interagir avec l'environnement en compressant directement le sol, en émettant des émissions atmosphériques, du bruit, etc.). La construction et le fonctionnement d'une station de recherche peut également entraîner la réalisation d'autres actions, comme la gestion des déchets et du carburant, qui peuvent toutes interagir avec l'environnement. De même, différentes activités ou actions peuvent avoir des aspects environnementaux identiques. Par exemple, pour une activité de forage dans la glace, les « émissions atmosphériques » peuvent être associées à l'utilisation de véhicules, à l'utilisation de la plateforme de forage elle-même ou encore à la production d'électricité. Chaque activité peut éventuellement avoir un aspect environnemental qui peut résulter en un ou plusieurs impacts environnementaux (cf. section 3.3.2).

L'identification des aspects doit inclure les conditions de fonctionnement normales, mais aussi, dans la mesure du possible, tenir compte des conditions anormales (le démarrage et l'arrêt, notamment) et des situations d'urgence.

Systématiser les actions et les aspects sous forme de tableau pourrait se révéler utile au processus. À titre d'exemple, le tableau ci-dessous identifie plusieurs aspects environnementaux susceptibles d'émaner de diverses actions associées à la construction d'une nouvelle station de recherche. Il se fonde sur un exemple antérieur présenté dans le document *La surveillance continue des impacts sur l'environnement des activités et opérations scientifiques menées dans l'Antarctique (SCAR/COMNAP 1996)*, et ne se veut pas représentatif de toutes les actions et de tous les aspects des éventuelles activités en Antarctique.

ASPECTS ENVIRONNEMENTAUX POTENTIELS										
ACTIONS	Émissions dans l'air (y compris la poussière)	Pré-sence	Déchets	Bruit	Déversements d'hydrocarbures	Action mécanique sur terre	Action mécanique dans l'eau	Chaleur	Lu-mière	Transfert d'espèces
Véhicules										
- Terre	X	X	-	X	X	X	-	X	X	X
- Aéronef	X	X	-	X	X	X	-	-	-	X
- Embarcation	X	X	-	X	X	-	X	-	-	X
Production d'électricité	X	-	-	X	X	-	-	X	-	-
Construction de bâtiments	X	X	X	X	X	X	-	-	-	
Stockage de carburant	-	X	-	-	X	-	-	-	-	-
Traitement des déchets	X	-	X	X	-	-	-	-	-	X

Les aspects peuvent varier en fonction des alternatives, puisque certaines d'entre elles peuvent impliquer un type particulier d'interactions avec l'environnement, alors que d'autres non. Modifier l'activité proposée afin d'éliminer l'éventuelle interaction avec l'environnement (l'aspect environnemental) constitue une bonne manière d'éviter les impacts qui surviennent. Par exemple, recycler les eaux usées en vue de les utiliser dans la station peut permettre d'éviter les déversements dans l'environnement marin et, dès lors, d'éviter les impacts sur les espèces marines et les habitats se trouvant à proximité des côtes.

L'étendue géographique d'un aspect doit être estimée afin de déterminer l'ampleur de l'impact sur l'environnement.

3.3.2 Identification des impacts

Dans le contexte de l'évaluation d'impact sur l'environnement, **un impact** environnemental (synonyme : **effet**) est un changement des valeurs ou ressources environnementales qui est imputable à une activité humaine. Il est la conséquence d'une interaction entre une activité et l'environnement et non de l'interaction elle-même. L'impact peut également être défini comme le résultat de l'interaction entre un produit et une valeur ou ressource écologique. Par exemple, l'aspect environnemental du « piétinement » peut résulter en un impact de réduction de la couverture végétale.

L'identification des impacts sur l'environnement consiste à déterminer la/les composante(s) de l'environnement susceptible(s) d'être affectée(s) par une activité ou une action. Une action ne provoque par un impact sur une valeur ou une ressource environnementale s'il n'y a pas de processus d'interaction, ou d'exposition. Partant de l'exemple de la section précédente, la gestion des eaux usées n'aura pas d'impacts sur les espèces marines ou les habitats situés à proximité des côtes si toutes les eaux usées sont recyclées pour être utilisées à la station, puisqu'il n'y a pas d'interaction entre l'activité et l'environnement marin à proximité des côtes.

Superposer les informations spatiales (p. ex. : utiliser un système d'informations géographiques, ou SIG) peut se révéler un outil précieux pour contribution à cette détermination. Par exemple, une activité qui a pour impact environnemental le « déversement de liquides dangereux » peut entraîner des impacts sur les invertébrés d'eau douce si l'activité est entreprise à un endroit où l'on trouve des lacs, mais pas si l'activité est entreprise à un endroit situé à distance de tout lac.

Bien identifier le degré d'exposition d'une activité constitue une étape cruciale pour effectuer des prédictions d'impacts fiables. Parmi les éléments qui contribuent à cette identification figurent :

- La variation temporelle. Les interactions entre une activité et une valeur ou une ressource environnementale peuvent changer en fonction du calendrier de l'activité, des cycles climatiques, des modèles de reproduction, etc. Par exemple, le bruit généré par une activité peut perturber la vie sauvage si l'activité est entreprise au cours de la saison de reproduction, mais pas si l'activité est entreprise en l'absence de vie sauvage.

- Les liens de cause à effet entre l'activité et les valeurs ou ressources environnementales doivent être déterminés, en particulier dans les cas où ces liens sont indirects, où l'activité compte de nombreux types d'interactions avec une valeur ou une ressource, ou lorsqu'un seul type d'interaction se répète.

Il convient également de noter qu'un seul aspect environnemental peut avoir plusieurs impacts environnementaux connexes (Figure 2). Par exemple, le déversement d'eaux usées non traitées dans l'environnement marin peut entraîner des impacts sur les communautés benthiques, les phoques et la qualité de l'eau. L'Annexe 2 fournit, à titre d'illustration, une liste des aspects et impacts potentiels des activités antarctiques. Celle-ci ne se veut pas exhaustive ni normative, mais peut faire office de référence utile lors de la planification d'une activité.

L'identification des impacts environnementaux consiste en la caractérisation de l'ensemble des changements subis par les valeurs et ressources environnementales qui découlent de l'activité. Ce n'est qu'une fois l'impact identifié que son **importance** peut être évaluée.

L'identification des impacts doit déterminer si les impacts sont susceptibles d'évoluer tout au long de la durée prévue ou de l'activité proposée. Par exemple, les impacts environnementaux d'une activité à long terme peuvent changer au fil du temps en raison de l'interaction avec les réponses au changement climatique, ou en raison des modifications apportées à l'activité afin de répondre ou de s'adapter au changement climatique.

Un impact peut être identifié par sa nature, son ampleur géographique, son intensité, sa durée, sa réversibilité et son décalage.

Nature : type de changement imposé à l'environnement en raison de l'activité (pollution, érosion, mortalité, par exemple).

Ampleur géographique : zone ou volume où il est possible de détecter des changements.

Intensité : mesure du degré de changement imposé à l'environnement en raison d'une activité. (Elle peut être mesurée ou estimée par le biais, notamment, du nombre d'espèces ou d'individus touchés, par la concentration d'un polluant donné dans une masse d'eau, par les taux d'érosion et/ou par les taux de mortalité.)

Durée : période de temps durant laquelle il est possible de détecter les changements auxquels est soumis l'environnement.

Réversibilité/résilience : possibilité pour le système de récupérer ses conditions environnementales initiales dès qu'un impact a eu lieu.

Décalage : période de temps qui s'écoule entre le moment où les produits sont libérés dans l'environnement ou imposés à lui et le moment où les impacts surviennent.

En outre, une bonne identification des impacts devrait également permettre de faire une distinction entre les impacts directs, indirects et cumulatifs.

Un *impact direct* est un changement dans les composantes environnementales qui résulte des conséquences directes de cause à effet de l'interaction entre l'environnement exposé et les produits (diminution de la population d'arapèdes à cause d'un déversement d'hydrocarbures, par exemple). Un *impact indirect* est un changement dans les composantes environnementales qui résulte d'interactions entre l'environnement et d'autres impacts, directs comme indirects (altération de la population de mouettes à cause d'une diminution

354

de la population d'arapèdes, qui a, elle, été causée par un déversement d'hydrocarbures, par exemple).

Un *impact cumulatif* est l'impact combiné d'activités passées, présentes et raisonnablement prévisibles. Ces activités peuvent survenir dans le temps et dans l'espace et elles peuvent être additives ou interactives/synergiques (la diminution par exemple de la population d'arapèdes à cause de l'effet combiné de décharges d'hydrocarbures en provenance de bases et de navires). Cf. également la section ci-dessous : « Examen des impacts cumulatifs ».

Un *impact inévitable* est un impact pour lequel aucune atténuation plus poussée n'est possible. Par exemple, il peut être possible de réduire la zone à partir de laquelle la nouvelle infrastructure sera visible, mais il est inévitable que l'infrastructure soit visible à partir d'une certaine zone.

3.3.3 Examen des impacts cumulatifs

Les aspects et impacts cumulatifs d'une activité proposée doivent être envisagés avec les aspects et impacts liés aux activités passées, présentes, et prévues dans un avenir raisonnablement prévisible. C'est pourquoi il convient de considérer le potentiel d'interactions supplémentaires, synergiques ou antagonistes (résultant ainsi en d'éventuels impacts environnementaux importants). Comme indiqué dans la section 3.3.2, l'identification des impacts pourrait également nécessiter de tenir compte des effets du changement climatique, en particulier pour les activités à long terme.

Les impacts cumulatifs constituent souvent l'une des catégories d'impacts les plus complexes à identifier correctement dans le cadre de la procédure d'EIE. Au cours du processus d'identification d'impacts cumulatifs, il est important d'examiner les aspects spatiaux et temporels et d'identifier les autres activités qui se sont déroulées, se déroulent, ou peuvent se dérouler sur le même site ou au sein de la même zone. Lors de l'examen des aspects spatiaux, il convient de tenir compte de la répartition de ce type d'environnement dans l'environnement antarctique pris dans son ensemble, en particulier s'il apparaît que ce type d'environnement se présente comme unique à certains endroits ou limité à une zone géographique (p. ex. : sites géothermiques ou formation géologiques uniques). Il importe également d'identifier et de tenir compte des activités ou des actions d'autres promoteurs qui peuvent contribuer aux effets cumulatifs. Dans certains cas, il vaudrait mieux examiner les éventuels impacts cumulatifs des activités menées par plusieurs opérateurs par le biais d'une EIE conjointe.

L'évaluation correcte d'impacts cumulatifs réels ou prévus demeure un domaine assez neuf. Il existe néanmoins plusieurs méthodes permettant d'identifier les impacts comme : des cartes en superposition, des listes de contrôle, des tableaux, etc. Le choix de la méthodologie dépendra des caractéristiques de l'activité et de l'environnement susceptible d'être affecté. Les données scientifiques pertinentes doivent être reconnues, lorsqu'elles existent, tout comme les résultats des programmes de surveillance. Les données spatiales relatives à des activités passées, en cours ou à venir, si elles sont disponibles, sont particulièrement utiles. Ces données peuvent être disponibles dans les bases de données, comme la *Base de données des EIE*, ou par consultation directe avec les opérateurs concernés.

En résumé, les questions importantes à se poser lors de l'examen d'éventuels impacts cumulatifs d'une activité proposée incluent :

* Quelles activités ont été entreprises, sont actuellement entreprises ou sont susceptibles d'être entreprises dans la zone de l'activité proposée ?

* Existe-t-il un chevauchement temporel ou spatial (ou une combinaison) avec d'autres activités dans la zone qui pourrait résulter en des impacts particuliers ?

* Quels sont les voies ou processus d'accumulation des impacts évalués pour l'activité proposée ?

* Quels effets susceptibles de contribuer à des impacts cumulatifs peuvent résulter de l'activité ?

* Quels sont les impacts cumulatifs probables pouvant se produire dans la zone ?

3.3.4 Évaluation d'impact

Le but de l'évaluation d'impact est de donner une importance relative aux impacts prévus qui sont associés à une activité (pour les différentes alternatives identifiées).

Importance : C'est un jugement de valeur sur la sévérité et l'importance d'un changement qui se produit dans un environnement donné.

D'après le Protocole de Madrid et l'Annexe I, les impacts seront évalués en tenant compte de trois niveaux d'importance :

* impact moindre que mineur ou transitoire ;

* impact tout au plus mineur ou transitoire ; ou

* impact plus que mineur ou transitoire.

L'interprétation de ces termes doit avoir lieu au coup par coup en fonction du site. Il peut cependant s'avérer utile de se demander comment des impacts similaires ont été évalués lors d'évaluations d'impact sur l'environnement antérieures en des sites similaires et/ou pour des catégories d'activité similaires (comme noté ci-dessus, les détails relatifs aux EIE et aux EGIE précédentes sont disponibles dans la *Base de données des EIE*).

Un des éléments implicites à prendre en considération au moment de déterminer l'importance d'un impact est que celui-ci peut avoir une composante plus ou moins subjective, un fait qu'il y a lieu de reconnaître. Lorsque la possibilité existe pour qu'un impact soit important, plusieurs experts doivent être consultés afin d'obtenir une opinion avisée et largement acceptée. Cela se révèle particulièrement important pour les cas où les données seraient incomplètes ou s'il existe des lacunes dans les connaissances.

L'évaluation de l'importance d'un impact ne doit pas reposer uniquement sur les impacts directs; mais doit en effet également prendre en compte les impacts indirects et cumulatifs. Cette évaluation doit déterminer l'ampleur et l'importance des impacts cumulatifs.

L'importance des impacts inévitables (les impacts pour lesquels aucune atténuation additionnelle n'est possible) représente pour le décideur un aspect important à prendre en considération lorsqu'il doit décider si, pesant le pour et le contre, la réalisation d'une activité se justifie.

Des problèmes peuvent survenir dans le cadre de l'évaluation des impacts en raison soit d'un malentendu, soit d'une négligence à l'égard de certains aspects du processus d'évaluation des impacts. La liste des problèmes éventuels peut notamment inclure de :

*   confondre la durée de l'impact avec celle de l'activité ;
*   confondre les aspects environnementaux (p. ex. : les interactions entre l'activité et l'environnement) des activités avec les impacts (p. ex. : les modifications de l'environnement qui découlent de ces interactions) ; et
*   limiter l'analyse aux impacts directs sans tenir compte des impacts indirects et cumulatifs.
*   Afin de permettre une vérification/évaluation indépendante de l'évaluation, le document d'EIE doit décrire précisément les méthodes et critères utilisés pour déterminer l'importance des impacts prévus.

3.4. Comparaison des impacts

Lorsque les impacts éventuels sur l'environnement du projet ont été évalués, il est nécessaire de résumer et de totaliser les impacts importants pour les différentes alternatives sous une forme qui se prête à la communication aux décideurs. De cet agrégat d'informations, il est essentiel que puisse être faite facilement une comparaison des alternatives.

3.5. Mesures visant à minimiser ou atténuer les impacts

La procédure d'EIE devrait tenir compte des mesures visant à réduire, éviter ou éliminer toutes les composantes d'un impact sur l'environnement ou sur la conduite de recherches scientifiques et sur les valeurs et utilisations existantes de l'Antarctique. Cela peut être perçu comme un processus de retour d'information, devant prendre place tout au long de la procédure d'EIE, et non juste comme une étape finale. Ces mesures se composent d'actions d'atténuation et de remise en état.

L'*atténuation* est l'utilisation d'une pratique, d'une procédure ou d'une technologie visant à réduire au minimum ou à empêcher les impacts associés à des activités proposées. La modification d'un aspect de l'activité (et, partant, la prise en compte des produits et de l'exposition de l'environnement) ainsi que la mise en place de procédures de supervision représentent des moyens efficaces d'atténuation.

Les mesures d'atténuation varieront en fonction de l'activité et des caractéristiques de l'environnement et elles peuvent inclure les suivantes :

- sélectionner un emplacement adéquat (p. ex. : éviter les sites sensibles du point de vue de l'environnement, si possible) et identifier au sein de l'emplacement les sous-zones qui pourraient nécessiter une protection ou une gestion accrue ;

- mettre en place des procédures de contrôle in situ (p. ex. : modalités pour le stockage et la gestion du carburant, utilisation de systèmes d'énergie renouvelables et d'autres moyens destinés à minimiser les émissions atmosphériques, approvisionnement en eau, méthodes recommandées pour l'élimination et la gestion des déchets, approches de minimisation des émissions de bruit et de lumière) ;

- utiliser des méthodes appropriées afin de prévenir le transfert d'espèces vers ou entre des emplacements au sein de l'Antarctique (p. ex. : conformément aux lignes directrices et des ressources présentées dans le *Manuel des espèces non indigènes du CPE*) ;

- choisir la période de l'année qui convient le mieux pour conduire l'activité (éviter par exemple la saison de reproduction des manchots) ;

- prendre des mesures visant à limiter l'étendue des impacts spatiaux et temporels (p. ex. : privilégier des infrastructures temporaires à des infrastructures permanentes, placer les installations dans des endroits ayant déjà subi des modifications, minimiser la dispersion d'unités d'infrastructure individuelles ou examiner la mise en place d'infrastructures par rapport au paysage afin de minimiser la visibilité) ;

- impartir un enseignement et une formation sur l'environnement au personnel ou aux maîtres d'œuvre qui participent à l'activité ;

- mesures visant à prévenir, et le cas échéant à répondre, les urgences pouvant générer des impacts environnementaux (p. ex. : déversement d'hydrocarbures, incendies) ; et

- assurer une supervision adéquate sur place de l'activité par le personnel de rang supérieur chargé du projet ou par des spécialistes de l'environnement.

La *remise en état* comprend les mesures prises après que les impacts ont eu lieu pour promouvoir dans toute la mesure du possible le retour de l'environnement à son état initial.

La version finale de l'activité qui doit faire l'objet d'une évaluation doit inclure toutes les mesures correctives, y compris celles qui sont associées aux actions d'atténuation et de remise en état. L'évitement des impacts comme forme d'atténuation peut contribuer à réduire au minimum les coûts de surveillance et de remise en état et, en général, contribuer également au maintien de l'état existant de l'environnement.

Lorsque l'on se penche sur la question des mesures d'atténuation et de remise en état, il convient de :

- faire une distinction claire et nette entre les mesures d'atténuation et les mesures de remise en état ;

- définir clairement l'état de l'environnement qui est visé en recourant à de telles mesures ;
- ne pas oublier que de nouveaux impacts imprévus peuvent résulter de l'application inadéquate des mesures d'atténuation proposées ;
- prendre conscience que les mesures d'atténuation et de remise en état doivent également prendre en compte les impacts cumulatifs des activités passées, présentes et raisonnablement prévisibles ;
- examiner l'étendue des efforts qu'il faudra déployer pour que l'état de l'environnement du site revienne à son état de pré-activité ;
- noter que l'environnement peut ne pas toujours être capable de reprendre son état initial, même lorsque des actions de remise en état sont mises en œuvre ; et
- prendre en compte qu'une mesure corrective précise peut interagir de manière contraire avec d'autres mesures de correction ou encore de manière synergique.

Lorsque l'EIE fait référence à des documents distincts (p. ex. : plans de gestion des déchets, plans d'urgence pour les déversements d'hydrocarbures, etc.), un lien vers ces documents doit être disponible, si possible, ou des informations suffisamment détaillées doivent être reprises dans l'EIE afin de permettre de juger de l'efficacité potentielle des modalités prévues.

La section « Ressources » située à la fin du présent document identifie plusieurs sources d'orientation et d'informations, notamment les lignes directrices adoptées par le CPE, qui peuvent faciliter l'identification des mesures d'atténuation et de remise en état.

3.6. Surveillance

La surveillance comprend des mesures ou observations uniformisées de paramètres clés (produits et variables environnementales) dans le temps, leur évaluation statistique et l'établissement de rapports sur l'état de l'environnement en vue de définir la qualité et les tendances. Dans le contexte de la procédure d'EIE, la surveillance doit tendre vers la confirmation du degré de précision des prédictions relatives aux impacts que l'activité est susceptible d'exercer sur l'environnement (p. ex. : impacts émanant de déversements planifiés de déchets, production de bruit ou émissions atmosphériques), y compris les impacts cumulatifs, et vers la détection des impacts imprévus ou des impacts plus importants que prévus. Compte tenu de ce qui précède, il peut se révéler utile de fixer des seuils ou normes écologiques pour une activité, à l'aune desquels les résultats obtenus en matière de surveillance seront évalués. Si ces seuils sont dépassés, un examen ou une nouvelle analyse des hypothèses relatives aux impacts sur l'environnement devrait être faite, ou des systèmes de gestion liés à l'activité.

La surveillance peut également inclure toutes autres procédures pouvant servir à évaluer et à vérifier les impacts prévus de l'activité. Lorsqu'une mesure de paramètres spécifiques n'est pas nécessaire ou appropriée, les procédures d'évaluation et de vérification pourraient inclure le maintien d'un registre de l'activité qui a réellement eu lieu ainsi que des changements survenus dans la nature de cette activité s'ils ont été très différents de ceux décrits dans l'EIE. Cette information peut être utile pour minimiser ou atténuer encore davantage les impacts, et, s'il y a lieu, pour modifier, suspendre ou même arrêter définitivement tout ou partie de l'activité.

La surveillance consiste au contraire à mesurer avec précision un petit nombre d'espèces cibles, de processus ou d'autres indicateurs soigneusement choisis sur la base de critères rigoureusement et scientifiquement prédéterminés. Lorsqu'un certain nombre de promoteurs conduisent des activités aux mêmes endroits, ils doivent envisager de mettre en place des programmes régionaux conjoints de surveillance.

Le processus de sélection des indicateurs clés doit avoir lieu durant la phase de planification de l'activité, une fois que les aspects environnementaux ont été identifiés, que l'environnement a été examiné et que les impacts connexes ont été évalués (notamment les impacts sur les écosystèmes dépendants et associés, lorsque cela se justifie), tandis que la surveillance des paramètres environnementaux doit généralement commencer avant le début de l'activité lorsque des informations de référence ne sont pas disponibles.

La surveillance doit être conçue, dans la mesure du possible, de manière à s'adapter et à tenir compte des changements liés au climat lors de la période d'activité. Cela se révèlera particulièrement judicieux pour les activités s'étalant sur une longue période, et les activités menées dans plusieurs endroits étant connus pour ou susceptibles de subir des modifications rapides.

Lorsque l'EIE détermine que l'activité proposée peut résulter en l'introduction d'espèces non indigènes, les modalités de la surveillance doivent tendre à vérifier l'efficacité des mesures préventives prévues, afin de la vérifier.

La planification ou l'exécution d'activités de surveillance peut être entravée par un certain nombre de situations :

- attendre que l'activité soit en cours pour entreprendre la planification des programmes de surveillance ;
- les activités de surveillance peuvent être onéreuses, en particulier pour des activités et des projets pluriannuels ;
- des hypothèses au sujet des impacts sur l'environnement d'une activité ne peuvent pas être testées ;
- ne pas assurer la surveillance jusqu'au bout de l'activité ;
- ne pas évaluer correctement la portée du programme de surveillance, de telle sorte qu'il n'englobe pas l'ensemble des éléments de l'environnement qui peuvent être affectés ou qu'il manque de couvrir une zone géographique suffisamment large ; et
- ne pas faire une distinction entre les variations naturelles et les variations causées par l'homme dans le cadre des paramètres de l'environnement.

Des orientations pour l'élaboration et la conception de programmes de surveillance continue en Antarctique sont à trouver dans :

- *Lignes directrices pratiques pour l'élaboration et la conception de programmes de surveillance continue en Antarctique du COMNAP*
- *Manuel COMNAP/SCAR de surveillance continue de l'environnement en Antarctique*
- *Manuel de nettoyage du CPE*
- *Manuel sur les espèces non indigènes du CPE*

4. Rédaction du document d'EIE

Le résultat d'une EIE est un document formel qui présente toutes les informations pertinentes sur la procédure d'EIE. Ce document constitue un lien fondamental entre la procédure d'évaluation d'une part et les décideurs d'autre part, les conclusions découlant de ladite procédure devant aider ces derniers à faire un examen des aspects environnementaux de l'activité proposée.

Quatre catégories d'informations se dégagent d'une procédure d'évaluation d'impact sur l'environnement : la *méthodologie*, les *données,* les *résultats* et les *conclusions* en découlant. Étant donné que les résultats et les conclusions revêtent un intérêt particulier pour les décideurs, ces chapitres doivent être rédigés dans un langage accessible et éviter les termes hautement techniques. Le recours aux informations graphiques, comme les cartes, les tableaux et les graphiques, est un moyen efficace d'améliorer la communication.

La taille et le niveau de précision du document dépendront de l'importance des impacts sur l'environnement qui ont été identifiés d'un bout à l'autre de la procédure d'EIE. Par conséquent, l'Annexe I du Protocole arrête deux formats pour la documenter : l'évaluation préliminaire d'impact sur l'environnement (EPIE) et l'évaluation globale d'impact sur l'environnement (EGIE), pour lesquelles le Protocole requiert la présentation de différents volumes d'informations (articles 2 et 3 de l'Annexe I).

À moins qu'il ait été établi qu'une activité aura moins qu'un impact mineur ou transitoire, ou qu'il a déjà été établi qu'une évaluation globale d'impact sur l'environnement est nécessaire, une évaluation préliminaire d'impact sur l'environnement (EPIE) sera préparée. Si la procédure d'évaluation montre qu'une activité proposée aura vraisemblablement un impact plus que mineur ou transitoire, c'est alors une évaluation globale d'impact sur l'environnement qui s'impose.

Conformément aux dispositions de l'Annexe I, un projet d'évaluation globale d'impact sur l'environnement devra être préparé dans un premier temps et distribué pour commentaires à toutes les Parties, ainsi qu'au CPE. Dès que ces commentaires auront été incorporés dans le texte, une version finale d'évaluation globale sera distribuée à toutes les Parties.

Le tableau ci-après résume les mesures à prendre en considération d'un bout à l'autre de la procédure d'EIE (mesures qui sont expliquées dans la section 3 des présentes lignes directrices). Il énumère par ailleurs les dispositions découlant de l'Annexe I qui doivent être incluses dans un document d'EIE. Dans le cas d'une EPIE, quelques-uns des points indiqués ne sont pas spécifiquement mentionnés dans l'article 2 de l'Annexe I. Toutefois, leur inclusion dans le document d'EPIE est recommandée dans une volonté de communiquer avec transparence les résultats de la procédure. Ces points ont été marqués d'un X dans le tableau.

Table des matières EIE et exigences prévues à l'Annexe I	EPIE	EGIE
Page de couverture		X
Index	X	X
Rédacteurs et conseillers	X	√
Résumé non technique	X	√
Description de l'activité proposée, notamment de son but, son emplacement, sa durée et son intensité	√	√
Descriptions des alternatives possibles à l'activité proposée	√	√
• Option de ne pas exécuter l'activité	X	√
Description de l'état de référence initial de l'environnement et prédiction de l'état de l'environnement en l'absence de l'activité	X	√
Description des méthodes et données utilisées pour prévoir les impacts	X	√
Estimation de la nature, de la portée, de la durée et de l'intensité de l'activité	√	√
Examen des éventuels impacts indirects ou secondaires	X	√
Examen des impacts cumulatifs	√	√
Identification des impacts inévitables	X	√
Effets de l'activité sur la recherche scientifique et d'autres utilisations ou valeurs	X	√
Mesures d'atténuation	X	√
• Programmes de surveillance	X	√
Identification des lacunes dans les connaissances	X	√
Conclusions	X	X
Bibliographie	X	X
Glossaire		X

√ Requis par l'Annexe I.

X Souvent utile.

Le texte ci-après traite brièvement de la façon dont les points énumérés ci-dessus doivent être mentionnés dans le texte d'une EIE. De plus amples informations techniques ont déjà été abordées dans des chapitres précédents.

Description du but et de la nécessité de l'activité proposée (cf. également la section 3.1)

La présente section doit inclure une brève description de l'activité proposée ainsi qu'une explication du but de cette activité, en ce compris les avantage qui en découleront (p. ex. : la protection de l'environnement, la compréhension scientifique, l'éducation). Elle doit également inclure des détails en quantité suffisante démontrant clairement pour quelle(s) raison(s) l'activité est proposée, y compris la nécessité de l'exécuter (p. ex. : des références aux plans scientifiques stratégiques nationaux ou internationaux). Elle doit par ailleurs donner des détails sur le processus par lequel la portée de l'activité a été définie. Cela permettra de veiller à ce que la portée complète de l'activité a été incorporée de sorte que les impacts puissent être évalués de manière adéquate. Si un processus formel a été utilisé pour ce faire (une réunion officielle ou une requête faite au public ou à d'autres groupes d'apporter leur contribution), ce processus et les résultats qui en découlent doivent être examinés ici.

Description de l'activité proposée et de ses alternatives possibles et conséquences de ces alternatives (cf. également sections 3.1.1 et 3.1.2)

Cette section doit inclure une description détaillée de l'activité proposée ainsi que des alternatives raisonnables. La première alternative à décrire serait l'activité proposée. La description doit être aussi complète et détaillée que possible (cf. section 3.1).

Il peut s'avérer utile de fournir une comparaison des différentes alternatives dans la présente section. Par exemple, pour une nouvelle station de recherche, les alternatives pourraient comprendre des différences dans la taille de la station et dans le nombre des personnes qui pourraient y être hébergées. Ces différences se traduiraient par des quantités différentes de matériaux utilisés, de carburant consommé ainsi que par des niveaux différents en termes de production d'émissions et de déchets. Des tableaux montrant des comparaisons pertinentes sont susceptibles de considérablement aider le lecteur du document à y voir plus clair.

Option de ne pas exécuter l'activité (cf. section 3.1.2)

L'option consistant à ne pas exécuter l'activité proposée (c'est-à-dire celle consistant à ne prendre aucune action) doit être décrite afin de mettre en relief les avantages et les inconvénients que représente la décision de ne pas exécuter l'activité. Bien que le Protocole exige uniquement son inclusion dans les EGIE, il est utile d'inclure cette alternative également dans le texte des EPIE pour mieux justifier la nécessité d'entreprendre l'activité.

Description de l'état de référence initial de l'environnement et prédiction de l'état de l'environnement en l'absence de l'activité (cf. également section 3.2)

Une telle description ne doit pas se limiter à une caractérisation des éléments physiques, biologiques, chimiques et anthropiques pertinents de l'environnement, mais elle doit également tenir compte de l'existence et du comportement des tendances et processus dynamiques dans un souci de prédire l'état de l'environnement en l'absence de la réalisation de l'activité. Par exemple, les outils de modélisation peuvent concourir à l'examen des changements liés au climat dans l'environnement grâce à et en l'absence de la réalisation de l'activité proposée (p. ex. : des projections futures sur la vie sauvage, la faune, le retrait ou la progression des glaces). Une description adéquate de l'état de référence initial de l'environnement donne des éléments par rapport auxquels les changements doivent être comparés.

Description des méthodes et données utilisées pour prévoir les impacts (cf. section 3.3)

Le but de la présente section est d'expliquer et, selon que de besoin, de défendre le plan de l'évaluation, et ensuite de donner suffisamment de détails pour qu'un autre évaluateur puisse comprendre et reproduire la procédure. Une rédaction minutieuse de la méthodologie est absolument essentielle, car c'est elle qui détermine le caractère reproductible et/ou comparable des résultats.

Estimation de la nature, de la portée, de la durée et de l'intensité des impacts (y compris l'examen d'impacts cumulatifs et indirects possibles) (cf également les sections 3.3.2 et 3.3.3)

La présente section doit inclure une description claire des aspects et impacts environnementaux. Il importe d'établir clairement l'importance accordée à chaque impact et sa justification. En outre et pour résumer la section, l'inclusion d'un tableau montrant les impacts sur chaque composante de l'environnement peut être très utile.

Une attention particulière doit être accordée à l'examen des impacts indirects et cumulatifs possibles, puisque les relations de cause à effet déterminant l'existence de ces impacts font en général état d'un degré de complexité plus élevé.

Programmes de surveillance (cf. également section 3.6)

La présente section doit, selon les besoins, définir clairement les objectifs de surveillance, arrêter les hypothèses vérifiables, choisir les paramètres clés à surveiller, évaluer les méthodes de collecte des données, concevoir un programme d'échantillonnage statistique et décider de la fréquence comme du calendrier de collecte et d'enregistrement des données. L'exécution de tels programmes de surveillance constitue une nouvelle étape qui pourrait commencer après l'achèvement de la planification de l'activité, même si en réalité sa réalisation n'a pas encore été amorcée.

Mesures d'atténuation et de remise en état (cf. également section 3.5)

L'un des objectifs majeurs de la procédure d'EIE est de prendre des mesures afin d'éviter ou de minimiser les impacts probables en mettant en œuvre des mesures d'atténuation et de remise en état. Dès lors, une description des mesures d'atténuations envisagées (adaptées à la nature de l'activité et au niveau de l'EIE) constitue un élément fondamental du document d'EIE. Étant donné que les mesures d'atténuation et de remise en état ont d'ordinaire pour objet de rectifier certains aspects de l'activité, leur communication doit être concrète, indiquant les actions proposées et leur calendrier de mise en œuvre ainsi que les avantages associés à chacune d'elle.

Identification des impacts inévitables (cf. également section 3.3.2)

La reconnaissance de l'existence d'impacts inévitables devrait faire partie de toutes les analyses d'impact. La prise en considération de ces impacts revêt une grande importance puisque l'apparition d'impacts inévitables peut orienter la décision de savoir si l'activité proposée va ou non avoir lieu.

Effets de l'activité sur la recherche scientifique et autres utilisations et valeurs (cf. également la section 3.3)

Compte tenu du fait que le Protocole désigne l'Antarctique comme une réserve naturelle consacrée à la paix et à la science, les effets de l'activité proposée sur les travaux de recherche scientifique en cours ou sur les possibilités qu'offre une site de faire l'objet de tels travaux futurs (en tant que site de référence, notamment), doivent être un élément fondamental lorsque l'analyse d'impact est réalisée. Lorsque cela est judicieux, il importe également d'examiner les effets de l'activité proposée sur d'autres valeurs et utilisations existantes.

Identification des lacunes en matière de connaissance (cf. également section 3.2)

Les savoirs existants (c'est-à-dire les données et informations anecdotiques, empiriques ou théoriques) sont utilisés pour étayer la procédure d'évaluation. Il n'empêche que ces savoirs peuvent être incomplets ou être entourés par divers degrés d'incertitude. Il est essentiel d'identifier explicitement dans l'évaluation les incomplétudes ou les incertitudes ainsi que la façon dont celles-ci ont été prises en compte dans la procédure d'évaluation. Cette divulgation peut contribuer à l'évaluation en identifiant clairement les domaines où de plus amples connaissances sont nécessaires. Le cas échéant, des plans visant à combler les lacunes et lever les incertitudes doivent être décrits.

Conclusions

Bien que ceci ne constitue pas une exigence explicite prévue à l'Annexe I, une EIE se doit de décrire de manière concise les conclusions de la procédure d'EIE, conformément aux termes de l'article 8 et de l'Annexe I du Protocole (p. ex. : l'activité proposée comporte-t-elle un impact évalué comme : moindre que mineur ou transitoire, tout au plus mineur ou transitoire ou plus que mineur ou transitoire). Ces conclusions doivent également comprendre une justification claire des raisons pour lesquelles l'activité proposée, comme ses éventuels impacts environnementaux, devrait être exécutée.

Rédacteurs et conseillers

La présente section donne une liste des experts qui ont été consultés dans la préparation de l'évaluation, leurs domaines de spécialisation et les coordonnées appropriées. Elle doit également fournir la liste des personnes qui sont chargées de l'élaboration du document. Ces informations sont précieuses aux réviseurs et aux décideurs pour garantir que l'expertise adéquate a été utilisée pour les analyses nécessaires à l'évaluation du type et du degré d'impact émanant de l'activité proposée. Elles sont également utiles pour les futures évaluations des activités ou questions similaires.

Bibliographie

La présente section doit reprendre toutes références utilisées lors de l'élaboration de l'évaluation. Celles-ci peuvent être des documents de recherche ou autres documents scientifiques utilisés lors de l'analyse des impacts, ou des données issues de la surveillance utilisées aux fins de définir des conditions de référence dans la zone où l'activité est proposée. Les références peuvent également inclure d'autres évaluations environnementales d'activités similaires, ayant été réalisées en des lieux identiques ou différents.

Index

Étant donné qu'un document d'EIE peut être assez volumineux, il est toujours utile d'y inclure un index pour en faciliter la lecture.

Glossaire

La présente section donne une liste de termes et de définitions ainsi que d'abréviations qui aideront le lecteur, en particulier si les termes ne font pas partie du langage courant.

Page de couverture

L'EGIE doit comporter une page de couverture indiquant le nom et l'adresse de la personne ou de l'organisation l'ayant préparée ainsi que l'adresse à laquelle doivent être envoyés les commentaires (dans le cas du projet de document uniquement).

Résumé non technique

L'EGIE doit renfermer un résumé non technique du contenu du document. Ce résumé doit être rédigé dans un langage accessible et comprendre des informations pertinentes sur le but et la nécessité de l'activité proposée, les questions à résoudre et les alternatives envisagées, l'environnement existant et les impacts associés à chacune des alternatives. Un résumé non technique pourrait également s'avérer utile dans le cas d'une EPIE.

Enfin, que ce soit dans le cas d'une EPIE ou d'une EGIE, il faut dans la rédaction du document d'EIE prendre en compte un certain nombre d'éléments tels que les suivants :

- éviter d'inclure des informations descriptives sans objet ;
- documenter toutes les étapes pertinentes de la procédure ;
- décrire clairement la méthodologie d'identification d'impact ;
- faire une très nette distinction entre les résultats (identification des impacts, mesures d'atténuation, etc.) d'une part et le jugement de valeur final d'autre part ;
- rattacher de manière adéquate les résultats aux conclusions.

5. Processus de retour d'information sur les EIE

Il est important de reconnaître que la procédure d'EIE ne s'arrête par une fois que le document a été approuvé et que l'activité débute. Il reste nécessaire de vérifier les impacts prévus de l'activité et d'évaluer l'efficacité des mesures d'atténuation, notamment examiner s'il est nécessaire d'apporter un quelconque changement à l'activité ou de préparer une nouvelle EIE. Trois composantes principales du processus de retour d'information doivent être prises en compte pendant le déroulement de l'activité concernée et au moment de son achèvement. Celles-ci concernent : la surveillance, les modifications de l'activité et la révision.

5.1. Surveillance

Comme indiqué dans la section 3.6 et dans la Figure 1 ci-avant, il conviendra de surveiller les paramètres clés de manière régulière. Ceci constitue un point important de la procédure d'EIE, afin de : vérifier l'échelle des impacts prévus, avertir rapidement de la survenue d'un impact non envisagé, et évaluer l'efficacité des mesures d'atténuation.

Cet effort de surveillance devrait être intégré au processus de retour d'information de l'EIE. Les informations récoltées grâce à la surveillance peuvent être confrontées aux mesures d'atténuation prévues, et des ajustements peuvent être apportés à l'activité en fonction, afin de conserver les impacts actuels dans les limites des contraintes acceptées ou approuvées.

Cette approche s'inscrit dans le cadre des dispositions de l'article 3 du Protocole, qui prévoit la mise en place d'une surveillance « de manière à identifier et à signaler au plus tôt tout effet négatif de l'activité et à apporter aux modalités opérationnelles toute modification qui serait nécessaire à la lumière des résultats de la surveillance » (article 3(c)(v)), et prévoit en outre qu'une « surveillance régulière et efficace est assurée afin de permettre l'évaluation de l'incidence des activités en cours, y compris la vérification des effets prévus » (article 3(d)).

Si les informations recueillies au cours du programme surveillance identifient un écart significatif par rapport aux impacts prévus, que ce soit du point de vue de leur nature/type ou de leur échelle, ou que des impacts imprévus considérables sont observés, il peut se révéler nécessaire de réviser l'EIE et d'identifier des mesures d'atténuation complémentaires.

5.2. Modifications de l'activité

Comme indiqué dans la section 3.1.1 ci-avant, un réexamen ou une révision de l'EIE peut se révéler nécessaire lorsque l'activité est modifiée, en accord avec les dispositions de l'article 8(3) du Protocole qui stipulent que « Les procédures d'évaluation prévues à l'Annexe I s'appliquent à tout changement intervenu dans une activité, que celui-ci résulte d'une augmentation ou d'une diminution de l'intensité d'une activité existante, de l'adjonction d'une activité, de la mise hors service d'une installation, ou de toute autre cause. »

Les modifications apportées à une activité qui peuvent entraîner la nécessité d'amender l'EIE ou d'en réaliser une nouvelle incluent notamment :

- modification du calendrier et de la durée d'une activité ;
- modification des méthodes et des matériaux à utiliser ;
- modification de la taille d'une installation ;
- modification de l'utilisation première d'une installation ;
- l'établissement d'installations à proximité ou de zones protégées ;
- un accroissement ou une diminution notable de la fréquentation d'une installation d'une année à l'autre ou sur plusieurs années ;
- une expansion de la superficie d'une installation ou d'une activité ;

- une augmentation ou une diminution du nombre de bâtiments, ou le remplacement de bâtiments ;
- une intensité ou une diversité accrues du tourisme ou des activités d'un programme antarctique national en des sites particuliers ; et
- les projets qui ne se sont pas déroulés comme prévu et ont accusé du retard.

Il est dès lors important que les implications de ces modifications soient réévaluées afin d'identifier les changements qui interviendront au niveau des impacts prévus et les mesures d'atténuation qui devront être mises en œuvre. S'il est proposé d'apporter des modifications majeures à une activité, il se peut que la procédure d'EIE doive être recommencée complètement.

Dans les situations où la surveillance suggère la nécessité de réviser une EIE, et lorsqu'une modification majeure est apportée à une activité, ce qui pourrait également nécessiter une révision de l'EIE ou une nouvelle EIE, il conviendra de consulter les autres parties prenantes et partie intéressées. Parmi ces parties prenantes figurent notamment :

- les promoteurs du projet ou de l'activité qui devront tenir compte : des impacts environnementaux liés aux implications opérationnelles et financières découlant de l'ajustement du programme, et de la nécessité de mettre en place des mesures d'atténuation complémentaires qui peuvent ressortir d'une révision de l'EIE ;
- les autorités nationales compétentes, qu'il conviendra de consulter sur la question de savoir dans quelle mesure l'EIE doit être amendée ou révisée et quant à la procédure à suivre ; et
- les parties tierces, y compris d'autres programmes antarctiques nationaux détenant des intérêts dans l'activité ou pouvant être touchés par les modifications apportées à l'activité, et les réviseurs indépendants détachés afin d'évaluer l'activité par rapport à l'EIE (voir ci-dessous).

Dans de nombreux cas, il conviendra de communiquer la nécessité de revoir ou de modifier une EIE à toutes les parties concernées par l'activité et la réglementation qui y est liée.

5.3. Révision

Envisager une révision de la procédure d'EIE à un moment propice, par exemple à la fin de l'activité en question, constitue un avantage significatif. Une procédure de révision offrira l'occasion d'évaluer l'efficacité de la procédure d'EIE et d'identifier les points à améliorer dans les EIE ultérieures.

Ces révisions peuvent se baser sur la procédure d'EIE décrite dans les présentes lignes directrices et examiner chaque composante individuellement afin de déterminer ce qui a fonctionné et les améliorations à apporter lors des futures procédures d'EIE.

Les Parties au Traité sur l'Antarctique ont encouragé l'entreprise de telles révisions pour les activités évaluées au niveau d'une EGIE. La RCTA, en vertu de la Résolution 2 (1997), a incité les Parties à :

1. Inclure, dans leurs procédures d'évaluation d'impact sur l'environnement de leurs activités en Antarctique, une disposition prévoyant la révision des activités menées à la suite de la réalisation d'une EGIE.

2. Adopter les procédures suivantes pour le suivi des EGIE :

   a) Examiner les activités menées après la réalisation de l'EGIE, notamment si celles-ci ont été menées comme elles étaient prévues, si les mesures d'atténuation d'application ont été mises en œuvre, et si les impacts de l'activité sont conformes à ceux prévus dans l'évaluation ;

   b) Enregistrer toutes les modifications apportées aux activités décrites dans l'EGIE, les raisons qui sous-tendent ces modifications ainsi que leurs conséquences environnementales ; et

   c) Rendre compte aux Parties des conclusions des points (a) et (b) susmentionnés.

6. Définition des termes de la procédure d'EIE

Action : une mesure prise dans le cadre d'une activité.

Activité : un événement ou un processus résultant de la présence d'êtres humains dans l'Antarctique (ou associé à leur présence), et/ou qui peut aboutir à la présence d'êtres humains dans l'Antarctique (adapté de *l'atelier SCAR/COMNAP sur la surveillance continue*).

Aspect : élément d'une activité ou d'une action qui peut interagir avec l'environnement (p.ex. par l'ajout ou le retrait d'un élément dans l'environnement).

Évaluation globale d'impact sur l'environnement (EGIE) : Un document d'impact sur l'environnement requis pour la conduite d'activités proposées qui exercent un impact plus que mineur ou transitoire sur l'environnement en Antarctique (tiré de *l'article 3 de l'Annexe I du Protocole*).

Impact cumulatif : impact combiné d'activités passées, présentes et plus ou moins prévisibles. Ces activités peuvent survenir dans le temps et dans l'espace et être additives ou interactives/synergiques (adapté de *l'atelier organisé par l'UICN sur les impacts cumulatifs*). Ces activités peuvent faire intervenir des visites par des multiples opérateurs ou des visites répétées par le même opérateur.

Impact direct : changement dans les composantes environnementales qui résulte des conséquences directes de cause à effet de l'interaction entre l'environnement exposé et une activité ou une action.

Évaluation d'impact sur l'environnement (EIE) : procédure permettant d'identifier, de prédire, d'évaluer et d'atténuer les effets biophysiques, sociaux et autres effets pertinents des projets proposés et des activités physiques, avant que ne soient pris des décisions et engagements majeurs (tiré des *Lignes directrices relatives aux évaluations d'impact sur l'environnement (EIE) en Arctique*).

Exposition : processus d'interaction entre un produit potentiel identifiable et un élément ou une valeur écologique (adapté de l'*atelier SCAR/COMNAP sur la surveillance continue*).

Impact : changement dans les valeurs ou les ressources imputable à une activité humaine. Il est la conséquence (réduction de la couverture végétale par, exemple) d'un agent de changement, et non pas de l'agent lui-même (une augmentation du piétinement par exemple). Synonyme : effet (tiré de l'*atelier SCAR/COMNAP sur la surveillance continue*).

Impact indirect : changement dans les composantes environnementales qui résulte d'interactions entre l'environnement et d'autres impacts (directs ou indirects) (tiré des *Lignes directrices relatives aux évaluations d'impact sur l'environnement (EIE) en Arctique*).

Évaluation préliminaire d'impact sur l'environnement (EPIE) : document d'impact sur l'environnement requis pour l'exécution d'activités proposées qui peuvent avoir un impact mineur ou transitoire sur l'environnement en Antarctique (tiré de *l'article 2 de l'Annexe I du Protocole*).

Atténuation : l'utilisation d'une pratique, d'une procédure ou d'une technologie pour réduire au minimum ou empêcher les impacts associés à des activités proposées. (*Lignes directrices pratiques du COMNAP*).

Surveillance : elle comprend des mesures ou observations uniformisées de paramètres clés (produits et variables environnementales) dans le temps, leur évaluation statistique et l'établissement de rapports sur l'état de l'environnement en vue de définir la qualité et les tendances (adapté de l'*atelier SCAR/COMNAP sur la surveillance continue*).

Opérateur : individu ou organisation se livrant à des activités à destination ou au sein de l'Antarctique qui se soldent par des impacts.

Produit : changement physique (p. ex. : le mouvement de sédiments causé par le passage ou le bruit d'un véhicule) ou une entité (p. ex. : des émissions, une espèce introduite) imposée à l'environnement ou libérée dans celui-ci par suite d'une action ou d'une activité (*Atelier SCAR/COMNAP sur la surveillance continue*).

Étape préliminaire : processus qui examine le niveau des impacts sur l'environnement des activités proposées avant que celles-ci ne commencent, tel que prévu à l'article 8 du Protocole, conformément aux procédures nationales appropriées (tiré de *l'article 1 de l'Annexe I du Protocole*).

Auteur : un individu ou un programme national préconisant l'activité et responsable de la préparation du document sur l'évaluation d'impact sur l'environnement.

Remise en état : mesures prises après que des impacts ont eu lieu pour promouvoir autant que faire se peut le retour de l'environnement à son état originel.

Impact inévitable : impact pour lequel aucune atténuation additionnelle n'est possible.

7. Bibliographie

XXXVe RCTA/IP23, Étude du CPE sur le tourisme. Tourisme et activités non gouvernementales dans la zone du Traité sur l'Antarctique : Aspects et impacts environnementaux, présenté par la Nouvelle-Zélande.

Parties consultatives au Traité sur l'Antarctique. 1991. PROTOCOLE AU TRAITÉ SUR L'ANTARCTIQUE RELATIF À LA PROTECTION DE L'ENVIRONNEMENT (plus annexes). 11e Réunion consultative du Traité sur l'Antarctique. Madrid, du 22 au 30 avril, du 17 au 23 juin 1991.

COMNAP. 1992. The Antarctic Environmental Assessment Process, Practical Guidelines. Bologne (Italie) le 20 juin 1991, révisé à Washington D.C. (É.-U.), le 4 mars 1992.

UICN - Union internationale pour la conservation 1996. Cumulative Environmental Impacts in Antarctica. Minimisation and Management. Publié sous la direction de M. de Poorter et J.C. Dalziell. Washington DC, USA. 145 pp.

SCAR/COMNAP. 1996. Monitoring of Environmental Impacts from Science and Operations in Antarctica. Rapport de l'atelier. 43 p. et annexes, ateliers de 1996

8. Acronymes

CCAMLR : Commission pour la conservation de la faune et de la flore marines de l'Antarctique

CEMP : Programme de surveillance des écosystèmes de la CCAMLR

COMNAP : Conseil des directeurs des programmes antarctiques nationaux

CPE : Le Comité pour la protection de l'environnement.

EGIE : Évaluation globale d'impact sur l'environnement

EIE : Évaluation d'impact sur l'environnement

EPIE : Évaluation préliminaire d'impact sur l'environnement

RCTA Réunion consultative du Traité sur l'Antarctique

SCAR : Comité scientifique pour la recherche en Antarctique

SIG : Système d'information géographique

SMH : Sites et monuments historiques

STA : Système du Traité sur l'Antarctique

UICN : Union internationale pour la conservation de la nature (Union mondiale pour la conservation)

ZGSA : Zone gérée spéciale de l'Antarctique

ZSPA : Zone spécialement protégée de l'Antarctique

9. Ressources

Il n'est pas pratique de faire référence à toutes les lignes directrices et ressources qui peuvent se révéler utiles lors de la procédure d'EIE, et les auteurs devraient identifier et se fonder sur des sources d'information qui sont pertinentes au vu de l'activité proposée concernée. La liste suivante fournit des liens vers des documents d'orientation qui peuvent être utiles, de manière générale. Bien que la liste fût correcte au moment de la préparation des lignes directrices relatives aux EIE, il conviendrait de chercher des documents complémentaires ou actualisés. En outre, il existe une vaste littérature scientifique concernant les EIE, notamment dans le contexte antarctique.

- Le *site web du Secrétariat du Traité sur l'Antarctique* : le Secrétariat du Traité sur l'Antarctique tient à jour un site web complet qui reprend toutes sortes d'informations qui peuvent se révéler utiles aux personnes impliquées dans une procédure d'EIE, notamment :

  - La *base de données des zones protégées de l'Antarctique* : contient les textes des plans de gestion des zones spécialement protégées de l'Antarctique et des zones gérées spéciales de l'Antarctique, leur statut, leur emplacement sur le continent antarctique et une brève description des buts et objectifs de la désignation. La base de données comprend des informations liées à la liste et à l'emplacement des sites et monuments historiques en Antarctique.

  - La *base de données du Traité sur l'Antarctique* : contient le texte de toutes les recommandations, mesures, décisions et résolutions et d'autres mesures adoptées par la RCTA, ainsi que les annexes et des informations sur leur statut juridique.

  - La *base de données des EIE* : contient les détails relatifs aux EPIE et aux EGIE entreprises conformément à l'Annexe I du Protocole, incluant lorsque c'est possible une version électronique du document d'EIE.

  - Le *système électronique d'échange d'informations* : permet aux Parties de remplir leurs obligations en matière d'échange d'informations et joue le rôle de répertoire central pour ces informations.

  - Le *Manuel du CPE* : une compilation de références clés à destination des représentants du CPE lorsqu'ils assistent à des réunions ou entreprennent des travaux en lien avec le CPE. Il comprend les instruments du système du Traité sur l'Antarctique qui guident les travaux du Comité, les copies des procédures et des lignes directrices approuvées qui expliquent le fonctionnement du CPE, d'autres documents que le CPE a rédigés ou adoptés afin d'aider les Parties au Traité à protéger l'environnement antarctique, en plus de liens vers d'autres références utiles.

- Le *Manuel de nettoyage du CPE* :[*] fournit des orientations, notamment les principes directeurs clés et des liens vers les lignes directrices et ressources pratiques, que les opérateurs peuvent appliquer et utiliser pour les aider à répondre aux obligations du Protocole, en particulier aux dispositions de l'Annexe III.

- Le *Manuel sur les espèces non indigènes du CPE* :[**] fournit des orientations aux Parties aux Traité sur l'Antarctique pour protéger la biodiversité et les valeurs intrinsèques de l'Antarctique, en prévenant l'introduction involontaire d'espèces non indigènes dans la région Antarctique et les déplacements d'espèces d'une zone biogéographique à une autre au sein de l'Antarctique. Ce manuel inclut également des principes directeurs clés et des liens vers des lignes directrices et des ressources pratiques que les opérateurs peuvent appliquer et utiliser, le cas échéant, afin d'aider la Réunion à respecter les engagements pris en vertu de l'Annexe II au Protocole.

- Les *Lignes directrices générales pour les visiteurs de l'Antarctique* :[***] fournit des conseils généraux pour les visites de site, en vue de garantir que les visites n'ont pas d'effets nuisible sur l'environnement antarctique ou sur ses valeurs scientifiques ou esthétiques.

- Les *Orientations pour les visiteurs de l'Antarctique* :[****] visent à garantir que tous les visiteurs sont au fait du Traité et du Protocole, et dès lors capables d'en respecter les dispositions.

- Les *Lignes directrices relatives aux visites de sites* : ces lignes directrices visent à fournir des instructions spécifiques quant à la conduite d'activités dans les sites les plus visités de l'Antarctique. Elles incluent des orientations pratiques à destination des tour-opérateurs et des guides expliquant comment ils devraient mener les visites dans ces sites, en tenant compte de leurs valeurs et de leurs sensibilités environnementales.

- Les *données et produits du Comité scientifique sur la recherche antarctique (SCAR)* : le SCAR fournit, à la faveur des scientifiques du SCAR et de la communauté au sens large, plusieurs produits qui appuient les scientifiques du SCAR, mais qui sont également mis à la disposition d'autres acteurs. Le SCAR promeut un accès libre et non restreint aux données et aux informations relatives à l'Antarctique en mettant en avant des pratiques d'archivage ouvertes et accessibles. Le SCAR se veut être un portail vers les répertoires de données et d'informations scientifiques sur l'Antarctique.

- Les *publications du Conseil des directeurs des programmes antarctiques nationaux (COMNAP)* : contient des liens vers des lignes directrices opérationnelles

---

[*] Résolution 2 (2013).
[**] Résolution 6 (2011).
[***] Résolution 3 (2011).
[****] Recommandation XVII-1 (1994).

développées par les groupes et réseaux d'experts du COMNAP en vue d'aider les programmes nationaux à mettre en œuvre des procédures et pratiques communes visant à améliorer l'efficacité opérationnelle et la sécurité, ainsi que des manuels qui donnent des orientations aux programmes nationaux et à d'autres acteurs relativement à des domaines d'activité spécialisés.

- Les *lignes directrices et ressources de l'Association internationales des tour-opérateurs de l'Antarctique (IAATO)* : reprend des liens vers des informations et des documents d'orientation concernant le tourisme et les activités non gouvernementales.

- Le *Portail des environnements de l'Antarctique* : fournit un lien important entre la science et la politique antarctiques. Toutes les informations scientifiques disponibles sur le Portail reposent sur des recherches scientifiques publiées, examinées par des pairs, et qui ont fait l'objet d'un processus de révision éditoriale rigoureux.

Annexe 1

Exemple de liste de contrôle pour la collecte et l'enregistrement d'informations de référence relatives à l'état de l'environnement à l'emplacement de l'activité proposée

(Modifié par rapport au Manuel de nettoyage du CPE, Annexe 1 : Liste de contrôle pour l'évaluation préliminaire des sites)

INFORMATIONS			
Titre du rapport/de l'évaluation			
Date du rapport		Préparé par :	Coordonnées :
Date de la visite du site (si d'application)		Assesseur(s) :	Coordonnées :

CARACTÉRISTIQUES GÉNÉRALES DU SITE				
Nom de l'emplacement				
Utilisation escomptée du site (p. ex. : bâtiment, zone de stockage, traitement des eaux usées, routes, usage des véhicules, etc.)				
Emplacement (coordonnées du point)				
Emplacement (coordonnées du polygone délimité)	Nord :	Sud :	Est :	Ouest :
Station antarctique opérationnelle la plus proche		Distance de la station :		Accessibilité :
Description générale du site				
Considérations sur la santé humaine et la sécurité				
Type de site (terre libre de glace en fonction des saisons, neige/glace permanente, environnement marin)				
Glaces de mer (si d'application)				
Glaciologie (si d'application)				
Géomorphologie (pente, aspect, caractéristiques du paysage, etc.)				

375

CARACTÉRISTIQUES GÉNÉRALES DU SITE	
Géologie (type de roche, fracture rocheuse, etc.)	
Régolithe (profondeur et type de sol/sédiments si présents, profondeur du permafrost, etc.)	
Statut de la zone protégée (liste des ZGSA et ZSPA à proximité)	
Région biogéographique (d'après Terauds et al. 2012)	
Faune/flore présente	

INVENTAIRE DE LA FAUNE ET DE LA FLORE				
Type	Espèce	Emplacement	Calendrier de la présence (p. ex. constant, saisonnier, etc.)	Autres informations
Oiseaux en phase de reproduction				
Animaux en phase de reproduction				
Oiseaux de passage				
Mammifères de passage				
Espèces côtières				
Espèces marines				
Flore				

INVENTAIRES DES COMMUNAUTÉS MICROBIENNES			
Emplacement	Date	Espèces enregistrées	Autres informations

CLIMAT ET MÉTÉOROLOGIE	
Indicateurs	**Données**
Régimes météorologiques	
Données sur la température (moyenne saison-nière, min/max)	
Données sur les chutes de neige/précipitations (fréquence, accumulation totale)	
Couverture nuageuse (%)	
Vent (vitesse moyenne, min/max, direction)	
Autres informations pertinentes	

ACTIVITÉS HUMAINES				
Type	**Nombre de personnes impliquées**	**Durée**	**Fréquence**	**Autres détails**
Recherche				
Tourisme				
Autre				

HISTOIRE DE L'UTILISATION DU SITE ET ÉPISODES DE CONTAMINATION	
Historique de l'utilisation du site et activités	
Sources d'information (Station/Rapports du chef de voyage, personnes interviewées, photographies, etc.)	
Historique de contamination (activités et évènements opéra-tionnels, comme les déversements et les réponses à ceux-ci le cas échéant - cf. Manuel de nettoyage du CPE pour des conseils détaillées sur l'évaluation du site pour les sites conta-minés)	

VALEURS/RÉCEPTEURS POTENTIELLEMENT OU RÉLLEMENT TOUCHÉS PAR L'ACTIVITÉ			
Valeurs/Récepteur	Informations spécifiques au site relatives aux valeurs/récepteurs et les voies d'exposition (y compris les estimations de distance des contaminants)	Impacts réels ou potentiels ?	Cumulatifs ou ponctuels ?
Faune et flore			
Scientifique			
Historique			
Esthétique			
Vie sauvage			
Géologique et géomorphique			
Autres environnements (atmosphérique, terrestre (y compris glaciaire))			
Environnement marin (le cas échéant)			
Zones protégées			
Autres valeurs/récepteurs (comme l'approvisionnement en eau des stations)			

PRÉDICTION DU FUTUR STATUT ENVIRONNEMENTAL SI L'ACTIVITÉ N'EST PAS EXÉCUTÉE	
Aspect du site	Prédiction
Flore	
Faune	
Environnement terrestre	
Environnement marin	

Annexe 2

Aspects et impacts potentiels des activités antarctiques

(Modifié à partir du document XXXVᵉ RCTA/IP23 Étude du CPE sur le tourisme. Tourisme et activités non gouvernementales dans la zone du Traité sur l'Antarctique : Aspects et impacts environnementaux, Tableau 2 Aspects et impacts potentiels du tourisme en Antarctique Note : ce tableau reprend des exemples à des fins d'illustration uniquement, et ne se veut pas être une liste exhaustive.)

Aspect environnemental	Impacts potentiels
1. Présence • La présence de personnes et d'objets faits par l'homme en Antarctique.	• Modification de, ou risque posé à, la valeur intrinsèque de l'Antarctique, notamment sa vie sauvage et ses valeurs esthétiques, et à sa valeur en tant que zone pour la conduite de recherches scientifiques.
2. Émissions atmosphériques • Rejet d'émissions dans l'atmosphère (notamment des gaz à effet de serre et particules) issus des moteurs, des générateurs et des incinérateurs, des appareils de signalement ou de marquage.	• Pollution des environnements marin, terrestre, d'eau douce et atmosphérique.
3. Ancrage • Interaction avec le fond matin ou les sites d'amarrage côtiers du fait du jet et de la levée d'ancres et des chaînes de l'ancre.	• Perturbation et endommagement des espèces, communautés et habitats marins benthiques.
4. Émission de lumière • Rejet/échappement de lumière par les fenêtres et d'autres sources pendant les heures sombres.	• Blessure ou mort d'oiseaux marins suite à une collision avec les navires (cf. interaction avec la vie sauvage).
5. Production de bruit • Le son généré par les activités dans l'eau, sur la terre ou dans l'air en raison de l'opération des navires, des petites embarcations, des aéronefs, de l'équipement ou des individus ou groupes d'individus.	• Perturbation de la faune sauvage.
6. Déversement de déchets • Déversement ou perte de déchets, eaux usées, produits chimiques, substances nocives, polluants, équipements ou présence de couches toxiques (p. ex. : peinture antisalissure sur les coques).	• Pollution des environnements marin, terrestre et d'eau douce. • Introduction de pathogènes. • Toxicité et autres impacts chroniques au niveau des espèces, des habitats et des écosystèmes.
7. Déversement d'hydrocarbures, d'huiles ou de mélanges huileux • Fuite ou déversement d'huiles ou de déchets huileux dans l'environnement, notamment le mouvement ultérieur de ces substances.	• Pollution des environnements marin, terrestre et d'eau douce. • Toxicité et autres impacts chroniques au niveau des espèces, des habitats et des écosystèmes.

Aspect environnemental	Impacts potentiels
8. Interaction avec l'eau et la glace • Perturbation de la colonne d'eau, par le mouvement d'un navire ou la propulsion. • Altération du mouvement des vagues. • Brisure de la glace de mer directement par un navire.	• Mélange de la colonne d'eau qui résulte en une perturbation des sédiments ou des écosystèmes. • Érosion de la côte sous l'action des vagues. • Amélioration de la rupture de la glace de mer.
9. Interaction avec le sol libre de glace • Contact direct ou indirect avec le sol dû aux passages à pied, de véhicules, à l'équipement pour le campement, etc.	• Modifications physiques du paysage (p. ex. : érosion, traces) • Modifications physiques aux voies d'eau. • Introduction d'espèces exotiques. • Modification de la répartition, de l'abondance, ou de la biodiversité des espèces ou de populations d'espèces de la faune et de la flore. • Altération du fonctionnement de l'écosystème.
10. Interaction avec la vie sauvage • Contact direct our indirect avec, ou approche de la vie sauvage.	• Modifications du comportement, de la physiologie et du taux de reproduction des espèces sauvages. • Risque accru posé aux espèces en danger ou menacées, ou aux populations de ces espèces
11. Interaction avec la végétation • Contact direct ou indirect avec la végétation ou les indicateurs d'abondance de la végétation (p. ex. : altération de la disponibilité en eau).	• Dégâts physiques causés à la flore. • Modification dans la répartition, l'abondance ou la productivité des espèces ou des populations d'espèces de la flore. • Risque accru posé aux espèces en danger ou menacées, ou aux populations de ces espèces
12. Interaction avec des sites historiques • Contact direct ou indirect avec des sites, monuments ou artefacts historiques et prélèvement d'artefacts.	• Modifications préjudiciables aux valeurs historiques des zones ou des objets à haute valeur historique. • Détérioration accrue de ou dégâts causés aux sites et monuments historiques résultant d'un contact physique.
13. Interaction avec les stations scientifiques ou la recherche scientifique • Contact direct ou indirect avec le matériel scientifique, les sites de recherche ou de surveillance et avec les activités menées dans les stations.	• Dégradation des valeurs scientifiques. • Interruption de l'activité de la station. • Interruption de ou interférence avec les expériences.
14. Transfert d'espèces non indigènes ou de propagules (via les eaux de ballast, les coques des navires, les ancres, les vêtements, les chaussures, les sols non stériles) • Introduction involontaire d'espèces non indigènes dans la région antarctique, et les déplacements d'espèces d'une zone biogéographique à une autre au sein de l'Antarctique.	• Espèces exotiques introduites. • Modification de la répartition, de l'abondance, ou de la biodiversité des espèces ou de populations d'espèces de la faune et de la flore. • Altération du fonctionnement de l'écosystème. • Risque accru posé aux espèces en danger ou menacées, ou aux populations de ces espèces.

Lignes directrices pour les visites de sites

Les Représentants,

Rappelant les Résolutions 5 (2005), 2 (2006), 1 (2007), 2 (2008), 4 (2009), 1 (2010), 4 (2011), 2 (2012), 3 (2013), et 4 (2014), par lesquelles ont été adoptées les listes de sites soumis aux Lignes directrices de site pour les visiteurs (« Lignes directrices de site ») ;

Convaincus que les Lignes directrices de site renforcent les dispositions énoncées dans la Recommandation XVIII-1 (1994) *Directives pour ceux qui organisent et conduisent des activités de tourisme et non-gouvernementales en Antarctique* ;

Confirmant que le terme « visiteurs » exclut les scientifiques menant des activités de recherche sur ces sites et les personnes menant des activités gouvernementales ;

Soulignant que les Lignes directrices de site sont élaborées sur la base des niveaux et des types actuels de visites sur chaque site, et conscients que les Lignes directrices de site devraient être révisées si ces niveaux ou types de visites devaient subir un changement significatif sur un site ;

Convaincus que les Lignes directrices de chaque site doivent être examinées et révisées rapidement pour répondre à ce changement de niveau ou de type de visites ou pour répondre à n'importe quelle conséquence environnementale notable ou susceptible de se produire ;

Souhaitant que la liste des sites soumis aux Lignes directrices de site ainsi que les Lignes directrices de site soient constamment mises à jour ;

Recommandent que :

1. la Pointe Wild, l'Île Éléphant et les Îles Yalour, archipel Wilhelm, soient inscrits à la liste des sites soumis aux Lignes directrices de site figurant en annexe de la présente Résolution, et que les lignes directrices spécifiques

à ces sites, telles qu'adoptées par la Réunion consultative du Traité sur l'Antarctique, soient ajoutées aux Lignes directrices de site ;

2. le Secrétariat du Traité sur l'Antarctique (« le Secrétariat ») mette à jour son site internet en conséquence ;

3. leurs gouvernements exhortent tous les visiteurs potentiels à s'assurer qu'ils observent pleinement et respectent les Lignes directrices de site en vigueur ; et

4. le Secrétariat affiche le texte de la Résolution 4 (2014) sur son site web et indique clairement que celui-ci est désormais obsolète.

Liste des sites soumis aux Lignes directrices pour les sites

Lignes directrices pour les sites	Adoptées pour la première fois	Dernière version
1 Île des Pingouins (Lat. 62° 06' S, Long. 57° 54' O)	2005	2005
2. Île Barrientos - îles Aitcho (Lat. 62° 24' S, Long. 59° 47' O)	2005	2013
3. Île Cuverville (Lat. 64° 41' S, Long. 62° 38' O)	2005	2013
4. Pointe Jougla (Lat 64° 49' S, Long 63° 30' O)	2005	2013
5. Île Goudier, Port Lockroy (Lat 64° 49' S, Long 63° 29' O)	2006	2006
6. Pointe Hannah (Lat. 62° 39' S, Long. 60° 37' O)	2006	2013
7. Port Neko (Lat. 64° 50' S, Long. 62° 33' O)	2006	2013
8. Île Paulet (Lat. 63° 35' S, Long. 55° 47' O)	2006	2006
9. Île Petermann (Lat. 65° 10' S, Long. 64° 10' O)	2006	2013
10. Île Pleneau (Lat. 65° 06' S, Long. 64° 04' O)	2006	2013
11. Pointe Turret (Lat. 62° 05' S, Long. 57° 55' O)	2006	2006
12. Port Yankee (Lat. 62° 32' S, Long. 59° 47' O)	2006	2013
13. Falaise Brown, péninsule Tabarin (Lat. 63° 32' S, Long. 56° 55' O)	2007	2013
14. Collines Snow (Lat. 64° 22' S, Long. 56° 59' O)	2007	2007

Lignes directrices pour les sites	Adoptées pour la première fois	Dernière version
15. Anse Shingle - île du Couronnement (Lat. 60° 39' S, Long. 45° 34' O)	2008	2008
16. Île du Diable - île Vega (Lat. 63° 48' S, Long. 57° 16.7' O)	2008	2008
17. Baie Whalers, île de la Déception, îles Shetland du Sud (Lat. 62° 59' S, Long. 60° 34' O)	2008	2011
18. île Half Moon, îles Shetland du Sud (Lat. 60° 36' S, Long. 59° 55' O)	2008	2013
19. Bailey Head, île de la Déception, îles Shetland du Sud (Lat. 62° 58' S, Long. 60° 30' O)	2009	2013
20. Baie Telefon, île de la Déception, îles Shetland du Sud (Lat. 62° 55' S, Long. 60° 40' O)	2009	2009
21. Cap Royds, île Ross (Lat. 77° 33' 10.7" S, Long. 166° 10' 6.5" E)	2009	2009
22. Wordie House, île Winter, îles Argentine (Lat. 65° 15' S, Long. 64° 16' O)	2009	2009
23. île Stonington, baie Marguerite, péninsule Antarctique (Lat. 68° 11' S, Long. 67° 00' O)	2009	2009
24. île Horseshoe, Péninsule Antarctique (Lat. 67° 49' S, Long. 67° 18' O)	2009	2014
25. île Detaille, Péninsule Antarctique (Lat. 66° 52' S, Long. 66° 48' O)	2009	2009
26. île Torgersen, port Arthur, île Southwest Anvers (Lat. 64° 46' S, Long. 64° 04' O)	2010	2013
27. île Danco, canal Errera, Péninsule Antarctique (Lat. 64° 43' S, Long. 62° 36' O)	2010	2013
28. Crochet Seabee, Cap Hallett, Terre Victoria du Nord mer de Ross, Site de visiteur A et Site de visiteurs B (Lat. 72° 19' S, Long. 170° 13' E)	2010	2010

Annexe : Liste des sites soumis aux lignes directrices pour les visites de sites

Lignes directrices pour les sites	Adoptées pour la première fois	Dernière version
29. Pointe Damoy, île Wiencke, Péninsule Antarctique (Lat. 64° 49' S, Long. 63° 31' O)	2010	2013
30. Zone visiteur de la vallée Taylor, Terre Victoria du Sud (Lat. 77° 37.59' S, Long. 163° 03.42' E)	2011	2011
31. Plage nord-est de l'île Ardley (Lat. 62° 13' S; Long. 58° 54' O)	2011	2011
32. Huttes Mawson et cap Denison, Antarctique Oriental (Lat. 67° 01' S; Long. 142 ° 40' E)	2011	2014
33. Île d'Hainaut, port Mikkelsen, île Trinity (Lat. 63° 54' S, Long. 60° 47' O)	2012	2012
34. Port Charcot, île Booth (Lat. 65° 04'S, Long. 64 °02'O)	2012	2012
35. Anse Pendulum, île de la Déception, îles Shetland du Sud (Lat. 62°56, Long. 60°36' O)	2012	2012
36. Port Orne, bras sud du port Orne, détroit de Gerlache (Lat 64° 38'S, Long. 62° 33'O)	2013	2013
37. Îles Orne, détroit de Gerlache (Lat. 64° 40'S, Long. 62° 40'O)	2013	2013
38. Pointe Wild, île Elephant (Lat. 61° 6'S, Long. 54°52'O)	2016	2016
39. Îles Yalour, archipel Wilhelm (Lat. 65° 14'S, 64°10'O)	2016	2016

Code de conduite pour les activités en environnement géothermique continental en Antarctique

Les Représentants,

Rappelant l'article 3 du Protocole relatif à la protection de l'environnement du Traité sur l'Antarctique (« le Protocole »), qui exige que les activités du Traité sur l'Antarctique soient organisées et menées de manière à limiter les effets négatifs sur l'environnement en Antarctique et les écosystèmes dépendants et associés ;

Reconnaissant que des sites géothermiques continentaux en Antarctique peuvent contenir des éléments glaciologiques et géologiques exceptionnels, abriter des communautés biologiques uniques et diversifiées, et peuvent ainsi présenter un grand intérêt pour de nombreuses disciplines scientifiques ;

Reconnaissant également que certains sites ont déjà été visités un certain nombre de fois, et que les Lignes directrices reprises dans le Code de conduite pour les activités se déroulant en environnement géothermique continental du Comité scientifique pour la recherche antarctique (« Code de conduite du SCAR ») sont principalement axées sur les sites non visités ou relativement peu perturbés ;

Admettant que ces environnements peuvent être affectés par les activités anthropiques, notamment par l'introduction d'espèces non indigènes ;

Se félicitant de l'élaboration du Code de conduite par le SCAR grâce à des consultations élargies, notamment avec le Conseil des directeurs des programmes antarctiques nationaux (« COMNAP »), que les Parties peuvent appliquer et utiliser, le cas échéant, pour répondre aux obligations qui découlent du Protocole ;

Recommandent que leurs gouvernements :

1. adoptent le Code de conduite du SCAR, document facultatif, reconnaissant qu'il s'agit des bonnes pratiques actuelles pour planifier et entreprendre des activités, le cas échéant, dans des environnements géothermiques continentaux en Antarctique ;

2. prennent en compte le Code de conduite du SCAR lors de la procédure d'évaluation d'impact sur l'environnement pour les activités menées dans des zones géothermiques continentales et exhortent les visiteurs potentiels à prendre connaissance du contenu de ce Code de conduite lors de la planification de leur visite ; et

3. invitent tous les visiteurs des environnements géothermiques continentaux à prendre pleinement connaissance et respecter les lignes directrices du Code de conduite du SCAR.

Code de conduite du SCAR pour les activités se déroulant en environnement géothermique continental en Antarctique

Contexte

1. Ce Code de conduite du SCAR établit des lignes directrices pour la planification ou l'exécution d'activités de terrain dans les environnements géothermiques continentaux.[*]

2. Ce Code de conduite a été élaboré à la suite de débats tenus lors de l'atelier d'août 2014 à Auckland qui était axé sur la nécessité de mettre au point des lignes directrices pour les activités dans les environnements géothermiques continentaux en Antarctique (voir XXXVIIIᵉ RCTA (2015) IP024 et XXXVIIIᵉ RCTA (2015) WP035), et a été finalisé grâce à de vastes consultations, notamment avec le Conseil des directeurs des programmes antarctiques nationaux (COMNAP).

3. *Le Code de conduite pour la recherche scientifique de terrain en zone continentale en Antarctique* du SCAR (2009) continue de fournir des orientations relatives aux mesures pratiques visant à minimiser l'impact des scientifiques qui entreprennent des recherches de terrain en zone continentale en Antarctique, applicables de manière générale partout en Antarctique.

4. Le *Code de conduite pour les activités en environnements géothermiques continentaux* a été mis au point car il a été reconnu que des mesures allant au-delà des lignes directrices générales étaient requises pour les opérations et les activités scientifiques étant donné le caractère unique des environnements géothermiques continentaux en Antarctique.Des mesures plus précises et appropriées sont nécessaires pour préserver la valeur de ces sites, allant au-delà de celles requises dans la plupart des zones où des activités sont entreprises.

5. Ce Code de conduite sera mis à jour et affiné dès que de nouveaux résultats scientifiques seront obtenus et que des rapports d'impact environnemental seront disponibles suite aux prochaines recherches dans les environnements géothermiques continentaux.

Introduction

6. Les environnements géothermiques continentaux de l'Antarctique constituent une valeur scientifique inestimable pour toute une série de disciplines. Ils peuvent en effet intéresser tant les géologues, les glaciologues, les biologistes, que les scientifiques de l'atmosphère.

---

[*] Le qualificatif « géothermique » signifie « issu de ou relatif à la chaleur interne naturelle de la Terre », et les « environnements géothermiques continentaux » se définissent comme « de la glace, de la terre, de l'eau ou des environnements atmosphériques non marins proches de ou à la surface de la Terre, qui subissent l'impact décelable de la chaleur géothermique. »

7. De récentes études apportent la preuve que les sites continentaux géothermiques de l'Antarctique abritent des communautés biologiques variées et uniques en leur genre, et qu'ils ont joué un rôle important de refuge biologique dans certaines régions du continent, rôle grâce auquel des espèces indigènes ont pu survivre aux cycles glaciaires avant de recoloniser la région par la suite.

8. L'introduction d'espèces étrangères et les dommages résultant d'autres activités humaines peuvent mettre en péril ces environnements, et tout particulièrement ceux qui, à ce jour, n'ont pas encore été très visités. Les communautés microbiologiques de ces environnements sont extrêmement vulnérables aux perturbations extérieures et exigent de faire l'objet de mesures de protection ciblées et rigoureuses.

9. Les terrains chauffés par l'activité géothermique peuvent abriter des sols, des communautés de plantes, une microfaune et/ou des structures géologiques ou de glace (comme des cheminées ou des fumerolles) relativement fragiles et fortement susceptibles, donc, d'être détériorés par le passage des visiteurs qui risqueraient de les piétiner.

10. Il est reconnu que certains sites géothermiques continentaux en Antarctique ont déjà subi des niveaux relativement élevés d'activités humaines diverses, par exemple, sur certains sites de l'Île de la Déception ou près du sommet du mont Erebus. Sur certains d'entre eux, il existe peut-être même des installations permanentes nécessaires pour surveiller l'activité géothermique pour des raisons de sécurité. Celles-ci doivent faire l'objet de visites et d'entretien réguliers. Pour ces sites, une gestion responsable lors des prochaines visites doit prévaloir conformément au Protocole au Traité sur l'Antarctique en vue de minimiser tout impact éventuel à l'avenir et de préserver, dans la mesure du possible, leur valeur.

11. L'application du présent Code de conduite doit être envisagée avant de visiter tout environnement géothermique continental. Sur les sites géothermiques qui ont déjà subi des niveaux relativement élevés d'activités humaines diverses, les règles générales du Protocole au Traité sur l'Antarctique relatif à la protection de l'environnement et les orientations du *Code de conduite pour la recherche scientifique de terrain en zone continentale en Antarctique du SCAR* devraient suffire. Pour les sites géothermiques vierges ou ceux que l'activité humaine n'a pas encore fortement perturbés, il convient, pour des raisons scientifiques (p. ex. microbiologiques, géochimiques et géologiques) et environnementales de prendre des précautions supplémentaires afin d'empêcher la dégradation de leurs valeurs ou que ces dernières viennent à disparaître. Dans de tels cas, ce Code de conduite devrait être pris en considération. Cela est d'autant plus vrai pour les environnements géothermiques vierges. Pour cette raison, des recommandations plus strictes applicables à des sites géothermiques continentaux qui n'ont pas été visités sont formulées à la fin de ce Code de conduite.

12. À l'heure actuelle, les sites géothermiques de l'Antarctique n'ont pas encore été évalués ou classés en fonction de leur niveau de perturbation ou de leur valeur scientifique. À des fins pratiques, il est donc recommandé que les programmes nationaux se consultent, experts pertinents à l'appui, pour déterminer dans quelle mesure et où ce code de conduite doit être appliqué. Il est également recommandé de rendre publiques les décisions qui résulteront de ces consultations ainsi que la localisation des sites concernés.

Principes directeurs

13. Avant d'entreprendre des activités de recherche dans un environnement géothermique continental, une planification minutieuse et des mesures appropriées de conservation des sites s'imposent. Ces mesures doivent comprendre :

- une sélection méticuleuse du site à visiter. Il convient de se tourner d'abord vers les sites géothermiques ayant déjà fait l'objet de visites, à moins que la visite d'un site vierge ne se révèle essentielle pour satisfaire les besoins de la science ;
- la coordination, dans la mesure du possible, d'activités planifiées de concert avec d'autres chercheurs manifestant un même intérêt pour la zone.

14. Conformément aux dispositions contenues dans l'Annexe I du Protocole au Traité sur l'Antarctique relatif à la protection de l'environnement, et dans le but d'œuvrer dans le cadre du processus de planification, les décisions relatives à l'évaluation de l'impact sur l'environnement (EIE) à appliquer doivent tenir pleinement compte de l'ampleur de l'impact des visites antérieures effectuées sur les sites géothermiques, ainsi que des impacts anticipés dans le cadre des activités planifiées.

15. Les décisions quant à la mise en œuvre de mesures aseptiques* doivent être évaluées dans le cadre de l'EIE et prendre en considération les gains possibles, tant sur le plan de la science que de la conservation, de procéder en régime stérile sur un site géothermique préalablement visité. Si ces gains sont jugés probables, ces mesures doivent alors être mises en application.

16. L'emplacement des sites visités et la nature des activités entreprises doivent être documentés et consignés dans des registres publics ; les coordonnées GPS des emplacements précis doivent être enregistrées pour que les sites visités et vierges puissent être plus facilement distingués par les chercheurs à l'avenir.

Code de conduite

Accès

17. Tous les déplacements vers un environnement géothermique continental doivent emprunter les voies d'accès et les sites de débarquement désignés, s'ils sont connus ou ont été utilisés par le passé. Ils doivent être évoqués avec tous les membres du groupe, y compris les pilotes ou les conducteurs de véhicules avant le départ.

18. Tous les déplacements terrestres des visiteurs à l'intérieur des sites géothermiques continentaux doivent se faire à pied.

19. Dans toute la mesure du possible, les véhicules et les aéronefs avec équipage ne peuvent pas opérer à proximité ou à l'intérieur d'environnements géothermiques continentaux, afin

---

* Des « mesures aseptiques » sont des mesures « visant à exclure les micro-organismes non indigènes de l'environnement géothermique local ».

d'éviter d'en abîmer la végétation très fragile et d'y introduire des espèces non indigènes. Il est recommandé, comme ligne directrice, que les aéronefs avec équipage évitent d'atterrir ou de survoler les sites géothermiques à moins de 100 m.

20. Dans la mesure du possible, les visiteurs doivent éviter les zones présentant une végétation visible ou un sol humide, que ce soit sur les terrains dénués de glace ou au milieu des hummocks de glace, de même que sur les zones chauffées par l'activité géothermique.

21. Le nombre de visiteurs pénétrant sur un site géothermique doit être réduit au strict minimum, à condition de ne pas compromettre la sécurité et la bonne marche des recherches prévues. Les visiteurs doivent suivre les sentiers battus/chemins lorsqu'il y en a, tout en gardant à l'esprit que les environnements géothermiques sont dynamiques et font l'objet de modifications fréquentes. Des sites dont l'accès était sûr lors de visites antérieures peuvent ne plus l'être par la suite.

22. Les déplacements à pied dans l'environnement géothermique continental doivent se limiter au minimum nécessaire pour remplir les objectifs de la visite et tous les efforts doivent être mis en œuvre pour réduire l'impact provoqué par les déplacements à pied, y compris en informant les membres du groupe visitant le site, parce que :

- Des plantes et/ou des communautés microbiennes fragiles peuvent être présentes, même sous les surfaces de neige et de glace. Soyez vigilant et évitez de marcher sur ou à proximité de celles-ci ;

- la marche peut également compacter le sol, altérer les gradients des températures (ce qui peut changer les taux d'émission de vapeur), et briser les fines couches de glace qui peuvent se former sur un terrain chauffé par l'activité géothermique, avec pour conséquence de causer des dommages au sol et au biote qui se trouvent en dessous ;

- la présence de surfaces de neige ou de glace n'est pas une indication suffisante pour déterminer si une voie est appropriée.

23. Les véhicules guidés à distance, dont les véhicules aériens sans pilote (UAS ou UAV), les systèmes aériens pilotés à distance (RPA), les drones, etc., peuvent présenter une certaine utilité scientifique et se voir confier d'autres tâches dans les environnements géothermiques continentaux de l'Antarctique. Ils peuvent même contribuer à réduire l'impact environnemental provoqué par les activités. Le recours à de tels UAS doit se faire conformément aux lignes directrices appropriées et en tenant compte des procédures opérationnelles des programmes antarctiques nationaux, y compris des procédures à observer en cas de dysfonctionnement des UAS.

Camps

24. Lorsqu'il s'avère nécessaire d'installer un camp dans le cadre des activités de recherche, celui-ci doit être monté à au moins 100 m du site géothermique.

25. En vue de réduire au maximum la contamination du site géothermique par les activités du campement (comme les gaz des poêles, les particules de nourriture, etc.), celui-ci doit, dans la mesure du possible, être installé dans le même sens que celui du vent provenant du site géothermique, sauf dans les cas où le vent risque de charrier des gaz nocifs émanant dudit site géothermique.

26. Il convient, si possible, d'utiliser les sites de campement signalés, utilisés antérieurement ou existants.

Vêtements, chaussures et équipement

Avant de pénétrer sur le site :

27. Tous les vêtements, les chaussures et l'équipement personnel (notamment les sacs, les sacs à dos, l'équipement de sécurité tel que les cordes et les vis à glace) apportés sur le site géothermique doivent, à tout le moins, avoir été soigneusement nettoyés et gardés propres avant leur utilisation sur le site geothermique. Les visiteurs prennent également soin de mettre* des vêtements et des chaussures propres immédiatement avant de pénétrer sur le site.

28. Avant de commencer à travailler sur un site géothermique, les visiteurs prennent soin d'enfiler des survêtements de protection et des chaussures stériles. Les survêtements doivent permettre de travailler dans une large gamme de températures et comprendre, au minimum, une combinaison recouvrant les bras, les jambes et le corps, un bonnet pour recouvrir la tête et des gants (susceptibles de pouvoir être enfilés au-dessus de vêtements adaptés au climat froid). Sur les sites où le port de chaussures stériles est jugé opportun, les visiteurs nettoient les surfaces exposées à l'aide d'une solution composée en partie d'eau et à 70 % d'éthanol. L'utilisation de couvre-chaussures stériles jetables/de protection qui peuvent se désagréger dans les conditions de terrain est *interdite*.

29. Les visiteurs doivent porter, autant que possible, des vêtements et un équipement en bon état, fabriqués dans un tissu à mailles ou à tissage serré qui ne perd pas ses fibres.

Après avoir pénétré sur le site

30. Les visiteurs gardent, autant que faire se peut, leurs survêtements stériles, même le bonnet, pendant leurs activités sur les sites géothermiques qui tombent sous l'application de ce Code de conduite.

31. Des précautions doivent être prises pour éviter le transfert par l'homme de biote d'un site géothermique à un autre. Les chaussures doivent être nettoyées pour enlever la terre et le matériel biologique, de préférence à l'aide d'une solution composée d'eau et de 70 % d'éthanol. Les vêtements de dessus neufs, propres ou qui viennent d'être lavés doivent être enfilés avant d'entrer sur le nouveau site géothermique. L'équipement utilisé doit au moins être minutieusement nettoyé, et stérilisé dans l'idéal, avant d'être l'utiliser sur un autre site géothermique.

---

* Par « propre », il faut comprendre « exempt de particules visibles de matériel biologique, de terre, de saletés, de débris, de nourriture, de moisissures ou de champignons. »

Nourriture

32. Dans la mesure du possible et en fonction de la taille du site et de la durée de la visite, les visiteurs évitent de manger ou de boire sur un site géothermique.

33. Si les visiteurs doivent absolument manger et boire pour des raisons de santé et de sécurité, la consommation de gels, de barres de fruits secs compressées ou de morceaux de chocolat, etc., permettra de réduire la diffusion de poudres, de miettes et de flocons. Les aliments contenant de la levure ou de la moisissure (comme le fromage) ou d'autres microbes sont à éviter. La nourriture et les boissons sont conservées à l'abri lorsqu'elles ne sont pas consommées.

34. Sur les sites géothermiques plus vastes, les visiteurs établissent, dans la mesure du possible, des points d'arrêt pour leur permettre de se restaurer, et s'y tiennent. Il convient de veiller à ce que l'emplacement précis de ces endroits soit enregistré. Si possible, les visiteurs couvrent le sol délimitant le point d'arrêt et retirent ce qui leur a servi à couvrir le sol (en évitant de répandre les miettes, etc.) à la fin de leurs travaux.

Déchets

35. Tous les déchets, y compris les déchets humains solides et liquides, doivent être enlevés des sites géothermiques.

Carburant/source d'énergie

36. L'utilisation d'outils fonctionnant aux énergies fossiles est à éviter si possible sur les sites géothermiques, en raison de l'impact sur l'environnement microbien que les gaz d'échappement et/ou les fuites peuvent provoquer.

37. Si l'utilisation d'outils électriques se révèle indispensable pour la conduite des activités scientifiques sur le site géothermique, la préférence est accordée aux machines alimentées par batterie, ou par un générateur ou une source d'énergie renouvelable située à au moins 100 m du site et de préférence dans le sens du vent provenant du site.

Matériaux/produits chimiques

38. Les activités qui peuvent engendrer des fuites ou la dispersion de matériaux doivent être évitées sur les sites géothermiques (comme l'usage d'hydrocarbures, de glycols, de produits chimiques, d'isotopes, de sprays, le déballage de caisses, etc.). S'il est impossible de faire autrement, ces activités sont menées à au moins 100 m des sites géothermiques et de préférence sous tente ou à l'intérieur d'une structure afin d'éviter que le vent ne charrie des matériaux vers les sites géothermiques concernés.

39. Les matériaux susceptibles de se briser à de faibles températures (comme les produits en plastique composés de polyéthylène) sont à éviter, de même que les produits susceptibles de fondre à de hautes températures.

40. Aucun matériau ou produit chimique ne peut être stocké à l'intérieur des sites géothermiques, à l'exception de ceux nécessaires aux activités scientifiques ou de gestion.

41. L'usage d'explosifs est proscrit sur les sites géothermiques.

42. Fumer peut introduire des contaminants et est donc interdit sur les sites géothermiques.

Installations/équipement

43. Pour des raisons liées à la détérioration des matériaux, qui peut elle-même mettre en péril l'environnement microbien, les installations permanentes sur les sites géothermiques sont à éviter, sauf lorsqu'elles sont indispensables pour assurer la sécurité et/ou pour la bonne conduite de programmes scientifiques ou d'activités de gestion à long terme.

44. Toutes les installations ainsi que l'équipement scientifique amenés sur les sites géothermiques doivent, préalablement à leur utilisation sur les sites, avoir au minimum été minutieusement nettoyés et maintenus en l'état. Dans tous les cas, il convient de procéder à la stérilisation de l'équipement avant son installation sur le site.

45. Les installations doivent être montées soigneusement et en toute sécurité, et rapidement démontables une fois qu'elles ne sont plus nécessaires. Les installations et l'équipement doivent avoir été fabriqués en matériaux durables capables de supporter les conditions que l'on retrouve sur les sites géothermiques et, dans toute la mesure du possible, émettre le moins d'émissions nocives pour l'environnement possible (ex. batteries à électrolytes gélifiées ou d'autres piles hermétiques).

46. Les installations ou les bornes destinées à un usage à long terme doivent être signalées clairement par pays, nom du chercheur principal, année d'installation, durée prévue d'installation. Le démontage et l'enlèvement des installations et de l'équipement incombent aux personnes qui les ont préalablement installés, ou à toute autre autorité compétente, au plus tard le jour même de l'achèvement des activités pour lesquelles lesdites installations et ledit équipement avaient été mis en place.

Échantillonnage

47. Sur les sites qui peuvent justifier de recourir à la mise en œuvre de mesures aseptiques, le matériel d'échantillonnage, les sondes ou les bornes doivent être nettoyés convenablement et gardés comme tels avant leur utilisation sur les sites géothermiques.

48. Si des échantillons sont prélevés d'un site géothermique continental, il convient de veiller à ce que les échantillons aient la taille minimale nécessaire pour respecter les critères scientifiques et de s'assurer que les permis requis pour leur prélèvement a été délivré par l'autorité nationale compétente.

Lignes directrices supplémentaires pour les sites géothermiques continentaux vierges

49. Les sites géothermiques continentaux de l'Antarctique dont on sait, ou dont on suspecte, qu'ils n'ont pas encore été visités sont supposés être encore presque vierges (à l'exception des faibles taux de contaminants transportés par l'atmosphère, ou éventuellement par les oiseaux), ce qui leur confère une valeur scientifique exceptionnelle, surtout pour les études microbiologiques et géochimiques. Par conséquent, des contrôles plus stricts encore pour conserver les valeurs scientifiques et environnementales de ces sites s'imposent. L'application de mesures aseptiques doit être systématique sur les sites géothermiques vierges.

Accès

50. L'intérieur et l'extérieur des aéronefs avec équipage, des véhicules et des embarcations doivent faire l'objet d'une inspection et d'un nettoyage minutieux avant d'accéder à des sites géothermiques visités pour la première fois.

51. Dans la mesure du possible, les aéronefs, les véhicules et les embarcations avec équipage ne doivent pas s'approcher à moins de 200 m de sites géothermiques vierges.

Vêtements, nourriture et déchets

52. Des survêtements de protection ainsi que des chaussures stériles doivent toujours être portés sur les sites géothermiques vierges.

53. Aucune nourriture n'est amenée ou consommée sur les sites géothermiques vierges, sauf pour des raisons essentielles de sécurité liées à la durée de la visite, à la taille ou à la nature du site.

54. Tous les déchets, y compris les déchets humains, doivent être retirés de la zone.

Équipement, matériaux/produits chimiques, installations et échantillonnage

55. En cas d'accès à un site géothermique vierge, il est vivement recommandé de n'utiliser que des équipements, du matériel et des installations neufs sur ce site.

56. En cas de déplacements d'un point à un autre au sein d'un même site géothermique vierge, il convient d'utiliser uniquement des matériaux/produits chimiques neufs ou stériles à chaque nouvel endroit.

Manuel sur les espèces non indigènes

Les Représentants,

Conscients que l'augmentation de l'introduction d'espèces non indigènes dans la zone du Traité sur l'Antarctique, y compris le transfert des espèces au sein de la région, présente un grand risque pour la biodiversité et les valeurs intrinsèques de l'Antarctique ;

Reconnaissant le potentiel accru d'introduction et d'implantation d'espèces non indigènes en raison du changement climatique affectant l'Antarctique ;

Rappelant que l'objectif général des actions menées par les Parties pour répondre aux risques posés par les espèces non indigènes est de protéger la biodiversité et les valeurs intrinsèques de l'Antarctique en empêchant l'introduction involontaire d'espèces non indigènes et le déplacement d'espèces d'une zone biogéographique à une autre au sein de l'Antarctique ;

Prenant acte du fait qu'en vertu de la Résolution 6 (2011), la Réunion consultative du Traité sur l'Antarctique (« RCTA ») est convenue de diffuser le Manuel sur les espèces non indigènes (« le Manuel ») élaboré par le Comité pour la protection de l'environnement (« le CPE ») et, le cas échéant, d'encourager son utilisation ;

Saluant la révision du Manuel par le CPE ainsi que les avis du CPE indiquant qu'il continuerait à affiner et développer le Manuel en vue de refléter les avancées en matière de compréhension des risques que comportent les espèces non indigènes, ainsi que les mesures liées aux bonnes pratiques en matière de prévention, de surveillance et de réponse ;

Recommandent que leurs Gouvernements :

1. encouragent la diffusion du Manuel figurant en annexe à la présente Résolution, et son utilisation par les personnes qui organisent, mènent et participent à des activités en Antarctique ;

2. encouragent le CPE à poursuivre l'élaboration du Manuel avec la contribution du Comité scientifique pour la recherche antarctique (« SCAR ») et du Conseil des directeurs de programmes antarctiques nationaux (« COMNAP »), respectivement sur les questions scientifiques et pratiques ; et

3. demandent au Secrétariat d'afficher le Manuel sur son site web.

Manuel sur les espèces non indigènes

Comité pour la protection de l'environnement (CPE)

ÉDITION 2016

Comité pour la protection de l'environnement (CPE)
Manuel sur les espèces non indigènes. – 2e éd. – Buenos Aires : Secrétariat du Traité sur l'Antarctique, 2016.

XX p.

ISBN XXX-XXX-XXXX-XX-X
Protection environnementale. 2. Droit international. 3. Système du Traité sur l'Antarctique

DDC XXX.X

La première édition de ce manuel a été adoptée par la Réunion consultative du Traité sur l'Antarctique par la Résolution 6 (2011). Le manuel a été compilé et préparé par un Groupe de contact intersessions (GCI) du Comité pour la protection de l'environnement (CPE) entre 2009 et 2011. La deuxième édition du manuel a été élaborée par un GCI du CPE entre 2015 et 2016.

Table des matières

1. Introduction

a) Objectif

L'objectif général sous-tendant les actions prises par les Parties afin de répondre aux risques que posent les espèces non indigènes est de :

Protéger la biodiversité et les valeurs intrinsèques de l'Antarctique en prévenant l'introduction involontaire d'espèces non indigènes dans la région Antarctique, et les déplacements d'espèces d'une zone biogéographique à une autre au sein de l'Antarctique.

Prévenir les introductions involontaires constitue un objectif ambitieux, qui s'aligne sur les principes du Protocole au Traité sur l'Antarctique relatif à la protection de l'environnement (1991). Dans la pratique, des mesures devront être adoptées afin de réduire les risques d'impacts dus aux espèces non indigènes en Antarctique, en prenant toutes les mesures possibles en matière de prévention.

b) But et contexte

L'objet du présent manuel est de fournir des orientations aux Parties au Traité sur l'Antarctique afin d'atteindre l'objectif susmentionné, à savoir réduire les risques d'introduction accidentelle ou involontaire d'espèces non indigènes et réagir efficacement dans le cas où une introduction se produit. Ce manuel inclut également des principes directeurs clés et des liens vers des lignes directrices et des ressources pratiques que les opérateurs peuvent appliquer et utiliser, le cas échéant, afin d'aider la Réunion à respecter les engagements pris en vertu de l'Annexe II au Protocole. Les lignes directrices n'ont qu'un caractère de recommandation et toutes les lignes directrices ne s'appliquent pas à toutes les opérations. C'est également un document « vivant » qui sera mis à jour et complété en fonction de l'évolution des nouveaux travaux, des recherches et des bonnes pratiques afin d'affiner ces orientations. Ces mesures sont recommandées le cas échéant afin d'appuyer les efforts des Parties visant à éviter les introductions accidentelles ou involontaires, et à gérer les espèces non indigènes établies ; elles ne doivent pas être perçues comme obligatoires.

Ce manuel traite de l'introduction accidentelle ou involontaire d'espèces non indigènes. L'introduction d'espèces non indigènes dans le cadre d'un permis (conformément à l'article 4 de l'Annexe II au Protocole) n'est pas abordée dans ce document. Les lignes directrices concernant les interventions en cas d'introductions involontaires peuvent toutefois être appliquées aux mesures prises en réaction au dispersement des espèces introduites volontairement dans le cadre d'un permis.

En raison de la quantité substantielle de recherches scientifiques menées sur les espèces non indigènes au sein de l'Antarctique ces dernières années (cf. Références et informations), la compréhension des risques liés à l'introduction des espèces non indigènes s'est améliorée, même si des informations complémentaires pourraient se révéler bénéfiques. D'autres études relatives aux conséquences des introductions sur les écosystèmes antarctiques, et des recherches visant à favoriser une réaction rapide et efficace sont également nécessaires. Ce manuel vise également à soutenir et encourager des travaux supplémentaires, afin de combler les lacunes existantes dans nos connaissances actuelles. Lorsqu'elles procèdent à une évaluation environnementale et suivent les procédures d'autorisation, les Parties doivent envisager des méthodes qui garantissent que les initiateurs d'activités en Antarctique ont pris connaissance de ce manuel et des ressources qui y sont associées, et mettent en œuvre les pratiques de prévention visant à réduire au maximum le risque d'introduction des espèces non indigènes.

c) Contexte[*]

Les invasions biologiques figurent parmi les menaces les plus sérieuses auxquelles la biodiversité est confrontée à travers le monde; elles menacent la survie des espèces et portent une part de responsabilité dans les changements majeurs qui affectent la structure et le fonctionnement des écosystèmes. Malgré la situation isolée de l'Antarctique et les conditions climatiques rudes qui y règnent, les invasions sont aujourd'hui reconnues comme présentant un risque grave pour la région : les zones libres de glace de l'Antarctique et les îles subantarctiques alentours abritent une grande partie des espèces d'oiseaux marins du monde, et leurs biotes terrestres, même si leur nombre d'espèces est faible, comprennent une forte proportion de taxons endémiques et bien adaptés. En termes d'espèces, l'océan Austral est plus riche que l'environnement terrestre de l'Antarctique, et il existe un haut niveau d'endémisme. Il est probable qu'en raison du changement climatique rapide à l'œuvre dans certaines parties de l'Antarctique, les introductions et le succès croissant de la colonisation par des espèces non indigènes augmentent, et aient davantage de conséquences sur les écosystèmes, comme on peut déjà le voir dans les îles subantarctiques. Outre l'introduction d'espèces originellement externes à l'Antarctique, la contamination croisée entre les zones libres de glace, notamment les nunataks isolés, ou entre les différentes zones marines, menace également la diversité biologique et génétique des régions biogéographiques, et ce risque doit être maîtrisé. Le développement des activités humaines dans ces régions (notamment scientifiques, logistiques, touristiques, halieutiques et récréatives) va multiplier le risque d'introductions involontaires d'organismes, qui ont un cycle biologique leur étant favorable pendant les phases de transport, d'établissement et d'expansion de l'invasion, et qui sont favorisés par le réchauffement - et potentiellement d'autres effets du changement climatique. Récemment, le risque que présente le transfert des espèces entre les sites de l'Antarctique a fait l'objet d'une attention particulière en vue de gérer les risques posés par les espèces non indigènes. En 2012, la XVe réunion du CPE a adopté 15 régions de conservations biogéographiques de l'Antarctique. La délimitation

---

[*] Cette section a été rédigée par plusieurs scientifiques impliqués dans le projet international « Aliens in Antarctica » (D. Bergstrom, S. Chown, P. Convey, Y. Frenot, N. Gremmen, A. Huiskes, K. A. Hughes, S. Imura, M. Lebouvier, J. Lee, F. Steenhuisen, M. Tsujimoto, B. van de Vijver et J. Whinam) et adaptée en fonction des commentaires des membres du GCI.

de ces régions biologiquement distinctes est utile à la gestion des risques associés au déplacement d'espèces non indigènes entre différentes régions de l'Antarctique.

La grande majorité des espèces non indigènes ne deviennent pas envahissantes, mais les espèces qui le deviennent constituent l'une des principales menaces à la biodiversité mondiale. Prévenir l'introduction d'une espèce non indigène est donc la clé pour lutter contre ce phénomène. Si la prévention échoue, détecter et réagir rapidement pour éliminer les espèces prend toute son importance. Il est plus aisé de lutter contre ces invasions si les espèces non indigènes sont repérées tôt. En outre, la présence d'espèces non indigènes qui ne sont que « transitoires » ou « persistantes » mais pas encore « envahissantes » est aussi hautement indésirable en termes de protection de l'environnement et des valeurs scientifiques de l'Antarctique, en particulier parce que ces espèces peuvent devenir envahissantes. Les changements environnementaux actuellement à l'œuvre en Antarctique, comme dans d'autres parties du monde, peuvent altérer la biodiversité locale au cours des décennies ou des siècles à venir. Il incombe aux Parties et aux autres acteurs actifs dans la région de réduire au maximum les risques que l'homme ne devienne un vecteur direct de changement via l'introduction d'espèces non indigènes et/ou la dissémination de maladies dans les écosystèmes marin et terrestre couverts par la zone du Traité sur l'Antarctique.

La Réunion d'experts du Traité sur l'Antarctique de 2010 sur les implications du changement climatique pour la gestion de l'Antarctique a mis en exergue l'importance des actions adoptées en vue de réduire les risques et l'impact des espèces non indigènes sur les écosystèmes antarctiques. La Réunion :

- A reconnu que des efforts devront surtout être axés sur la prévention de l'introduction d'espèces non indigènes, et sur la réduction significative du risque d'introductions facilitées par l'homme au travers des programmes nationaux et des activités de tourisme. Elle a insisté sur le fait qu'il est important de garantir une mise en œuvre complète de nouvelles mesures afin de prendre ces risques à bras le corps (paragraphe 111 du Rapport du co-président).
- A recommandé que le CPE « envisage l'utilisation de méthodes établies pour l'identification a) des environnements antarctiques fortement menacés par l'établissement d'espèces non indigènes et b) des espèces non indigènes qui présentent un risque d'établissement en Antarctique » (Recommandation 22).
- A recommandé que les Parties soient encouragées à mettre en œuvre de manière exhaustive et cohérente les mesures de gestion afin de réagir aux implications environnementales du changement climatique, en particulier les mesures visant à éviter l'introduction et le transfert d'espèces non indigènes, et à rendre compte de leur efficacité (Recommandation 23).

En 2015, le CPE a adopté le Plan de travail en réponse au changement climatique (PTRCC) qui vise à promouvoir ces recommandations et d'autres recommandations environnementales émises par la RETA (Résolution 4, 2015). Le PTRCC décrit les questions auxquelles le CPE est confronté en raison du climat antarctique changeant, les actions/tâches nécessaires pour traiter ces questions, leur niveau de priorité, et les suggestions quant à la manière, au moment et aux acteurs les plus adaptés à la bonne réalisation de ces actions. L'une des questions liées au climat identifiées concerne le potentiel accru d'introduction et d'établissement d'espèces non indigènes. Le PTRCC recommande que les membres du CPE poursuivent le développement du Manuel sur les espèces non indigènes du CPE (en s'assurant que les impacts du changement climatique soient inclus, en particulier dans l'élaboration d'approches de suivi) et d'une stratégie de réponse, ainsi que l'inclusion des espèces non indigènes dans les lignes directrices relatives aux EIE (cf. également l'Annexe au présent Manuel).

Le Plan de travail quinquennal du CPE est un document vivant, actualisé annuellement, parallèlement aux priorités de travail du Comité. Les espèces non indigènes sont identifiées dans le plan de travail comme une haute priorité pour le CPE, et le plan de travail prévoit et peut orienter les travaux ultérieurs sur le sujet.

Le Portail des environnements (*www.environments.aq*) est une source d'informations revues par les pairs sur l'environnement antarctique, qui inclut des résumés par sujets sur les espèces non indigènes (p. ex. Newman et al., 2014 ; Hughes et Frenot, 2015).

d) Glossaire

La terminologie relative aux espèces non indigènes et envahissantes n'a pas été harmonisée au niveau international et certains des termes repris ci-dessous sont définis pour le contexte spécifique à l'Antarctique :

Région biogéographique : région de l'Antarctique biologiquement distincte des autres régions. Des risques à la biodiversité et aux valeurs intrinsèques émanant des espèces non indigènes peuvent se poser si (1) les espèces indigènes de l'Antarctique sont déplacées par les activités humaines entre les différentes régions biogéographiques, ou (2) les espèces non indigènes établies dans une région biogéographique antarctique sont disséminées dans d'autres régions par des mécanismes humains ou naturels.

Confinement : Mise en œuvre de mesures de gestion visant à prévenir la dissémination d'espèces non indigènes.

Contrôle : Utilisation de méthodes pratiques de confinement et/ou de réduction de la viabilité des espèces non indigènes.

Endémique : espèce indigène restreinte à une région ou une localité spécifique de l'Antarctique.

Éradication : Élimination définitive d'une espèce non indigène.

Introduction/introduit : déplacement direct ou indirect d'un organisme en dehors de son aire de répartition naturelle, effectué par le biais d'un agent humain. Ce terme peut s'appliquer à un déplacement intercontinental ou intracontinental d'espèces.

Envahissant/invasion : espèces non indigènes étendant leur aire de répartition dans la région colonisée de l'Antarctique, déplaçant les espèces indigènes et causant des dommages significatifs à la biodiversité et au fonctionnement de l'écosystème.

Espèce non indigène/exotique : organisme présent en dehors de son aire de répartition et de son potentiel de dissémination naturels passés ou présents, dont la présence et la dissémination dans une région biogéographique de la zone du Traité sur l'Antarctique résulte d'une action humaine involontaire.

Persistant/établi : espèce non indigène ayant survécu, s'étant établie et reproduite depuis de nombreuses années dans une localité restreinte de l'Antarctique, mais n'ayant pas étendu son aire de répartition au-delà d'un site spécifique.

Transitoire : espèce non indigène ayant survécu en petites populations pour une courte période en Antarctique, mais qui a naturellement disparu ou a été éliminée par le biais d'une intervention humaine.

2. Principes directeurs clés

Afin de mieux mettre en exergue le risque environnemental lié à l'introduction involontaire d'espèces non indigènes en Antarctique et d'orienter les actions menées par les Parties conformément à l'objectif général, 11 principes directeurs clés ont été établis. Ils sont répertoriés en fonction des trois principales composantes du cadre de gestion des espèces non indigènes : prévention, surveillance et réponse. Nombre de ces principes directeurs clés sont tout aussi applicables à la prévention de l'introduction et de la dissémination de pathogènes pouvant provoquer des maladies chez les espèces antarctiques.

Prévention

La prévention constitue le moyen le plus efficace de réduire au maximum les risques associés à l'introduction des espèces non indigènes et à leurs impacts, et relève de la responsabilité de toutes les personnes qui voyagent en Antarctique.

1. Sensibiliser différents publics, à différents niveaux, représente une composante essentielle de la gestion. Toutes les personnes voyageant en Antarctique devront prendre les mesures nécessaires afin d'éviter l'introduction d'espèces non indigènes.

2. Les risques liés à l'introduction d'espèces non indigènes devront être identifiés et abordés au moment de la planification des activités, notamment au travers du processus d'évaluation d'impact environnemental (EIE) mené en vertu de l'article 8 et de l'Annexe I au Protocole.

3. En l'absence de données scientifiques de référence solides, le principe de précaution devra être adopté afin de réduire au maximum le risque d'introduction par voie humaine d'espèces non indigènes, ainsi que le risque de transfert interrégional et local de propagules dans des régions intactes.

4. Les mesures préventives sont plus susceptibles d'être mises en œuvre et efficaces si elles sont :

- axées sur le traitement des activités et zones à haut risque ;

- élaborées en vue de correspondre aux conditions particulières de l'activité ou de la zone en question, et à l'échelle appropriée ;
- simples d'un point de vue technique et logistique ;
- aisément applicables ;
- rentables et ne demandant pas trop de temps.

5. La prévention devra être centrée sur des mesures préalables au départ, dans la chaîne logistique et d'approvisionnement :

- au point d'origine en dehors de l'Antarctique (p.ex. les marchandises, l'équipement personnel, les paquets) ;
- aux points d'entrée à l'Antarctique (ports, aéroports) ;
- sur les moyens de transport (navires, aéronefs) ;
- aux stations antarctiques et dans les camps sur le terrain qui constituent des points de départ pour les activités sur le continent.

6. Une attention toute particulière devra être portée au fait de garantir la propreté des objets utilisés antérieurement dans des climats froids (p.ex.: l'Arctique, les zones subantarctiques et montagneuses), qui peuvent transporter des espèces « pré-adaptées » et contribuer à leur établissement dans l'environnement antarctique.

Surveillance

La surveillance peut consister en de l'observation passive (à savoir, attendre l'apparition d'espèces non indigènes) ou ciblée (un programme actif d'identification d'espèces non indigènes potentielles). Il est important de disposer de bonnes données de référence relatives à la faune et à la flore indigène si l'on veut faciliter la surveillance des espèces non-indigènes.

7. Une surveillance régulière/périodique, à une fréquence adaptée au risque potentiel, des sites à haut risque (p.ex. la zone entourant les stations de recherche, mais pas seulement) devra être encouragée.

8. Les mesures de prévention devront être examinées et révisées de manière périodique.

9. Les informations et les bonnes pratiques liées aux espèces non indigènes devront faire l'objet d'un échange entre les Parties et les autres parties prenantes.

Réponse

Il sera essentiel de proposer une réponse rapide et d'évaluer la faisabilité et l'intérêt d'éradiquer les espèces non indigènes. Si l'éradication est jugée non faisable ou inopportune, le contrôle et/ou le confinement seront alors envisagés.

10. Par souci d'efficacité, les réponses proposées aux introductions devront être entreprises prioritairement, afin d'éviter une augmentation de l'aire de répartition de ces espèces et

d'en faciliter l'éradication, la rendant plus rentable économiquement et plus susceptible de réussir.

11. L'efficacité des programmes de contrôle ou d'éradication doit être évaluée régulièrement, notamment par des études de suivi.

3. Lignes directrices et ressources pour soutenir la prévention de l'introduction d'espèces non indigènes

(Y compris le transfert d'espèces entre sites dans l'Antarctique, et pour détecter et lutter contre les espèces non indigènes établies)

Conformément à l'objectif général qui sous-tend les actions des Parties visant à gérer les risques posés par les espèces non indigènes, et aux principes directeurs clés (sections 1 et 2), les lignes directrices et ressources suivantes ont été développées. Les opérateurs peuvent les appliquer et les utiliser, le cas échéant, afin de les aider à tenir les engagements pris en vertu de l'Annexe II au Protocole.

Prévention

1. Le processus d'évaluation d'impact environnemental constitue un facteur essentiel de la prévention de l'introduction d'espèces non indigènes et de leur dissémination future.

Lignes directrices

Lignes directrices relatives à l'évaluation d'impact environnemental en Antarctique *http://www.ats.aq/documents/ATCM39/att/atcm39_att013_rev1_f.doc*

2. La prévention constitue le moyen le plus efficace de réduire au maximum les risques liés à l'introduction d'espèces non indigènes.

Lignes directrices :

La liste suivante offre des orientations générales quant à la prévention de l'introduction d'espèces non indigènes en Antarctique, dont les détails seront précisés ultérieurement :

- S'ils ne sont pas neufs, s'assurer que les vêtements fournis pour être utilisés en Antarctique sont nettoyés en utilisant des procédures de lavage normales avant d'être envoyés en Antarctiques. Les chaussures préalablement portées doivent être nettoyées rigoureusement avant l'arrivée en Antarctique ou entre les différents sites en Antarctique.

- Envisager d'équiper les stations de recherche de moyens permettant le lavage et l'entretien des vêtements et de l'équipement utilisés sur le terrain, en particulier lorsqu'ils doivent l'être sur des sites distincts ou multiples.

- Vérifier les marchandises afin de s'assurer qu'elles soient exemptes de toute contamination visible (sol, boue, végétation, propagules) avant de les charger à bord des aéronefs ou des navires.

- Nettoyer les véhicules afin de prévenir le transfert d'espèces non indigènes dans et autour de l'Antarctique.

- Confirmer que les navires ne contiennent pas de rongeurs avant leur départ pour l'Antarctique.

- Emballer, stocker et charger les marchandises dans une zone disposant d'une surface propre et étanche (p.ex. bitume ou béton qui ne comporte pas de traces de plantes adventices, de terre, de rongeurs, et se trouvent loin de la décharge). Ces zones devront être nettoyées et inspectées régulièrement.

- Les conteneurs, y compris les conteneurs et boîtes/caisses certifiés ISO, ne devront pas être déplacés d'un site antarctique à un autre, à moins d'avoir été nettoyés avant leur arrivée au nouveau site.

- S'assurer que les aéronefs intercontinentaux sont vérifiés et traités comme il se doit, dans la mesure du possible, afin de garantir l'absence d'insectes avant leur départ pour l'Antarctique.

- Les aliments et les déchets alimentaires sont gérés précautionneusement afin d'éviter qu'ils pénètrent dans l'environnement (p.ex.: gardés à distance des espèces sauvages et retirés de l'Antarctique ou incinérés).

Lors de la XVe réunion du CPE, le Comité a reconnu l'importance des Régions de conservation biogéographiques de l'Antarctique (RCBA) pour ses travaux visant à gérer les risques liés aux espèces non indigènes, en particulier les risques de transfert d'espèces entre des endroits biologiquement distincts en Antarctique. Les descriptions des Régions de conservation biogéographiques de l'Antarctique sont disponibles à l'adresse : *http://www. ats.aq/documents/recatt/Att500_f.pdf.* La carte reprise sur le Portail des environnements de l'Antarctique montre en détail l'étendue des Régions de conservation biogéographiques de l'Antarctique et est disponible à l'adresse : *https://environments.aq/map/*

Procédures de nettoyage des véhicules pour éviter le transfert d'espèces non indigènes dans et autour de l'Antarctique (XXXIIIe RCTA – WP 08).
http://www.ats.aq/documents/ATCM33/wp/ATCM33_wp008_s.doc

Directives pour réduire au maximum les risques liés aux espèces non indigènes et aux maladies dans les installations hydroponiques antarctiques (XXXVe RCTA – WP 25 rév.1)
http://www.ats.aq/documents/ATCM35/wp/ATCM35_wp025_rev1_s.doc
http://www.ats.aq/documents/ATCM35/att/ATCM35_att103_s.doc

Ressources :

Listes de vérification des gestionnaires de chaîne d'approvisionnement des programmes nationaux antarctiques pour la réduction du risque de transfert d'espèces non indigènes (COMNAP, SCAR, 2010)
https://www.comnap.aq/Shared%20Documents/nnschecklists.pdf

«SCAR's environmental code of conduct for terrestrial scientific field research in Antarctica» (XXXIIᵉ RCTA - IP 04)
http://www.ats.aq/documents/ATCM32/ip/ATCM32_ip004_e.doc

Code de conduite pour les activités en environnement géothermique continental dans l'Antarctique. Résolution 3 (2016)
http://www.ats.aq/documents/ATCM39/att/atcm39_att018_s.doc

« SCAR's code of conduct for the exploration and research of subglacial aquatic environments » (XXXIVᵉ RCTA- IP 33)
http://www.ats.aq/documents/ATCM34/ip/ATCM34_ip033_e.doc

Poursuivre la sensibilisation sur l'introduction des espèces non indigènes : Résultats de l'atelier et listes de vérification pour les gestionnaires de la chaîne d'approvisionnement (XXXIVᵉ RCTA – WP 12)
http://www.ats.aq/documents/ATCM34/wp/ATCM34_wp012_s.doc
http://www.ats.aq/documents/ATCM34/att/ATCM34_att014_e.pdf
http://www.ats.aq/documents/ATCM34/att/ATCM34_att015_e.pdf

Réduction du risque d'introduction involontaire d'espèces non-indigènes associé à l'importation de fruits et légumes frais en Antarctique (XXXVᵉ RCTA – WP 06)
http://www.ats.aq/documents/ATCM35/wp/ATCM35_WP006_s.doc

Lignes directrices de biosécurité et de quarantaine pour les sites de reproduction de l'ACAP
http://acap.aq/en/resources/acap-conservation-guidelines/2180-biosecurity-guidelines/file

Résultats du programme de l'Année polaire internationale : « Aliens in Antarctica » (XXXVᵉ RCTA – WP 05)
http://www.ats.aq/documents/ATCM35/wp/ATCM35_wp005_s.doc

«Continent-wide risk assessment for the establishment of non indigenous species in Antarctica» (XXXVᵉ RCTA – BP 01)
http://www.ats.aq/documents/ATCM35/bp/ATCM35_bp001_e.pdf

3. Développer et livrer des programmes de sensibilisation à destination de toutes les personnes qui voyagent et travaillent en Antarctique sur les risques posés par les déplacements inter- et intracontinentaux des espèces non indigènes et sur les mesures nécessaires à la prévention de leur introduction, notamment une série de messages clés harmonisés pour les programmes de sensibilisation. Les programmes d'éducation et de formation doivent être adaptés, dans

certains cas en utilisant les éléments utiles des informations reprises ci-dessus, aux activités et aux risques associés au public cible, notamment :

- les gestionnaires des programmes nationaux ;
- les logisticiens/équipes/sous-traitants ;
- les voyagistes/le personnel/les équipes ;
- les scientifiques ;
- les touristes ;
- les organisateurs privés d'expéditions ;
- les opérateurs/le personnel/les équipes de navires de pêche ;
- le personnel chez les fournisseurs/vendeurs/dans les entrepôts ;
- les autres visiteurs.

Lignes directrices :

Lignes directrices générales pour les visiteurs de l'Antarctique
http://www.ats.aq/documents/recatt/Att483_s.pdf

Ressources:

Vidéo éducative sur le nettoyage (Projet « Aliens in Antarctica », 2010).
http://academic.sun.ac.za/cib/video/Aliens_cleaning_video%202010.wmv

Dépliant « Don't pack a pest » (États-Unis).
http://www.usap.gov/usapgov/travelAndDeployment/documents/PackaPest_brochure_Final.pdf

Dépliant « Stop à la contamination en Antarctique » (IAATO).
http://iaato.org/en_GB/dont-pack-a-pest

« Boot, clothing and equipment decontamination guidelines » (IAATO).
http://iaato.org/documents/10157/14310/Boot_Washing07.pdf/2527fa99-b3b9-4848-bf0b-b1b595ecd046

Dépliant « Know before you go » (ASOC).
http://www.asoc.org/storage/documents/tourism/ASOC_Know_Before_You_Go_tourist_pamphlet_2009_editionv2.pdf

Modules de formation pratique du COMNAP: Module 2 – espèces non indigènes (XXXVIIIe RCTA – IP 101)
http://www.ats.aq/documents/ATCM38/ip/ATCM38_ip101_e.doc
http://www.ats.aq/documents/ATCM38/att/ATCM38_att102_e.pdf

4. Inclure l'examen des espèces non indigènes dans les plans de gestion de ZSPA et ZGSA à venir, et dans la révision des plans de gestions actuels et à venir.

Lignes directrices :

Guide à la préparation des plans de gestion pour les Zones spécialement protégées de l'Antarctique (Résolution 2, 2011).
http://www.ats.aq/documents/ATCM34/att/ATCM34_att004_s.doc

5. Gérer les eaux de ballast conformément aux «Lignes directrices pratiques pour le renouvellement des eaux de ballast dans la zone du Traité sur l'Antarctique » (Résolution 3, 2006).

Lignes directrices :

Lignes directrices pratiques pour le renouvellement des eaux de ballast dans la zone du Traité sur l'Antarctique (Résolution 3, 2006).
http://www.ats.aq/documents/recatt/Att345_s.pdf

Surveillance

6. Enregistrer les introductions d'espèce non indigènes et inclure ces enregistrements dans la base de donnée sur la biodiversité gérée par le Centre australien pour les données antarctiques (« Biodiversity database: aliens species in the Antarctica or subAntarctic ») comme convenu par le CPE.

Base de données pour procéder à la saisie des enregistrements :

« Alien species database » (XXXIVe RCTA – IP 68)
http://data.aad.gov.au/aadc/biodiversity/index_aliens.cfm

Ressources :

« Colonisation status of known non-native species in the Antarctic terrestrial environment: a review» (XXXVIIIe RCTA – IP 46)
http://www.ats.aq/documents/ATCM38/ip/ATCM38_IP046_e.doc

« Biological invasions in terrestrial Antarctica: what is the current status and how can we respond? » (XXXVIIIe RCTA - IP 46 Attachment A)
http://www.ats.aq/documents/ATCM38/att/ATCM38_att090_e.pdf

Informations complémentaires (XXXVIIIe RCTA - IP 46 Annexe B)
http://www.ats.aq/documents/ATCM38/att/ATCM38_att091_e.doc

« Monitoring biological invasion across the broader Antarctic: a baseline and indicator framework » (XXXVIIIe RCTA – IP 93)
http://www.ats.aq/documents/ATCM38/ip/ATCM38_IP093_e.doc

Statut des introductions connues d'espèces non indigènes et leurs impacts (Portail des environnements)
https://www.environments.aq/resumenes-informativos/estado-de-la-introduccion-de-especies-no-autoctonas-conocidas-y-su-impacto/

Réponse

Une espèce apparemment nouvelle en Antarctique peut être (i) un colon naturel récent (p.ex. : introduit par le vent ou par transport d'oiseau), (ii) une introduction humaine récente (p.ex. via des marchandises, des vêtements, ou des effets personnels) ou (iii) un habitant à long terme qui n'a pas été identifié auparavant par les scientifiques. Il est important de connaître l'histoire de la colonisation d'une nouvelle espèce, car cela influencera la manière de la gérer.

7. Développer ou utiliser des mesures d'évaluation afin d'aider à déterminer si une espèce nouvellement découverte est susceptible d'être arrivée au travers de voies de colonisation naturelles ou humaines.

8. Il convient de chercher des avis experts le plus rapidement possible lorsque des espèces non indigènes (y compris des maladies chez les espèces sauvages) sont détectées.

Lignes directrices :

Lignes directrices à l'adresse des visiteurs et des gestionnaires de l'environnement suite à la découverte d'une espèce non indigène suspecte dans l'environnement terrestre et d'eau douce en Antarctique (XXXIIIe RCTA - WP 15).
http://www.ats.aq/documents/ATCM33/att/ATCM33_att010_s.doc
http://www.ats.aq/documents/ATCM33/att/ATCM33_att011_s.doc

Ressource :

Le SCAR est bien placé pour aider à l'identification d'experts qui pourraient émettre des avis adéquats dans les délais impartis. Le SCAR a convenu d'identifier un groupe d'experts qui pourra être consulté dans le cas où une espèce non indigène suspecte est détectée. Si une espèce non indigène est détectée, le contact avec le groupe peut être facilité par l'intermédiaire du responsable du Comité permanent du SCAR sur le Système du Traité sur l'Antarctique (SCATS), qui coordonnera et recueillera la réponse des experts.

« Suggested framework and considerations for scientists attempting to determine the colonisation status of newly discovered terrestrial or freshwater species within the Antarctic Treaty Area » (XXXIIIe RCTA – IP 44).
http://www.ats.aq/documents/ATCM33/ip/ATCM33_ip044_e.doc

Annexe

Lignes directrices nécessitant davantage d'attention ou de développement

Outre les mesures, lignes directrices et ressources qui ont été développées (Section 3), les questions suivantes relatives aux espèces non indigènes ont été identifiées comme nécessitant davantage d'attention et le développement d'une politique. L'utilisation des lignes directrices existantes, des ressources et informations et le développement d'orientations plus détaillées de ces points pour les inclure dans le Manuel, sont encouragés.

N.°	Lignes directrices nécessitant davantage d'attention ou de développement	Lignes directrices existantes, ressources et informations
	Prévention	
1	Réduire la répartition des espèces indigènes de l'Antarctique entre les régions biogéographiques distinctes au sein du continent : • Identifier les régions présentant le plus haut risque d'introduction ; • identifier les activités, les vecteurs, et les voies qui posent un haut risque aux différentes régions biogéographiques ; • fournir des orientations quant à ce qui constitue une porte d'entrée entre les régions biogéographiques de l'Antarctique (selon le type d'organisme) ; • développer des mesures pratiques visant à traiter les risques associés au transport de personnel et d'équipement entre divers endroits de l'Antarctique ; • réaliser des études de référence.	Régions de conservation biogéographiques de l'Antarctique (RCBA) *http://www.ats.aq/documents/recatt/Att500_s.pdf* La carte du Portail des environnements de l'Antarctique montre l'étendue des régions de conservation biogéographiques de l'Antarctique et est disponible à l'adresse : *https://environments.aq/map/* Connaissances actuelles pour réduire les risques posés par les espèces non indigènes terrestres: Vers une approche fondée sur les éléments de preuve (XXXIIIᵉ RCTA - WP 06). *http://www.ats.aq/documents/ATCM33/wp/ATCM33_wp006_s.doc* « A framework for analysing and managing non-native species risks in Antarctica » (XXXIIᵉ RCTA - IP 36). *http://www.ats.aq/documents/ATCM32/ip/ATCM32_ip036_e.doc* XXXIIIᵉ RCTA - WP 14 (Royaume-Uni) 2010 - Transfert intra-régional d'espèces dans la partie terrestre de l'Antarctique. *http://www.ats.aq/documents/ATCM33/wp/ATCM33_wp014_s.doc*

2	Prévenir la diffusion des espèces non indigènes existantes dans d'autres sites de l'Antarctique : • Fournir des orientations, et développer des mesures pratiques de biosécurité, afin de réduire le transfert anthropique d'espèces non indigènes au sein de l'Antarctique ; • fournir des orientations sur la réduction du transfert naturel d'espèces non indigènes au sein de l'Antarctique.	Colonisation status of known non-native species in the Antarctic terrestrial environment: a review. « Attachment A: Biological invasions in terrestrial Antarctica: what is the current status and how can we respond? Attachment B: Supplementary information » (XXXVIIIe RCTA – IP 46) h*ttp://www.ats.aq/documents/ATCM38/ip/ATCM38_IP046_e.doc* *http://www.ats.aq/documents/ATCM38/att/ATCM38_att090_e.pdf* *http://www.ats.aq/documents/ATCM38/att/ATCM38_att091_e.doc*
3	Identifier les espèces non indigènes potentielles qui présentent un grand danger pour les environnements de l'Antarctique : • Produire une liste, dotée de descriptions adaptées, d'espèces non indigènes potentielles, à partir de l'expérience des îles subantarctiques (ou autres environnements pertinents) et des caractéristiques biologiques et de l'adaptabilité des colons « efficaces »...	Connaissances actuelles pour réduire les risques posés par les espèces non indigènes terrestres: Vers une approche fondée sur les éléments de preuve. Annexe 1 – Protocole d'évaluation des risques pour les collemboles développé par Greenslade (2002: page 341) (XXXIIIe RCTA - WP 06) *http://www.ats.aq/documents/ATCM33/wp/ATCM33_wp6_s.doc* *http://www.ats.aq/documents/ATCM33/att/ATCM33_att005_e.doc*
4	Prévenir l'introduction des espèces non indigènes dans l'environnement marin antarctique : • méliorer la compréhension des risques et voies d'introduction ; • entreprendre une évaluation des risques afin d'identifier les habitats marins pour lesquels un risque d'invasion existe ; • développer des lignes directrices spécifiques.	
5	Réduire le risque lié aux espèces non indigènes (y compris les micro-organismes) associé à l'évacuation des eaux usées, notamment le risque de maladie pour les espèces sauvages locales (cf. section sur les maladies, ci-après) : • Améliorer la compréhension des risques et voies d'introduction ; • développer des lignes directrices spécifiques afin de réduire la dissémination des espèces non indigènes lors de l'évacuation des eaux usées.	Nouveaux enregistrements de la présence de micro-organismes asso-ciés aux humains dans l'environnement marin en Antarctique (XXXVe RCTA – WP 55) h*ttp://www.ats.aq/documents/ATCM35/wp/ATCM35_wp055_s.doc* Discharge of sewage and grey water from vessels in Antarctic Treaty waters (XXXVIe RCTA – IP 66) *http://www.ats.aq/documents/ATCM36/ip/ATCM36_ip066_e.doc* Assessment of environmental impacts arising from sewage discharge at Davis Station (Evaluación de los impactos en el medio ambiente ocasionados por la descarga de aguas residuales en la estación Davis) (Documento de Antecedentes BP10 de la XXXV^a RCTA) *http://www.ats.aq/documents/ATCM35/bp/ATCM35_bp010_e.doc* « Reducing sewage pollution in the Antarctic marine environment using a sewage treatment plant » (XXVIIIe RCTA – IP37) *http://www.ats.aq/documents/ATCM28/ip/ATCM28_ip037_e.doc* « Wastewater treatment in Antarctica: challenges and process improvements » (XXIXe RCTA – IP60) *http://www.ats.aq/documents/ATCM29/ip/ATCM29_ip060_e.doc*

6	Limiter les introductions ou la diffusion de micro-organismes pouvant avoir un impact sur les communautés microbiennes existantes dans l'environnement antarctique : • Améliorer la compréhension des risques et voies d'introduction ; • développer des lignes directrices plus spécifiques afin de prévenir l'introduction et/ou la répartition des micro-organismes dans l'environnement antarctique.	Empreinte humaine dans l'Antarctique et conservation à long terme des habitats microbiens terrestres (XXXVIᵉ RCTA - WP 39) *http://www.ats.aq/documents/ATCM36/wp/ATCM36_wp039_s.doc* « SCAR's code of conduct for the exploration and research of subglacial aquatic environments » (XXXIVᵉ RCTA- IP 33) *http://www.ats.aq/documents/ATCM34/ip/ATCM34_ip033_e.doc*
	Surveillance	
7	Surveiller les espèces non indigènes dans les environnements marin et terrestre de l'Antarctique : • Développer des lignes directrices de surveillance généralement applicables. Il est possible qu'une surveillance approfondie spécifique à certains sites soit requise à certains endroits ; • mettre en œuvre une surveillance marine et terrestre conformément au développement d'un cadre de surveillance ; • déterminer qui va entreprendre cette surveillance et à quelle fréquence ; • un rapport d'état d'avancement relatif à la surveillance établie devra être soumis régulièrement au CPE.	« Summary of environmental monitoring and reporting discussions » (XXXIᵉ RCTA – IP 07) *http://www.ats.aq/documents/ATCM31/ip/ATCM31_ip007_e.doc*
8	Déterminer quelles espèces indigènes sont présentes sur les sites antarctiques afin de contribuer à l'identification de l'échelle et de l'étendue des introductions actuelles et à venir (étant donné qu'il n'est pas faisable de mener des études partout, priorité sera donnée aux sites connaissant une forte activité humaine - comme les stations, les sites scientifiques de terrain les plus visités et les sites de visiteurs -, ayant une grande valeur et/ou une grande sensibilité) : • Compiler les données existantes relatives à la biodiversité (notamment issue des écosystèmes terrestre, aquatique et marin) ; • développer des lignes directrices sur la conduite d'études de référence relatives à la biodiversité.	« Final report on the research project 'The impact of human activities on soil organisms of the maritime Antarctic and the introduction of non-native species in Antarctica'» (XXXVIᵉ RCTA – IP 55) *http://www.ats.aq/documents/ATCM36/ip/ATCM36_ip055_e.doc* *http://www.umweltbundesamt.de/uba-info-medien/4416.html*
	Réponse	

9	Réagir rapidement à l'introduction d'espèces non indigènes : Développer des lignes directrices relatives à l'intervention rapide, qui comprennent des informations sur l'éradication pratique ou le confinement/ contrôle des plantes, des invertébrés et d'autres groupes biologiques.	« Eradication of a vascular plant species recently introduced to Whalers Bay, Deception Island » (Royaume-Uni, Espagne, 2010) *http://www.ats.aq/documents/ATCM33/ip/ATCM33_ip043_e.doc* « The successful eradication of *Poa pratensis* from Cierva Point, Danco Coast, Antarctic Peninsula » (Argentine, Espagne et Royaume-Uni, 2015) *http://www.ats.aq/documents/ATCM38/ip/ATCM38_ip029_e.doc* « Eradication of a non-native grass *Poa annua* L. from ASPA No 128 Western Shore of Admiralty Bay, King George Island, South Shetland Islands » (Pologne, 2015) *http://www.ats.aq/documents/ATCM38/ip/ATCM38_ip078_e.doc*
	Prévention, détection et lutte contre les maladies des espèces sauvages de l'Antarctique résultant d'activités humaines	
10	Prendre des mesures afin de réduire les risques liés à l'introduction de plantes et d'animaux pathogènes en Antarctique et leur dissémination ultérieure dans la région du fait de l'activité humaine : • Développer des orientations, ou adopter officiellement des orientations existantes, relatives à la lutte contre les maladies ; • instaurer des mesures préventives visant à diminuer les risques d'introduction de maladies chez les espèces sauvages de l'Antarctique, par exemple des orientations spécifiques en matière de gestion des déchets générés sur le terrain et à la station, afin de réduire au maximum l'introduction des espèces non indigènes ; • développer des mesures spécifiques en matière de nettoyage, qui pourraient se révéler nécessaires s'il existe une raison de penser que des personnes, des vêtements, des équipements ou des véhicules ont été en contact avec des animaux malades, des agents pathogènes, ou se sont trouvés dans une zone connue pour ses risques de maladie.	Rapport du groupe ouvert intersession de contacts sur les maladies des espèces sauvages en Antarctique. Rapport 2 - mesures pratiques pour diminuer les risques (Avant-projet) (Australie, 2001) *http://www.ats.aq/documents/ATCM24/wp/ATCM24_wp011_s.pdf* Étude visant à déterminer la présence d'espèces non indigènes introduites en Antarctique par des voies naturelles (Argentine, 2015) *http://www.ats.aq/documents/ATCM38/wp/ATCM38_wp046_s.doc* « Health of Antarctic Wildlife: A challenge for science and policy » (Kerry et Riddle, 2009). Bien que des épisodes inhabituels de mortalité animale puissent se produire pour différentes raisons, la maladie constitue une cause probable. Dès lors, les ressources suivantes peuvent se révéler utiles : Plan de réponse aux épisodes de mortalité à grande échelle des animaux (British Antarctic Survey). Disponible sur le site de BAS. *https://www.bas.ac.uk/* Plan de réponse à un taux de mortalité inhabituel (Australie), auquel il est fait référence dans le document : *http://www.ats.aq/documents/ATCM27/ip/ATCM27_ip071_e.doc* « Procedures for reporting a high mortality event » (IAATO). Disponible auprès de l'IAATO. *http://iaato.org/* *http://www.ats.aq/documents/ATCM39/ip/ATCM39_ip119_e.doc*

Références et documentation

Note: Le Portail des environnements (*www.environments.aq*) est une source d'informations revues par les pairs relatives à l'environnement antarctique, qui contient des résumés par sujets sur les espèces non indigènes (p. ex. Newman et al., 2014 ; Hughes et Frenot, 2015).

XXIIᵉ RCTA - IP 04 (Australie) 1998 - Introduction of diseases to Antarctic wildlife: Proposed workshop.

XXIIIᵉ RCTA - WP 32 (Australie) 1999 - Rapport à la XXIIIᵉ Réunion consultative du Traité sur l'Antarctique sur les résultats de l'atelier consacré aux maladies de la faune et de la flore de l'Antarctique

XXIVᵉ RCTA - WP 10 (Australie) 2001 - Compte-rendu du groupe ouvert intersession de contacts sur les maladies de la faune antarctique. Rapport 1 - Examen et évaluation de risques.

XXIVᵉ RCTA - WP 11 (Australie) 2001 - Compte-rendu du groupe ouvert intersession de contacts sur les maladies de la faune antarctique. Rapport 2 - mesures pratiques pour diminuer les risques (Avant-projet).

XXVᵉ RCTA - IP 62 (Australie) 2002 - Draft response plan in the event that unusual animal deaths are discovered.

XXVIIᵉ RCTA - IP 71 (Australie) 2004 - Australia's Antarctic quarantine practices.

XXVIIIᵉ RCTA - WP 28 (Australie) 2005 - Mesures à prendre pour combattre l'introduction et la propagation involontaires de biotes non indigènes et de maladies dans la zone du Traité sur l'Antarctique

XXVIIIᵉ RCTA - IP 37 (Royaume-Uni) 2005 - Reducing sewage pollution in the Antarctic marine environment using a sewage treatment plant.

XXVIIIᵉ RCTA - IP 97 (IAATO) 2005 - Update on boot and clothing decontamination guidelines and the introduction and detection of diseases in Antarctic wildlife: IAATO's perspective.

XXIXᵉ RCTA - WP 05 Rév. 1 (Royaume-Uni) 2006 - Lignes directrices pratiques pour le renouvellement des eaux de ballast dans la zone du Traité sur l'Antarctique

XXIXᵉ RCTA - IP 44 (Australie) 2006 - Principles underpinning Australia's approach to Antarctic quarantine management

XXIXᵉ RCTA - IP 60 (États-Unis) 2006 - Wastewater treatment in Antarctica: challenges and process improvements

XXXᵉ RCTA - IP 49 (Australie, SCAR) 2007 - Aliens in Antarctica

XXXIᵉ RCTA - WP 16 (Australie) - Base de données sur les espèces exotiques de l'Antarctique

XXXIᵉ RCTA - IP 07 (Australie) 2008 - Summary of environmental monitoring and reporting discussions

XXXIᵉ RCTA - IP 17 (Australie, Chine, Fédération de Russie, Inde, Roumanie) 2008 - Measures to protect the Larsemann Hills, East Antarctica, from the introduction of non-native species

XXXIᵉ RCTA - IP 98 (COMNAP) - Survey on existing procedures concerning introduction of non native species in Antarctica

XXXIIᵉ RCTA - WP 05 (Australie, France, Nouvelle-Zélande) 2009 - Un programme de travail pour l'action du CPE relative aux espèces non indigènes

XXXIIᵉ RCTA - WP 23 (Afrique du Sud) 2009 - Transport de propagules associé aux opérations logistiques: Évaluation sud-africaine d'une question régionale

XXXIIᵉ RCTA - WP 32 (Royaume-Uni) 2009 - Procédures de nettoyage des véhicules pour éviter le transfert d'espèces non indigènes dans et autour de l'Antarctique

XXXIIᵉ RCTA - WP 33 (Royaume-Uni) 2009 - Examen des dispositions relatives à l'introduction d'espèces non indigènes dans les plans de gestion des ZSPA et ZGSA

XXXIIᵉ RCTA - IP 04 (SCAR) 2009 - SCAR's environmental code of conduct for terrestrial scientific field research in Antarctica

XXXIIᵉ RCTA - IP 12 (Royaume-Uni) 2009 - ASPA and ASMA management plans: review of provisions relating to non-native species introductions

XXXIIᵉ RCTA - SP 11 (STA) 2009 - Résumé des débats du CPE sur la question des espèces non indigènes en Antarctique

XXXIIIᵉ RCTA - WP 04 (SCAR) 2010 - Résultats préliminaires du programme de l'Année polaire internationale 'Aliens in Antarctica'

XXXIIIᵉ RCTA - WP 06 (SCAR, Australie) 2010 - Connaissances actuelles pour réduire les risques posés par les espèces non indigènes terrestres: Vers une approche fondée sur les éléments de preuve

XXXIIIᵉ RCTA - WP 08 (Royaume-Uni) 2010 - Procédures de nettoyage des véhicules pour éviter le transfert d'espèces non indigènes dans et autour de l'Antarctique

XXXIIIᵉ RCTA - WP 09 (France) 2010 - Groupe de contact intersessions à composition non limitée sur les "Espèces non indigènes" – Rapport 2009-2010

ATCM XXXIII - WP 14 (United Kingdom) 2010 - Intra-regional transfer of species in terrestrial Antarctica.

XXXIIIᵉ RCTA - WP 15 (Royaume-Uni) 2010 - Lignes directrices à l'adresse des visiteurs et des gestionnaires de l'environnement suite à la découverte d'une espèce non indigène suspecte dans l'environnement terrestre et d'eau douce en Antarctique

XXXIIIᵉ RCTA - IP 43 (Royaume-Uni, Espagne) 2010 - Eradication of a vascular plant species recently introduced to Whaler's Bay, Deception Island

XXXIIIᵉ RCTA - IP 44 (Royaume-Uni) 2010 - Suggested framework and considerations for scientists attempting to determine the colonisation status of newly discovered terrestrial or freshwater species within the Antarctic Treaty Area

XXXIVe RCTA - WP 12 (COMNAP et SCAR) 2011 - Accroître la sensibilisation sur l'introduction des espèces non indigènes : Résultats de l'atelier et listes de vérification pour les gestionnaires de la chaîne d'approvisionnement

XXXIVe RCTA - WP 34 (Nouvelle-Zélande) 2011 - Rapport 2010-2011 du Groupe de contact intersessions sur les espèces exotiques.

XXXIVe RCTA - WP 53 (SCAR) 2011 - Mesures pour réduire le risque d'introduction d'espèces non indigènes dans la région de l'Antarctique par les aliments frais.

XXXIVe RCTA - IP 26 (Allemagne) 2011 - Progress report on the research project "The role of human activities in the introduction of non-native species into Antarctica and in the distribution of organisms within the Antarctic"

XXXIVe RCTA - IP 32 (France) 2011 - Report on the IPY Oslo Science Conference session on non-native species

XXXIVe RCTA - IP 50 (Royaume-Uni et Uruguay) 2011 - Colonisation status of known non-native species in the Antarctic terrestrial environment (update 2011)

XXXIVe RCTA - IP 68 (Australie et SCAR) 2011 - Alien species database.

XXXVe RCTA - WP 05 (SCAR) 2012 - Résultats du programme de l'Année polaire internationale : 'Aliens in Antarctica'

XXXVe RCTA - WP 06 (SCAR) 2012 - Réduction du risque d'introduction involontaire d'espèces non-indigènes associée à l'importation de fruits et légumes frais en Antarctique

XXXVe RCTA - WP 25 rév. 1 (Australie et France) 2012 - Directives pour réduire au minimum les risques liés aux espèces non indigènes et aux maladies dans les installations hydroponiques antarctiques.

XXXVe RCTA - WP 55 (Chili) 2012 - Nouveaux enregistrements de la présence de micro-organismes humain-associés dans l'environnement marin en Antarctique

XXXVe RCTA - IP 13 (Espagne, Argentine, et Royaume-Uni) 2012 - Colonisation status of the non-native grass Poa pratensis at Cierva Point, Danco Coast, Antarctic Peninsula.

XXXVe RCTA - IP 29 (Royaume-Uni) 2012 - Colonisation status of known non-native species in the Antarctic terrestrial environment (update 2012).

XXXVe RCTA - BP 01 (SCAR) 2012 – Continent-wide risk assessment for the establishment of nonindigenous species in Antarctica.

XXXVe RCTA - BP 10 (Australie) 2012 - Assessment of environmental impacts arising from sewage discharge at Davis Station.

XXXVIe RCTA - WP 19 (Allemagne) 2013 - Rapport sur le projet de recherche intitulé « Impact des activités humaines sur les organismes du sol de la zone maritime de l'Antarctique et introduction d'espèces non indigènes en Antarctique ».

XXXVIe RCTA - WP 39 (Belgique, SCAR, Afrique du Sud, et Royaume-Uni) 2013 - Empreinte humaine dans l'Antarctique et conservation à long terme des habitats microbiens terrestres.

XXXVIe RCTA - IP 28 (Royaume-Uni) 2013 - Colonisation status of known non-native species in the Antarctic terrestrial environment (update 2013).

XXXVIe RCTA - IP 35 (Argentine, Espagne, et Royaume-Uni) 2013 -The non-native grass Poa pratensis at Cierva Point, Danco Coast, Antarctic Peninsula – on-going investigations and future eradication plans.

XXXVIe RCTA - IP 55 (Allemagne) 2013 - Final report on the research project "The impact of human activities on soil organisms of the maritime Antarctic and the introduction of non-native species in Antarctica".

XXXVIe RCTA - IP 66 (ASOC) 2013 - Discharge of sewage and grey water from vessels in Antarctic Treaty waters.

XXXVIIe RCTA - WP 04 (Allemagne) 2014 - Rapport sur la discussion informelle concernant le tourisme et le risque lié à l'introduction d'organismes non indigènes

XXXVIIe RCTA - IP 23 (Royaume-Uni) 2014 - Colonisation status of known non-native species in the Antarctic terrestrial environment (update 2014).

XXXVIIe RCTA - IP 83 (Argentine) 2014 - Record of two species of non-native birds at 25 de Mayo Island, South Shetland Islands.

XXXVIIIe RCTA - WP 37 (Norvège et Royaume-Uni) 2015 - Rapport du GCI sur le changement climatique

XXXVIIIe RCTA - WP 46 (Argentine) 2015 - Étude pour déterminer la présence d'espèces non indigènes introduites en Antarctique par des voies naturelles

XXXVIIIe RCTA - IP 29 (Argentine, Espagne et Royaume-Uni) 2015 - The successful eradication of Poa pratensis from Cierva Point, Danco Coast, Antarctic Peninsula.

XXXVIIIe RCTA - IP 46 (Royaume-Uni, Chili et Espagne) 2015 - Colonisation status of known non-native species in the Antarctic terrestrial environment: a review. Attachment A: Biological invasions in terrestrial Antarctica: what is the current status and how can we respond? Attachment B: Supplementary information.

XXXVIIIe RCTA IP 78 (Pologne) 2015 - Eradication of a non-native grass Poa annua L. from ASPA No 128 Western Shore of Admiralty Bay, King George Island, South Shetland Islands.

XXXVIIIe RCTA - IP 93 (SCAR) - Monitoring biological invasion across the broader Antarctic: a baseline and indicator framework.

XXXVIIIe RCTA - IP 101 (COMNAP) 2015 - COMNAP practical training modules: Module 2 – Non-native Species.

Augustyniuk-Kram, A., Chwedorzewska, K.J., Korczak-Abshire, M., Olech, M., Lityńska–Zając, M. 2013 - An analysis of fungal propagules transported to the Henryk Arctowski Station. Pol. Polar Res. 34, 269-278.

Chown, S.L., Convey, P. 2007 - Spatial and temporal variability across life's hierarchies in the terrestrial Antarctic. Phil. Trans. R. Soc. 362, 2307-2331.

Chown, S.L., Lee, J.E., Hughes, K.A., Barnes, J., Barrett, P.J., Bergstrom, D.M., Convey, P., Cowan, D.A., Crosbie, K., Dyer, G., Frenot, Y., Grant, S.M., Herr, D., Kennicutt, M.C., Lamers, M., Murray, A., Possingham, H.P., Reid, K., Riddle, M.J., Ryan, P.G., Sanson, L., Shaw, J.D., Sparrow, M.D., Summerhayes, C., Terauds, A., Wall, D.H. 2012 - Challenges to the future conservation of the Antarctic. Science, 337, 158-159.

Chown, S.L., Huiskes, A.H.L., Gremmen, N.J.M., Lee, J.E, Terauds, A., Crosbie, K., Frenot, Y., Hughes, K.A., Imura, S., Kiefer, K., Lebouvier, M., Raymond, B., Tsujimotoi, M., Ware, C., Van de Vijver, B., Bergstrom, D.M. 2012 - Continent-wide risk assessment for the establishment of nonindigenous species in Antarctica. Proc. Nat. Acad. Sci. USA, 109, 4938-4943.

Chwedorzewska, K J., Korczak, M. 2010 - Human impact upon the environment in the vicinity of Arctowski Station, King George Island, Antarctica. Pol. Polar Biology, 31, 45-60.

Chwedorzewska, K.J., Bednarek, P.T. 2012. - Genetic and epigenetic variation in a cosmopolitan grass Poa annua from Antarctic and Polish populations. Pol. Polar Res., 33, 63-80.

COMNAP, SCAR. 2010 - Checklists for supply chain managers of National Antarctic Programmes for the reduction in risk of transfer of non-native species. Disponible ici : *https://www.comnap.aq/Shared%20Documents/nnschecklists.pdf*

Convey, P. 2011 - Antarctic terrestrial biodiversity in a changing world. Polar Biol., 34, 1629-1641.

Convey, P., Frenot, Y., Gremmen, N. & Bergstrom, D.M. 2006 - Biological Invasions. In Convey P., Huiskes A. & Bergstrom D.M. (eds) Trends in Antarctic Terrestrial and Limnetic Ecosystems. Springer, Dordrecht pp. 193-220.

Convey, P., Hughes, K. A., Tin, T. 2012 - Continental governance and environmental management mechanisms under the Antarctic Treaty System: sufficient for the biodiversity challenges of this century? Biodiversity. 13, 1–15.

Cowan, D.A., Chown, S. L., Convey, P., Tuffin, M., Hughes, K.A., Pointing, S., Vincent, W.F. 2011 - Non-indigenous microorganisms in the Antarctic - assessing the risks. Trends Microbiol., 19, 540-548.

Cuba-Díaz, M., Troncoso, J. M., Cordero, C., Finot, V.L., Rondanelli-Reyes, M. 2012 - Juncus bufonius L., a new alien vascular plant in King George Island, South Shetland Archipelago. Antarct. Sci., 25, 385–386.

Curry, C. H., McCarthy, J.S., Darragh, H.M., Wake, R.A., Todhunter, R., Terris, J. 2002. Could tourist boots act as vectors for disease transmission in Antarctica? J. Travel Med., 9, 190-193.

Dartnall, H.J.G. 2005 – Are Antarctic planktonic rotifers anthropogenic introductions? Quekett J. Microscopy, 40, 137-143.

De Poorter, M., Gilbert, N., Storey, B., Rogan-Finnemore, M. 2006 Final Report of the Workshop on "Non-native Species in the Antarctic", Christchurch, New Zealand, 10-12 April 2006.

Everatt, M.J., Worland, M.R., Bale, J.S., Convey, P., Hayward, S.A. 2012 - Pre-adapted to the maritime Antarctic? - Rapid cold hardening of the midge, Eretmoptera murphyi. J. Insect Physiol., 58, 1104-1111.

Falk-Petersen, J., Bohn, T., Sandlund, O.T. 2006. On the numerous concepts in invasion biology. Biological Invasions, 8, 1409-1424.

Frenot, Y., Chown S.L., Whinam, J., Selkirk P.M., Convey, P, Skotnicki, M., Bergstrom D.M. 2005 - Biological invasions in the Antarctic: extent, impacts and implications. Biological Rev., 80, 45-72.

Gielwanowska, I., Kellmann-Sopyla, W. 2015 – Generative reproduction of Antarctic grasses, the native species Deschampsia antarctica Desv. and the alien species Poa annua. Polish Polar Res. 36, 261-279.

Greenslade, P., Potapov, M., Russell, D., Convey, P. 2012 - Global Collembola on Deception Island. J. Insect Sci., 12, 111.

Headland, R. K. 2012 - History of exotic terrestrial mammals in Antarctic regions. Polar Rec., 48, 123-144.

Houghton, M., McQuillan, P.B., Bergstrom, D.M., Frost, L., Van Den Hoff, J., and Shaw, J. 2014 - Pathways of alien invertebrate transfer to the Antarctic region. Polar Biol., 39, 23-33.

Hughes, K.A., Convey, P. 2010 - The protection of Antarctic terrestrial ecosystems from inter- and intra-continental transfer of non-indigenous species by human activities: a review of current systems and practices. Global Environmental Change, 20, 96-112. DOI:10.1016/j. gloenvcha.2009.09.005.

Hughes, K.A., Worland, M.R. 2010 - Spatial distribution, habitat preference and colonisation status of two alien terrestrial invertebrate species in Antarctica. Antarct. Sci., 22, 221-231.

Hughes, K.A., Convey, P. 2012 - Determining the native/non-native status of newly discovered terrestrial and freshwater species in Antarctica - current knowledge, methodology and management action. J. Environ. Man., 93, 52-66.

Hughes, K.A., Convey, P. 2014 - Alien invasions in Antarctica – is anyone liable? Polar Res., 33, 22103. *http://dx.doi.org/10.3402/polar.v33.22103*

Hughes, K.A., Frenot, Y. 2015 - Status of known non-native species introductions and impacts. Antarctic Environments Portal Information Summary Version 1.0. *https://environments.aq/information-summaries/status-of-known-non-native-species-introductions-and-impacts/*

Hughes, K.A., Ashton, G.V. 2016 – Breaking the ice: the introduction of biofouling organisms to Antarctica on vessel hulls. Aquat. Conserv. DOI: 10.1002/aqc.2625.

Hughes, K.A., Walsh, S., Convey, P., Richard, S., Bergstrom, D. 2005 – Alien fly populations established at two Antarctic research stations. Polar Biol., 28, 568-570.

Hughes, K.A., Convey, P., Maslen, N.R., Smith, R.I.L. 2010 - Accidental transfer of non-native soil organisms into Antarctica on construction vehicles. Biological Invasions, 12, 875-891. DOI:10.1007/s10530-009-9508-2.

Hughes, K.A., Lee, J.E., Ware, C., Kiefer, K., Bergstrom, D.M. 2010 - Impact of anthropogenic transportation to Antarctica on alien seed viability. Polar Biol., 33, 1123-1130.

Hughes, K.A., Lee, J.E., Tsujimoto, M., Imura, S., Bergstrom, D.M., Ware, C., Lebouvier, M., Huiskes, A.H.L., Gremmen, N.J.M., Frenot, Y., Bridge, P.D., Chown, S. L. 2011 - Food for thought: risks of non-native species transfer to the Antarctic region with fresh produce. Biological Conservation, 144, 1682–1689.

Hughes, K.A., Fretwell, P., Rae, J. Holmes, K., Fleming, A. 2011 - Untouched Antarctica: mapping a finite and diminishing environmental resource. Antarct. Sci., 23, 537-548.

Hughes, K.A., Worland, M.R., Thorne, M., Convey, P. 2013 - The non-native chironomid Eretmoptera murphyi in Antarctica: erosion of the barriers to invasion. Biological Invasions, 15, 269-281.

Hughes, K.A., Huiskes, A.H.L, Convey, P. 2014 - Global movement and homogenisation of biota: challenges to the environmental management of Antarctica? In T. Tin, D. Liggett, P. Maher, and M. Lamers (eds). The Future of Antarctica: Human impacts, strategic planning and values for conservation. Springer, Dordrecht. DOI: 10.1007/978-94-007-6582-5_5

Hughes, K.A., Cowan, D.A., and Wilmotte, A. 2015 - Protection of Antarctic microbial communities – 'Out of sight, out of mind'. Front. Microbiol. DOI: 10.3389/fmicb.2015.00151

Hughes, K.A., Pertierra, L.R., Molina-Montenegro, M., Convey, P. 2015. Biological invasions in Antarctica: what it the current status and can we respond? Biodivers. Conserv., 24, 1031-1055.

Huiskes, A.H.L., Gremmen, N.J.M., Bergstrom, D.M., Frenot, Y., Hughes, K.A., Imura, S., Kiefer, K., Lebouvier, M., Lee, J.E., Tsujimoto, M., Ware, C., Van de Vijver, B., Chown, S.L. 2014 - Aliens in Antarctica: Assessing transfer of plant propagules by human visitors to reduce invasion risk. Biol. Conserv., 171, 278-284.

Kerry, K.R., Riddle, M. (Eds.) 2009 - Health of Antarctic Wildlife: A Challenge for Science and Policy, Springer Verlag, ISBN-13: 9783540939221.

Lee, J.E., Chown, S.L. 2009 – *Mytilus* on the move: transport of an invasive bivalve to the Antarctic. Mar. Ecol. Prog. Ser., 339, 307-310.

Lee, J.E., Chown, S.L. 2009 – Breaching the dispersal barrier to invasion: quantification and management. Ecol. Appl., 19, 1944-1959.

Lee, J.E., Chown, S.L. 2009 – Temporal development of hull-fouling assemblages associated with an Antarctic supply vessel. Mar. Ecol. Prog. Ser., 396, 97-105.

Lee, J.E., Chown, S.L. 2011 - Quantification of intra-regional propagule movements in the Antarctic. Antarct. Sci., 23, 337-342.

Lewis, P.N., Bergstrom, D.M., Whinam, J. 2006 – Barging in: A temperate marine community travels to the subantarctic. Biol. Invasions, 8, 787-795.

Lewis, P.N., Hewitt, C.L., Riddle, M., McMinn, A. 2003. Marine introductions in the Southern Ocean: an unrecognised hazard to biodiversity. Mar. Pollut. Bull., 46, 213-223.

Litynska-Zajac, M., Chwedorzewska, K., Olech, M., Korczak-Abshire, M., Augustyniuk-Kram, A. 2012 - Diaspores and phyto-remains accidentally transported to the Antarctic Station during three expeditions. Biodivers. Conserv., 21, 3411-3421.

McGeoch, M.A., Shaw, J.D., Terauds, A., Lee, J.E., Chown, S.L. 2015 - Monitoring biological invasion across the broader Antarctic: A baseline and indicator framework. Glob. Environ. Change. DOI: 10.1016/j.gloenvcha.2014.12.012

Molina-Montenegro, M., Carrasco-Urra, F., Rodrigo, C., Convey, P., Valladares, F., Gianoli, E. 2012 - Occurrence of the non-native annual bluegrass (Poa annua) on the Antarctic mainland and its negative effects on native plants. Conserv. Biol., 26, 717-723.

Molina-Montenegro, M., Carrasco-Urra, F., Acuna-Rodriquez, I., Oses, R., Torres-Díaz, C., Chwedorzewska, K.J. 2014 - Assessing the importance of human activities for the establishment of the invasive Poa annua in Antarctica. Polar Res., 33, 21425. *http://dx.doi.org/10.3402/polar.v33.21425*

Molina-Montenegro, M.A., Pertierra, L.R., Razeto-Barry, P., Díaz, J., Finot, V.L., Torres-Díaz, C. 2015 - A recolonization record of the invasive Poa annua in Paradise Bay, Antarctic Peninsula: modeling of the potential spreading risk. Polar Biol., 38, 1091-1096 DOI: 10.1007/s00300-015-1668-1

Newman, J., Coetzee, B.W.T., Chown, S.L., Terauds, A., McIvor, E. 2014 - The introduction of non-native species to the Antarctic. Antarctic Environments Portal Information Summary Version 1.0. *http://environments.aq/information-summaries/the-introduction-of-non-native-species-to-antarctica/*

Nielsen, U.N., Wall, D.H. 2013 - The future of soil invertebrate communities in polar regions: different climate change responses in the Arctic and Antarctic? Ecol. Lett., 16, 409-419.

Olech, M., Chwedorzewska, K.J. 2011 - The first appearance and establishment of an alien vascular plant in natural habitats on the forefield of a retreating glacier in Antarctica. Antarct. Sci., 23, 153-154.

Osyczka, P. 2010 - Alien lichens unintentionally transported to the "Arctowski" station (South Shetlands, Antarctica). Polar Biol., 33, 1067-1073.

Osyczka, P., Mleczko, P., Karasinski, D., Chlebicki, A. 2012 - Timber transported to Antarctica: a potential and undesirable carrier for alien fungi and insects. Biol. Invasions, 14, 15-20.

Pearce, D.A., Hughes, K.A., Lachlan-Cope, T., Harangozo, S.A., Jones, A.E. 2010 - Biodiversity of air-borne microorganisms at Halley station, Antarctica. Extremophiles, 14, 145-159.

Pertierra, L.R., Lara, F., Benayas, J., Hughes, K.A. 2013. Poa pratensis L., current status of the longest-established non-native vascular plant in the Antarctic. Polar Biol., 36, 1473-1481.

Potter, S. 2006 - The Quarantine Management of Australia's Antarctic Program. Australasian. J. Environ. Man., 13, 185-195.

Potter, S. 2009 - Protecting Antarctica from Non-Native Species: The Imperatives and the Impediments. In G. Alfredsson and T. Koivurova (eds), D. Leary sp. ed. The Yearbook of Polar Law, vol. 1, pp. 383-400.

Ranjith, L., Shukla, S.P., Vennila, A., Gashaw, T.D. 2012 - Bioinvasion in Antarctic Ecosystems. Proc. Nat. Acad. Sci. India Sect. B – Biol. Sci., 82, 353-359.

Reisinger, R. R., McIntyre, T., Bester, M. N. 2010 - Goose barnacles hitchhike on satellite-tracked southern elephant seals. Polar Biol., 33, 561-564.

Russell, D.J., Hohberg, K., Otte, V., Christian, A., Potapov, M., Brückner, A., McInnes, S.J. 2013 - The impact of human activities on soil organisms of the maritime Antarctic and the introduction of non-native species in Antarctica. Federal Environment Agency (Umweltbundesamt). *http://www.uba.de/uba-info-medien-e/4416.html*

Russell, D. J., Hohberg, K., Potapov, M., Brückner, A., Otte, V., Christian, A. 2014 - Native terrestrial invertebrate fauna from the northern Antarctic Peninsula: new records, state of current knowledge and ecological preferences – Summary of a German federal study. Soil Org., 86, 1-58.

SATCM XII - WP 6 (Australia) 2000 - Diseases of Antarctic Wildlife.

Smith, R.I.L. 1996 - Introduced plants in Antarctica: potential impacts and conservations issues. Biol. Conserv., 76, 135-146.

Smith, R.I.L., Richardson, M. 2011 - Fuegian plants in Antarctica: natural or anthropogenically assisted immigrants? Biol. Invasions, 13, 1-5.

Tavares, M., De Melo, G.A.S. 2004 – Discovery of the first known benthic invasive species in the Southern Ocean: the North Atlantic spider crab Hyas araneus found in the Antarctic Peninsula. Antarct. Sci., 16, 129-131.

Terauds, A., Chown, S.L., Morgan, F., Peat, H.J., Watts, D.J., Keys, H., Convey, P., Bergstrom, D.M. 2012 - Conservation biogeography of the Antarctic. Divers. Distrib., 18, 726-741.

Tin, T., Fleming, Z.L., Hughes, K.A., Ainley, D.G., Convey, P., Moreno, C.A., Pfeiffer, S., Scott, J., Snape, I. 2009 - Impacts of local human activities on the Antarctic environment. Antarct. Sci., 21, 3-33.

Tsujimoto, M., Imura, S. 2012 - Does a new transportation system increase the risk of importing non-native species to Antarctica? Antarct. Sci., 24, 441-449.

Tsujimoto, M., Imura, S. 2013 - Biosecurity measures being implemented at Australian Antarctic Division against non-native species introduction into Antarctica. Antarct. Rec., 57, 137-150.

Walther, G.-R., Roques, A., Hulme, P.E., Sykes, M.T., Pysek, P., Kühn, I., Zobel, M. 2009. Alien species in a warmer world: risks and opportunities. Trends Ecol. Evol., 24, 686-693. DOI:10.1016/j.tree.2009.06.008.

Whinam, J., Chilcott, N., Bergstrom, D.M. 2005 – Subantarctic hitchhikers: expeditioners as vectors for the introduction of alien organisms. Biol. Conserv., 21, 207-219.

Whinam, J. 2009 - Aliens in the Sub-Antarctic - Biosecurity and climate change. Papers and Proceedings of the Royal Society of Tasmania, 143, 45-52.

Wódkiewicz, M., Galera, H., Chwedorzewska, K.J., Gielwanowska, I., Olech, M. 2013 - Diaspores of the introduced species Poa annua L. in soil samples from King George Island (South Shetlands, Antarctica). Arct. Antarct. Alp. Res. 45: 415-419.

Wódkiewicz, M, Ziemianski, M., Kwiecien, K., Chwedorzewska, K.J., Galera, H. 2014 - Spatial structure of the soil seed bank of Poa annua L.- alien species in the Antarctic. Biodivers. Conserv., 23, 1339-1346.

Volonterio, O., de León, R.P., Convey, P., Krzeminska, E. 2013 - First record of Trichoceridae (Diptera) in the maritime Antarctic. Polar Biol., 36, 1125-1131.

Secrétariat du Traité sur l'Antarctique
Miapú 757 Piso 4 (C1006ACI) – Buenos Aires – Argentine
http://www.ats.aq
ats@ats.aq

Guide révisé à la présentation de documents de travail contenant des propositions de Zones spécialement protégées de l'Antarctique, Zones gérées spéciales de l'Antarctique ou Sites et monuments historiques

Les Représentants,

Notant que l'Annexe V du Protocole au Traité sur l'Antarctique relatif à la protection de l'environnement (« le Protocole ») prévoit l'adoption par la Réunion consultative du Traité sur l'Antarctique (« RCTA ») de propositions pour désigner une Zone spécialement protégée de l'Antarctique (« ZSPA ») ou une Zone gérée spéciale de l'Antarctique (« ZGSA »), pour adopter ou modifier un Plan de gestion pour une telle zone, ou pour désigner un Site ou monument historique (« SMH ») par une Mesure, conformément aux dispositions du paragraphe 1 de l'Article IX du Traité sur l'Antarctique ;

Conscients de la nécessité d'assurer la clarté du statut actuel de chaque ZSPA et ZGSA et de leurs Plans de gestion, ainsi que de chaque SMH ;

Rappelant la Résolution 3 (2008), qui recommande que l'Analyse des domaines environnementaux pour le continent Antarctique, en annexe de cette Résolution, soit utilisée de manière systématique et de concert avec d'autres outils acceptés dans le système du Traité sur l'Antarctique en tant que modèle dynamique pour l'identification de zones susceptibles d'être désignées comme ZSPA dans le cadre environnemental et géographique systématisé dont il est fait mention au paragraphe 2 de l'article 3 de l'Annexe V du Protocole ;

Rappelant aussi la Résolution 6 (2012), qui recommande que les Régions de conservation biogéographiques de l'Antarctique annexées à la présente Résolution soient utilisées avec l'Analyse des domaines environnementaux et les autres outils du système du Traité sur l'Antarctique pour appuyer les activités présentant un intérêt pour les Parties, notamment en tant que modèle dynamique pour l'identification de zones susceptibles d'être désignées comme ZSPA, dans le cadre environnemental et géographique systématisé dont il est fait mention au paragraphe 2 de l'article 3 de l'Annexe V du Protocole relatif à l'environnement ;

Rappelant également la Résolution 5 (2015), et le rapport sur les Zones importantes pour la conservation des oiseaux en Antarctique ;

Rappelant aussi la Résolution 1 (2008), qui recommande que le Guide pour la présentation de documents de travail contenant des propositions de désignation de Zones spécialement protégées de l'Antarctique, de Zones gérées spéciales de l'Antarctique ou de Sites et monuments historiques (« le Guide »), en annexe de cette Résolution, soit utilisé par les personnes chargées d'établir lesdits documents de travail ;

Désireux de mettre à jour la version actuelle du Guide annexé à la Résolution 5 (2011) afin de signaler les autres outils qui pourraient être utilisés pour identifier des zones protégées dans un cadre environnemental et géographique systématisé ;

Recommandent que :

1. le Guide révisé pour la présentation de documents de travail contenant des propositions de Zones spécialement protégées de l'Antarctique, de Zones gérées spéciales de l'Antarctique ou de Sites et monuments historiques, qui figure en annexe à la présente Résolution soit utilisé par les personnes chargées d'établir lesdits documents de travail, et que

2. le Secrétariat affiche le texte de la Résolution 5 (2011) sur son site web et indique clairement que celui-ci est désormais obsolète.

Guide à la présentation de documents de travail contenant des propositions pour les Zones spécialement protégées de l'Antarctique, les Zones gérées spéciales de l'Antarctique ou les Sites et monuments historiques

A. Documents de travail sur une ZSPA ou ZGSA

Il est recommandé que le document de travail comporte deux parties :

i)   Une PAGE DE COUVERTURE expliquant les effets escomptés de la proposition et l'historique de la ZSPA/ZGSA, utilisant le Modèle A comme guide. Cette page de couverture NE fera PAS partie de la Mesure adoptée par la RCTA, elle ne sera par conséquent publiée ni dans le Rapport final ni sur le site internet du Secrétariat. Son seul but est de faciliter l'examen de la proposition et la rédaction des Mesures par la RCTA ; et

ii) un PLAN DE GESTION, rédigé sous la forme d'une version finale telle qu'elle sera publiée. Ce plan sera annexé à la Mesure et publié dans le Rapport final et sur le site internet du Secrétariat du Traité de l'Antarctique.

Il serait bon que le plan soit rédigé dans sa *version finale*, prêt à être publié. Il va de soi que, lorsqu'il est d'abord soumis au CPE, ce plan est un projet et il peut être modifié par le CPE ou la RCTA. Toutefois, la version adoptée par la RCTA devrait être présentée pour publication et elle ne devrait pas être modifiée davantage par le Secrétariat si ce n'est pour insérer des renvois à d'autres instruments adoptés à la même Réunion.

Ainsi, dans sa dernière version, le plan ne devrait par exemple pas contenir des expressions telles que les suivantes, ou d'autres informations mentionnées ci-après :

- « la présente zone *proposée* » ;
- « le présent *projet* de plan » ;
- « *s'il est adopté,* le présent plan serait … » ;
- un compte rendu des délibérations du CPE ou de la RCTA, ou encore des détails de travaux intersessions (à moins que cela ne couvre des informations importantes portant par exemple sur la procédure de consultation, ou sur des activités menées à l'intérieur de la Zone depuis la dernière révision) ;
- des opinions de certaines délégations sur le projet de plan ou des versions intermédiaires de ce plan ;
- des références à d'autres zones protégées en utilisant leurs désignations antérieures à l'Annexe V.

Veuillez utiliser le « Guide pour l'élaboration des plans de gestion pour les Zones spécialement protégées de l'Antarctique » si la proposition porte sur une ZSPA. (La version actuelle de ce guide figure en annexe à la Résolution 2 (2011) et se trouve dans le manuel du CPE).

Il y a plusieurs plans de gestion d'excellente qualité, notamment le plan de gestion pour la ZSPA n° 109 (Île Moe), qui pourrait servir de modèle à l'élaboration de plans nouveaux et révisés.

B. Documents de travail sur des Sites et monuments historiques (SMH)

Il n'y a pas de plans de gestion pour les SMH à moins que ceux-ci ne soient également désignés comme ZSPA ou ZGSA. Tous les renseignements essentiels sur les SMH sont inclus dans la Mesure. Le reste du document de travail ne sera pas annexé à la Mesure. S'il est jugé souhaitable de consigner au procès verbal des informations contextuelles supplémentaires, ces renseignements peuvent être annexés au rapport du CPE en vue de leur inclusion dans le Rapport final de la RCTA. Pour veiller à ce que tous les renseignements qui doivent être inclus dans la Mesure soient fournis, il est recommandé que le Modèle B ci-dessous soit utilisé comme guide lorsque le document de travail est rédigé.

C. Présentation à la RCTA de projets de Mesures sur des ZSPA, des ZGSA et des SMH

Lorsqu'un projet de Mesure destiné à donner effet aux avis du CPE sur une ZSPA, une ZGSA ou un SMH est soumis au Secrétariat pour être présenté à la RCTA, le Secrétariat est invité à fournir également à la RCTA des exemplaires de la page de couverture du document de travail original décrivant la proposition, sous réserve aux révisions que pourrait y apporter le CPE.

La procédure est la suivante :

- Un document de travail consistant en un projet de plan de gestion et en une page de couverture explicative est établi et soumis par le promoteur ;
- Le Secrétariat prépare un projet de Mesure avant la RCTA ;
- Le projet de plan de gestion est débattu par le CPE de même que toutes les révisions qui y ont été apportées (par le promoteur en liaison avec le Secrétariat) ;
- Si le CPE recommande son adoption, le plan de gestion (tel qu'il a été accepté) ainsi que la page de couverture (telle qu'elle a été acceptée) sont transmis du Président du CPE au Président du groupe de travail sur les questions juridiques et institutionnelles ;
- Le groupe de travail sur les questions juridiques et institutionnelles examine le projet de Mesure ;

- Le Secrétariat présente officiellement le projet de Mesure accompagné de la page de couverture ;
- La RCTA examine le document et prend une décision.

MODÈLE A : PAGE DE COUVERTURE D'UN DOCUMENT DE TRAVAIL SUR UNE ZSPA OU UNE ZGSA

Veuillez vous assurer que les renseignements ci-après figurent sur la page de couverture :

1) Une nouvelle ZSPA est-elle proposée ? Oui / Non

2) Une nouvelle ZGSA est-elle proposée ? Oui / Non

3) La proposition est-elle en rapport avec une ZSPA ou ZGSA existante ?

Dans l'affirmative, énumérez toutes les Recommandations, Mesures, Résolutions et Décisions relatives à cette ZSPA/ZGSA, y compris toutes les désignations antérieures de cette zone en tant que ZSP, SISP ou autre catégorie de zone protégée.

Veuillez inclure en particulier la date et la Recommandation/Mesure appropriée pour les éléments suivants :

- Première désignation :
- Première adoption du plan de gestion :
- Révisions apportées au plan de gestion :
- Plan de gestion actuel :
- Prorogation des dates d'expiration du plan de gestion :
- Rebaptisée et renumérotée comme .... par la Décision 1 (2002) :
- Cambio de nombre y número a ....en virtud de la Decisión 1 (2002).

(Note: ces renseignements peuvent être trouvés sur le site internet du Secrétariat du Traité sur l'Antarctique dans la section de la base de données des documents en cherchant le nom de la zone). Le Secrétariat n'a ménagé aucun effort pour assurer l'exhaustivité et l'exactitude des renseignements que contient la base de données, mais des erreurs ou omissions peuvent de temps à autre se produire. Les promoteurs d'une révision à une zone protégée sont les mieux placés pour connaître l'histoire de cette zone et ils sont priés de contacter le Secrétariat s'ils constatent une disparité manifeste entre l'histoire réglementaire comme ils l'entendent et celle que renferme la base de données du Secrétariat).

1) Si la proposition contient une révision d'un plan de gestion existant, veuillez indiquer les types de modifications qui y ont été apportées :

   i) Majeures ou mineures ?

   ii) Modifications apportées aux limites ou aux coordonnées ?

   iii) Modifications apportées aux cartes ? Dans l'affirmative, des modifications apparaissent-elles dans les légendes uniquement ou également dans les graphiques ?

iv) Modifications apportées à la description de la Zone qui contribuent à identifier son emplacement ou ses limites ?

v) Modifications qui ont un effet sur d'autres ZSPA, ZGSA ou SMH dans cette zone ou dans des zones adjacentes ? Veuillez expliquer en particulier la fusion avec une zone ou un site existant, leur incorporation ou l'abolition d'une zone ou d'un site existant.

vi) Autre – résumé d'autres types de modifications, indiquant les paragraphes du plan de gestion où elles se trouvent (particulièrement utile si le plan est long).

2) Si une nouvelle ZSPA ou ZGSA est proposée, contient-elle une zone marine ? Oui / Non

3) Dans l'affirmative, la proposition doit-elle recevoir l'approbation au préalable de la CCAMLR conformément à la Décision 9 (2005) ? Oui / Non

4) Dans l'affirmative, la CCAMLR a-t-elle donné au préalable son approbation ? Oui/Non (Dans l'affirmative, mention doit être faite du paragraphe en question du rapport final concerné de la CCAMLR).

5) Si la proposition est en rapport avec une ZSPA, quelle est la raison principale de la nouvelle désignation (c-à-d quelle section de l'article 3.2 de l'Annexe V ?)

6) Le cas échéant, avez-vous identifié le domaine environnemental principal représenté par la ZSPA/ZGSA (référez-vous au document « Analyse des domaines environnementaux pour l'Antarctique », joint à la Résolution 3(2008) ? Oui/Non (Dans l'affirmative, précisez le Domaine environnemental principal).

7) Le cas échéant, avez-vous identifié la Région de conservation biogéographique de l'Antarctique principale représentée par la ZSPA/ZGSA (Référez-vous au document « Régions de conservation biogéographiques de l'Antarctique », joint à la Résolution 6 (2012) ? Oui/Non (Dans l'affirmative, précisez la Région de Conservation biogéographique de l'Antarctique principale).

8) Le cas échéant, avez-vous identifié une Zone importante pour la conversation des oiseaux (Résolution 5, 2015) représentée par la ZSPA/ZGSA (Référez-vous au document « Résumé 2015 des Zones importantes pour la conservation des oiseaux en Antarctique », joint au document IP 27 de la XXXVIIIe RCTA et dont le rapport complet est disponible sur : *http://www.era.gs/resources/iba/*)? Oui/Non (Dans l'affirmative, précisez la/les Zone(s) importante(s) pour la conservation des oiseaux).

Le format ci-dessus peut être utilisé comme un modèle ou comme une liste de vérification pour la page de couverture afin de faire en sorte que soient fournis tous les renseignements demandés.

MODÈLE B : PAGE DE COUVERTURE D'UN DOCUMENT DE TRAVAIL SUR UN SITE OU MONUMENT HISTORIQUE

Veuillez vous assurer que les renseignements ci-après figurent sur la page de couverture :

1. Ce site ou monument a-t-il été désigné par une RCTA antérieure comme un site ou monument historique? Oui/Non (Dans l'affirmative, veillez énumérer les Recommandations et Mesures concernées).

2. Si la proposition porte sur un nouveau site ou monument historique, veuillez inclure les renseignements suivants rédigés pour leur inclusion dans la Mesure :

    i)   Nom du SMH proposé, qui sera ajouté à la liste figurant en annexe à la Mesure 2 (2003) ;

    ii) Description du Site ou monument historique à inclure dans la Mesure, y compris des particularités en nombre suffisant pour permettre aux visiteurs dans la zone de le reconnaître ;

    iii) Coordonnées en degrés, minutes et secondes ;

    iv) Partie à l'origine de la proposition ;

    v)   Partie chargée de la gestion.

3) Si la proposition consiste à réviser une désignation existante d'une SMH, veuillez énumérer les précédentes Recommandations et les Mesures concernées.

Le format ci-dessus peut être utilisé comme un modèle ou comme une liste de vérification pour la page de couverture afin de faire en sorte que soient fournis tous les renseignements demandés.

Confirmation de l'engagement permanent envers l'interdiction de toute activité relative aux ressources minérales en Antarctique, autre que pour la recherche scientifique ; soutien à l'interdiction de l'exploitation minière en Antarctique

Les Représentants,

Reconnaissant que le Protocole relatif à la protection de l'environnement au Traité sur l'Antarctique (« le Protocole »), signé il y a vingt-cinq ans, constitue un élément essentiel des efforts actuellement déployés pour protéger l'environnement en Antarctique ;

Observant que l'article 7 du Protocole prévoit que toute activité relative aux ressources minérales dans la zone du Traité sur l'Antarctique, autre que pour la recherche scientifique, est interdite ;

Prenant en compte qu'en dehors du système du Traité sur l'Antarctique, nombreux sont ceux, parmi le grand public et les médias qui croient à tort que le Protocole expirera en 2048 ;

Rappelant que, conformément à son article 25, le Protocole n'expirera pas en 2048 ;

Rappelant que les Parties consultatives ont réaffirmé leur engagement envers l'article 7 du Protocole dans le paragraphe 5 de la Déclaration ministérielle de Washington à l'occasion du cinquantième anniversaire du Traité sur l'Antarctique ;

Recommandent que leurs gouvernements :

1. reconnaissent que l'interdiction d'activités relatives aux ressources minérales autres que pour la recherche scientifique, au titre de l'article 7 du Protocole,

a été bénéfique à l'environnement en Antarctique et aux écosystèmes dépendants et associés;

2. réaffirment leur engagement envers l'article 7 du Protocole ; et

3. déclarent avoir la ferme intention de conserver et de continuer à appliquer cette disposition comme objet de la plus haute priorité afin de garantir la protection totale de l'environnement en Antarctique et des écosystèmes dépendants et associés.

XXXIX REUNIÓN CONSULTIVA
DEL TRATADO ANTÁRTICO
SANTIAGO · CHILE 2016

www.ingramcontent.com/pod-product-compliance
Lightning Source LLC
Chambersburg PA
CBHW051332200326
41519CB00026B/7398